U0921875

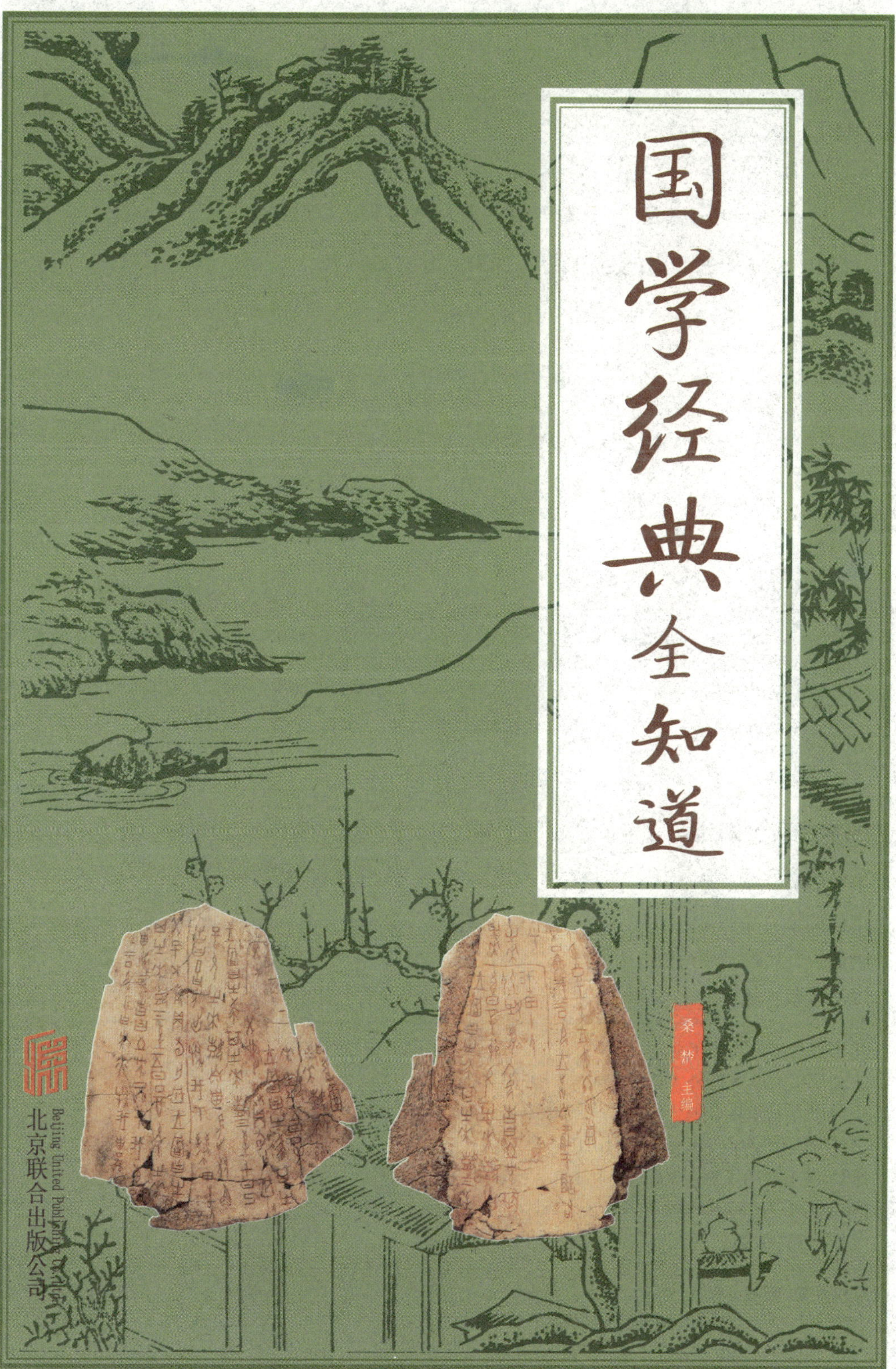

国学经典全知道
桑楚 主编
北京联合出版公司
Beijing United Publishing Co.,Ltd.

图书在版编目（CIP）数据

国学经典全知道 / 桑楚主编 . — 北京：北京联合出版公司，2015.1（2022.3 重印）

ISBN 978-7-5502-4539-6

Ⅰ . ①国… Ⅱ . ①桑… Ⅲ . ①国学 – 普及读物 Ⅳ . ① Z126-49

中国版本图书馆 CIP 数据核字（2014）第 313289 号

国学经典全知道

主　　编：桑　楚
责任编辑：徐秀琴
封面设计：韩　立
内文排版：盛小云

北京联合出版公司出版
（北京市西城区德外大街 83 号楼 9 层　100088）
三河市万龙印装有限公司印刷　新华书店经销
字数 596 千字　720 毫米 ×1020 毫米　1/16　28 印张
2015 年 1 月第 1 版　2022 年 3 月第 2 次印刷
ISBN 978-7-5502-4539-6
定价：78.00 元

世界上任何一个民族，要想屹立于世界之林，必须拥有自己独特的文化，而国学就具备这种独一无二的特质。国学经典中蕴藏着中华五千年全部文明和智慧的精髓，它构成了中华民族精神生活的客观环境，维系着中华文化之根。

读国学经典，能提升我们的文学素养，增长我们的智慧，还能提高我们处理问题的能力。读国学经典名著，是我们每个人都必需的，而且是永远必需的。有的典籍里面包含了计谋、军事的运用、成功的秘诀、社会的规律，这些在任何年代都适用；有的名著文采斐然，可以提高我们的文笔和阅读水平；有些名著有励志作用，看后使我们倍感振奋；有些名著是弘扬人类传统美德与文化的不朽之作，可以陶冶我们的情操。读国学经典还可以了解各方面的知识，增长见识与眼光；任何对经典的了解，都会让我们的人文价值、人文精神不断地升华。

在瞬息万变的数字时代，面对繁重的工作和学习任务，我们无法做到对每部经典都细致阅读，因此高效阅读越来越显示出它的重要性。那么，如何在有限的时间内领略国学经典的神韵，汲取经典典籍的丰厚精髓？为了解决这一问题，我们精心打造了这本《国学经典全知道》。

本书是一部帮助读者快速学习和掌握国学经典的工具书，内容涉及政治、经济、军事、医学、科技、文学等方面，设置了“作者介绍”“经典概述”“精华内容”“相关链接”等栏目。所有这些内容，由点及面，或纵向深入，或横向延伸，全方位阐释名著的内涵。“作者介绍”介绍相关经典作者的生平经历、主要作品、主要成就和地位等；“经典概述”讲述国学经典的创作时代、社会背景或者著作中的逸事等，并对作品的主要内容、情节、人物等进行提纲挈领的勾画；“精华内容”选取文学性和可读性强的国学经典，摘录其中历经时间考验沉淀下来的不朽篇章，引起读者心灵深处的共鸣；“相关链接”介绍与国学经典相关的内容，当作引申阅读。这些栏目从不同角度和层面剖析作品，浓缩原著精华，提炼作品主旨，讲述经典背后的故事，捕捉作品中的点睛之笔，给读者营造出一种轻松的阅读环境，让读者跨越鸿篇巨制的障碍，领略国学的风

采，同时也为读者以后深入学习和研究这些经典奠定了基础。

另外，我们还精心选配数百幅契合文意的精美图片，立体、具象地展示这些经典的风采：其中有经久流传的名著书影，有记录作家音容笑貌的画像和照片，有艺术大师诠释经典内容的雕塑和绘画……版式设计上将每部经典所依托的文化底蕴与现代审美的设计理念融合，使读者不仅直观地领略国学的精髓，而且还能深入感受这些国学典籍同社会文化、艺术的内在联系，在全方位接近大师、深层次品读经典的同时，获得更为广阔的文化视野和愉快体验。

目录

经篇

史篇

子篇

集篇

经篇

大学

——初学入德之门

作者介绍

《大学》原是《礼记》中的一篇，约为秦汉之际儒家的作品。一说是曾子所作。

曾子（前 505 ~ 前 435 年），春秋鲁南武城人，名参，字子舆，孔子弟子。其事迹散见于《论语》各篇及《史记·仲尼弟子传》中，《汉书·艺文志》有《曾子》八十篇，已佚。

经典概述

《大学》就是大学问的意思，就其实质来说，它是儒家的政治哲学。《大学》对儒家理想人格的修为之道进行了从内到外的总结，《大学》全篇所阐释的是一种修己治人之道，亦即儒家思想一以贯之的内圣外王之道。《大学》一开始便讲“自天子以至于庶人，壹是皆以修身为本”。把“修身”作为其整个道德修养体系的价值目标和根本目的，并且成为其治国平天下的逻辑出发点。具体说就是，《大学》明确提出了两条最基本的儒家道德修养原则，即“三纲领”说和“八条目”说，而“修身”正是《大学》“三纲八目”说的核心。《大学》开宗明义写道：“大学之道，在明明德，在亲民，在止于至善。”“明明德”就是修明天赋的光明德性；“亲民”就是管理好臣民百姓，“止于至善”就是要达到至善至美的境界。这三个基本原则被认为是封建统治者一生努力的方向和奋斗的目标，所以这也叫作“三纲领”。要达到这三个努力的方向和奋斗的目标，必须加强个人的道德修养。通过对《大学》中“三纲领”的分析，我们可以看到它们之间存在的一种递进的逻辑关系。这一关系表明了道德主体从“在明明德”出发，经过“亲民”的发展，最终达到“止于至善”的理想境界，这种对主体修为实践活动的规定直接引发出“内”“外”两种相联系的具体修为方式，儒家同样以逻辑发展的合理结果提出了“八条目”的具体实践之道。

▲ 曾子

《大学》在提出了“大学之道”即“三纲领”说之后接着又提出了“八条目”之说。

▲ 南生鲁四乐图 明 陈洪绶
《大学》里认为最根本的修身方法是“慎独”，也称“内心反省”，认为君子应该进行自我修养成为上行下效的典范。

一般来说，我们把格物、致知、诚意、正心作为道德的内在修为，而把修身、齐家、治国、平天下作为道德的外在修为。《大学》提出的“修身”途径主要是指“八条目”中的格物、致知、诚意、正心，实际上可以概括为两个步骤：正心诚意和格物致知。《大学》认为，修身的起点是格物致知，《大学》对格物、致知没有做过多的解释，通过历代一些学者的注疏，我们可以看出，所谓“格物”就是指“对自然外界进行研究”的意思，“格物”“致知”是联系紧密、层层递进的两个步骤，“格物”的逻辑结果是获得了对万事万物运行发展规律的理性认识，而这正是“致知”的内在含义。而“致知”的来源首先是个体对客观外界事物的认知，所以《大学》说：“格物而后致知。”《大学》教人如何防止个人感情欲望的发展。《大学》把修身看作根本，而修身是建立在取消或以之愤恨、恐惧、好乐、忧患各种感情欲望的基础之上。只有对这些感情欲望彻底消除或抑制，才能达到“致知”的境界，否则“修身为本”只能是一句抽象的空话。《大学》认为最根本的修身方法应该是“慎独”，也即“内心反省”。也就是说要使自己的意念真诚，就是不要欺骗自己，就像厌恶臭味、喜欢美色一样。所以，君子即便是独自一人时，也务必要谨慎地进行内心反省。小人在别人看不见时做不好的事，看见了君子就躲躲闪闪，把不好的德行掩盖起来，以证明自己有好的德行。人们还是有一定的判断力的，一旦把他们的本质看透，那又有什么益处呢？这就是讲，人的内心必然要表现于外表的，所以，君子一个人时也要进行自我修养。在政治观上，《大学》直接秉承了孔子、孟子的思想，主张统治者不要过分盘剥人民，要爱民，其目的在于巩固封建等级制度；它强调统治阶级要修己，目的在于取得被统治阶级的理解，达到所谓上行下效的结果。

精华内容

【原文】

大学之道，在明明德，在亲民，在止于至善。

知止而后有定，定而后能静，静而后能安，安而后能虑，虑而后能得。

物有本末，事有终始。知所先后，则近道矣。

古之欲明明德于天下者，先治其国；欲治其国者，先齐其家；欲齐其家者，先修其身；欲修其身者，先正其心；欲正其心者，先诚其意；欲诚其意者，先致其知；致知在格物。

欲治其国者，先齐其家。

物格而后知至，知至而后意诚，意诚而后心正，心正而后身修，身修而后家齐，家齐而后国治，国治而后天下平。

自天子以至于庶人，壹是皆以修身为本。

其本乱，而未治者，否矣。其所厚者薄，而其所薄者厚，未之有也。

【译文】

大学的主旨，在于使人们的美德得以显明，在于鼓励天下的人革除自己身上的旧习，在于使人们达到善的最高境界。

知道所应达到的境界是“至善”，而后才能有确定的志向，有了确定的志向，而后才能心静不乱，心静不乱而后才能安稳泰然，安稳泰然而后才能行事思虑精详，行事思虑精详而后才能达到善的最高境界。

世上万物都有本有末，万事都有了结和开始，明确了它们的先后次序，那么就与道接近了。

在古代，想要使美德显明于天下的人，首先要治理好他的国家；想要治理好自己国家的人，首先要整治好他的家庭；想要整治好自己家庭的人，首先要努力提高自身的品德修养；想要提高自身品德修养的人，首先要使他心正不邪；想要心正不邪，首先要他自己意念诚实；想要意念诚实，首先要获得一定的知识；而获得知识的方法就在于穷究事物的原理。

只有将事物的原理一一推究到极处，而后才能彻底地了解事物，只有彻底地了解事物，而后才能意念诚实，只有意念诚实，而后才能心正不邪，只有心正不邪，而后才能提高自身的品德修养，只有提高了自身的品德修养，而后才能整治家庭，只有整治好家庭，而后才能治理好国家，只有治理好国家，而后才能使天下太平。

从天子到老百姓，都要以提高自身品德修养作为根本。

自身的品德修养这个根本被破坏了，却要家齐、国治、天下平，那是不可能的。正

如我所厚待的人反而疏远我，我所疏远的人反而厚待我，这样的事情是没有的。

【原文】

汤之盘铭曰："苟日新，日日新，又日新。"

《康诰》曰："作新民。"

《诗》曰："周虽旧邦，其命维新。"

是故，君子无所不用其极。

【译文】

商汤在盘器上镂刻警辞说："如果能在一天内洗净身上的污垢，那么就应当天天清洗，每日不间断。"

《康诰》中说："振作商的遗民，使他们悔过自新。"

《诗经》中说："周国虽是一个旧的诸侯国，但由于文王初守天命除旧布新，所以它的生命力还是旺盛的。"

所以，那些执政者在新民方面，没有一处不用尽心力，达到善的最高境界。

【原文】

唯仁人放流之，迸诸四夷，不与同中国。此谓"唯仁人为能爱人，能恶人"。

见贤而不能举，举而不能先，命也。见不善而不能退，退而不能远，过也。

好人之所恶，恶人之所好，是谓拂人之性，菑必逮夫身。

是故君子有大道，必忠信以得之，骄泰以失之。

▲ 禹王像

【译文】

只有有仁德的人，才能把这种避贤忌才的人给予流放，驱逐他到边远蛮荒的地方，不许他们与贤能的人同留在中原地区。这就是说"只有有仁德的人，才懂得爱什么人，恨什么人"。

见到贤才而不能荐举，或是虽然推举却又不能先于己而重用，这是以怠慢的态度对待贤才；见到坏人而不能予以黜退，或是已予黜退却有不能驱之远离，这是政治上的失误。

如果你喜爱大家所厌恶的坏人，厌恶大家所喜爱的好人，这叫作违背了人的本性，灾祸必然会降临到你的身上。

所以国君要有在道德上起示范作用的大道理，必须以忠诚老实的态度才能获得它，如果傲恣放纵，那就会失掉它。

中庸

——孔子传授心法

作者介绍

子思（约前 483 ~ 前 402 年），孔子的孙子，名伋，字子思。关于子思的生平，现存资料极少。只有《孟子·公孙丑》记载他受到鲁缪公优礼一事，其余不甚了了。《汉书·艺文志》著录《子思》二十三篇，已佚。现存《礼记》中除《中庸》外，《表记》《坊记》等相传也是他的作品。关于《中庸》是否是子思的作品，历来就有过多次争议，汉时司马迁在《史记·孔子世家》中，肯定子思“作《中庸》”。近代多数学者根据《中庸》中的思想也认为它出自子思之手，后人曾对它做过增损和润色，但并没有失去原作的本来面目。

经典概述

《中庸》首先主要体现为以“诚”为本体的唯心主义世界观。“诚”原本指的是十分完美的、“至善”的精神世界。在《中庸》中，是一个道德概念，构成了世界的本原，成了第一性的东西。“诚”就是天道，它本身不是有什么另外更高的东西产生的，而是“自成”的，更进一步地说，它不但“自成”，而且还产生万物、派生万物。《中庸》讲的这个从道德精神本体到物质演变过程的“诚”，集中地体现了它的唯心主义宇宙观。这种宇宙观推衍方法的前提是“至诚无息”。

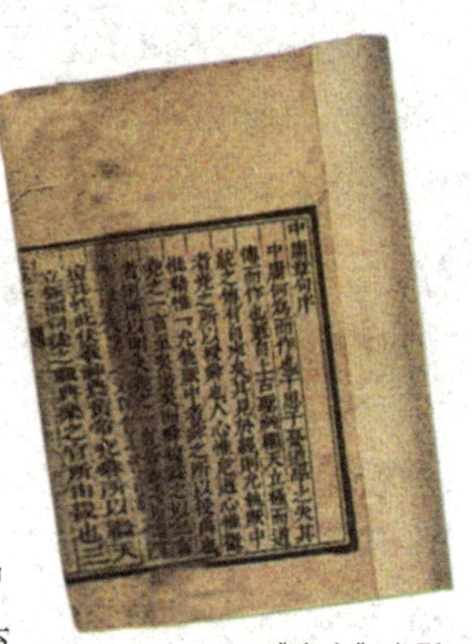

▲《中庸》书影

其次表现为“尊德性”“道学问”的认识论和修身术。《中庸》说，一个人如果完完全全地把“诚”体现出来，就达到了“至诚”的境界，便与“天道”合一成为“圣人”。如何达到“至诚”，认为有两条途径，一条是明白自己的本性，即“尊德性”；一条是从事学习，接受教育，即“道学问”。《中庸》写道：“天命之谓性，率性之谓道。”这是说，人的本性是由天命决定的，顺着这种天赋的本性的行为，才算作道。因而“反求诸其身”。明白和保持这种天赋的道德本性——“尊德性”，乃是修身的根本要求。对自己的行为，在别人看不到的地方和别人听不到的地方也要谨慎警惕。《中庸》的这种明白和保持天赋的道德本性的方法实际上是一种主观内省、自身体验的先验论。“道学问”是达到“至诚”的另一条途径。“道学问”

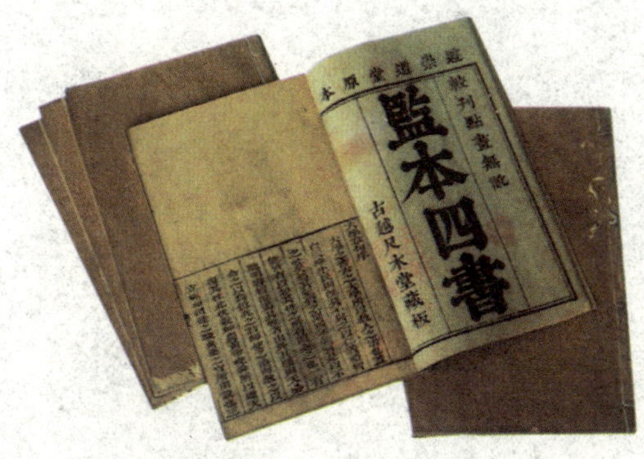

▲《监本四书》书影

朱熹为“四书”所作之注是封建社会对“四书”经义最权威的解释，科举考试都以朱熹的“四书集注”为准。

▲ 朱熹像

可以分为五个步骤，即“博学之，审问之，慎思之，明辨之，笃行之”。人们如果能按照“道学问”这五个步骤去做，“人一能之，己百之；人十能之，己千之。”如果加倍的话，那么“虽愚必明，虽柔必强”，任何人都能达到目的。在认识论中，认为有了“诚”就有了一切知识，而且这种知识是最可靠的、最根本的知识。另一方面，“明”也可以达到“诚”，“明”的目的就在于恢复“诚”。

最后体现为“中庸”之道的处世哲学。《中庸》认为，“诚”的具体化，就是“中庸”，也叫“中和”“中道”。《中庸》一书把“中庸”当作处世从政的根本法则。“天下之达道”就是“君臣也，父子也，夫妇也，昆弟也，朋友之交也”。这五者是人人具有的五方面的关系，处理这五方面关系的准则为“君惠臣忠”“父慈子孝”“夫义妇顺”“兄友弟恭”“朋友有信”。靠通行天下的三达德：智、仁、勇，仁是这三达德的核心。

《中庸》认为，在人与政治制度等政治实体的关系中，人是活的主动的因素，治国之本在人而不是在于政治实体，如制度、法律、已形成的政治传统等。据此主张人治、反对法制和政治。同时《中庸》认为只有修身之人才能处理好德与才的关系。

精华内容

【原文】

子曰：“道不远人。人之为道而远人，不可以为道。

“《诗》云：‘伐柯伐柯，其则不远。’执柯以伐柯，睨而视之，犹以为远。故君子以人治人，改而止。

“忠恕违道不远，施诸己而不愿，亦勿施于人。

“君子之道四，丘未能一焉。所求乎子以事父，未能也；所求乎臣以事君，未能也；所求乎弟以事兄，未能也；所求乎朋友先施之，未能也。庸德之行，庸言之谨，有所不足，不敢不勉，有余不敢尽。言顾行，行顾言，君子胡不慥慥尔！”

【译文】

孔子说："中庸之道并不是远离人们的。假若有的人在行道时使它远离人们，那就不可以叫作中庸之道了。

"《诗经》中说：'砍斧柄啊砍斧柄，斧柄的样子在眼前。'拿着斧柄作样子来砍制斧柄，斜着眼睛瞧瞧就看得见，但对砍制斧柄的人来说，还算是离得远的。所以，君子以其人之道还治其人之身，直到他们改了为止。

"能够做到忠和恕，那就离中庸之道不远了。何为忠恕？心中不乐意别人加给自己的东西，也不施加给别人。

"君子之道有四种，我孔丘一种也不能做到。做儿子的道理在于孝，我常要求做儿子的必须孝顺父母，但我却不能完全做到这一点；做臣子的道理在于忠，我常要求臣子必须忠于国君，但我自己却不能对国君尽忠；做弟弟的道理在于尊敬兄长，我常要求做弟弟的这样做，但我自己往往不能完全做到这一点；做朋友的道理在讲信用，我常要求别人这样做，但我自己往往不能首先这样做。在平常道德的实行上，在日常语言的谨慎上，我有许多做得不够的地方，这使我不敢不努力去加以弥补，有做得较好的地方，也不敢把话全部说尽。言语要照顾到行动，行动也要照顾到言语。如果能这样做，那么君子的心中还有什么不笃实的呢！"

▲ 文君听琴图

司马相如早年任武骑常侍，结识卓文君。卓文君慕其才，私奔相如，同至成都，以卖酒为生。

【原文】

君子之道，辟如行远，必自迩；辟如登高，必自卑。

《诗》曰："妻子好合，如鼓瑟琴。兄弟既翕，和乐且耽。宜尔室家，乐而妻孥。"子曰："父母其顺矣乎！"

【译文】

求取君子之道的方法，就像走远路一样，一定要从近处开始；就像登高处一样，一定要从低处开始。

《诗经》中说："你和妻子很和好，就像琴瑟声调妙。兄弟相处极和睦，团聚快乐实在好。组织一个好家庭，你和妻儿感情深。"孔子赞叹说："像这样，父母就能安乐无忧，心情舒畅啊！"

【原文】

大哉圣人之道！洋洋乎发育万物，峻极于天。优优大哉，礼仪三百，威仪三千。待其人而后行。故曰：苟不至德，至道不凝焉。故君子尊德性而道问学，致广大而尽精微，极高明而道中庸，温故而知新，敦厚以崇礼。是故居上不骄，为下不倍。国有道，其言足以兴；国无道，其默足以容。《诗》曰：“既明且哲，以保其身。”其此之谓与！

【译文】

伟大啊，圣人的道德！充满于天地之间，使万物生长发育，它高及苍天，无所不包。真是充裕而又伟大啊，礼的大纲多到三百条，礼的细节有三千多条。一定要等那有才德的圣人出来才能够实行。所以说，假如不是像伟大的圣人那样具有最高的德行，那么伟大的道理就不会凝聚在他心中。因此君子一定要恭敬奉持天生的德行，广泛学习，探究事理，使学问和天赋德行日臻广大，达到精深高妙的境界，不偏不倚，遵循中庸之道；在学习方面，要做到温习已有的知识从而获得新知识；在道德修养方面，要使专诚之心更加充实，用以崇尚礼仪。所以身居高位不骄傲，身居低位不自弃。国家政治清明时，他的言论足以振兴国家；国家政治黑暗时，他的沉默足以保全自己。《诗经》说：“既明智又通达事理，可以保全自身。”大概就是说的这个意思吧！

【原文】

子曰：“愚而好自用；贱而好自专；生乎今之世，反古之道；如此者，灾及其身者也。”

非天子，不议礼，不制度，不考文。今天下，车同轨，书同文，行同伦。虽有其位，苟无其德，不敢做礼乐焉；虽有其德，苟无其位，亦不敢作礼乐焉。

子曰：“吾说夏礼，杞不足征也；吾学殷礼，有宋存焉。吾学周礼，今用之，吾从周。”

▲ 尧舜禅位图

【译文】

孔子说：“愚昧的人往往喜欢凭自己的主观意图行事；卑贱的人却常常喜欢独断专行。他们生于现在的时代不遵守当今的法律，却一心想去恢复古代的法律。这样的人，灾祸一定会降到他们的身上。”

不是天子，不敢议论礼制，不敢制定法度，不敢考订文字的笔画形体。现在天下车子的轮距一致，文字的字体统一，实行的伦理道德相同。虽然处在天子的地位，如果没有圣人的德行，是不敢制作礼乐制度的；虽然有圣人的美德，如果没有天子的地位，也是不敢制作礼乐制度的。

孔子说："我解说夏朝的礼制，但是夏的后代已经衰败，现在只有一个杞国存在，所以不足以验证；我学习殷朝的礼制，现在还有它的后代宋国存在；我学习周朝的礼制，它正是当今所使用的，所以我遵从周礼。"

【原文】

仲尼祖述尧舜，宪章文武，上律天时，下袭水土。辟如天地之无不持载，无不覆帱。辟如四时之错行，如日月之代明。万物并育而不相害，道并行而不相悖，小德川流，大德敦化，此天地之所以为大也。

【译文】

孔子遵循尧舜二帝的道统，效法文王、武王所定制的典范，上依据天时变化规律，下符合地理环境。譬如天地广博深厚，没有什么不能承载，没有什么不能覆盖。又譬如四季的更迭运行，日月的交替照耀。天地间万物同时生长而互不妨害，天地之道同时并行而互不冲突。小的德行如河水一样长流不息，大的德行使万物敦厚淳朴，无穷无尽，这就是天地之所以盛大的原因。

【原文】

唯天下至诚，为能经纶天下之大经，立天下之大本，知天地之化育。夫焉有所倚？肫肫其仁，渊渊其渊，浩浩其天。苟不固聪明圣知，达天德者，其孰能知之？

【译文】

只有天下达到诚的最高境界的人，才能创制天下的法规，才能树立天下的根本大德，掌握天地化育万物的道理，这怎么会有偏向呢？他的仁心是那样的真诚，他的思虑像潭水般幽深，他伟大的美德像苍天一样广阔。假如不是具有真正聪明智慧而通达天赋美德的人，谁又能真正了解他呢？

论语

——五经之管辖，六艺之吼吟

作者介绍

孔子（前 551 ～前 479 年），名丘，字仲尼，春秋后期鲁国人，是儒家学派的创始人、中国古代最著名的思想家和教育家。孔子的先世是宋国的大臣，后迁于鲁，但孔子出生时家境已衰落。他父亲孔纥，又名叔梁纥，曾做过陬邑（今山东曲阜东南）宰，本身属于贵族阶级下层的“士”。他的母亲姓颜，名叫征在。孔子早年接受过良好的教育，十分熟悉六艺，加上孔子天资聪明，谦虚好学，因此学识日进。孔子 30 岁时，他的博学举世闻名，并且开始招收门徒，传授古代文化典籍。孔子早年在鲁国执政季氏手下担任管理仓储、牛羊的小官，都能恪尽职守。后因鲁国内乱，旅居齐国，后又回鲁国收徒讲学，门下弟子达三千之众。50 岁后，一度被鲁国国君委以官职，做到司寇，主管鲁国的司法工作。但由于他的主张与当政的季氏等三家大夫产生了矛盾，被迫离开鲁国。此后，孔子为了推行自己的政治思想，先后到过卫、曹、宋、郑、陈、蔡、楚等诸侯国，并在卫国、陈国停留了较长的时间，但他始终没有找到自己的贤明君主来实现自己的政治抱负。在奔走于各国期间，孔子仍坚持不懈地进行治学和教育，留下了很多著名的言论。公元前 484 年，浪迹约 40 年的孔子重返鲁国，此后他一边继续讲学，一边整理文化典籍，对诗、书、礼、乐、易、春秋六部典籍进行删订，编成最后的定本。孔子晚年生活屡遭不幸，独子孔鲤、得意门生颜渊和子路都先他而去世。公元前 479 年孔子病逝于家中，弟子们为其举行了隆重的葬礼。然而终其一生，他没有为自己著书立说。他逝世之后，他的弟子及再传弟子根据其平日的言传身教收集整理，编辑成《论语》。

▲ 孔子像

经典概述

《论语》是一部语录体散文，全书总共 20 篇，计有《学而》《为政》《八佾》《里仁》《公冶长》《雍也》《述而》《泰伯》《子罕》《乡党》《先进》《颜渊》《子路》《宪问》《卫灵公》《季氏》《阳货》《微子》《子张》《尧曰》等，篇名取篇首的前两三字为题，无意义。全书言简意赅，古朴生动，既富于启发性、哲理性，又幽默诙谐，口语化，体现出语录体散文的独特魅力。

《论语》的核心是仁的精神和境界。而在《论语》中对“仁”这个概念做了多角度的阐释，一是“仁者爱人”；二是“克己复礼为仁”；三是“仁者人也”。我们可以看出孔子对“仁”

▲ 孔子杏林讲学图　明

的最简单表述就是"爱人"，即对人尊重和有同情心。孔子认为：一个人如想达到"仁"的标准，就必须"克己复礼"，通过对自己的克制和约束以提高道德水平，从而符合礼的要求。孔子将"仁"看作道德的最高准则，也是道德的主体。孔子还提到很多其他道德名目，如：忠、孝、义、信、廉等。但他认为这些都是局部性的东西，能做到某项或几项，值得肯定，但还不能算是达到"仁"。孔子把求仁看作是人生的根本原则。他认为，礼和乐固然能陶冶性情，加强修养，但一个人能否成为品质高尚的君子，关键还在于他能否自觉地按照"仁"的要求去进行实践活动。孔子反对"过"和"不及"，以中庸为至德，对人处事常采取"无可无不可"的态度，但在求仁行义问题上，他认为求仁或违仁是君子与小人的分水岭，有志之士应当为实现崇高的道德理想而奋斗。

孔子把以"仁"为核心的伦理道德思想贯彻到政治领域，提出"仁政"的学说。他希望统治者"节用以爱人，使民以时"，反对对人民过分剥削压榨，而提出富民惠民的主张。他又希望统治者"为政以德"，反对一味使用严刑峻法，而要先用严格的道德标准要求自己，以身作则，通过道德感化搞好政治。综观《论语》，孔子以德治天下的决心和构想昭然可见。在礼崩乐坏的春秋乱世，孔子的德治主义自然是四处碰壁，但孔子并不因此而改变初衷。

在天道观上，孔子不否认天命鬼神的存在，但又对其持怀疑态度，主张"敬鬼神而远之"。相对天命而言，孔子更加注重人事，强调人的主观努力，把探讨和解决人世间的实际问题放在优先地位。

相关链接

春秋时期，是一个奴隶制向封建制过渡的大变革时期。各诸侯国的社会经济继续发展，奴隶和自由民的反抗斗争不断，一些主要大国，在争霸的形势下，为了顺应社会变革的潮流，都实行了不同程度的改革，社会变革的结果是：诸侯的逐渐崛起和周王室的日益衰落，一些大国尽力发展自己的实力，出现了旷日持久、错综复杂的"大国争霸"局面。这个时期各诸侯之间兼并争霸战争以及相互交往的频繁，构成了这一时期的历史特点。

孔子重义轻利，但并非一概否定功利。他重视公利，主张见利思义，旨在谴责见利忘义、为谋私利而不择手段的行为，要人们追求合乎正道的利益。孔子的义利观，有义利相分的倾向，也有义利并重的倾向。

与从政事业相比较，孔子一生在教育领域取得的成就就要大得多。他是中国历史上第一个向平民普及文化教育的人。他不但提出“有教无类”的原则，而且还创立了一套行之有效的教育方法，提出“因材施教”，重视启发式教育，注意培养学生的学习自觉性和独立思考能力。

▲ 孔子圣迹图页　清　焦秉贞　绢本

图中湖石峻挺，绿意浓深，孔子正与国君相对而谈。此画当源自孔子周游列国，游说诸王，宣扬儒家“仁政”“以德治国”的典故。

精华内容

【原文】

子曰：“学而时习之，不亦说乎？有朋自远方来，不亦乐乎？人不知而不愠，不亦君子乎？”

【译文】

孔子说：“学到的东西按时去温习和练习，不也很高兴吗？有朋友从很远的地方来，不也很快乐吗？别人不了解自己，自己却不生气，不也是一位有修养的君子吗？”

【原文】

子曰：“巧言令色，鲜矣仁！”

【译文】

孔子说：“花言巧语，伪装出一副和善的面孔，这种人是很少仁德的。”

【原文】

子曰：“弟子入则孝，出则弟，谨而信，泛爱众，而亲仁。行有余力，则以学文。”

【译文】

孔子说：“小孩子在父母跟前要孝顺，出外要敬爱师长，说话要谨慎，言而有信，和所有人都友爱相处，亲近那些具有仁爱之心的人。做到这些以后，如果还有剩余的精力，就用来学习文化知识。”

【原文】

子曰：“为政以德，譬如北辰居其所而众星共之。”

▲ 孔子圣迹图之退修诗书

【译文】

孔子说："用道德的力量去治理国家，自己就会像北极星那样，安然处在自己的位置上，别的星辰都环绕着它。"

【原文】

子曰："《诗》三百，一言以蔽之，曰'思无邪'。"

【译文】

孔子说："《诗经》三百多篇，用一句话来概括它，就是'思想纯正'。"

【原文】

子曰："吾十有五而志于学，三十而立，四十而不惑，五十而知天命，六十而耳顺，七十而从心所欲，不逾矩。"

【译文】

孔子说："我十五岁立志学习，三十岁在人生道路上站稳脚跟，四十岁心中不再迷惘，五十岁知道上天给我安排的命运，六十岁听到别人说话就能分辨是非真假，七十岁能随心所欲地说话做事，又不会超越规矩。"

【原文】

子曰："温故而知新，可以为师矣。"

【译文】

孔子说："在温习旧的知识时，能有新的收获，就可以当老师了。"

【原文】

子曰：“学而不思则罔，思而不学则殆。”

【译文】

孔子说：“学习而不思考就会迷惘无所得；思考而不学习就不切于事而疑惑不解。”

【原文】

孔子谓季氏：“八佾舞于庭，是可忍也，孰不可忍也？”

【译文】

孔子谈到季孙氏说：“他用天子才能用的八佾在庭院中奏乐舞蹈，这样的事都狠心做得出来，还有什么事不能狠心做出来呢？”

【原文】

子夏问曰：“‘巧笑倩兮，美目盼兮，素以为绚兮’。何谓也？”子曰：“绘事后素。”曰：“礼后乎？”子曰：“起予者商也！始可与言《诗》已矣。”

【译文】

子夏问道：“‘轻盈的笑脸多美呀，黑白分明的眼睛多媚呀，好像在洁白的质地上画着美丽的图案呀。’这几句诗是什么意思呢？”孔子说：“先有白色底子，然后在上面画画。”子夏说：“这么说礼仪是在有了仁德之心之后才产生的了？”孔子说：“能够发挥我的思想的是卜商啊！可以开始和你谈论《诗经》了。”

【原文】

子入太庙，每事问。或曰：“孰谓鄹人之子知礼乎？入太庙，每事问。”子闻之，曰：“是礼也。”

【译文】

孔子进入太庙，每遇到一件事都细细地询问。有人说：“谁说鄹邑大夫的儿子懂得礼仪呀？他进到太庙里，每件事都要问人。”孔子听到这话，说：“这正是礼嘛。”

▲ 编钟　战国

【原文】

子谓《韶》：“尽美矣，又尽善也。”谓《武》：“尽美矣，未尽善也。”

【译文】

孔子评论《韶》，说："乐曲美极了，内容也好极了。"评论《武》，说："乐曲美极了，内容还不是完全好。"

【原文】

子曰："朝闻道，夕死可矣。"

【译文】

孔子说："早晨能够得知真理，即使当晚死去，也没有遗憾。"

【原文】

子曰："君子喻于义，小人喻于利。"

【译文】

孔子说："君子懂得大义，小人只懂得小利。"

【原文】

子曰："见贤思齐焉，见不贤而内自省也。"

【译文】

孔子说："看见贤人就应该想着向他看齐；见到不贤的人，就要反省自己有没有类似的毛病。"

【原文】

子曰："父母在，不远游，游必有方。"

【译文】

孔子说："父母活着的时候，子女不远游外地；即使出远门，也必须有一定的去处。"

【原文】

子贡问曰："赐也何如？"子曰："女，器也。"曰："何器也？"曰："瑚琏也。"

▲ 龙形玉佩　战国

【译文】

子贡问孔子："我这个人怎么样？"孔子说："你好比是一个器具。"子贡又问："是什么器具呢？"孔子说："宗庙里盛黍稷的瑚琏。"

【原文】

宰予昼寝。子曰："朽木不可雕也，粪土之墙不可杇也。于予与何诛？"子曰：

“始吾于人也，听其言而信其行；今吾于人也，听其言而观其行。于予与改是。”

【译文】

宰予在白天睡觉。孔子说：“腐朽了的木头不能雕刻，粪土一样的墙壁不能粉刷。对宰予这个人，不值得责备呀！”孔子又说：“以前，我对待别人，听了他的话便相信他的行为；现在，我对待别人，听了他的话还要观察他的行为。我是因宰予的表现而改变了对人的态度的。”

敏而好学，不耻下问，是以谓"文"。

【原文】

子贡问曰：“孔文子何以谓之‘文’也？”子曰：“敏而好学，不耻下问，是以谓之‘文’也。”

【译文】

子贡问道：“孔文子为什么谥他‘文’的称号呢？”孔子说：“他聪明勤勉，喜爱学习，不以向比自己地位低下的人请教为耻，所以谥他‘文’的称号。”

【原文】

子曰：“伯夷、叔齐不念旧恶，怨是用希。”

【译文】

孔子说：“伯夷、叔齐这两兄弟不记旧仇，因此别人对他们的怨恨很少。”

【原文】

子曰：“质胜文则野，文胜质则史。文质彬彬，然后君子。”

【译文】

孔子说：“质朴多于文采就难免显得粗野，文采超过了质朴又难免流于虚浮，文采和质朴完美地结合在一起，这才能成为君子。”

【原文】

子曰：“知之者不如好之者，好之者不如乐之者。”

【译文】

孔子说：“（对于任何学问、知识、技艺等）知道它的人，不如爱好它的人；爱好它的人，又不如以它为乐的人。”

【原文】

子在齐闻《韶》，三月不知肉味，曰："不图为乐之至于斯也！"

【译文】

孔子在齐国听到《韶》这种乐曲后，很长时间内即使吃肉也感觉不到肉的滋味，他感叹道："没想到音乐欣赏竟然能达到这样的境界！"

▲ 孔子闻韶图

【原文】

司马牛忧曰："人皆有兄弟，我独亡。"子夏曰："商闻之矣：'死生有命，富贵在天。'君子敬而无失，与人恭而有礼，四海之内皆兄弟也。君子何患乎无兄弟也？"

【译文】

司马牛忧愁地说："别人都有兄弟，唯独我没有。"夏说："我听说过：'死生由命运决定，富贵在于上天的安排。'君子认真谨慎地做事，不出差错，对人恭敬而有礼貌，四海之内的人，就都是兄弟，君子何必担忧没有兄弟呢？"

【原文】

长沮、桀溺耦而耕，孔子过之，使子路问津焉。长沮曰："夫执舆者为谁？"子路曰："为孔丘。"曰："是鲁孔丘与？"曰："是也。"曰："是知津矣。"问于桀溺，桀溺曰："子为谁？"曰："为仲由。"曰："是鲁孔丘之徒与？"对曰："然。"曰："滔滔者天下皆是也，而谁以易之？且而与其从辟人之士也，岂若从辟世之士哉？"耰而不辍。子路行以告。夫子怃然曰："鸟兽不可与同群，吾非斯人之徒与而谁与？天下有道，丘不与易也。"

【译文】

长沮和桀溺并肩耕地，孔子从他们那里经过，让子路去打听渡口在哪儿。长沮说："那个驾车的人是谁？"子路说："是孔丘。"长沮又问："是鲁国的孔丘吗？"子路说："是的。"长沮说："他应该知道渡口在哪儿。"子路又向桀溺打听，桀溺说："你是谁？"子路说："我是仲由。"桀溺说："是鲁国孔丘的学生吗？"子路回答说："是的。"桀溺就说："普天之下到处都像滔滔洪水一样混乱，谁去改变这种状况呢？况且你与其跟从逃避坏人的人，还不如跟从逃避污浊尘世的人呢。"说完，还是不停地用土覆盖播下去的种子。子路回来告诉了孔子。孔子怅然若失地说："人是不能和鸟兽合群共处的，我不和世人在一起又能和谁在一起呢？如果天下有道，我就不和你们一起来改变它了。"

孟子

——儒学“内圣”走向的开启者

作者介绍

孟子（约前 372 ~ 前 289 年），名轲，字子舆，邹国（今山东省邹城市一带）人，是战国中期著名的思想家、政治家和教育家，是战国中期儒家学派的主要代表，是孔子嫡孙子思的学生。被尊奉为仅次于孔子的“亚圣”。孟子生于何时，众说纷纭。一般认为他生于周烈王四年（前 372 年）的说法，较为合理。孟子的经历与孔子颇为相似。孟子从 30 岁到 40 岁这段时间，主要的活动是收徒讲学，宣扬儒家学说。44 岁时，孟子便带领着学生周游列国，宣扬他的“仁政”“王道”学说。他游历宋、齐、滕、魏等国，以王道、仁政学说游说诸侯，一度担任过齐宣王的客卿。鲁平王即位以后，他的弟子乐正克为政，孟子曾到鲁国，但未曾见用。滕文公即位后，孟子又来滕国。梁惠王后元十五年（前 320 年），孟子到梁国，这时已经七十岁左右。次年，惠王死，襄王嗣位，孟子就离开了。但是孟子所处的时代，是各国诸侯互相兼并的战国时代，各国统治者只讲争霸争利，怎么会相信孟子的“性善”论和“仁政”学说呢？孟子在实践中不断碰壁后，晚年和学生一起，“序《诗》《书》，述仲尼之意，作《孟子》七篇”（《史记·孟子荀卿列传》）。孟子 62 岁结束周游生活，84 岁去世。

▲ 孟子像

经典概述

司马迁在《史记》中说“作《孟子》七篇”，但班固在《汉书·艺文志》中却说“《孟子》十一篇”。现在一般认为是《孟子》七篇，即《梁惠王》《公孙丑》《滕文公》《离娄》《万章》《告子》《尽心》。本来《孟子》七篇并没有分上下篇，到东汉赵岐著《孟子章句》时，才把七篇分为上下篇，后来加以沿用。在形式上有模仿《论语》之处，亦是摘取每篇开头的几个重要字眼来命名，并没有别的意义。《孟子》一书以问对、答辩方式展开，以驳论为主要的论证方法，与语录体散文《论语》略有不同。《孟子》翔实地记载了孟子的思想、言论和事迹，保存了丰富的历史资料，是研究孟子思想和先秦文学、历史、经济和哲学的重要著作。孟子的政治思想是行“仁政”，即主张以德政争取人心，统一天下。“仁

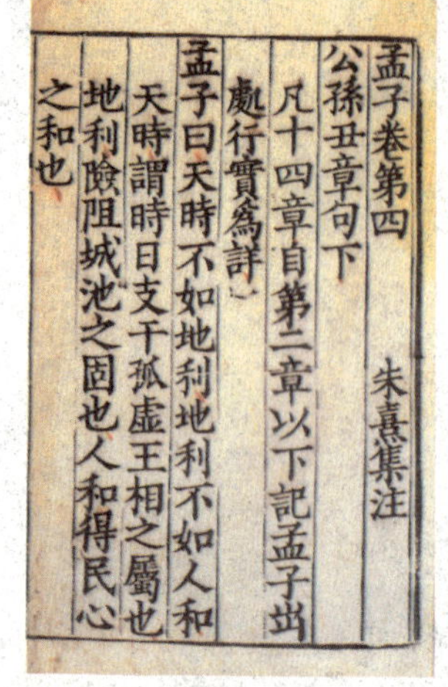
孟子卷第四　朱熹集注
公孫丑章句下
凡十四章自第二章以下記孟子出
處行實爲詳
孟子曰天時不如地利地利不如人和
天時謂時日支干孤虛王相之屬也
地利險阻城池之固也人和得民心
之和也

▲《孟子》书影

政”学说的新发展是“民为贵，社稷次之，君为轻”的民本主义思想。“仁政”学说的理论基础是性善论。孟子认为人生而具有天赋的“仁心”，即善的本性，这是实行“仁政”的保证。为了实施“仁政”，孟子还提出“劳心者治人，劳力者治于人；治于人者食人，治人者食于人”的社会分工论，反对“君民并耕”的主张。孟子认为王权是“天”授予，“天”是宇宙万物的主宰，“天”意通过贤明的君主来实现。孟子十分强调人的主观能动性，主张“万物皆备于我”。强调思的作用，重视理性认识。

《孟子》一书的思想可以概括如下：

第一，仁者无敌。《孟子》一书中，反映最突出的是仁义思想。仁是儒家学说中的中心，孔子常讲仁很少讲义，孟子则仁义并重。孟子的性善说是他仁政思想的理论基础。他说：“先王有不忍人之心（即善性），斯有不忍人之政（即仁政）矣。”孟子把法家的以“法治国，以力服人，用暴力实现统一”称为霸道，把儒家的“以仁政治国，以德服人”称之为王道，并且孟子深信“仁者无敌”。在此基础上，孟子提倡“民为贵，君为轻”的思想，把能否赢得民心看作是统治者成就伟业的关键，提倡“省刑罚，薄税敛”“不违农时”等主张。在后来封建社会历史上，对于反对暴政、反对横行暴敛、要重视人民的吃饭穿衣问题有很好的影响。

第二，人皆可以为尧舜。孟子超凡的胆略和自信，也源于他对人性的思索。孟子认为，每个人都具有与生俱来的善端，只要个体能够自觉地实行仁义礼智，经过努力就都可以成为像尧舜那样的圣人。他不仅有这种观点，而且还常常以古代圣贤为榜样，激励自己奋发向上。孟子的性善论有个根本的观点，那就是认为仁义礼智的本性，具体表现在人们服从现实社会的君臣、父子等伦理关系这些方面。他主张尚贤，重视修养，提倡为臣的要以仁义规劝君主，反对阿谀奉承，这有益于培养士大夫知识分子的骨气，有益于澄清吏治、限制朝廷的胡作非为。

第三，“乐以天下，忧以天下”。孟子与孔子相似，都想做一个周公式的贤相，以辅佐当世的圣君，实现大治天下的伟业，并且在气魄和胆略上还略胜一筹。孟子在他的书中表露出这样的观点：要等待文王兴起后才振作的人，是平庸的凡夫，杰出能干的人才即使没有文王也能振作。他认为自己是民众中的先知先觉者，有责任以正道去启发引导天下万民。

相关链接

《孟子》一书说理精辟，文字流畅，语言形象，同时又气势磅礴，笔带锋芒，富于鼓动性，具有很强的逻辑说服力和艺术感染力。汉文帝时，《孟子》被列为辅翼经书的传记，两汉时，《孟子》和《论语》并列，五代时，《孟子》被列入“经书”，南宋朱熹将《大学》《中庸》《论语》和《孟子》合在一起，称为四书。于是《孟子》的地位更加提高了，成了古代读书人的必读之书。

▲ 后世为纪念孟子所建的亚圣庙

他认为，历史上每经五百年必定有圣王兴起，其中还必定有声望很高的辅佐者。那么从周朝到孟子生活的年代，已经有七百多年了，且逢诸侯争霸、烽烟四起的乱世，以他的眼光看，正当仁人志士有作为的时候。孟子认为，社会责任感是人和动物相区别的根本标志，人不能只考虑自身的完满，而必须为他人和社会做出贡献。这种“乐以天下，忧以天下”的精神是《孟子》中最富感染力的部分。

精华内容

【原文】

齐宣王问曰：“交邻国有道乎？”

孟子对曰：“有。惟仁者为能以大事小，是故汤事葛，文王事昆夷。惟智者为能以小事大，故大王事獯鬻，勾践事吴。以大事小者，乐天者也；以小事大者，畏天者也。乐天者保天下，畏天者保其国。《诗》云：‘畏天之威，于时保之。’”

王曰：“大哉言矣！寡人有疾，寡人好勇。”

对曰：“王请无好小勇。夫抚剑疾视曰：‘彼恶敢当我哉！’此匹夫之勇，敌一人者也。王请大之！

“《诗》云：‘王赫斯怒，爰整其旅，以遏徂莒，以笃周祜，以对于天下。’此文王之勇也。文王一怒而安天下之民。

“《书》曰：‘天降下民，作之君，作之师，惟曰其助上帝宠之。四方有罪无罪惟我在，天下曷敢有越厥志？’一人衡行于天下，武王耻之。此武王之勇也。而武王亦一怒而安天下之民。今王亦一怒而安天下之民，民惟恐王之不好勇也。”

【译文】

▲ 勾践卧薪尝胆图

齐宣王问（孟子）道："跟邻国打交道有什么原则和方法吗？"

孟子回答说："有。只有以仁爱为怀的君主才能做到以大国的身份去侍奉小国，所以商汤王侍奉过葛伯，周文王侍奉过昆夷。只有明智的君主才能做到以小国的身份侍奉大国，所以周的大王古公亶父侍奉过强悍的獯鬻族，越王勾践侍奉过打败了自己的吴王夫差。以大国的身份侍奉小国的，是顺天行道、无往而不怡然自得的人；以小国身份侍奉大国的，是畏惧天的威严（无时不谨慎戒惧）的人。顺天行道、无往而不怡然自得的人能够保有天下，畏惧天的威严的人能够保住他们的国家。《诗经》上说：'敬畏上天的威严（因此谨慎小心），于是保有天下。'"

齐宣王说："您的话说得太好了啊！（可惜）我有个毛病，我喜爱勇敢（怕是难做到您所说的）。"

孟子回答道："我恳请大王不要喜爱小勇。有这么一种人，手按佩剑、怒目而视说：'他怎敢抵挡我呢！'这只是匹夫之勇。我恳请大王把它扩大一些吧！

"《诗经》上说：'文王对密须国人侵犯他国的暴行勃然大怒，于是整顿军队，以阻击侵犯莒国的敌寇，以增厚我周家的福泽，并以此报答天下仰慕我周天子的厚意。'这就是文王的勇。文王一旦发怒，便能使天下的人民得到安定。

"《尚书》里面说：'上天降生下土的人民，替他们立个君主，也替他们安排好老师，派给君主和老师们的唯一责任是帮助上帝爱护下民。所以，四方的人有罪或是无罪，由我（姬发）来进行裁决。（有我在这里）天下谁敢超越他（上天）的意志起来作乱呢？'只要有一个人敢在天下横行无忌，武王便认为是自己的耻辱。这就是武王的勇。武王也是只要一发怒，便能使天下的人民得到安定。现在大王要是也能做到一旦发怒，便使天下的人民得到安定，那人民便还只怕大王不喜爱勇敢哩。"

【原文】

孟子曰："天时不如地利，地利不如人和。三里之城，七里之郭，环而攻之而不胜。夫环而攻之，必有得天时者矣；然而不胜者，是天时不如地利也。城非不高也，池非不深也，兵革非不坚利也，米粟非不多也；委而去之，是地利不如人和也。故曰：域民不以封疆之界，固国不以山溪之险，威天下不以兵革之利。得道者多助，失道者寡助。寡助之至，亲戚畔之；多助之至，天下顺之。以天下之所顺，攻亲戚之所畔，故君子有不战，战必胜矣。"

【译文】

孟子说："得天时不如得地利，得地利不如得人和。内城三里、外城七里的城邑，包围攻打却无法取胜。包围而攻打，一定有合乎天时的战机。可是却无法取胜，这说明得天时不如占地利呀。城墙并不是筑得不高，护城河并不是挖得不深，兵器和盔甲并不是不锐利、不坚固，粮食也并不是不多呀；可是，（当敌人一来进犯，）守兵们竟弃城而逃，这说明得地利不及得人和呀。所以说，限制人民不必靠国家的疆界，巩固国防不必凭山河的险要，威服天下不必恃武力的强大。行仁政的人帮助他的便多，不行仁政的人帮助他的便少。少助到了极点时，连亲戚都会背叛他；多助到了极点时，全天下都愿意顺从他。拿全天下顺从的力量去攻打连亲戚都背叛的人，那么，仁德之君要么不用战争，若用战争，是必然胜利的了。"

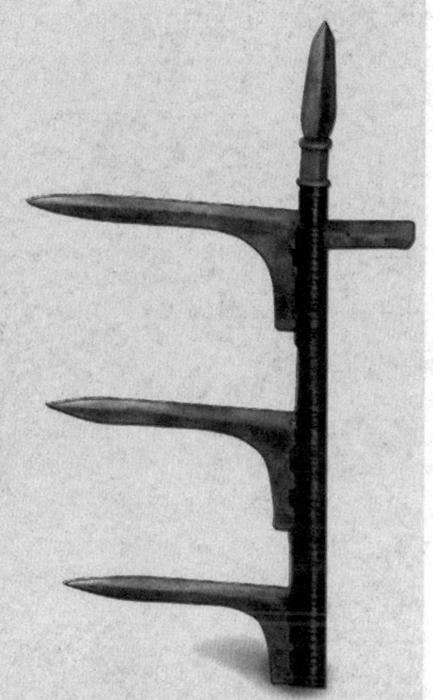

威天下不以兵革之利。

【原文】

孟子曰："规矩，方圆之至也；圣人，人伦之至也。欲为君，尽君道；欲为臣，尽臣道。二者皆法尧舜而已矣。不以舜之所以事尧事君，不敬其君者也；不以尧之所以治民治民，贼其民者也。

"孔子曰：'道二，仁与不仁而已矣。'暴其民，甚则身弑国亡，不甚则身危国削；名之曰幽厉，虽孝子慈孙，百世不能改也。《诗》云：'殷鉴不远，在夏后之世。'此之谓也。"

【译文】

孟子说："圆规和曲尺，是最方最圆无以复加的极则，（同样，）古代圣人也是做人到达尽善尽美地步的极则。想做（一个好的）君主，便要尽君主之道；想做（一个好的）臣子，便要尽臣子之道。二者都不过是要效法尧舜罢了。不用舜侍奉尧的忠诚态度侍奉自己的君主，便是不尊敬君主的人，不用尧治理百姓的挚爱心情治理自己的百姓，便是残害百姓的人。

"孔子说过：'治理国家的方法不外两种，也即是行仁政与不行仁政罢了。'（一个君主）残暴地虐待他的老百姓，（其后果是，）重则本身被杀，国家灭亡；轻则本身危险，国势削弱；死后蒙上'幽''厉'的恶名，后代尽管出了争气的子孙，哪怕经过了百多代，也是更改不了这种坏名声的。《诗经》里有这么两句话：'殷商的鉴戒并不在远，就在夏的朝代。'说的正是这个意思。"

【原文】

孟子曰："三代之得天下也，以仁；其失天下也，以不仁。国之所以废兴存亡者亦然。天子不仁，不保四海；诸侯不仁，不保社稷；卿大夫不仁，不保宗庙；士庶人不仁，不保四体。今恶死亡而乐不仁，是犹恶醉而强酒。”

【译文】

孟子说：“夏、商、周三代得到天下是由于仁爱，他们失去天下是由于不仁。国家的兴盛、衰败、生存、灭亡的原因也是这样。天子不仁，就不能保住天下；诸侯不仁，就不能保住国家；公卿大夫不仁，就不能保住宗庙；士子和老百姓不仁，就不能保全自身。现在有些人讨厌死亡，但却乐意干坏事，这就跟憎恶喝醉酒却又偏要勉强去喝酒的人一样。”

【原文】

淳于髡曰：“男女授受不亲，礼与？”

孟子曰：“礼也。”

曰：“嫂溺，则援之以手乎？”

曰：“嫂溺不援，是豺狼也。男女授受不亲，礼也；嫂溺，援之以手者，权也。”

曰：“今天下溺矣，夫子之不援，何也？”

曰：“天下溺，援之以道；嫂溺，援之以手——子欲手援天下乎？”

▲ 男女授受不亲

【译文】

淳于髡问（孟子）道：“男女之间不能亲手递接东西，这是礼法的规定吗？”

孟子说：“是礼法的规定。”

淳于髡又问：“如果嫂子掉河里了，那么用手去拉她呢？”

孟子说：“嫂子掉进河里而不用手去拉，这简直是豺狼了。男女之间不亲手递接东西，这是礼法的规定；嫂子掉进河里，用手拉她上岸，这是变通的办法。”

淳于髡说：“如今天下的人都像掉进了深渊中，先生您却不去援救，为什么呢？”

孟子说：“天下的人都掉进深渊，要用道去援救；嫂子掉进了河里，要用手去拉她——难道您想用手去救援掉进深渊里的天下人吗？”

【原文】

孟子曰：“鱼，我所欲也；熊掌，亦我所欲也，二者不可得兼，舍鱼而取熊掌者也。生，亦我所欲也；义，亦我所欲也，二者不可得兼，舍生而取义者也。生亦我所欲，所欲有甚于生者，故不为苟得也；死亦我所恶，所恶有甚于死者，故患有所不辟也。如使人之所欲莫甚于生，则凡可以得生者，何不用也？使人之所恶莫甚于死者，则凡可以辟患者，何不为也？由是则生而有不用也，由是则可以辟患而有不为也，是故所欲有甚于生者，所恶有甚于死者。非独贤者有是心也，人皆有之，贤者能勿丧耳。一箪食，一豆羹，得之则生，弗得则死，嘑尔而与之，行道之人弗受；蹴尔而与之，乞人不屑也。万钟则不辩礼义而受之；万钟于我何加焉？为宫室之美、妻妾之奉、所识穷乏者得我与？乡为身死而不受，今为宫室之美为之；乡为身死而不受，今为妻妾之奉为之；乡为身死而不受，今为所识穷乏者得我而为之，是亦不可以已乎？此之谓失其本心。”

【译文】

孟子说：“鱼，是我所喜爱的，熊掌，也是我所喜爱的，如果两者不能都得到，我就舍弃鱼而要熊掌；生命是我所珍爱的，义也是我所珍爱的，如果两者不能都得到，我就放弃生命而要义。生命也是我所珍爱的，但我所珍爱的东西中有超过了生命的，所以就不干苟且偷生的事；死亡也是我所讨厌的，但我所讨厌的东西中有超过了死亡的，所以有的祸灾就不躲避。假如人们所珍爱的东西中没有超过生命的，那么凡是能够保命的手段，哪样不采用呢？假如人们所讨厌的东西中没有超过死亡的，那么凡是能够躲避祸患的事，哪件不会做呢？通过这种手段就能够保命，然而有的人却不采用；只要这样做就能够躲避祸患，然而有的人却不做。所以，（这样看来，）人们所喜爱的东西有超过生命的，所厌恶的东西有超过死的。不仅是贤德的人有这种想法，人人都有，只是贤人不会丧失它罢了。一筐饭，一碗汤，得到它就能活命，得不到它就可能死亡，但如果呵斥叱着施舍给别人，哪怕是过路的饿汉也不会接受；拿脚踢着施舍给别人，那就连乞丐也会不屑一顾。可如今万钟的俸禄却被有的人连问也不问是否合乎礼义就接受了它。万钟的俸禄到底能给我增加些什么呢？是为了居室的华丽、妻妾的侍奉和所认识的穷人（因获得我的周济）而感激我吗？以前就算是死也不肯接受，现在却为了能住上华丽的居室而甘心这样做；以前就算是死也不肯接受，现在却为了能得到妻妾的侍奉而甘心这样做；以前就算是死也不肯接受，现在却为了让所认识的穷人（因获得我的周济）感激我而甘心这样做，这些行径难道不也是可以停止的吗？这就叫丧失了他的本性。”

【原文】

孟子曰：“舜发于畎亩之中，傅说举于版筑之间，胶鬲举于鱼盐之中，管夷吾举于士，孙叔敖举于海，百里奚举于市。故天将降大任于是人也，必先苦其心志，劳其筋骨，饿其体肤，空乏其身，行拂乱其所为，所以动心忍性，曾益其所不能。

“人恒过，然后能改；困于心，衡于虑，而后作；徵于色，发于声，而后喻。

“入则无法家拂士，出则无敌国外患者，国恒亡。然后知生于忧患而死于安乐也。”

【译文】

孟子说：“舜是在田野中发迹的，傅说是从筑墙的苦役中被提拔的，胶鬲是从贩卖鱼和盐的行业中被推举上来的，管夷吾是从狱官手中选拔出来充任国相的，孙叔敖是从海边僻远的地方拔用的，百里奚是从畜牧业主那里赎买上来的。所以上天要把治国治民的重任加在这人肩上，一定先要（给他降临种种困难，）使他心烦意乱，筋骨疲乏，肚肠饥饿，身无分文，干扰他做的事，从而令他从心意竦动中得到锻炼，性格变得坚韧，由此而增加他的能力。

▲ 武丁举傅说

“一个人，经过了多次错误和失败的教训，然后才能改过自新；经过了艰苦的思想斗争，然后才能有所作为；憔悴的颜色和慷慨的悲歌表现出来了，然后才能得到人们的了解。

“一个国家，要是国内没有通晓法度的大臣和足以辅弼国君的士子，国外又缺乏对敌国侵扰的远虑，这样的国家就常常是要灭亡的。从这里，我们可以懂得人为什么在忧患中能够生存，而在安乐中却反会遭到毁灭的道理了。”

【原文】

孟子曰：“孔子登东山而小鲁，登泰山而小天下。故观于海者难为水，游于圣人之门者难为言。观水有术，必观其澜。日月有明，容光必照焉。流水之为物也，不盈科不行；君子之志于道也，不成章不达。”

【译文】

孟子说：“孔子登上了东山，便觉得鲁国小了，登上了泰山，便觉得天下小了。所以对于看过大海的人，别的水就很再难吸引他了，对于曾在圣人门下学习过的人，别的言论就很难再打动他了。看水有方法，一定得看它壮阔的波澜。日月有光辉，连小小的缝隙也一定能够照到。流水这个东西，不填满地上的坑洼，是不会前进的；君子有志于钻研大道，不通过大量的学识道德的积累，是不能够由此及彼，洞察事理的。

【原文】

孟子曰：“尽信《书》，则不如无《书》。吾于《武成》，取二三策而已矣。仁人无敌于天下，以至仁伐至不仁，而何其血之流杵也？”

【译文】

孟子说：“完全相信《书》，还不如没有《书》。我对于《尚书》中《武成》这篇文章，只不过采用其中两三段文字罢了。一个仁德的人在天下是没有敌人的，以周武王这样仁爱的贤君，去讨伐商纣那样最不仁爱的暴君，（百姓是极其欢迎的），所以又怎么会发生血流成河，连舂米的木棒都给血河漂走的事呢？”

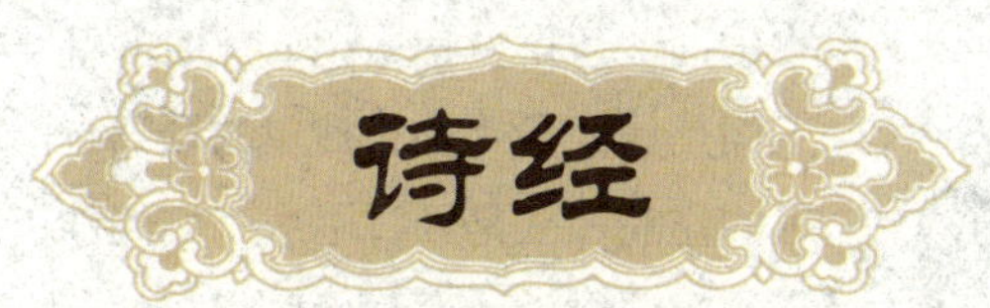

诗经

——响彻千年的木铎金声

作者介绍

《诗经》是我国古时的一部诗歌总集，它不是一个人或者几个人写出来的。《诗经》的作者，有的本诗中就有记载，例如《小雅》的《节南山》明说“家父作诵”，《巷伯》明说“寺人孟子，作为此诗”，《大雅》的《崧高》《保民》都明说“吉甫作诵”；有的可以从别种古书上查出来，例如《尚书》说《鸱鸮》的作者是周公旦，《左传》说《载驰》的作者是许穆公夫人，《常棣》的作者《国语》说是周公、《左传》说是召穆公。

但有作者可指的毕竟是极少数，大量的诗是采诗官从民间收集起来的，我们无法知道那些优美而婉转的诗歌的作者到底是谁。我们可以假想这样一个情景：人高兴或悲哀的时候，常愿意将自己的心情诉说出来。日常的言语不够，便用歌唱。碰到节日，大家聚在一起酬神作乐，也要用歌唱表达感想。歌谣越唱越多，留在了人的记忆里。有了现成的歌谣，就可借着抒发感情，要是没有合适的，就删改一些，直到满意。这样，歌谣经过大众的修饰，经采诗官记录下来，结成集子，就是我们现在看到的《诗经》。完全可以说，《诗经》的作者就是上古的大众。

经典概述

《诗经》中作品的年代大多不可考，但它所收诗的年代断限，一般是由比较公认的最早或最晚的几首诗来确定的。《豳风》中的《东山》《破斧》据记载是反映“周公东征”的，约公元前1042至公元前1040年。《诗经》中最晚的诗是《陈风·株林》，它所反映的是“刺灵公”的事。据《左传》记载，陈灵公淫乱的事，在周定王七年（前600年），相当于春秋中叶。也就是说，《诗经》中诗篇的时代，应上起西周初，下不晚于春秋中叶。

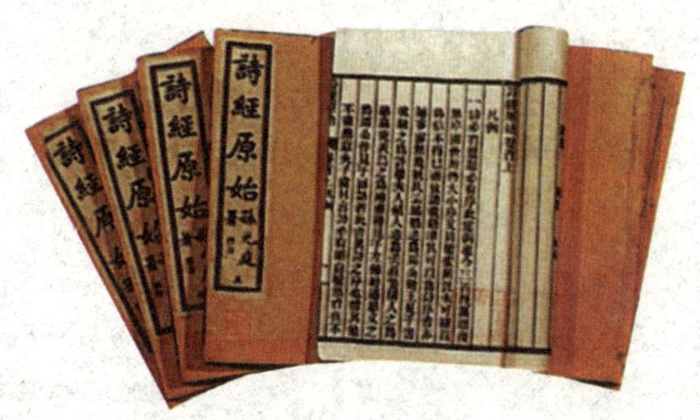

▲《诗经原始》书影

清方玉润著，方玉润，字石友，号鸿濛子，四川人，后居云南，屡试不第，不得已投笔从戎。本书是方玉润晚年的作品，他一反前人旧说，提出要把《诗经》作为文学作品来研究，对于一些论点，宁肯阙疑，亦不附会穿凿。

西周和春秋时代，周王朝实行的是分封制，中国由许许多多诸侯国统治着。那时各国

▲ 孔子像

据说孔子是最早对《诗经》进行修正和删节的人，今天流传的《诗经》就是孔子删节后的。

都养着一班乐工，各国使臣来往或者宴会时都得奏乐唱歌。乐工们不但要搜集本国乐歌，还得搜集别国乐歌；不但搜集乐词，还得搜集乐谱。那时的社会有贵族与平民两级。乐工们是伺候贵族的，搜集的歌谣自然得迎合贵族的口味，平民的作品往往是经过了乐工们的加工后才会入选的。除了搜集的歌谣以外，太师们所保存的还有贵族们为了特殊事情，如祭祖、宴客、房屋落成、出兵、打猎等等所作的诗，这些可以说是典礼的诗。当时还有这样一种风气，臣下想要劝谏或者赞美君主的时候，往往不直接说出自己的意见，而是作了诗献给君上，让乐工唱给君上听，这就是献诗。太师们保存下这些带着乐谱的唱本；唱词共有三百多篇，当时通称作“《诗》三百”。到了战国时代，贵族渐渐衰落，平民渐渐抬头，新乐代替了古乐，职业的乐工纷纷散走，乐谱就此亡失，但是还有三百来篇唱词儿流传下来，这便是后来的《诗经》了。

《诗经》是我国第一部诗歌总集，共收入诗歌三百零五篇（《小雅》中另有六篇“笙诗”，有目无辞，不计在内），最初称《诗》，汉代儒者奉为经典，乃称《诗经》。

《诗经》分为《风》《雅》《颂》三部分。《风》包括《周南》《召南》《邶风》《鄘风》《卫风》《王风》《郑风》《齐风》《魏风》《唐风》《秦风》《陈风》《桧风》《曹风》《豳风》，共十五《国风》，诗一百六十篇；《雅》包括《大雅》三十一篇，《小雅》七十四篇；《颂》包括《周颂》三十一篇，《商颂》五篇，《鲁颂》四篇。

《诗经》歌咏的内容很复杂，由于诗歌的性质不同，描述的内容也相应有所不同。下面，我们分别选择若干重要的类型加以介绍。

《周颂》是周王室的宗庙祭祀诗。除了单纯歌颂祖先功德以外，还有一部分于春夏之际向神祈求丰年或秋冬之际酬谢神的乐歌，我们从中可以看到西周初期农业生产的情况。如《丰年》中唱道：“丰年多黍多稌，亦有高廪，万亿及秭。为酒为醴，烝畀祖妣，以洽百礼，降福孔皆。”而《噫嘻》则描绘了大规模耕作的情形：“噫嘻成王，既昭假尔，率时农夫，播厥百谷。骏发尔私，终三十里。亦服尔耕，十千维耦。”

《大雅》中的《生民》《公刘》《绵》《皇矣》《大明》五篇是一组周民族的史诗，记述了从关于周民族的始祖后稷到周王朝的创立者武王灭商的历史。如《生民》叙述后稷的母亲姜嫄神求子，后来踏了神的脚印而怀孕，生下了后稷，不敢养育，把他丢弃，后稷却历尽苦难而不死：“诞置之隘巷，牛羊腓字之。诞置之平林，会伐平林。诞置之寒冰，鸟覆翼之。鸟乃去矣，后稷呱矣。实覃实訏，厥声载路。”

西周后期，由于戎族侵扰、诸侯兼并，社会剧烈动荡。《大雅》《小雅》中产生于这

一时期的诗，有很多批评政治的作品。如《瞻卬》中说：“人有土田，女反有之；人有民人，女覆夺之。此宜无罪，女反收之。彼宜有罪、女覆悦之。”更多的政治批评诗，表达了作者对艰危时事的忧虑，对统治者的强烈不满。如《十月之交》写道：“烨烨震电，不宁不令。百川沸腾，山冢崒崩。高岸为谷，深谷为陵。哀今之人，胡憯莫惩！”

▲ 豳风图之八月剥枣

《国风》中也有这一类的诗，如《伐檀》：“坎坎伐檀兮，置之河之干兮。河水清且涟漪。不稼不穑，胡取禾三百廛兮？不狩不猎，胡瞻尔庭有悬貆兮？彼君子兮，不素餐兮！”《相鼠》也是类似的作品：“相鼠有皮，人而无仪。人而无仪，不死何为！相鼠有齿，人而无止。人而无止，不死何俟！相鼠有体，人而无礼。人而无礼，胡不遄死！”

关于战争和劳役的作品也很多。《小雅》中的《采薇》《杕杜》《何草不黄》；《豳风》中的《破斧》《东山》，《邶风》中的《击鼓》；《卫风》中的《伯兮》等，都是这方面的名作。这些诗歌大都从普通士兵的角度来表现他们的遭遇和想法，着重歌唱对于战争的厌倦和对于家乡的思念。其中《东山》写出征多年的士兵在回家路上的复杂感情，在每章的开头，他都唱道：“我徂东山，慆慆不归。我来自东，零雨其濛。”又如《卫风·伯兮》：“伯兮朅兮，邦之桀兮。伯也执殳，为王前驱。自伯之东，首如飞蓬。岂无膏沐，谁适为容？其雨其雨，杲杲出日。愿言思伯，甘心首疾。焉得谖草，言树之背。愿言思伯，使我心痗。”这首诗是以女子口吻写的。她既为自己的丈夫感到骄傲，因为他是“邦之桀（杰）”，能“为王前驱”；又因丈夫的远出、家庭生活的破坏而痛苦不堪。

在《国风》中，最集中的是关于恋爱和婚姻的诗。《召南·野有死麕》：“野有死麕，白茅包之，有女怀春，吉士诱之。……舒而脱脱兮，无感我帨兮，无使尨也吠。”一个打猎的男子在林中引诱一个“如玉”的女子，那女子劝男子别莽撞，别惊动了狗，表现了又喜又怕的微妙心理。《郑风·将仲子》写道：“将仲子兮，无逾我里，无折我树杞！岂敢爱之，畏我父母。仲可怀也，父母之言，亦可畏也！”“仲子”是她所爱的情人。但她却不敢同他自由相会，且不准他攀树翻墙，只因父母可畏。《国风》中有许多情诗，咏唱着迷惘感伤、可求而不可得的爱情。又如：“月出皎兮，佼人僚兮，舒窈纠兮，劳心悄兮！”（《陈风·月出》）“南有乔木，不可休思。汉有游女，不可求思。汉之广矣，不可泳思。江之永矣，不可方思。”(《周南·汉广》)《国风》中还有许多描写夫妻间感情生活的诗。像《唐风·葛生》，一位死了丈夫的妻子这样表示：“夏之日，冬之夜，百岁之后，归于其居。”《邶风》中的《谷风》，《卫风》中的《氓》，是最著名的两首弃妇诗。《诗经》中写恋爱和婚姻问题的诗，内容丰富，感情真实，是全部《诗经》中艺术成就最高的作品。

精华内容

国风·周南·关雎

【原文】

关关雎鸠，在河之洲。窈窕淑女，君子好逑。

参差荇菜，左右流之。窈窕淑女，寤寐求之。

求之不得，寤寐思服。悠哉悠哉，辗转反侧。

参差荇菜，左右采之。窈窕淑女，琴瑟友之。

参差荇菜，左右芼之。窈窕淑女，钟鼓乐之。

【译文】

“关关……关关”彼此鸣叫相应和的一对雎鸠，栖宿在黄河中一方小洲上。娴静美丽的好姑娘，正是与君子相配的好对象。

长短不齐的荇菜，顺着水势时左时右地去采摘它。娴静美丽的好姑娘，睁开眼或在睡梦里，心思都追求着她。

追求她却不能得到她，睁眼时或在睡梦里不能止息对她的思念。那么深长的深长的思念啊，翻来覆去不能成眠。

长短不齐的荇菜，顺着水势时左时右地将它采摘。娴静美丽的好姑娘，必能琴瑟和鸣相亲相爱。

长短不齐的荇菜，左右选择才去摘取。娴静美丽的好姑娘，敲钟打鼓地将你迎娶。

国风·周南·桃夭

【原文】

桃之夭夭，灼灼其华。之子于归，宜其室家。

桃之夭夭，有蕡其实。之子于归，宜其家室。

桃之夭夭，其叶蓁蓁。之子于归，宜其家人。

【译文】

桃树多么繁茂，盛开着鲜花朵朵。这个姑娘出

嫁了，她的家庭定会和顺美满。

桃树多么繁茂，垂挂着果实累累。这个姑娘出嫁了，她的家室定会和顺美满。

桃树多么繁茂，桃叶儿郁郁葱葱。这个姑娘出嫁了，她的家人定会和顺美满。

国风·邶风·击鼓

【原文】

击鼓其镗，踊跃用兵。土国城漕，我独南行。

从孙子仲，平陈与宋。不我以归，忧心有忡。

爰居爰处？爰丧其马？于以求之？于林之下。

死生契阔，与子成说。执子之手，与子偕老。

于嗟阔兮，不我活兮！于嗟洵兮，不我信兮！

【译文】

战鼓擂得镗镗响，战士们踊跃练刀枪。修建国都建漕城，只有我从军往南方。

跟随统帅孙子仲，平定两国陈与宋。不让我回归家园，想家让我忧心忡忡。

在哪里居住？在哪里驻扎？在哪里丢失了马？在哪里寻到它？在那树林之下。

生死永远不分离，已与你立下誓盟。我会紧紧握着你的手，和你到老在一起。

啊！如今天各一方，叫我怎么活！啊！别离时日已久，叫我如何实现诺言！

国风·鄘风·相鼠

【原文】

相鼠有皮，人而无仪。人而无仪，不死何为？

相鼠有齿，人而无止。人而无止，不死何俟？

相鼠有体，人而无礼！人而无礼，胡不遄死？

【译文】

看那老鼠都有皮，人却不懂礼仪。人既没有礼仪，活着还有什么意义？

看那老鼠都有牙齿，人却不知廉耻。人既没有廉耻，不死还待何时？

看那老鼠都有肢体，人却不懂守礼。人既不懂守礼，为什么还不赶快死？

国风·郑风·子衿

【原文】

青青子衿，悠悠我心。纵我不往，子宁不嗣音？

青青子佩，悠悠我思。纵我不往，子宁不来？

挑兮达兮，在城阙兮。一日不见，如三月兮！

【译文】

青青的是你衣领的颜色，悠悠思念的是我的心。即使我不去看你，你为何不捎个音信？

青青的是你佩带的颜色，悠悠的是我的思念。即使我不去看你，你为何不来？

走来走去，心神不宁，在城门边的高台里。只有一天没见面，好像隔了三个月！

国风·秦风·蒹葭

【原文】

蒹葭苍苍，白露为霜。所谓伊人，在水一方。溯洄从之，道阻且长。溯游从之，宛在水中央。

蒹葭凄凄，白露未晞。所谓伊人，在水之湄。溯洄从之，道阻且跻。溯游从之，宛在水中坻。

蒹葭采采，白露未已。所谓伊人，在水之涘。溯洄从之，道阻且右。溯游从之，宛在水中沚。

【译文】

细长的荻苇青苍苍，白露凝成冰霜。我思念的人啊，在水的那一边。逆着河道追寻她，道路崎岖而漫长。顺着流水追寻她，她好像在水的中央。

细长的荻苇萋萋生，露水还没晒干。我思念的人啊，在河的岸边。逆着河道追寻她，道路崎岖而高险。顺着流水追寻她，她仿佛在水中沙洲上。

细长的荻苇密密长，露水还没有消失。我思念的人啊，在河的水边。逆着河道追寻她，道路崎岖而曲折。顺着流水追寻她，她仿佛在水中沙滩上。

小雅·鹿鸣

【原文】

呦呦鹿鸣，食野之苹。我有嘉宾，鼓瑟吹笙。吹笙鼓簧，承筐是将。人之好我，示我周行。

呦呦鹿鸣，食野之蒿。我有嘉宾，德音孔昭。视民不恌，君子是则是傚。我有旨酒，嘉宾式燕以敖。

呦呦鹿鸣，食野之芩。我有嘉宾，鼓瑟鼓琴。鼓瑟鼓琴，和乐且湛。我有旨酒，以宴乐嘉宾之心。

【译文】

群鹿呦呦鸣叫，来吃田野青苹。我有佳客贵宾来啊，弹瑟又吹笙。吹笙吹笙，鼓簧鼓簧，捧出盈筐币帛，来赠我那尊贵的客人啊！贵宾对我无限厚爱，教我道理最欢喜。

群鹿呦呦鸣叫，来吃田野青蒿。我有佳客贵宾来啊，品德高尚有美名。示范人们不可轻佻，君子学习好典型。我有琼浆美酒，贵宾就请畅饮逍遥吧！

群鹿呦呦鸣叫，来吃田野芩草。我有佳客贵宾来啊，弹瑟弹琴来助兴。弹瑟又弹琴，宾主和乐又尽兴。我有琼浆美酒，贵宾沉醉乐开怀。

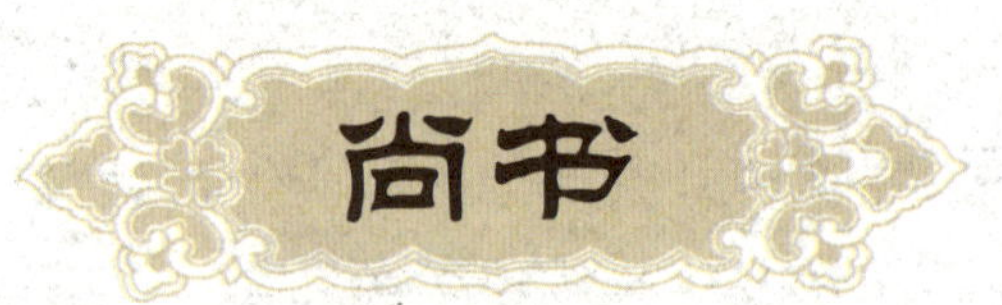

尚书

——纪言述事之祖

作者介绍

《尚书》是由谁编写的呢？历来有不同的说法，但司马迁和班固都认为是孔子编写的。孔子是中国古代文化承上启下的集大成者，他生活的年代是礼、乐废弛，《诗》《书》缺佚的春秋末期。所以他周游列国之后回到鲁国，把晚年的精力都花在编订《诗》《书》《礼》《易》《乐》《春秋》六经上面，还为《尚书》写了序。《尚书》有今文和古文之别，今文《尚书》是汉代伏生所授，在汉代有欧阳氏、大小夏侯氏三家传授。东晋末年，又有梅赜献出的古文《尚书》，综合起来，便形成了今天流行的《尚书》本子。但据清代阎若璩、惠栋等人考证，确认古文《尚书》为伪本。不过其中仍保留了原已散佚的今文《尚书》，因而仍有一定的史料价值。

经典概述

《尚书》即上古之书，是儒家经典《六经》之一，故又称为《书经》，也简称《书》。它是我国现存最早的一部史书，其体裁属史料选辑，它的内容主要是商、周二代的政府档案，如政府报告、公告、誓词、命令之类，因而可以说它是一部远古的政治论文集。

▲《尚书》书影

在《汉书·艺文志》和《隋书·经籍志》中都言明《尚书》为百篇，但经过秦始皇焚书，《尚书》一度散佚，到了汉文帝时，才由伏生口授出来，共28篇。这就是所谓的今文《尚书》。

28篇中以朝代分，计《虞书》2篇：《尧典》《皋陶谟》；《夏书》2篇：《禹贡》《甘誓》；《商书》5篇：《汤誓》《盘庚》《高宗肜日》《西伯勘黎》《微子》；《周书》19篇：《牧誓》《洪范》《大诰》《金滕》《康诰》《酒诰》《梓材》《召诰》《洛诰》《多士》《无逸》《君奭》《多方》《立政》《顾命》《费誓》《吕刑》《文侯之命》《秦誓》。

《尚书》是以记言为主的史书，其内容大都是历史人物的言语以及朝廷的文诰。若按其性质可分为以下六类：1. 讲述帝王事迹：如《尧典》，这已经可以称之为正式历史；2. 记载典章制度：属于后来志书性质，如《禹贡》，可以说是我国最早的地理志；3. 议论国家政治：

《洪范》就是箕子为武王论天地之大法、谈治国平天下的道理；4. 誓师词：如《甘誓》《牧誓》；5. 策命：如《文侯之命》；6. 诰：在全书中所占比重最大，其内容所涉及的范围也很广，有的是自上而下，也有的是自下而上。由此可见，前三类是历史记载，后三类是文书档案。

虽然仅存28篇，但它所涉及的历史很长——上起尧舜时代的历史。《虞书》这两篇的内容上有较为密切的联系，可以看作是姊妹篇。《尧典》着重记载尧和舜的事迹，反映原始社会末期氏族制度解体的历史。《皋陶谟》的中心问题是讨论治国的方略，提出“知人”“安民”，同时提出了“五礼”与“五刑”。这说明当时等级制度与国家机器正在酝酿产生中。《夏书》这两篇反映夏代两件大事：禹治水和夏王伐有扈。禹治水是我国古代一个重要的历史传说，先秦古籍中多有记载。夏王伐有扈则是中国社会制度转化的一件大事。此外《禹贡》一篇的重要性，不单在于记载了这一重要的历史传说，同时还是一篇不可多得的古代地理名著，文中详细地记载了山川的方位和脉络，行政区划分方面，将全国区分为九州。《甘誓》一篇，虽然文字极为简短，但它所写的战争事件，意义非常重大，对研究我国奴隶社会的建立，提供了文献依据。《尚书》中记载殷商时代历史的，共有5篇：《汤誓》记载了商王朝的建立；《盘庚》《高宗肜日》两篇记载了商王朝的中兴；《西伯勘黎》《微子》记载了商王朝的衰亡。可见5篇基本上反映了商王朝的发展过程。记载周代历史的共有19篇，在今文《尚书》中所占篇幅最多，其史料价值最高。由《牧誓》至《顾命》这15篇，所记载的是西周初期的历史，亦即文王、武王、成王、康王时期的历史。《吕刑》《文侯之命》《费誓》等的主要内容是写周王朝建立过程中的重大历史事件以及周王朝建立以后所采取的巩固政权的措施。就历史事件而言有：

▲ 伏生授经图　明　崔子忠

伏生，名胜，秦时官博士，精通《尚书》。此图根据伏生将《尚书》传授给弟子晁错的故事而作。《尚书》是中国最古老的散文集。

武王伐纣、平定武庚禄父及三监的叛乱、周公执政、成王之死与康王受命。

精华内容

益　稷

【原文】

帝曰："来，禹！汝亦昌言。"禹拜曰："都！帝，予何言？予思日孜孜。"皋陶曰："吁！如何？"禹曰："洪水滔天，浩浩怀山襄陵，下民昏垫。予乘四载，随山刊木，暨益奏庶鲜食。予决九川距四海，浚畎浍距川。暨稷播，奏庶艰食鲜食。懋迁有无，化居。烝民乃粒，万邦作乂。"皋陶曰："俞！师汝昌言。"

禹曰："都！帝。慎乃在位。"帝曰："俞！"禹曰："安汝止，惟几惟康，其弼直，惟动丕应。徯志以昭受上帝，天其申命用休。"

帝曰："吁！臣哉，邻哉！邻哉，臣哉！"

禹曰："俞！"

帝曰："臣作朕股肱耳目。予欲左右有民，汝翼。予欲宣力四方，汝为。予欲观古人之象，日、月、星、辰、山、龙、华虫、作会；宗彝、藻、火、粉米、黼黻，絺绣。以五采彰施于五色，作服，汝明。予欲闻六律五声八音，在治忽，以出纳五言，汝听。予违，汝弼，汝无面从，退有后言。钦四邻！庶顽谗说，若不在时，侯以明之，挞以记之；书用识哉，欲并生哉！工以纳言，时而飏之；格则承之庸之，否则威之。"

禹曰："俞哉！帝，光天之下，至于海隅苍生，万邦黎献，共惟帝臣，惟帝时举。敷纳以言，明庶以功，车服以庸。谁敢不让，敢不敬应？帝不时敷，同，日奏，罔功。"

帝曰："无若丹朱傲，惟慢游是好，傲虐是作。罔昼夜额额，罔水行舟，朋淫于家。用殄厥世，予创若时。"

禹曰："娶于涂山，辛壬癸甲；启呱呱而泣，予弗子，惟荒度土功。弼成五服，至于五千。州十有二师。外薄四海，咸建五长，各迪有功。苗顽弗即工，帝其念哉！"

帝曰："迪朕德，时乃功，惟叙。"

皋陶方祗厥叙，方施象刑，惟明。

夔曰："戛击鸣球，搏拊，琴、瑟，以咏。"祖考来格，虞宾在位，群后德让。下管鼗鼓，合止柷敔，笙镛以间，鸟兽跄跄，《箫韶》九成，凤皇来仪。

十二黼黻——日。

十二黼黻——月。

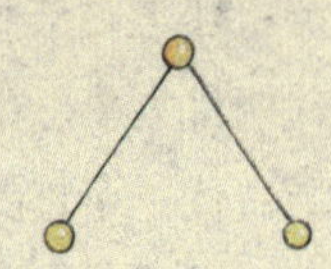
十二黼黻——星。

十二黼黻——山。

十二黼黻——火。

十二黼黻——龙。

夔曰："於！予击石拊石，百兽率舞，庶尹允谐。"

帝庸作歌。曰："敕天之命，惟时惟几。"乃歌曰："股肱喜哉！元首起哉！百工熙哉！"

皋陶拜手稽首飏言曰："念哉！率作兴事，慎乃宪，钦哉！屡省乃成，钦哉！"乃赓载歌曰："元首明哉，股肱良哉，庶事康哉！"又歌曰："元首丛脞哉，股肱惰哉，万事堕哉！"

帝拜曰："俞！往钦哉！"

十二黼黻——华虫。

【译文】

帝舜对禹说："来吧，禹！你也说说你的好意见。"禹拜谢道："啊！舜帝，让我说什么呢？我只是想每天孜孜不倦地为陛下工作罢了。"皋陶说："啊！你是怎么做的呢？"禹说："洪水弥漫连天，浩浩荡荡地包围了山岳，淹没了丘陵，老百姓有溺水之患。我乘坐四种运载工具，沿着山路砍削树木作为标识，和益一起把刚宰杀的鸟兽送给百姓。我疏通九州的大河，把河水引进大海，还挖深疏通了田地里的大水沟，把水引入大河之中。我又和稷一起种植粮食，把百谷和鸟兽之肉赠与百姓。我发展贸易，让人们互通有无，各诸侯国才得以安定。"皋陶在旁说："对啊！你这番话说得真好啊！"

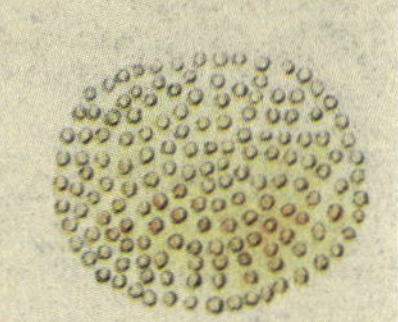

十二黼黻——米粉。

十二黼黻——藻。

禹说："啊！舜帝，你要特别小心谨慎地对待在位的大臣啊！"舜帝说："是呀！"禹说："举止要稳重，（不要当止而不停止，）要考虑天下的安危，任用刚直不阿的良臣辅佐你，这样，君主一有行动，就会立即得到万民的响应。等待有德之人明确地接受上帝的旨意，上帝就会再次告诉你施行美好的德政。"

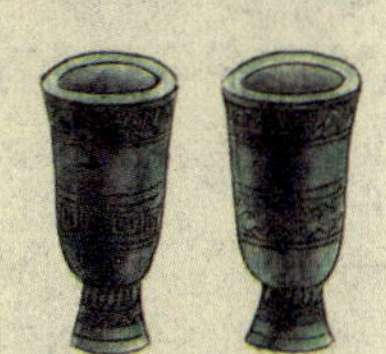

十二黼黻——宗彝。

舜帝说："啊！大臣就是我的至亲啊！我的至亲就是大臣啊！"

禹说："是啊！"

舜帝接着说："臣子应该成为我的手足耳目。我要引导人民，你应当辅佐我完成这样的大业。我要努力治理四方，你应尽力帮助我。我想把古人服饰上的图案展示给大家看，把日、月、星、辰、山、龙、野鸡等图案，绘制到衣服上；把虎、水草、白米以及各种花纹绣到衣服上。用五彩颜料按五种色别做成礼服，你们要把这些事都做好。我要听六律、五声、八音等各种乐律，通过声音来考察治乱，以听取各方面的意见。你要仔细听清楚，我有过失之处，你要匡正扶助我，你不要当面唯唯诺诺，下去就在背地里议论。我敬重前后左右的大臣，至于那些进谗言邀宠信的邪恶之徒，如果不能懂得做臣子的道理，那就用射侯之礼明确地教训他们；用鞭打惩戒他们；用刑书记录他们为非作歹的行为，要用这三种办法让他们重获新生。根据进纳

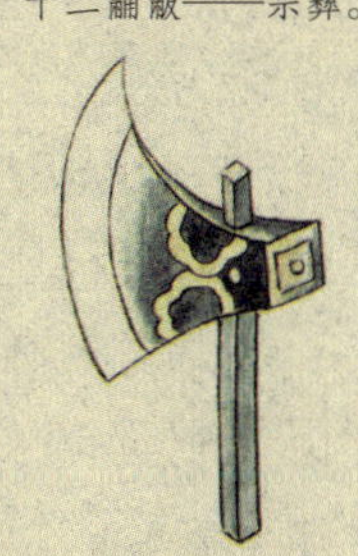

十二黼黻——黼。

十二黼黻——黻。

▲ 禹王治水

的言论选用官吏，有善则扬，正确的意见要遵照执行，否则就要用刑罚来威慑他。”

禹说：“好啊！舜帝，普天之下以至于四海之内的所有百姓，天下万邦的众多贤士，都是你的臣民，你要根据时势举拔任用。周到地倾听和采纳他们的意见，公正明确地任用他们，使其建立功勋，论功行赏，赐予他们不同等级的车马礼服，这样谁敢不让贤呢？谁敢不恭敬地响应帝命呢？如果你不善于区分，而是让贤愚善恶的人同时在位，那么即使天天举用人，治国也不会取得成效。”

帝舜说：“不要像丹朱那样傲慢，不要只想着懒惰嬉戏，不要日夜不停地纵情享乐。当大水退去时，他还让人载着他在浅水里推来拖去，供他玩耍，甚至在家里也肆意淫乱。因为这些情况，最终使他失去了继承帝位的资格。我实在为他感到悲哀啊！”

禹说：“我娶了涂山氏的女儿为妻，在辛日那天成婚，只在家中度过壬日、癸日、甲日，就离家忙着去治理洪水了。儿子启出生以后在家呱呱地哭，我也顾不上爱抚他，只是忙着尽全力治理洪水。最终辅佐陛下完成了划天下为五服的大业，使四方疆域扩展到离王城五千里远的地方。每州征集三万人，从九州一直到四海边地，每五方诸侯各设一个诸侯长，让他按照正道领导治水事业。只有三苗不服管教，负隅抵抗。舜帝，你可要多加注意啊！”

舜帝说：“还是用德教去引导他们吧，如果能够顺应时势行事，三苗应该会顺从我。”

现在皋陶正恭谨地从事自己的事业，正把各种刑罚的图案刻到器物上，用以警示民众，以使他们畏服。”

夔说：“我们敲击石磬，打起搏拊，弹奏琴瑟，唱起歌来吧！”乐声感动了祖先，神灵全都降临。这时舜帝的宾客都就位了，各国诸侯登堂助祭，也都以德相互礼让。庙堂之下吹起管乐，小鼓和大鼓齐奏，用柷敔相配合，用匏笙和镛钟作为间奏，扮演飞禽走兽的舞队踏着节奏起舞。舜的大舞《箫韶》九曲演奏完毕以后，扮演凤凰的舞队也成双成对地翩翩起舞了。

夔又说：“啊！我击打着石磬，扮演各种兽的舞队相继起舞，诸位官员也合着曲子一起跳舞吧。”

舜帝即兴唱了一首歌，他唱道：“遵从上天的命令，像这样就差不多了。”接着唱道：“大臣们欢欣鼓舞啊！君王们多么兴奋啊！百事待举啊！”

皋陶跪拜叩首，大声说道：“要牢记君主的教导啊！要统率群臣勤于政事，慎行法令，

要认真啊！还要不断地对自己的所作所为进行反思，使事业获得成功，更应该恭谨行事啊！”于是接着作歌唱道：“君主英明啊！大臣都贤良啊！万事康达啊！”停了一会儿又唱道：“君王不能忙着做细碎小事啊！大臣不能怠惰啊！各种事业不能荒废啊！”

舜帝行礼拜谢说：“是啊！大家都去勤勉做事，来完成我们的事业吧！”

牧 誓

【原文】

武王戎车三百两，虎贲三百人，与受战于牧野，作《牧誓》。

时甲子昧爽，王朝至于商郊牧野，乃誓。王左杖黄钺，右秉白旄以麾，曰：“逖矣，西土之人！”王曰：“嗟！我友邦冢君御事，司徒、司马、司空，亚旅、师氏，千夫长、百夫长，及庸、蜀、羌、髳、微、卢、彭、濮人，称尔戈，比尔干，立尔矛，予其誓。”

王曰：“古人有言曰：‘牝鸡无晨；牝鸡之晨，惟家之索。’今商王受惟妇言是用，昏弃厥肆祀弗答，昏弃厥遗王父母弟不迪，乃惟四方之多罪逋逃，是崇是长，是信是使，是以为大夫卿士。俾暴虐于百姓，以奸宄于商邑。今予发惟恭行天之罚。今日之事，不愆于六步、七步，乃止齐焉。夫子勖哉！不愆于四伐、五伐、六伐、七伐，乃止齐焉。勖哉夫子！尚桓桓，如虎如貔，如熊如罴，于商郊。弗迓克奔以役西土。勖哉夫子！尔所弗勖，其于尔躬有戮！”

【译文】

周武王出动战车三百辆，勇士三千人，与商纣在牧野决战。史官把这件事记录下来，

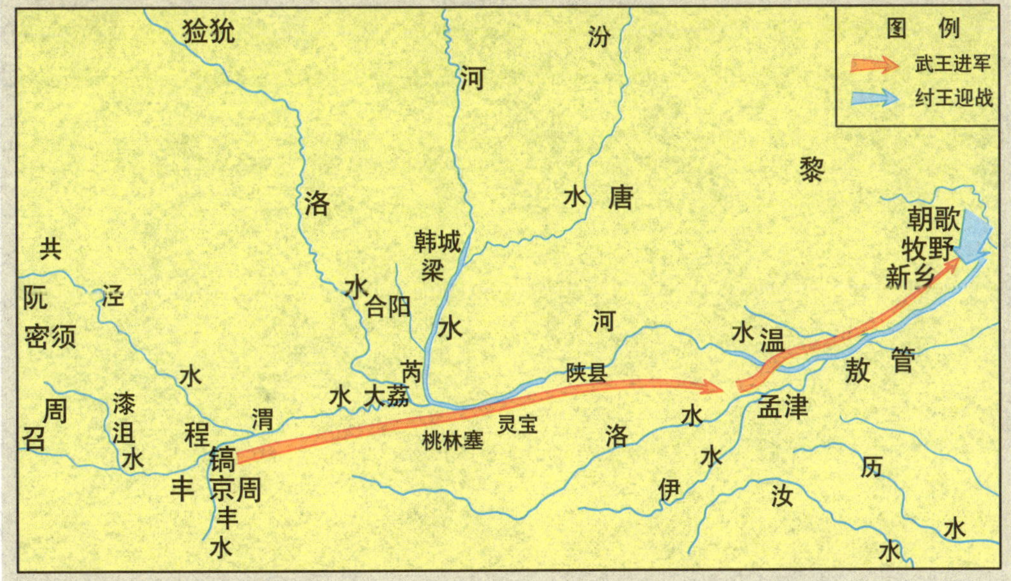

▲ 牧野之战示意图

写成《牧誓》。

甲子日黎明时分，周武王率军来到商都郊外的牧野，举行誓师。武王左手拿着黄色大钺，右手挥舞着白色旄牛尾做的旗子，说："你们长途跋涉，辛苦啦，西方的将士们！"接着说道："啊！我们友好之邦的国君们和办事的大臣们，司徒、司马、司空，亚旅、师氏，千夫长、百夫长，以及庸、蜀、羌、髳、微、卢、彭、濮各国的军士们，举起你们的戈，排好你们的盾，竖起你们的矛，我将要宣读誓词了。"

武王说："古人说：'母鸡不报晓；如果母鸡报晓，那么这户人家就要衰落了。'现在商纣王只听信妇人的话，轻视并抛弃祖宗祭祀而不闻不问，轻视并舍弃同祖兄弟而不任用，对四方重罪逃犯，则推崇尊敬，信任重用，让他们担任大夫、卿士。这些人对百姓施行暴政，在商国的都城违法作乱。现在，我姬发奉天命进行惩讨。今天作战的时候，我们的阵列前后距离，不得超过六七步，要保持整齐，不得拖拉。将士们，要努力呀！刺击敌人时，不要超过四至七次，也要保持整齐，不得畏缩不前。努力吧，众位将士！希望你们威武雄壮，像虎貔熊罴一样勇猛，直奔商都的郊外。在战斗中，不要拒绝来投降的人，要用他们来加强我们自己。努力吧，将士们！你们如果不努力，就会被杀戮！"

礼记

——定亲疏，别同异，明是非

作者介绍

《礼记》是中国古代一部重要的典章制度书籍。编定该书的是西汉礼学家戴德和他的侄子戴圣。戴德选编的八十五篇本叫《大戴礼记》，在后来的流传过程中若断若续，到唐代只剩下了三十九篇。戴圣选编的四十九篇本叫《小戴礼记》，即我们今天见到的《礼记》。这两种书各有侧重和特色。东汉末年，著名学者郑玄为《小戴礼记》作了出色的注解，后来这个本子盛行不衰，并由解说经文的著作逐渐成为经典，到唐代被列为“九经”之一，到宋代被列入“十三经”之中，为士者必读之书。

经典概述

《礼记》成书于汉宣帝时期。汉宣帝长期在民间生活，深知民间疾苦，他在位时期，勤俭治国，整肃吏治，政治清明，社会经济繁荣。为了巩固统治，宣帝进一步确定儒家地位，召集著名儒生在未央宫讲论五经，并组织学者进一步整理研究儒家著述。继汉武帝“罢黜百家，独尊儒术”之后，儒家学说在宣帝时期得到了进一步的阐释和发扬。

▲《礼记》书影

《大学》是儒家思想中重要的政治哲学典籍，出自《礼记》，所阐释的内容是一种修己治人之道。

《礼记》49篇，共约9万字。内容主要是记述先秦的礼仪制度，阐释《仪礼》，记录孔子与弟子的言论等。

《礼记》流传到现在的有38篇《大戴记》和49篇《小戴记》，我们现在说的《礼记》就是《小戴记》。

《礼记》中的《礼运》篇讲述了大同社会的政治原理，康有为著的《大同书》其理论渊源就在这里。孙中山先生曾亲笔书写《礼运》篇，三民主义也从《礼记》中吸取了合理成分。我们现在讲的“小康社会”，其概念也源于此。

《礼记》中的《学记》讲的是教育原理。《礼记》中的《大学》讲的是“修身、齐家、治国、平天下”一套完整的社会政治原理。《礼记》中的《中庸》讲的是宇宙观和人生哲学。《大学》《中庸》两篇被宋代的朱熹从《礼记》中抽出来，与《论语》《孟子》合编为“四书”。

精华内容

【原文】

夫礼者，所以定亲疏，决嫌疑，别同异，明是非也。礼，不妄说人，不辞费。礼，不逾节，不侵侮，不好狎。修身践言，谓之善行。行修言道，礼之质也。礼，闻取于人，不闻取人；礼，闻来学，不闻往教。

【译文】

礼是用来区分人与人关系上的亲疏，判断事情之嫌疑，分辨物类的同异，分明道理之是非的。依礼而说：不可以随便讨人喜欢，不可说些做不到的话。依礼则行为不越轨，不侵犯侮慢别人，也不随便与人称兄道弟装作亲热。自己时常警惕振作，实践自己说过的话，这可称为完美的品行。品行修整而言行一致，这就是礼的实质。依礼而言，听说它是被人取法的，没听说它主动去向人取法什么。所以礼只听说愿学者来学，没听说知礼的人去别人那里传授。

【原文】

道德仁义，非礼不成；教训正俗，非礼不备；分争辩讼，非礼不决；君臣、上下、父子、兄弟，非礼不定；宦学事师，非礼不亲；班朝治军，莅官行法，非礼威严不行；祷祠祭祀，供给鬼神，非礼不诚不庄。是以君子恭敬撙节退让以明礼。鹦鹉能言，不离飞鸟；猩猩能言，不离禽兽。今人而无礼，虽能言，不亦禽兽之心乎。夫唯禽兽无礼，故父子聚麀。是故，圣人作，为礼以教人，使人以有礼，知自别于禽兽。

▲ 臣子拜见皇帝图

图中皇帝高坐于堂上，左右有太监、仕女侍候，堂下一臣子匍匐在地上毕恭毕敬地叩头，似乎在等待皇帝的吩咐。这幅图表现了封建社会臣子对皇帝的绝对服从。

【译文】

道德仁义，没有礼就不能完成；教育训导，端正风俗，没有礼就不能完备；争辩事理，没有礼就无法决定

是非曲直；君臣、上下、父子、兄弟关系，没有礼就不能确定；为做官学习而侍奉师长，没有礼就不能亲密；朝廷的职位品级，部队的组织管理，到职任事，执行法令，没有礼，将失去威严；无论是特殊的祭祀或例行的祭拜，供养鬼神，没有礼就会失去诚意和严肃的精神。所以，有德有位的君子一定要以恭敬谦抑退让的精神来彰明礼教。鹦鹉虽能说话，也不过是飞鸟；猩猩虽能说话，终不过是走兽。现在人如果不讲礼义，虽然能够说话，不也是禽兽之心吗？唯有禽兽没有礼，所以父子共一头牝兽。古代圣人，为着这个缘故，特依道德仁义而制定了一套标准的行为，使得人人的行为有了准则，而知道自己不是禽兽。

【原文】

人生十年曰幼，学。二十曰弱，冠。三十曰壮，有室。四十曰强，而仕。五十曰艾，服官政。六十曰耆，指使。七十曰老，而传。八十、九十曰耄，七年曰悼。悼与耄，虽有罪不加刑焉。百年曰期、颐。

【译文】

人从出生至十岁，可称为“幼”，开始外出就学。到二十岁，学识经验虽还不够，但体力已近于成人，故可行加冠之礼，从此把他当作成人看待。三十岁，体力已壮，可以结婚成家室。到了四十岁，才称得上是强，可以入仕，服务于社会。五十岁，才能已够老练，可以治理大众的事。六十岁，体力开始衰弱，不宜从事体力劳动，但能凭经验指导别人。七十岁已到告老的年龄，应将工作责任交付后人。到了八十岁、九十岁，视力听力心力皆衰耗，可称为“耄”；七岁时天真可爱，可称为“悼”。到了耄年的人和七岁天真可爱的儿童一样，即使犯了什么过错，都是可以原谅的，不施以刑罚。若到了百岁，那是人生之极，只待人供养了。

【原文】

古之教者，家有塾，党有庠，术有序，国有学。比年入学，中年考校。一年，视离经辨志。三年，视敬业乐群。五年，视博习亲师。七年，视论学取友，谓之小成。九年，知类通达，强立而不反，谓之大成。夫然后足以化民易俗，近者说服而远者怀之。此大学之道也。《记》曰：“蛾子时术之。”其此之谓乎?

【译文】

古代的教育，家里有私塾，党中有学校，遂中和国都有学校。学子们每年入学一次，隔年考试一次。学习一年过后，要考察学子们读经断句的能力以及他们的学习志趣；学习三年过后，要考察学子们是否专心致力于学业以及是否与同学们和乐相处；学习五年过后，要考察学子们是否能够广博地学习并亲敬师长；学习七年过后，要考察学子们谈论学问的深浅以及结交什么样的朋友，至此，学子们的学习便可以称之为学业小成。学习九年过后，学子们要能够触类旁通，有自己独立的见解而不违反师道，这就可以称之

▲ 孔子讲学图 清

此图表现了春秋时期孔子在杏坛讲学的情景。图中孔子端坐讲授，弟子们在周围恭敬地聆听。作品因是宫廷绘画，所以特别讲求用色和整体结构。

为学业大成。这之后，就可以教化人民，移风易俗，使自己身边的人心悦诚服，使远方的人也都慕名归附，这便是大学教育的宗旨。《记》中说："蚂蚁随时都在衔泥，（久而久之）也就积成土堆。"大概说的就是这层意思吧？

【原文】

学者有四失，教者必知之。人之学也，或失则多，或失则寡，或失则易，或失则止。此四者，心之莫同也。知其心，然后能救其失也。教也者，长善而救其失者也。

善歌者，使人继其声。善教者，使人继其志。其言也约而达，微而臧，罕譬而喻，可谓继志矣。

【译文】

学生容易犯四种错误，教师在教学过程中一定要注意。人们在学习过程当中，有的失于贪多，有的失于求少，有的失于求易，有的失于半途而废。以上四者，心理变化都是不一样的，各有各的特点。只有了解学生们的各种心理，才能纠正他们容易犯的各种错误。教育目的的根本，就在于使人的长处得到发扬、使他们的错误得到纠正。

善于唱歌的人，能够吸引别人跟着自己一块儿唱；善于教学的人，能够影响别人继承自己的治学志向。老师的语言应该言简意赅，含蓄精妙，比喻要少用且明白易懂，（能做到以上几点）就可以称得上能使人继承他的志向了。

【原文】

凡学之道，严师为难。师严，然后道尊。道尊，然后民知敬学。是故君之所不臣于其臣者二：当其为尸，则弗臣也；当其为师，则弗臣也。大学之礼，虽诏于天子，无北面，所以尊师也。

善学者，师逸而功倍，又从而庸之。不善学者，师勤而功半，又从而怨之。善问者，如攻坚木，先其易者，后其节目，及其久也，相说以解。不善问者反此。善待问者如撞钟，叩之以小者则小鸣，叩之以大者则大鸣；待其从容，然后尽其声。不善答问者反此。

此皆进学之道也。

【译文】

大凡在求学的过程中，学生尊敬老师是最难做到的。只有老师受到了尊敬，他所教授的道理才能受到尊重。道理被人尊重了，人们才会懂得崇尚学习，养成学习之风。因此，只有两种情况国君才可不以对待臣子的礼仪对待臣下：一是当臣子充当尸的时候，国君不把他当成臣子；再就是当臣子担任自己的老师时，也不把他当臣子看待。根据大学的礼仪，老师即使被召到国君那儿去讲学，也不面朝北坐在臣子的位置上，这都是为了表现对老师的尊敬。

善于学习的人，老师无须费多少力气就可以取得事半功倍的效果，而且还能够将功劳归于老师。不善于学习的人，老师辛辛苦苦地教学也只能取得事倍功半的效果，而且还会怨恨老师。善于提问题的人，如同砍削坚硬的木头，先从比较容易砍削的部位入手，然后再是较难的结节处，砍到一定程度后，木头自然就会分解。不善于提问题的人，就刚好与此相反。善于回答问题的人就像撞钟一样，轻轻地撞击会发出轻微的声音，重重地撞击就会发出震耳的轰鸣，等到钟声渐渐消失，问题也就迎刃而解了。不善于回答问题的人，刚好与此相反。所有这些，都是促进学业进步的办法。

周易

——推天道以明人事之书

作者介绍

对《周易》的作者说法不一，传说伏羲氏画卦，周文王作彖辞，孔子作传，不见得可靠。据近人研究，它可能产生于殷周之际，是对于古代卜卦的记录，经过较长时间的积累而成。而其中的传等形成于战国晚期，是多人合手而成的。

经典概述

《周易》，又称《易经》，简称《易》，包括“经”和“传”两部分。“经”的部分主要包含卦象、卦辞和爻辞。“传”的部分主要包含彖传、象传、文言、系辞传、说卦传、序卦传和杂卦传等，古称“十翼”。从不同的角度而言，它是古代的卜筮学、哲学、预测学、信息学、系统学、伦理学、宇宙代数学的混合产物。它涉及天文、地理、气象、历法、数学、物理、化学、生物、医学、武术、炼丹、养生、哲学、历史、文学、艺术、教育、民俗、心理、伦理、军事、宗教、卜筮等等领域。它还有许多有价值的方法和思想：如简单性原则、相似性原则、循环原则以及稳定与不稳定、无穷演化的思想等等。

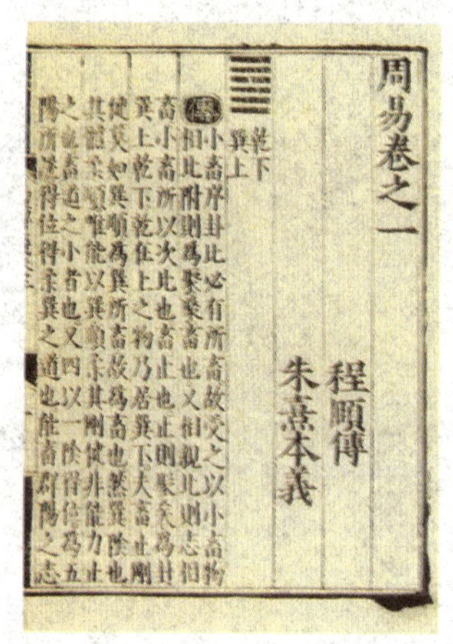

周易卷之一

程頤傳

朱熹本義

乾下
巽上

▲ 宋代程颐、朱熹注释的《周易》

《周易》认为，阴阳是天地、万物的总起源，自然界与人及动物没有什么两样，也是由两性相交产生的。万物在阴阳两势力的矛盾中产生变化，而变化的形式就是通过交感。《周易》认为世界上没有东西不在变化。变化又是有阶段性的，发展到最后阶段，就会带来相反的结果，“物极”就要走向反面。

《易传》是《易经》的解释。它包括《彖》上下、《象》上下、《系辞》上下、《文言》《说卦》《序卦》《杂卦》，也称《十翼》。《彖》是对卦辞的解释。《象》是对爻象和爻辞的解释。《系辞》总论《易经》的基本观点，阐发这些基本观点如何应用于自然和社会。《文言》专论乾、坤两卦的基本概念。《说卦》论述六十四卦的排列秩序。《杂卦》说明卦名的意义及其相互关系。

《易传》的基本思想：（一）“⚊”“⚋”宇宙存在论，“⚊”为阳爻，“⚋”

为阴爻。宇宙存在说的观点：第一，八卦产生不是人类主体思维之虚构，它来自人们“近取诸身、远取诸物”，是对宇宙客观存在的认识。第二，八卦论说宇宙生成存在的逻辑思维，是从人的生命之源，来推演宇宙其他事物之源与其变化。男女交而生人，故宇宙亦在交合中产生。第三，宇宙是对立统一体。第四，八卦用对立统一解释事物的普遍性质。六十四卦来自八卦之重叠，八卦最终取自阴（– –）阳（—）二符号，（—）（– –）二符号是对六十四卦所阐述的各种具体事物的普通性质的抽象化，（—）（– –）抽象的对立统一物，代表了事物的普通性质。（二）“变则通”的宇宙发展论。第一，《易传》肯定事物都在发展变化中存在，“易穷则变，变则通，通则久”。第二，变化是事物吉凶的征兆。第三，事物的变化的原因是事物间相互交感的矛盾运动。（三）《易传》社会学说：《易传》对自然的揭示，为人类社会管理提供了摹拟的依据。在孔子看来，有一种本质无边的东西存在，那就是天（乾）一定在上，地（坤）一定在下，在上者必尊，在下者必卑。这种上下有序，尊卑有别的思想，便形成了儒家政治思想的基础。

▲ 秋窗读易图　南宋　刘松年

《周易》一书自从问世以来，便成为士大夫的必读书，观卦象、玩卦辞，将人生哲理结合本身生活经历一一加以发挥，以便更好地修身养性，陶冶性情。秋窗读《易》，足见《易》中境界之宏伟。

《周易》把“道”作为宇宙的本体，如履卦九二爻辞有：“履道坦坦，幽人贞吉。”随卦九四爻辞：“有孚在，道以明，何咎。”这里所讲的“道”，就是作为宇宙本体的“道”。“十翼”对于《周易》所提出的作为宇宙本体的“道”可以说是理解很深刻、发挥很透彻的，超越了《周易》作者的水平。

精华内容

【原文】

《象》曰：天行健，君子以自强不息。

【译文】

《象传》说：天道刚健，君子取法天道，自强不息。

【原文】

《象》曰：地势坤，君子以厚德载物。

【译文】

《象传》说：地势柔顺，君子取法大地厚德载物。

【原文】

积善之家，必有余庆，积不善之家，必有余殃。臣弑其君，子弑其父，非一朝一夕之故，其所由来者渐矣，由辩之不早辩也。《易》曰：“履霜，坚冰至”，盖言顺也。

【译文】

积善的人家，必然多福庆，积不善的人家，必然多灾殃。臣弑君，儿弑父，不是一朝一夕的缘故，它所以变成这样是渐成的，是由可以察觉却没有早点察觉造成的。《周易》说“踩上霜，坚冰也将来临”，大概说的就是这种事物发展的必然趋势吧。

【原文】

九三　无平不陂，无往不复；艰贞，无咎；勿恤其孚，于食有福。

【译文】

九三　没有哪种平坦，永远不会倾斜，没有哪种失去，永远不会得回；事情艰难也要坚守正道，自然是无害的；不用忧虑无法取信于人，生活是会变富足的。

【原文】

《彖》曰：《谦》，“亨”。天道下济而光明，地道卑而上行。天道亏盈而益谦，地道变盈而流谦，鬼神害盈而福谦，人道恶盈而好谦。谦，尊而光，卑而不可逾，君子之终也。

【译文】

《彖传》说：《谦》卦是亨通的。天道屈尊向下，照耀成就地上的万物，地道谦逊卑下，从而使得地气得以上升。天道减损盈满的，补充谦虚的；地道毁坏盈满的，增益谦虚的；鬼神道伤害盈满的，造福谦虚的；人道厌恶盈满的，喜爱谦虚的。秉守谦虚，居尊位时是光荣，居卑位时也不会遭人羞辱，这就是君子的好结果。

【原文】

《彖》曰：《家人》，女正位乎内，男正位乎外，男女正，天地之大义也。家人有严君焉，父母之谓也。父父，子子，兄兄，弟弟，夫夫，妇妇，而家道正。正家而天下定矣。

▲ 文王演易

【译文】

《象传》说：《家人》卦的象征是，女子在家居正位守正道，男子在外居正位守正道，男女各守其位，这就是天地阴阳的大义。家中有严明的君长，这就是父和母。如果父有父样，子有子样，兄有兄样，弟有弟样，夫有夫样，妇有妇样，家道就端正了。家道端正了，天下也就定了。

【原文】

《象》曰：上火下泽，《睽》。君子以同而异。

【译文】

《象传》说：上火下泽，这就是《睽》卦的象征。君子取法《睽》卦，掌握同中有异、异中有同的道理。

【原文】

《象》曰：风雷，《益》。君子以见善则迁，有过则改。

【译文】

《象传》说：风和雷，这就是《益》卦的象征。君子取法《益》卦，见了善行就学习，有了过失就改正。

【原文】

《彖》曰：丰，大也。明以动，故丰。"王假之"，尚大也；"勿忧宜日中"，宜照天下也。日中则昃，月盈则食，天地盈虚，与时消息，而况于人乎，况于鬼神乎？

【译文】

《彖传》说：丰，象征丰大。如离明动而上行，君子可使事业如太阳升至高空，所以能够盛大。"王假之"，这是说君主崇尚丰大；"勿忧宜日中"，这是说君主宜以丰盛之德普照天下。太阳升中就西斜，月亮满了就亏缺，天地的盈缺，都是随着时间消长的，何况人呢，何况鬼神呢？

【原文】

是故《易》有太极，是生两仪。两仪生四象。四象生八卦。八卦定吉凶。吉凶生大业。是故法象莫大乎天地。变通莫大乎四时。县象著明莫大乎日月。崇高莫大乎富贵。备物致用，立功成器，以为天下利，莫大乎圣人。探赜索隐，钩深致远，以定天下之吉凶，成天下之亹亹者，莫大乎蓍龟。是故天生神物，圣人则之；天地变化，圣人效之；天垂象，见吉凶，圣人象之；河出图，洛出书，圣人则之。《易》有四象，所以示也；系辞焉，所以告也；定之以吉凶，所以断也。

【译文】

所以《周易》有太极，太极生两仪，两仪生四象，四象生八卦，通过八卦可以判定

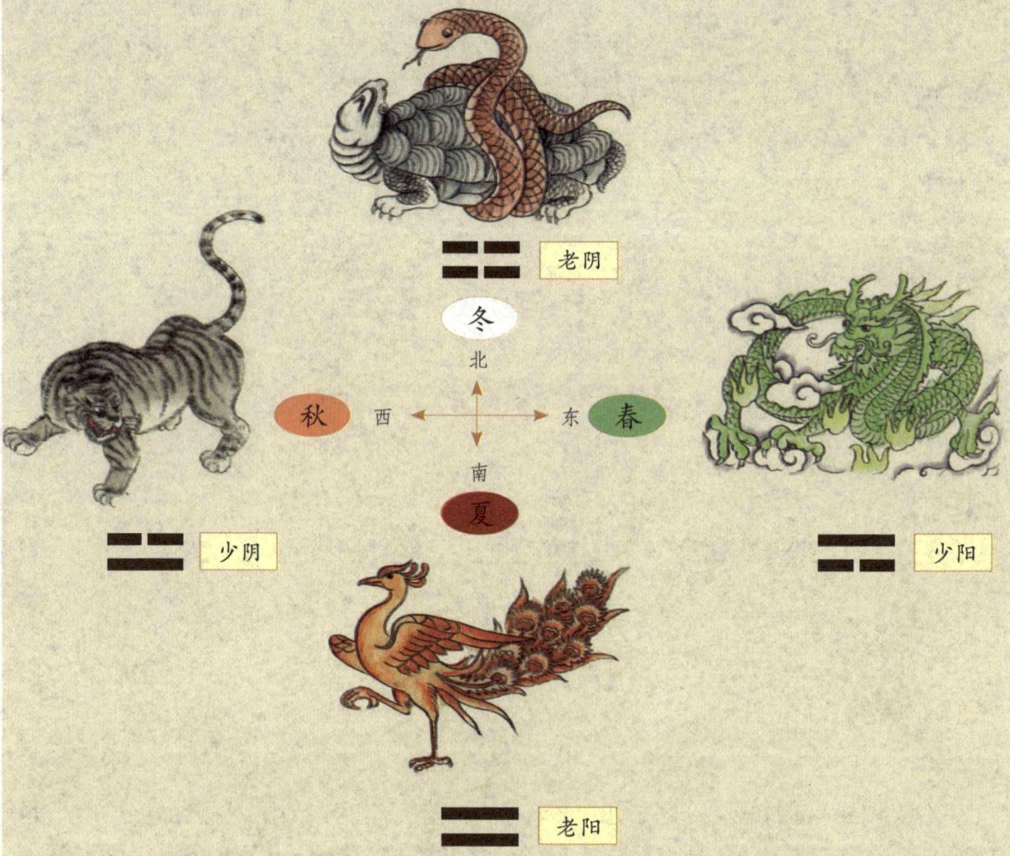

▲ 四象

四象是指阴阳消长的四种特征，分别是老阳、老阴、少阳、少阴。

吉凶。趋吉避凶可以产生大事业。所以能够效法的对象没有比天地更大的，灵活变通没有比四季更显著的，高悬的各种物体的光明没有比日月更亮的，地位崇高没有比富贵更高的。预备物质供人使用，付出功劳制成器具，以利于天下的人，没有比圣人更伟大的。探求繁杂隐晦、深奥久远的事理，来判定天下的吉凶，并且成就天下的勤勉的事业的，没有比蓍龟更大的。所以上天生出蓍龟这样的神物，圣人就取法它创立筮法。天地万物变化无穷，圣人就取法它形成卦变。上天显现种种天象，显明吉凶，圣人就用卦象象征它。黄河出现龙图，洛水出现龟书，圣人就取法它创造了八卦和《九畴》。《周易》有四象，是用来显示事物变化的，系辞，是用来告诉人们卦爻的含义的，在系辞中确定吉凶，是用来裁断人们的行动去向的。

左传

——中国史学叙事传统的开山之作

作者介绍

▲ 左丘明像

《左传》是研究春秋历史的最重要典籍，而且在文学史上也有极高的价值。然而这样一部史学和文学的名著，它的作者究竟是谁，历来众说纷纭，莫衷一是。自西汉以来的许多记载，都说《左传》是左丘明所撰。司马迁在《史记·十二诸侯年表序》中称："鲁君子左丘明惧弟子人人异端，各安其意，失其真，故因孔子《史记》(即《春秋》)，具论其语，成《左氏春秋》。"《汉书·艺文志》著录有"《左氏传》三十卷"。班固自注云："左丘明，鲁太史。"刘歆亦谓："《春秋左氏》，丘明所修。"然而这个说法是大成问题的。《论语·公冶长》篇载孔子曰："巧言、令色、足恭，左丘明耻之，丘亦耻之；匿怨而友其人，左丘明耻之，丘亦耻之。"据此，左丘明是孔子尊重的前贤，不是孔丘的弟子，年龄不会小于孔子。但《左传》记事，却说到晋"知伯贪而愎，故韩、魏反而丧之"，还称赵无恤之谥为"赵襄子"。知伯之灭在孔子死后26年，赵无恤之死更在其后，左丘明怎么能活到那时？再说，《左传》的文风绝不同于孔子。可见《左传》的作者绝不会是与孔子同好恶的左丘明。在清代和近现代，还有一些学者如刘逢禄、康有为、徐仁甫等，认为《左传》是刘歆窜乱他书的伪作而托之左丘明。这种说法因论据不足而多为人所不取。究竟《左传》是左丘明写的，或是左史倚相、子夏、吴起所纂，还是哪些人的集体创作？要作一个明晰的结论，实在不是一件容易的事。鉴于《左传》所记涉及孔子死后数十年之事，而其文风又驳杂浮夸，故历来有不少学者，如唐人赵匡，宋人叶梦得、郑樵等，都认为《左传》的作者不是左丘明，而是战国时代的另一个左氏，却又说不出他的名字。目前一种较有影响的说法，认为《左传》是由吴起纂集而成。此说源自清代的姚鼐、章炳麟，而现代学者郭沫若、童书业、钱穆等都赞同之。

经典概述

《左传》全名《春秋左氏传》，或称《左氏春秋》，是我国古代记述春秋时期周王与各诸侯国事迹的编年体史书。全书共有18万余字，始于鲁隐公元年(前722年)，迄于鲁

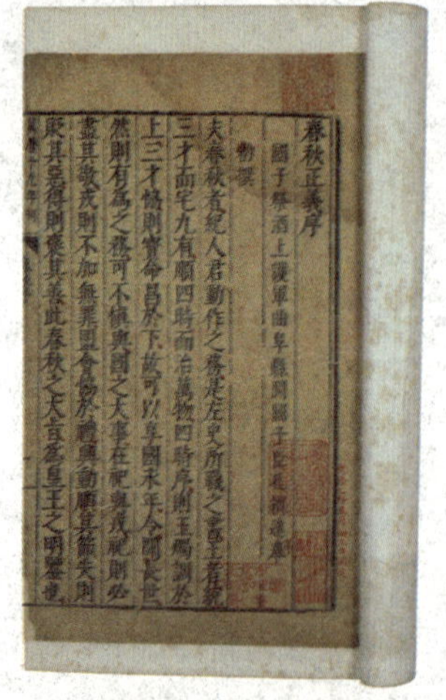
春秋正義序
國子祭酒上護軍曲阜縣開國子臣孔穎達奉
勅撰
夫春秋者紀人君動作之務是左史所職之書王者統
三才而宅九有順四時而治萬物四時序則玉燭調於
上三才協則寶命昌於下故可以享國永年令聞長世
然則有為之務可不慎與國之大事在祀與戎祀則必
盡其敬戎則不加無罪盟會協於禮興動順其節失則
貶其惡得則褒其善此春秋之大旨為皇王之明鑒也

▲《春秋左传正义》书影

悼公四年（前464年），前后长达259年。《左传》一书，丰富多彩。其主要内容为春秋列国的政治、外交、军事各方面的活动及有关言论。其次则为天道、鬼神、灾祥、卜筮、占梦之事，作者认为可资劝戒者，无不记载。

《左传》的记事文体大概可分三类，每类的来源不同，其史料价值因之而异。第一种是文字比较简短，但有月日，此类应出自当时史官记事，其史料价值最高。其次是一般记事，包括那些零星的故事，一般无时间记载，多半出自各国私人记录，史事与传说都有，一般是可信的，少数是后人插入的，那就不可信了。再其次是一些长篇大论的文章，类似《国语》，很像后人借题发挥，其可信度就很小了，有的是不可信的，当分别观之。

《左传》叙事，往往很注重完整地叙述事件的过程和因果关系。《左传》叙事最突出的成就在描写战争。《左传》的战争描写，全面反映了《左传》的叙事特点。《左传》一书，记录了大大小小几百次战争，城濮之战、崤之战、邲之战、鄢陵之战等大战的描述历来被人们赞不绝口，不计其数的小战役也写得各具特色、精彩生动。一般说来，《左传》写战争，不局限于对交战过程的记叙，而是深入揭示战争起因、酝酿过程及其后果。《左传》对事件因果关系的叙述，还常有道德化与神秘化的特点。《左传》是一部历史著作，但作者有时就像一个故事讲述者，把事件叙述得颇具戏剧性。大量生动的戏剧性情节，使这部作品充满故事性。不仅如此，《左传》有的叙事记言，明显不是对历史事实的真实记录，而是出于臆测或虚构。《左传》叙事中人物的行动、对话构成了表现人物的主要手段，而绝少对人物进行外貌、心理等主观静态描写。通过人物在重大历史事件中的言行，人物性格得以展现，形象得以完成。《左传》在战争描写中还有许多与整个战局关系不大的事，这些事只是反映了战争的一些具体情状，在战争中并不具有重要意义。《左传》还在复杂的战争过程、政治事件中，大量描写细节。作为历史著作，这些描写内容完全可以不写或略写，但《左传》却大量地描写了这些琐事细节，它们在叙事生动和人物刻画方面具有文学意义。

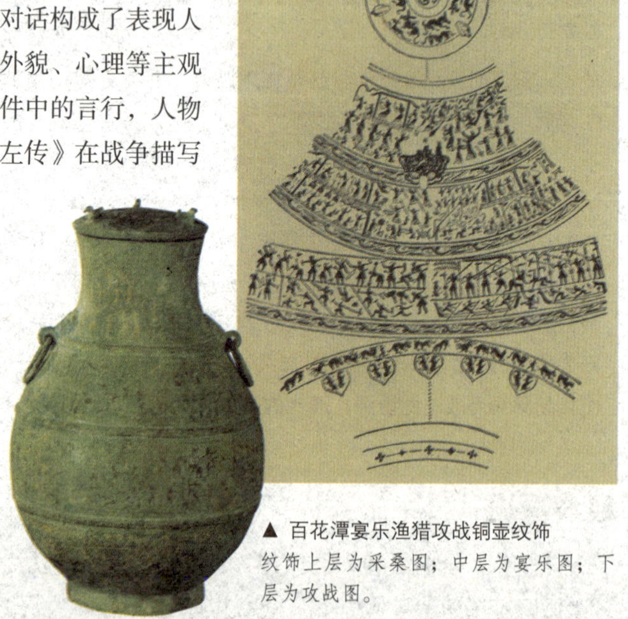

▲ 百花潭宴乐渔猎攻战铜壶纹饰

纹饰上层为采桑图；中层为宴乐图；下层为攻战图。

由于春秋战国间社会变革的影响，《左传》通过人物言行所表现的进步思想是很显著的。首先是民本思想，例如卫人逐其君，晋侯以为太甚。师旷说："或者其君实甚……夫君，神之主也，民之望也。若困民之主，匮神乏祀，百姓绝望，社稷无主，将安用之？弗去何为？"又说："天之爱民甚矣！岂其使一人肆于民上，以从（纵）其淫，而弃天地之性？必不然矣。"（襄公十四年）师旷这番议论，在从前是不可想象的。他表面上似乎没有摆脱天道鬼神的观念，但实际上却是根据人民利害来发表他的政见的。其次是爱国思想。弦高遇秦兵侵郑，机智地以犒师为名，因而保全了郑国（僖公三十三年）。吴师入郢，昭王奔随。申包胥如秦乞师，七日夜哭不绝声，勺饮不入口。秦竟出兵，败吴而复楚（定公四年）。作者记载这些动人的历史事件，就是有意表扬他们高度的爱国主义精神。

▲ 春秋战国时期诸侯王车仗出行图　南宋　马和之

精华内容

曹刿论战

【原文】

十年春，齐师伐我。公将战。曹刿请见。其乡人曰："肉食者谋之，又何间焉？"刿曰："肉食者鄙，未能远谋。"乃入见。

问："何以战？"公曰："衣食所安，弗敢专也，必以分人。"对曰："小惠未遍，民弗从也。"公曰："牺牲玉帛，弗敢加也，必以信。"对曰："小信未孚，神弗福也。"公曰："小大之狱，虽不能察，必以情。"对曰："忠之属也，可以一战。战则请从。"

公与之乘。战于长勺。公将鼓之。刿曰："未可。"齐人三鼓，刿曰："可矣！"齐师败绩。公将驰之。刿曰："未可。"下视其辙，登轼而望之，曰："可矣。"遂逐齐师。

既克，公问其故。对曰："夫战，勇气也。一鼓作气，再而衰，三而竭。彼竭我盈，故克之。夫大国，难测也，惧有伏焉。吾视其辙乱，望其旗靡，故逐之。"

【译文】

鲁庄公十年春，齐国军队前来攻打我国，庄公准备迎击。曹刿请求进见。他的同乡人说："大官们会来谋划的，你又何必参与呢？"曹刿说："大官们见识短浅，不能深谋远虑。"于是进见。

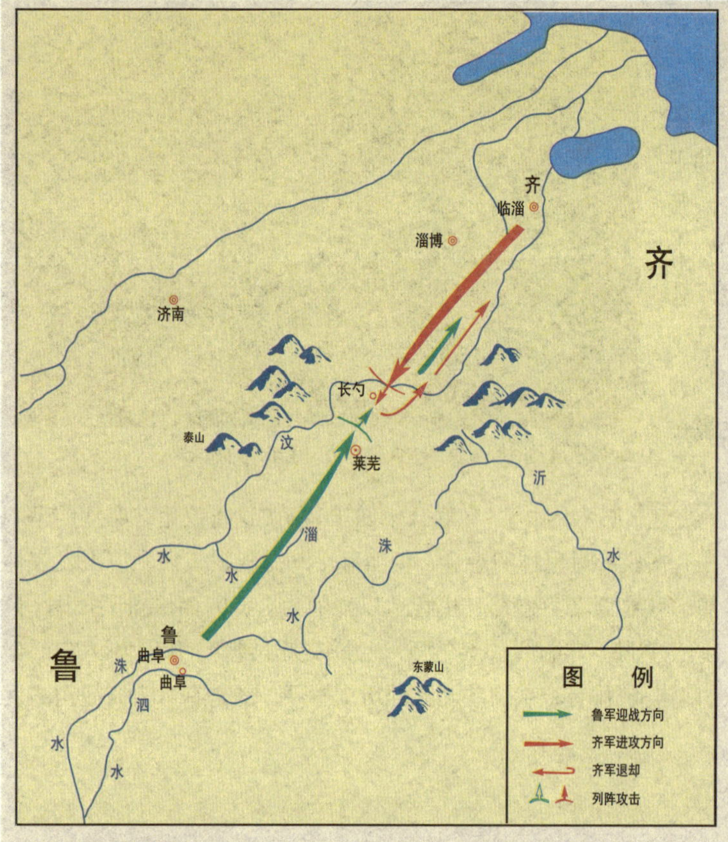

▲ 长勺之战示意图

曹刿问庄公凭什么来作战。庄公说："衣着吃食的享受，不敢独自享用，必然分给别人。"曹刿答道："小恩小惠不能遍及百姓，百姓是不会跟从您的。"庄公说："祭祀用的牛羊玉帛，从不敢虚报，必说实话。"曹刿说："小的诚实不能使神灵信任，神灵是不会赐福的。"庄公说："大大小小的诉讼官司，虽不能一一明察，但一定做到合情合理。"曹刿答道："这属于为百姓尽心办事的行动，可以凭这个条件打一仗。作战时请让我跟随您一起去。"

庄公和他同乘一辆兵车。鲁军与齐军交战于长勺。庄公将要击鼓进军。曹刿说："不行。"齐军击鼓三次之后，曹刿说："可以击鼓进军了。"齐军大败。庄公又要下令追击，曹刿说："不行。"他下车看了齐军战车的轮迹，又登上车前的横木瞭望齐军撤退的情况，这才说："可以了。"于是追击齐军。

战胜以后，庄公问他其中的缘故。曹刿回答说："作战靠勇气。击第一通鼓的时候军队的士气便振作了起来，击第二通鼓的时候士气便开始减弱了，等到击第三通鼓的时候，士气就枯竭了。敌人的士气枯竭而我军的士气旺盛，所以能够战胜他们。大国难于捉摸，恐怕藏有伏兵。我看到他们战车的车辙杂乱，望见他们的旗子倒下了，确实是在败退，所以追击他们。"

介之推不言禄

【原文】

晋侯赏从亡者，介之推不言禄，禄亦弗及。

推曰："献公之子九人，唯君在矣。惠、怀无亲，外内弃之。天未绝晋，必将有主。主晋祀者，非君而谁？天实置之，而二三子以为己力，不亦诬乎？窃人之财，犹谓之盗，况贪天之功以为己力乎？下义其罪，上赏其奸，上下相蒙，难与处矣。"其母曰："盍亦求之？以死，谁怼？"对曰："尤而效之，罪又甚焉。且出怨言，不食其食。"其母曰："亦使知之，若何？"对曰："言，身之文也；身将隐，焉用文之？是求显也。"其母曰："能如是乎？与汝偕隐。"遂隐而死。

晋侯求之不获，以绵上为之田。曰："以志吾过，且旌善人。"

▲ 民国《焚绵山》戏画

舞台上的山片靠在椅靠上便可代表崇山峻岭了。戏中人惟妙惟肖的表演加入微微踉跄的台步把介子推背母上山的艰难和决心展现无遗。

【译文】

晋文公奖赏跟随他逃亡的人，介之推不求爵禄，而赏赐爵禄的时候也没有考虑到他。

介之推说："献公有九个儿子，只有君侯还活在世上了。晋惠公、晋怀公没亲近的人，国外、国内都厌弃他们。上天还没有想让晋国灭亡，所以晋国一定会等到贤明的君主。能主持晋国祭祀大典的人，不是君侯又能是谁呢？这实在是上天要立他为君，而那几个人却认为是因为自己的力量所致，这不是欺骗吗？偷别人的财物，尚且叫作盗窃，何况是贪上天之功以为是自己的力量所致呢？下面的人把自己的罪过当成是正义，上面的人又奖赏他们的奸欺，上下相互蒙蔽，难以和他们相处。"他母亲说："你为什么不一样去请求赏赐呢？就这样死去，又能怨恨谁呢？"介之推回答说："明知错误而去效仿，罪过就重了。况且我已口出怨言，不能再吃他的俸禄了。"他母亲说："也要让君侯知道一下此事，怎样？"介之推答道："言语，是用来表白自己的。自身将要隐退，哪里还用得着表白？这样做就是想要求得显达了。"他母亲说："你能够这样吗？我同你一起隐居吧。"于是便隐居到死。

晋文公寻访他们不到，就把绵上作为他的封田，说："用这来记录我的过失，并且表彰善良的人。"

孝经

——古代儒家的伦理学著作

作者介绍

《孝经》中国古代儒家的伦理学著作。传说是孔子自作，但南宋时已有人怀疑是出于后人附会。清代纪昀在《四库全书总目》中指出，该书是孔子“七十子之徒之遗言”，成书于秦汉之际。自西汉至魏晋南北朝，注解者及百家。现在流行的版本是唐玄宗李隆基注，宋代邢昺疏。

经典概述

《孝经》共18章，全书以孝为中心，比较集中地阐述了儒家的伦理思想。它肯定“孝”是上天所定的规范，“夫孝，天之经也，地之义也，人之行也”。指出孝是诸德之本，认为“人之行，莫大于孝”，国君可以用孝治理国家，臣民能够用孝立身理家。《孝经》首次将孝与忠联系起来，认为“忠”是“孝”的发展和扩大，并把“孝”的社会作用推而广之，认为“孝悌之至”就能够“通于神明，光于四海，无所不通”。

《孝经》对实行“孝”的要求和方法也做了系统而详细的规定。主张把“孝”贯串于人的一切行为之中，“身体发肤，受之父母，不敢毁伤”，是孝之始；“立身行道，扬名于后世，以显父母”，是孝之终。它把维护宗法等级关系与为君主服务联系起来，认为“孝”

▲ 孔门弟子守丧　明

要“始于事亲，中于事君，终于立身”。《孝经》还根据不同人的身份差别规定了行“孝”的不同内容：天子之“孝”要求“爱敬尽于其事亲，而德教加于百姓，刑于四海”；诸侯之“孝”要求“在上不骄，高而不危，制节谨度，满而不溢”；卿大夫之“孝”要求“非法不言，非道不行，口无择言，身无择行”；士阶层的“孝”要求“忠顺事上，保禄位，守祭祀”；庶人之“孝”要求“用天之道，分地之利，谨身节用，以养父母”。

▲ 子路负米

《孝经》还把道德规范与法律（刑律）联系起来，认为“五刑之属三千，而罪莫大于不孝”，提出要借用国家法律的权威，维护其宗法关系和道德秩序。

《孝经》在唐代被尊为经书，南宋以后被列为“十三经”之一。在中国漫长的社会历史进程中，它被看成“孔子述作，垂范将来”的经典，对传播和维护社会伦理、社会秩序起了很大作用。

《孝经》在中国古代影响很大，历代王朝无不标榜“以孝治天下”，唐玄宗曾亲自为《孝经》作注。

精华内容

【原文】

仲尼居，曾子侍。子曰：“先王有至德要道，以顺天下，民用和睦，上下无怨。汝知之乎？”曾子避席曰：“参不敏，何足以知之？”

子曰：“夫孝，德之本也，教之所由生也。复坐，吾语汝。身体发肤，受之父母，不敢毁伤，孝之始也。立身行道，扬名于后世，以显父母，孝之终也。夫孝，始于事亲，忠于事君，终于立身。《大雅》云：‘无念尔祖，聿修厥德。’”

【译文】

孔子在家，曾子侍坐在一旁。孔子问：“先代的帝王有至高无上的品行和道德，并以此使天下人心归顺，人民和睦相处，上上下下都没有怨恨不满。你知道这是为什么吗？”曾子离开自己的座位，回答说：“学生我不够聪敏，哪里会知道呢？”

孔子说：“这就是孝。它是一切德行的根本，是教化的根源。你回原来位置坐下，我告诉你。人的身体四肢、毛发皮肤，都是父母赋予的，不敢予以损毁伤残，这是孝的

先王有至德要道，以顺天下，民用和睦，上下无怨。

开始。人在世上遵循仁义道德，有所建树，显扬名声于后世，从而使父母显赫荣耀，这是孝的终极目标。所谓孝，最初是从侍奉父母开始，然后效力于国君，最终建功立业，功成名就。《大雅·文王》篇中说过：‘怎么能不思念你的先祖呢？要称述修行先祖的美德啊！’”

【原文】

资于事父以事母，而爱同；资于事父以事君，而敬同。故母取其爱，而君取其敬，兼之者父也。故以孝事君则忠，以敬事长则顺。忠顺不失，以事其上，然后能保其禄位，而守其祭祀。盖士之孝也。《诗》云：“夙兴夜寐，无忝尔所生。”

【译文】

用侍奉父亲的心情去侍奉母亲，爱心是相同的；用侍奉父亲的心情去侍奉国君，崇敬之心也是相同的。所以侍奉母亲是用爱心，侍奉国君是用尊敬之心，两者兼而有之的是对待父亲。因此用孝道来侍奉国君忠诚，用尊敬之道侍奉上级则顺从。能做到忠诚顺从地侍奉国君和上级，既能保住自己的俸禄和职位，又能守住自己对祖先的尊敬。这就是士人的孝道啊！《诗经·小雅》里说：“要早起晚睡地去做，不要

▶ 孝经图卷　南宋　佚名

此画卷取材于儒家经典著作《孝经》十八章，每章一图，图文并茂。画面中人物虽小却形神兼备，体态各异，栩栩如生，笔触细腻而工整，设色浓艳，布局合理。

辱及生养你的父母。”

【原文】

曾子曰：“甚哉，孝之大也！”子曰：“夫孝，天之经也，地之义也，民之行也。天地之经，而民是则之。则天之明，因地之利，以顺天下。是以其教不肃而成，其政不严而治。先王见教之可以化民也，是故先之以博爱，而民莫遗其亲，陈之于德义，而民兴行。先之以敬让，而民不争；导之以礼乐，而民和睦；示之以好恶，而民知禁。《诗》云：‘赫赫师尹，民具尔瞻。’”

【译文】

曾子说：“太伟大了！孝道是多么博大高深啊！”孔子说：“孝道乃天经地义，是人类最为根本的品行。天地有其自然法则，人类从其法则中领悟到实行孝道是为自身的法则而遵循它。效法天地永恒不变的规律，利用自然四季中的优势，顺乎自然规律对天下民众施以政教。因此其教化不须严肃施为就可成功，其政治不须严厉推行就能推行。从前的贤明君主，知道通过教育可以感化民众，所以他首先表现出博爱，人民因此没有遗弃双亲的；他向人民陈述道德礼义，人民就去遵行；他又率先以恭敬和谦让垂范于人民，于是人民就不争斗；用礼仪和音乐加以引导，人民就和睦相处；告诉人民美的东西和丑的东西的区别，人民就遵从禁令而不犯法了。《诗经·小雅》中说：‘威严而显赫的太师尹氏，人民都仰望着你。’”

——中国古代第一部词典

作者介绍

《尔雅》最早著录于《汉书·艺文志》，但未记载作者姓名。对于《尔雅》的写作年代及作者，历来说法不同，有人认为是西周初年周公旦所作，后来孔子及其弟子做过增补，有人认为是孔子弟子编写的。这种种说法都令人怀疑。根据史料推测，《尔雅》成书的上限不会早于战国，因为书中所用的资料，有的来自《楚辞》《庄子》《吕氏春秋》等书，而这些书是战国时代的作品。书中谈到的一些动物，如狻猊（即狮子），据研究，不是战国以前所能见到的。《尔雅》成书的下限不会晚于西汉初年，因为在汉文帝时已经设置了《尔雅》博士，到汉武帝时已经出现了犍为文学的《尔雅注》。最初成书当在战国末年，是由当时一些儒生汇集各种资料而成。历经秦火、战乱之后，这部书在汉代初年重新问世，又经过经师儒生的陆续增补，才成为今天所见到的《尔雅》。

经典概述

已知最早提到《尔雅》这部书的是《汉书·艺文志》，其中它被著录为3卷20篇。此处所列的数字与现行本划分为19篇的歧异历来没有得到令人满意的解释。现行版本19篇，每一篇的题目都以“释”字打头，紧跟的下一个字则描述本篇中所要处理的材料的性质。全书收词语4300多个，分为2091个条目。题目及各篇的内容如下：（一）《释诂》：动词、通常用作形容词或副词的词，以及一些语法虚词。（二）《释言》：动词。（三）《释训》：原始的状态动词或者描述动词，其中许多是重叠的双音节词。（四）《释亲》：亲属称谓。（五）《释宫》：建筑用语。（六）《释器》：范围很广的器具之名，以及与使用这些词条有关的动词。（七）《释乐》：乐器名及某些音乐术语的条目。（八）《释天》：天文、历法及气象用语。（九）《释地》：地理及地质用语。（十）《释丘》：与土丘有关的用语。（十一）《释山》：与山有关的用语及著名山脉之名。（十二）《释水》：与河流、溪水有关的用语以及诸如岛屿和船舶的各种各样的相关条目。（十三）《释草》：草、草药以及蔬菜之名。（十四）《释木》：树及灌木之名。（十五）《释虫》：昆虫、蜘蛛、爬虫等虫类之名。（十六）《释鱼》：各种各样的水生动物诸如鱼、两栖动物以及甲壳类动物。

▲《尔雅》书影

相关链接

《尔雅》是一部以解释五经为主通释群书语义的训诂汇编，而训诂萌芽于春秋战国，到西汉时才有较大的发展。因为从春秋战国到西汉，几百年间，语言文字发生了很大的变化，一般人已经不大看得懂古书，需要有专门的学者来讲解。而汉代的统治者力图用儒家的经典来巩固自己的统治，于是尊《诗》《书》《礼》《易》《春秋》为五经，并设立五经博士，在官学里讲授经义。这就促进了训诂的繁荣。

（十七）《释鸟》：野禽之名。（十九）《释畜》：家养动物及家禽之名。这 19 篇的前 3 篇与后 16 篇有显著的区别，可以分成两大类。前 3 篇，即“释诂”“释言”“释训”解释的是一般语词，类似后世的语文词典。其中“释诂”是解释古代的词，它把古已有之的若干个词类聚在一起，作为被训释词，用一个当时通行的词去解释它们。“释言”是以字作为解释对象，被训释词大多只有一两个。“释训”专门解释描写事物情貌的叠音词或联绵词。《尔雅》后 16 篇是根据事物的类别来分篇解释各种事物的名称，类似后世的百科名词词典。其中“释亲”“释宫”“释器”“释乐”4 篇解释的是亲属称谓和宫室器物的名称。

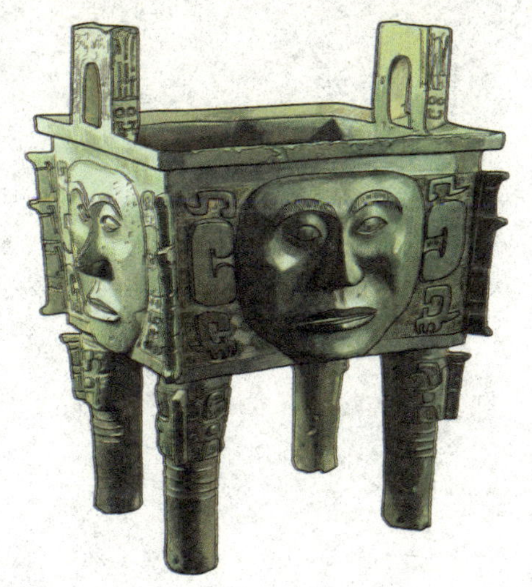

▲ 人面纹方鼎　商

在汉代，儿童在完成识字阶段的教育后，要读《论语》《孝经》和《尔雅》这 3 部书。学习《尔雅》可以“博物不惑”，多识鸟兽草木虫鱼之名，增长各种知识。用今天的标准来看，《尔雅》的知识容量比较有限，但是在古代已经非常可观了。

说文解字

——中国第一部字典

作者介绍

《说文解字》又简称《说文》，作者是东汉许慎。许慎（约58～约147年），字叔重，汉昭陵人。曾任汶长、太尉南阁祭酒。从贾逵受业，博通经籍，时人谓之“五经无双许叔重”。此书作于汉和帝永元十二年（100年），历时21年，直到安帝建光元年（121年）才告完成。许慎在病中遣其子许冲将此书连同一份相宜的奏章献给安帝。《说文》之所以会在编成之后被耽误了20多年才面世，这与许慎编纂这本书的目的，以及与一世纪末及二世纪初的汉代朝廷的政治、学术环境有密切关系。

经典概述

《说文》是中国历史上第一部字典，全书共收单字9353个，另有重文（异体字）1163个，附在正字之末，把9353个字分别归在540个部首之中。

《说文》一书的突出贡献可以概括为以下四点：

▲ 许慎像

1. 建立部首是许慎的重大创造之一。汉字是凭借形体来表示意义的，因此，对汉字义符加以分析，把所有汉字都按所属义符加以归类，这是汉字学家的工作，这项工作，由许慎最先完成了。《说文》一共分540部，除了个别部首还可以合并与调整外，从总体上说都是合理的，都符合造字意图。许慎在安排540部的次序上煞费苦心，把形体相近或相似的排在一起，这等于把540部又分成若干大类，这可以帮助读者更深刻地理解义符，更正确地理解字义。每部所属的字的排列也不是杂乱无章的，而是依据以类相从的原则。具体说来有三种情况：其一，词义相近的字排在一起；其二，词义属于积极的排在前边，属于消极的排在后边；其三，专有名词排在前边，普通名词排在后边。许慎创造的540部首和一部之中各个字的排列方法，都是从文字学角度出发的，这种排列方法更能体现部首与部首、字与字之间的意义联系，这与后世从检字法角度的分部和按笔画多少分类迥然不同。

2. 训释本义。许慎之前的经学家为经典作注，都是随文而释，所注释的字（词）义，

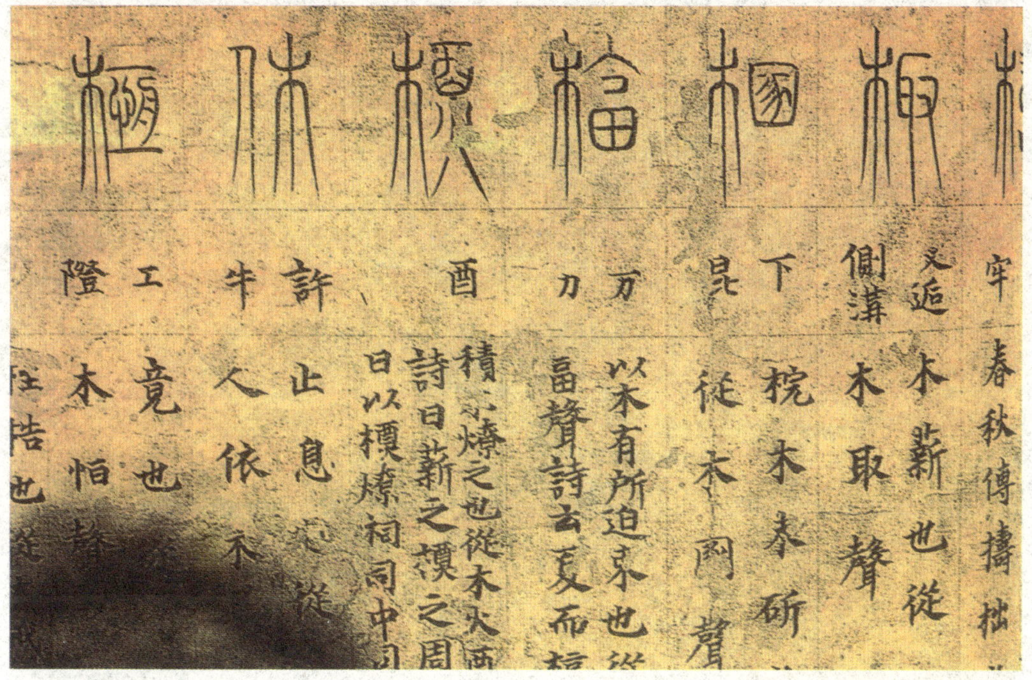

▲ 手抄说文解字帖　唐

基本上是这个字在一定语言环境中的具体意义和灵活意义。许慎在《说文》中紧紧抓住字的本义，并且只讲本义（由于历史的局限，个别字的本义讲得不对），这无疑等于抓住了词义的核心问题，因为一切引申义、比喻义等都是以本义为出发点的，掌握了本义，就能够以简驭繁，可以推知引申意义，解决一系列有关词义的问题。此外，许慎在训释本义时，常常增加描写和叙述的语言，使读者加深对本义的理解，扩大读者的知识面，丰富本义的内涵和外延。

3．对汉字形音义三方面分析。许慎在每个字下，首先训释词义，然后对字形构造进行

相关链接

《说文解字》这样一部巨著，是在经学斗争中产生的。今文经学与古文经学之争是汉代学术思想领域中最重要的一场论争。秦以前的典籍都是用六国时文字写的，汉代称六国文字为“古文”，用古文书写的经书称为古文经。秦始皇出于愚民政策的需要，把这些用古文字写成的《诗》《书》等典籍付之一炬。西汉初年，一些老年儒生凭记忆把五经口授给弟子，弟子用隶书记下来。隶书是汉代通行的文字，称“今文”，用今文书写的经书，称今文经。后来陆续发现用古文字写的经书。这样在汉代经学家中就分成了今文经学家和古文经学家。两派的区别不只是表现为所依据的经学版本和文字不同，更主要的表现为怎样使经学为封建统治服务上。今文经学家喜欢对经书作牵强附会的解释和宣扬迷信的谶纬之学；古文经学家则强调读懂经典，真正理解儒学精髓，为此侧重名物训诂，重视语言事实，比较简明质朴。许慎属于古文经学派，他编著《说文》是要以语言文字为武器，扩大古文经学在政治上和学术上的影响。

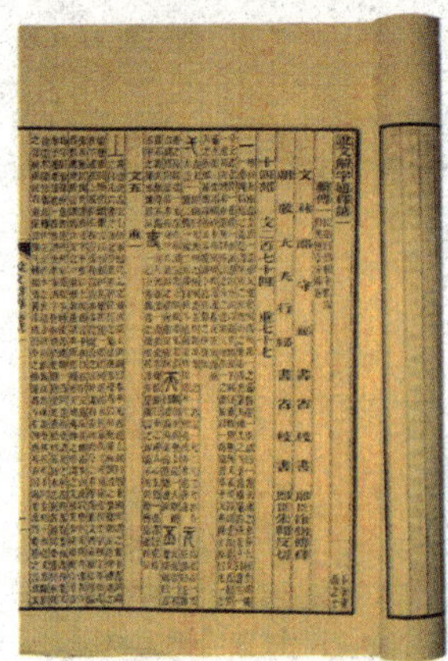

▲《说文解字通释》书影

分析，如果是形声字，在分析字形时就指示了读音，如果是非形声字，则常常用读若、读与某同等方式指示读音。汉字是属于表义系统文字，是由最初的图画文字演变而来的，这样通过字形分析来确定、证实字义完全符合汉民族语言文字的一般规律。而语音是语言的物质外壳，文字不过是记录语言的符号，许慎深知“音义相依”“义傅于音”的原则，所以在《说文》中非常重视音义关系，常常以声音线索来说明字义的由来，这为后世训诂学者提供了因声求义的原则。

4. 以六书分析汉字。在许慎之前，有仓颉依据六书造字的传说。现代文字学家认为，六书是对汉字造字规律的总结，而不是汉字产生之前的造字模式。在许慎之前，仅有六书的名称：象形、指事、会意、形声、转注、假借，没有具体阐述，更没有用来大量地分析汉字。许慎发展了六书理论，明确地为六书下定义，并把六书用于实践，逐一分析《说文》所收录的9353个汉字，这在汉字发展史和研究史上有着承前启后、继往开来的重要意义，从而确立了汉字研究的民族风格、民族特色。

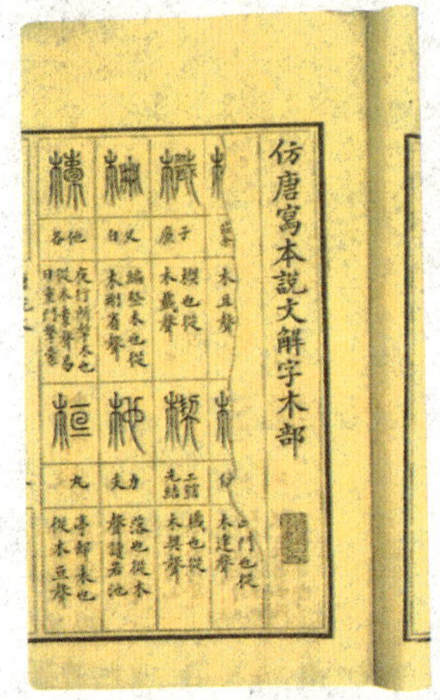
仿唐寫本說文解字木部

▲《仿唐写本说文解字》书影

《说文》尚存唐写本木部残卷一卷，存188字，清人莫友芝曾覆刻传世，并加笺识案语，图为《仿唐写本说文解字》。原件藏日本大坂杏雨书屋。

《说文》问世以后，研究者蜂起。清代是《说文》研究的高峰时期。清代研究《说文》的学者不下200人，其中称得上专家的有数十人之多。清代《说文》之学，可分为四类：其一，是校勘和考证工作，如严可均的《说文校议》；其二，对《说文》进行匡正，如孔广居的《说文疑疑》等；其三，对《说文》的全面研究，如段玉裁的《说文解字注》、桂馥的《说文解字义证》、朱骏声的《说文通训定声》、王筠的《说文句读》；其四，订补前人或同时代学者关于《说文》研究的著作，如严章福的《说文校议》、王绍兰的《说文段注订补》等。其中第三种最为重要，段玉裁、桂馥、朱骏声、王筠被誉为清代《说文》四大家。4人之中，尤以段玉裁、朱骏声最为突出。

史篇

国语

——中国最早的国别体史书

作者介绍

关于它的作者，历史上多有争议。唐宋以前，人们都认为是与孔子同时代的左丘明所著。比如西汉时的司马迁，在《史记》卷一百三十中提到左丘明整理了这部著作，还有东汉的班固、三国吴的韦昭、唐朝的刘知几等。按照他们的说法，我们可以得知《国语》的成书经过为：孔子作《春秋》后，左丘明为之作传，即《春秋左氏传》。后来，左丘明不幸失明，根据纂著《春秋》时所剩材料，编著了一本《国语》。根据《史记》记载，左丘明在20岁左右时，会见过年老的孔子，而在他编《国语》时差不多70岁了，如果真是这样，那么这部书的形成就不可能早于约公元前425年。唐宋以后很多学者对左丘明是《国语》的作者一事提出异议，现代学者中也有人认为《国语》是在战国初年编辑而成，作者有待进一步考证。

经典概述

《国语》言谈为事实而发，事实又作为言谈的验证。它着重记述“邦国成败，嘉言善语”，故名《国语》。《国语》是我国第一部纪传体史书，所记载史实的时间，上起西周周穆王征犬戎（约前976年），下至韩、赵、魏灭智伯，共约500年间的历史，内容涉及周、鲁、齐、晋、郑、楚、吴、越八国，以记载言论为主，但也有不少记事的成分。这部书不是系统完整的历史著作，除《周语》略为连贯外，其余各国只是重点记载了个别事件。可能作者所掌握的原始材料就是零散的，他只是将这些材料汇编起来，所以各国史事的详略多寡也不一样。其中《晋语》九卷，占全书近半；《周语》三卷；《鲁语》《楚语》《越语》各二卷；《齐语》《郑语》《吴语》各一卷，但《国语》不是编年体，它是以国分类。《国语》中《周语》排在最前面，内容也很丰富，它又和鲁、齐、晋、郑、楚、吴、越并列，所以又不像严格意义上的分国史体例。《国语》记载晋国史事最多，内容最丰富，其卷数占整书的近一半，相比之下，其他国的记载就很简略了，如《郑语》，仅记载了桓公与史伯的对话。因此，有人将《国语》称之为《晋史》，也是有一定道理的。

《国语》记有穆、恭、厉、幽、宣、襄、定、灵、景、敬十王的大事，为后代保留了研究周王室的宝贵资料。《国语》的《齐语》专记管仲相齐的业绩，对后人详细了解齐桓公霸业形成之经过大有裨益。《越语》用很大的篇幅，生动详细地记载了越王勾践如何忍

辱负重，发愤图强，最终灭吴的历史。《国语》很注重各国贵族的言论。

《国语》以记述西周末年至春秋时期各国贵族言论为主，通过不同风格、特色的语言来塑造人物性格，表述不同人物的思想及命运，记载波澜壮阔的历史大事。《国语》记史，生动、精练，为历代所称道。《吴语》《越语》记载吴越两国斗争始末，从吴败越，越王勾践卑事吴王夫差，最后终于灭吴，如此大事，包括两国最高层的谋略，大臣的劝谏，两国外交、内政、战争以及人心向背等，大都是通过对话来表现的。除表现重大历史事件外，作者还善于选取一些精彩的言论，用以反映重大社会问题。如《周语》“召公谏厉王止谤”一节，提出了统治者如何对待民间舆论的问题，对那些专制霸道，妄图用高压手段压制来自人民的批评的统治者提出了警告：“防民之口，甚于防川。”这一著名论断也反映了当时统治阶级中开明之士的重民思想。《国语》中的《鲁语》，记载孔子的言论，含有儒家的思想；《齐语》记管仲谈霸术，含有法家思想；《越语》记范蠡尚阴柔，功成身退，带有浓厚的道家思想。因此，《国语》又是古代思想史研究的资料来源。

國語第一
周
穆王將征犬戎祭公謀父諫曰不可先王耀德不
觀兵夫兵戢而時動動則威觀則玩玩則無震是
故周文公之頌曰載戢干戈載櫜弓矢我求懿德
肆于時夏允王保之先王之於民也茂正其德而
厚其性阜其財求而利其器用明利害之鄉以文
修之使務利而避害懷德而畏威故能保世以滋
大昔我先世后稷以服事虞夏及夏之衰也棄稷

▲《国语》书影

《吴语》和《越语》在全书中风格较为特殊。它以吴越争霸和勾践报仇雪耻之事为中心，写得波澜起伏，很有气势。其中写到吴王夫差发兵北征，与晋人争霸中原，事情尚未成功，后院起火，传来了越王勾践袭击吴都姑苏的消息。夫差急召大臣合谋，采用王孙雒的建议，连夜布成三个万人方阵，中军白旗白甲，左军红旗红甲，右军黑旗黑甲，望去“如荼”“如火”“如墨”。晋军“大骇不出”，吴王乘势要求晋君让他当盟主，然后连忙撤兵，班师回吴。这一段写得有声有色，宛如后世小说笔法。

《国语》所反映的进步思想虽不如《左传》鲜明，然如祭公谏穆王征犬戎说：“先王耀德不观兵。”又说：“无勤民于远。”召公谏厉王止谤说：“防民之口，甚于防川。川壅而溃，伤人必多，民亦如之。是故为川者决之使导，为民者宣之使言。”都是很有意义的文章。从文学上的成就说，《国语》远不如《左传》。这从长勺之战可以看出。两书所记，意同而辞不同，一则简练而姿态有神，一则平庸而枯槁乏味。试一比较，优劣自见。

相关链接

《国语》开创了以国分类的国别史体例，对后世产生了很大影响，陈寿的《三国志》、常璩的《华阳国志》、崔鸿的《十六国春秋》、吴任臣的《十国春秋》，都是《国语》体例的发展。《国语》具有较高的文学价值，以其缜密、生动、精练、真切的笔法，在历史散文中占有比较重要的地位。《国语》与《左传》不同，详于记言而略于记事，记言的文笔又略较《左传》浅显。既有史家“尚实录，寓褒贬”的传统，又能运用形象思维来写史，具有较强的文学价值和史学价值。

▲ 晋文公复国图卷（之五、之六） 南宋 李唐

但《国语》记言之文亦有风趣绝佳者，如《晋语》记姜氏与子犯谋醉重耳一段，重耳和子犯二人对话，幽默生动，当时情景如在目前；而《左传》于此过于求简，反觉有所不足。此外《晋语》八记叔向谏晋平公事，滑稽讽刺有似《晏子春秋》；《越语》记载越王勾践与范蠡的问答多用韵语，也各具特色。

精华内容

祭公谏征犬戎

【原文】

穆王将征犬戎，祭公谋父谏曰："不可。先王耀德不观兵。夫兵，戢而时动，动则威。观则玩，玩则无震。是故周文公之《颂》曰：'载戢干戈，载櫜弓矢。我求懿德，肆于时夏。允王保之。'先王之于民也，茂正其德而厚其性，阜其财求而利其器用；明利害之乡，以文修之，使务利而避害，怀德而畏威，故能保世以滋大。

"昔我先世后稷，以服事虞夏。及夏之衰也，弃稷弗务。我先王不窋用失其官，而自窜于戎、翟之间。不敢怠业，时序其德，纂修其绪，修其训典，朝夕恪勤，守以惇笃，奉以忠信，奕世载德，不忝前人。至于武王，昭前之光明而加之以慈和，事神保民，莫不欣喜。商王帝辛，大恶于民，庶民弗忍，欣戴武王，以致戎于商牧。是先王非务武也，勤恤民隐而除其害也。

"夫先王之制：邦内甸服，邦外侯服，侯、卫宾服，蛮、夷要服，戎、翟荒服。甸服者祭，侯服者祀，宾服者享，要服者贡，荒服者王。日祭，月祀，时享，岁贡，终王，先王之训也。有不祭，则修意；有不祀，则修言；有不享，则修文；有不贡，则修名；有不王，则修德；序成而有不至；则修刑。于是乎有刑不祭，伐不祀，征不享，让不贡，告不王。于是乎有刑罚之辟，有攻伐之兵，有征讨之备，有威让之令，有文告之辞。布令陈辞而又不至，则又增修于德而无勤民于远。是以近无不听，远无不服。

“今自大毕、伯仕之终也，犬戎氏以其职来王，天子曰：‘予必以不享征之，且观之兵。’其无乃废先王之训而王几顿乎？吾闻夫犬戎树惇，能帅旧德而守终纯固，其有以御我矣！”

王不听，遂征之，得四白狼、四白鹿以归。自是荒服者不至。

【译文】

周穆王打算征讨犬戎，祭公谋父劝阻说：“不可以。先王历来发扬德治，不炫耀武力。军队在平时应该保存实力，在适当的时候动用，一旦动用就要显出威势。炫耀等于滥用，滥用便没有了威慑力。所以周文公作《颂》说：‘收起干戈，藏起弓箭。我追求美好的德行，施行于华夏。相信我王定能保有天命！’先王对于百姓，勉励他们端正品德，使他们性情纯厚，丰富他们的财物，便利他们的器用；使他们了解利害之所在，再用礼法道德教导，使他们从事有利的事情而避免有害的事情，使他们感怀德治而又惧怕君王的威严，所以能够使先王的事业世代相传并且变得强大。

▲ 穆王骏骑图轴　明　张龙章

《国语》记载了周穆王等十王的大事，为后代保留了研究周王室的宝贵资料。

“过去我们的祖先后稷做了主管农业的官员，服侍虞、夏两朝。到夏朝衰败的时候，废除了农官，我祖不窋因此失掉官职，逃到西北少数民族中。但他对农业仍然不敢怠慢，时常宣扬祖先的美德，继续奉行他的事业，修明教化制度，早晚恭敬勤劳，保持惇厚诚恳，奉行忠实守信的原则，不窋的后世子孙一直保持着这些良好的品德，并不曾辱没前人。到武王的时候，他发扬前人光明磊落的德行，再加上慈爱和善，侍奉神明，保养百姓，没有人不为之喜悦的。商纣王对百姓极为暴虐，百姓不能忍受，都乐于拥护武王，就有了商郊的牧野之战。这不是武王崇尚武力，他是怜恤百姓之苦而为他们除掉祸害啊。

“先王的制度是：王都近郊叫甸服，城郊以外叫侯服，侯服以外叫宾服，蛮夷地区叫要服，戎、翟所居之地叫荒服。甸服的诸侯要参加天子对父亲、祖父的祭祀，侯服的诸侯要参加天子对高祖、曾祖的祭祀，宾服的君长要贡献周王始祖的祭物，要服的君长则要贡献周王对远祖以及天地之神的祭物，荒服的首领则要来朝见天子。祭祀祖父、父亲，是每天一次；祭祀曾祖、高祖，是每月一次；祭祀始祖，是每季一次；祭祀远祖、神灵，是每年一次；入朝见天子，是终身一次。这是先王的遗训。有不来日祭的，天子就应该检查自己的思想；有不来月祭的，天子就应该检查自己的言语；有不来季祭的，天子就应该搞好政令教化；有不来岁贡的，天子就应该修正尊卑名号；有不来朝见的，天子就应该检查自己的德行。依次检查完了，如果还有不来朝见的，就检查刑法。因此用刑法惩治不祭的，用军队讨伐不祀的，命令诸侯征剿不享的，派遣使者责备不贡的，写好文辞向天下通告那些不来朝见的。这样，就有了处罚的条例、攻伐的军队、征讨的准备、斥责的命令和告谕的文辞。如果命令文辞发出了还不来，就重新检查并修明自己的道德，不要劳动百姓在辽远地域作战。所以，近处的诸侯没有不听从的，远处诸侯没有不归服的。

“现今自从大毕、伯仕两位犬戎君主死后，犬戎君长已经按照‘荒服者王’的职分来朝见天子。您却说：‘我要用不享的罪名来征讨他，而且要让他看看我们的武备军队。’这不是违反祖先的遗训而招致衰败吗？我听说犬戎的君长树立了纯厚的德行，能够遵循他先代的德行，一直坚守不移，他凭着这些就有理由、有能力抗拒我们。”

穆王不听，去征讨犬戎，只得了四只白狼、四只白鹿回来。从此荒服诸侯不再来朝见天子。

召公谏厉王止谤

【原文】

厉王虐，国人谤王。召公告曰：“民不堪命矣！”王怒，得卫巫，使监谤者，以告，则杀之。国人莫敢言，道路以目。

王喜，告召公曰：“吾能弭谤矣，乃不敢言。”召公曰：“是障之也！防民之口，甚于防川。川壅而溃，伤人必多，民亦如之。是故为川者，决之使导；为民者，宣之使言。故天子听政，使公卿至于列士献诗，瞽献典，史献书，师箴，瞍赋，矇诵，百工谏，庶人传语，近臣尽规，亲戚补察，瞽、史教诲，耆、艾修之，而后王斟酌焉，是以事行而不悖。

“民之有口也，犹土之有山川也，财用于是乎出；犹其有原隰衍沃也，衣食于是乎生。口之宣言也，善败于是乎兴。行善而备败，其所以阜财用衣食者也。夫民虑之于心而宣之于口，成而行之，胡可壅也？若壅其口，其与能几何？”

王弗听，于是国人莫敢出言。三年，乃流王于彘。

【译文】

▲ 玉制奴隶

周厉王暴虐无道，国都里的人指责他的过失。召公告诉厉王说："百姓受不了你的政令了。"周厉王很恼怒，找来一个卫国的巫师，监察指责自己的人，只要巫师来报告，厉王就将被告发的人杀掉。国里的人于是都不敢说话了，在道路上碰见，彼此只用眼神示意。

厉王很高兴，对召公说："我能够消除谤言了，他们不敢说话了。"召公说："这是堵住了百姓的嘴呀！不让百姓言论，比堵截江河水流还要危险。河流被堵塞，最终会造成堤坝崩溃，被伤害的人一定很多，禁止人们言论也是这样。所以治理水患的人，会疏浚水道以使水流畅通无阻；治理国家的人，应该开导百姓，让他们敢于讲话。所以天子处理政事时，让无论公卿大夫还是下层官员都可以进献讽谏的诗歌，让乐师进献乐典，外史献三皇五帝之治书，少师进规劝天子的箴言以正得失，让闭眼瞎子背诵所献诗句，让光眼瞎子演唱典书箴言，让各种艺人工匠向天子进谏，一般百姓的意见则间接地传达给天子。亲近的大臣要尽规劝国君的责任，和国君同宗的大臣要弥补国君过失和监督国君的行为。乐师和史官要用乐曲和史书来对国君进行教诲，朝中老臣要经常对天子进行劝诫，然后由天子亲自斟酌裁决，从而使自己的行事与常理不相违背。

"百姓有嘴，就像土地上有山与河流，财富由此产生；就像其上有原野沼泽，衣食皆从中出。让百姓知无不言，国家政事的好坏就能从他们的言论中反映出来。推行百姓认为是好的东西，防范百姓认为是坏的东西，这正是使衣食财富增多的好办法。百姓在心中思考，然后用议论表达出来，反复思虑成熟后便付诸行动，怎么能堵住他们的嘴呢？如果堵住了百姓的嘴，那又能堵塞多久呢？"

厉王不听召公的劝告，国都里的人没人敢讲话。三年后，国人就把厉王流放到了彘地。

战国策

——文辞之最、行人辞命之极

作者介绍

《战国策》是一部记录战国时代谋臣策士的言论与行状的文章集，不是某一人的作品，它是战国至秦汉间纵横家游说之辞和权变故事的汇编，它不作于一时，也不成于一手。战国时代，有人专门从事外交策略的研究，讲究如何揣摩人君主观心理，运用纵横捭阖的手腕，约结与国，孤立和打击敌国，史称纵横家。他们对谈说之术非常重视，为了切磋说动人君的技艺，就不断收集资料，储以备用，有时并自行拟作，以资练习，《战国策》中的许多篇章是这样产生的。由西汉刘向辑录成书，书名也为刘向所定。刘向（约前 77 ～前 6 年）是汉代著名学者，除经学与文学外，在古籍整理上贡献亦多。汉成帝时，刘向受诏校录群书，《战国策》即其中之一。据刘向《战国策书录》，该书收集的文章，在他以前已以《国策》《国事》《短长》《事语》《长书》《修书》等书名流传。他做的工作只是收集，按国别和大体时间排序并除去重复章节。

经典概述

汉代刘向按东周、西周、秦、齐、楚、赵、魏、韩、燕、宋、卫、中山十二策分编，共 33 卷，定名为《战国策》。它记载了继《春秋》以后，至楚、汉之起以前，共 245 年间的历史。因而此书思想活跃，有许多纵横阴谋之术，不合于儒家的思想，故被儒家所排斥，未得在世广泛传播，后来便渐渐残缺不全。如刘向编订的《战国策》有《蒯通说韩信自立》一篇，曾被司马贞的《史记索隐·淮阴侯列传注》所引，但后来《战国策》中此篇丢失。据《崇文总目》称，共散失 11 篇。北宋著名文学家曾巩从士大夫的私人藏书中访求书籍，并加以校订，正其谬误，重新凑足了 33 篇。然而，由于历史的原因，曾巩所校订的《战国策》与刘向所编订的《战国策》在篇目上已有了出入。所以，历史上就存在两种文本的《战国策》，刘向所编为古文，曾巩所校补的为新本。

▲ 刘向像

今本《战国策》的篇目如下：

（一）《西周策》1 篇，分为 17 章。（二）《东周策》1 篇，分为 22 章。（三）《秦策》5 篇，分为 64 章。（四）《齐策》6 篇，分为 57 章。（五）《楚策》4 篇，分为 52 章。

（六）《赵策》4篇，分为66章。（七）《魏策》4篇，分为81章。（八）《韩策》3篇，分为69章。（九）《燕策》3篇，分为34章。（十）《宋卫策》1篇，分为14章。（十一）《中山策》1篇，分为10章。以上共33篇，486章。这是元朝泰定二年（1325年），由东阳人吴师道校订的。

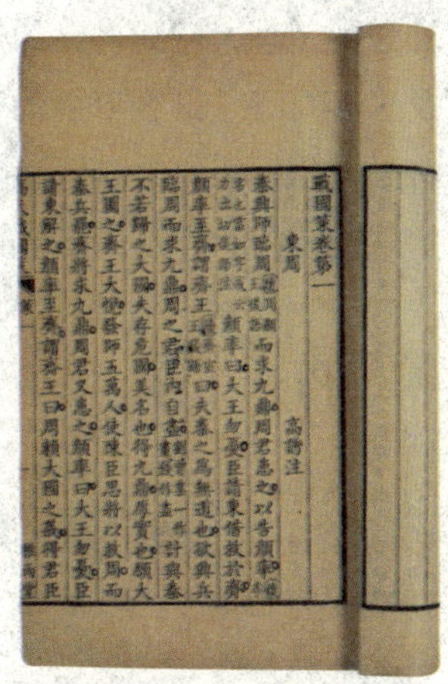
▲《战国策》书影

《战国策》的学术价值，在于记载了战国时期各个历史阶段的重大事件：

1. 战国历史大致可分为三个阶段，自公元前475年至公元前334年是魏国强大和魏齐争霸时期，属战国前期。本期中的重大事件，如魏国霸业的形成，魏、齐的争衡和互尊为王，在《史记》中均语焉不详，若明若昧，主要靠《战国策》保存了这些事件的梗概。

2. 从公元前333年到公元前288年齐、秦称帝，属于战国史的中期。《战国策》所载，此期的大事有：五国相王，齐破燕，苏秦和燕、齐的关系。

3. 自公元前287年到公元前221年是战国历史的第三阶段，属战国后期。这是齐、赵削弱，秦国由独立强大到统一的时期。尤其应提出的是《战国策》作为一部纵横家的言论集，特别记载了六国灭亡前夕合纵派游士的活动。战国后期，比较有力量与秦国相抗的是赵国，因为人民习于战争，又有廉颇、赵奢、李牧等名将指挥作战，故“天下之士合纵相聚于赵而欲攻秦”。许多合纵的故事，包括苏秦游说六国之辞和佩六国相印之说，大致都是这个时期编撰出来的。这些聚集在赵国的游士后来被范雎派人分化、收买、发生分裂，不再谈合纵，于是张仪为秦破纵连横的故事也就出现了。

《战国策》中所收游说之士的纵横之论，反映了战国时的社会风貌和各国政治、经济、军事、外交的重大活动，生动记载了纵横家们的机智善辩、聪明智慧，使人如临其境，如闻其声。纵横家们在当时的社会大舞台演出了一幕幕生动感人、有声有色的话剧，《战国策》为后人留下了那段历史的宝贵材料。受战国纵横家们的智慧、谋略的影响，至西汉时还涌现了陆贾、蒯通、主父偃、徐乐、邹阳、严助、庄安等一批纵横家。

《战国策》语言流畅犀利，笔调辛辣，善于将寓言故事巧妙地穿插于文中，用以说明

相关链接

战国时期是我国古代历史发生剧烈变动的时代。在社会经济方面，由奴隶制转变为封建地主制。在政治方面，由春秋时期小国林立的争霸局面，变为秦、齐、楚、赵、魏、韩、燕七大国争雄为主。这就促使各国国君和贵要人物去重视一些虽非出自世卿之家，但有某方面实际能力的人，形成了盛行一时的“养士”之风。在这种形式的激发下，产生了怀抱各种政治主张的游士，奔走于列国之间，进行游说，希望自己的主张能被当政者采纳，而自己受到重用。

抽象的道理，阐述自己的论点，是论辩文的典范。《战国策》中运用工整的对偶和排比法及主客对答、抑客申主的写法，亦为汉赋所继承。《战国策》文笔优美，叙事生动形象，刻画人物栩栩如生，对后世文学产生了深远的影响。汉初著名的散文学家贾谊、晁错、司马迁，宋代的苏洵、苏辙、苏轼的散文都受到《战国策》的影响。

精华内容

苏秦以连横说秦

【原文】

说秦王书十上，而说不行。黑貂之裘敝，黄金百斤尽，资用乏绝，去秦而归。羸縢履蹻，负书担橐，形容枯槁，面目黧黑，状有愧色。归至家，妻不下纴，嫂不为炊，父母不与言。苏秦喟然叹曰："妻不以我为夫，嫂不以我为叔，父母不以我为子，是皆秦之罪也。"乃夜发书，陈箧数十，得太公《阴符》之谋，伏而诵之，简练以为揣摩。读书欲睡，引锥自刺其股，血流至足。曰："安有说人主不能出其金玉锦绣，取卿相之尊者乎？"期年，揣摩成，曰："此真可以说当世之君矣。"

▲ 苏秦归家妻不下机

于是乃摩燕乌集阙，见说赵王于华屋之下，抵掌而谈。赵王大说，封为武安君，受相印。革车百乘，锦绣千纯，白璧百双，黄金万镒，以随其后，约从散横，以抑强秦。故苏秦相于赵而关不通。

当此之时，天下之大，万民之众，王侯之威，谋臣之权，皆欲决于苏秦之策。不费斗粮，未烦一兵，未战一士，未绝一弦，未折一矢，诸侯相亲，贤于兄弟。夫贤人任而天下服，一人用而天下从。故曰："式于政，不式于勇；式于廊庙之内，不式于四境之外。"当秦之隆，黄金万镒为用，转毂连骑，炫煌于道，山东之国，从风而服，使赵大重。

且夫苏秦，特穷巷掘门、桑户棬枢之士耳，伏轼撙衔，横历天下，庭说诸侯之主，杜左右之口，天下莫之能伉。

【译文】

苏秦向秦王上书有十次，可是他的主张终未被采纳，他的黑貂袍破了，带来的百斤黄

金也用完了，以致用度缺乏，只得离秦归家。他绑裹着腿，穿着草鞋，背着书籍，挑着行李，形容憔悴，脸色黑黄，面带羞愧。回到家里，妻子不下织机迎接，嫂子不为他做饭，父母不和他说话。苏秦长叹一声说：“妻子不把我当丈夫，嫂嫂不把我当小叔子，父母不把我当儿子，这都是我的罪过啊！”于是他连夜清检书籍，摆开了几十只书箱，找到姜太公的兵书《阴符经》，立即伏案诵读，选择要点，反复揣摩领会。有时读书读得昏昏欲睡，他就用铁锥刺自己的大腿，以致血流到脚上。他说：“哪有去游说君主而不能使其拿出金玉锦缎，取得卿相的高贵地位的呢？”一年以后，他终于钻研成功，便说：“这次真的可以去游说当今的君主了。”

▲ 苏秦六国封相　年画

于是他赶往赵国的燕乌集阙，在华丽的殿堂上进见赵王，两人谈得拍起手来，十分投机。赵王很高兴，封苏秦为武安君，授给他相印。并赐他给兵车百辆，锦缎千匹，白璧百双，黄金万镒，跟在他的后面，去联合六国，拆散连横，以抑制强大的秦国。因此苏秦当赵的相国时，秦国与六国断绝了来往。

在这期间，天下如此广大，百姓如此众多，王侯们这样的威严，谋臣们这样用权术，都要取决于苏秦的策略。没有花费一斗粮食，没有用一兵一卒，没有一个人参加战争，不曾断过一根弓弦，不曾折过一支箭，就能使六国相互亲睦，胜于兄弟。贤人在位而天下归服，一人得用而天下顺从，所以说：“要在政治上用力气而不要在武力上用力气；要在朝廷决策之上用力气而不在国境之外的战争上用力气。”当苏秦得意显耀之时，二十万两黄金归他使用，随从车骑络绎不绝，道路上仪仗闪耀，崤山以东的六国，一时间尽皆听从苏秦的指挥，从而使赵国在诸侯中的地位大大提高。

而苏秦只不过是位住在穷门陋巷的贫寒困苦的士人罢了，但他却坐车骑马，神气十足地周游天下，在朝廷之上游说各国君主，使国君左右的人无话可说，天下没有能与之相比的人了。

邹忌讽齐王纳谏

【原文】

邹忌修八尺有馀，而形貌昳丽。朝服衣冠，窥镜，谓其妻曰：“我孰与城北徐公美？”其妻曰：“君美甚，徐公何能及君也！”城北徐公，齐国之美丽者也。忌不自信，而复

邹忌对镜审视容貌。

问其妾曰："吾孰与徐公美？"妾曰："徐公何能及君也！"旦日，客从外来，与坐谈，问之："吾与徐公孰美？"客曰："徐公不若君之美也。"

明日，徐公来，熟视之，自以为不如；窥镜而自视，又弗如远甚。暮，寝而思之，曰："吾妻之美我者，私我也；妾之美我者，畏我也；客之美我者，欲有求于我也。"

于是入朝见威王，曰："臣诚知不如徐公美。臣之妻私臣，臣之妾畏臣，臣之客欲有求于臣，皆以美于徐公。今齐地方千里，百二十城，宫妇左右，莫不私王；朝廷之臣，莫不畏王；四境之内，莫不有求于王。由此观之，王之蔽甚矣！"

王曰："善。"乃下令："群臣吏民，能面刺寡人之过者，受上赏；上书谏寡人者，受中赏；能谤议于市朝，闻寡人之耳者，受下赏。"令初下，群臣进谏，门庭若市；数月之后，时时而间进；期年之后，虽欲言，无可进者。燕、赵、韩、魏闻之，皆朝于齐。此所谓战胜于朝廷。

【译文】

邹忌身高八尺有余，体形容貌潇洒漂亮。有一天早上，他穿戴完毕，照着镜子，对他的妻子说："我跟城北的徐公谁漂亮？"他的妻子说："您漂亮极了，徐公怎能和您相比呀！"城北的徐公是齐国的美男子。邹忌不相信自己比他漂亮，就又问他的妾说："我和徐公谁更漂亮？"他的妾说："徐公哪里比得上您呢！"第二天，有位客人从外地过来，邹忌跟他坐着聊天，问他说："我和徐公谁更漂亮？"客人说："徐公不如您漂亮啊。"

又过了一天，徐公来了，邹忌端详了许久，自认为不如他漂亮；再次照着镜子看自己，更觉得自己差得很远。晚上躺在床上反复思考这件事，说："我的妻子赞美我，是因为偏爱我；妾赞美我，是因为害怕我；客人赞美我，是有求于我。"

于是上朝去见齐威王，说："我的确知道

▲ 画像镜

自己不如徐公漂亮。可是，我的妻子偏爱我，我的妾怕我，我的客人有求于我，都说我比徐公漂亮。如今齐国领土方圆千里，城池一百二十座，后妃们和左右近臣没有不偏爱大王的，朝廷上的臣子没有不害怕大王的，全国没有谁不有求于大王的，由此看来，您受的蒙蔽一定是非常厉害的！”

威王说：“说得不错！”于是下令：“群臣、官吏和百姓能够当面指责我的过错的，得头等奖赏；上书劝谏我的，得中等奖赏；能够在公共场所指摘我的过失并让我听到的，得三等奖赏。”命令刚下达的时候，许多大臣都来进言劝谏，门庭若市；几个月后，偶尔才有人进言劝谏；一年以后，有人虽然想进言劝谏，却没有什么可说的了。燕国、赵国、韩国、魏国听说了这件事，都到齐国来朝拜。这就是人们说的“在朝廷上征服了别的国家”。

史记

——史家之绝唱，无韵之离骚

作者介绍

司马迁，字子长，汉朝左冯翊夏阳（今陕西韩城）人。他大约生于汉景帝中元五年（前 145 年），约卒于汉武帝征和三年（前 90 年），是西汉著名历史学家和散文家，自幼深受父亲司马谈的学术思想熏陶。他的父亲司马谈，是汉武帝时的太史令，崇尚道家，曾以黄老学说为主，著有《论六家要旨》，对儒、墨、名、法、阴阳、道等各家学说，进行过批判和总结。这种家学传统，对司马迁影响很大。司马迁自幼好学，博闻强记，十岁的时候便通读《左传》《国语》等史籍。青少年时，向古文学家孔安国学过《古文尚书》，向今文学家董仲舒学过《春秋》《公羊》学。他涉猎的范围很广，使他积累了丰富的文化知识，精通天文历法、史学、儒学等各家学说。20 岁时，开始到各地游历，足迹遍及名山大川，从而更广泛地领略到人间冷暖和风土民情。此次远游，使他开阔了眼界，认识了社会，累积了知识，并对其进步历史观的形成产生了巨大的影响。回长安以后，入仕郎中，其间随武帝巡游了很多地方。元鼎六年（前 111 年）奉命“西征巴蜀”，到达邛、笮、昆明一带，从而进行了第二次大游历。元封元年（前 110 年），父亲司马谈病逝，元封三年（前 108 年），即继任父职做了太史令，时年 38 岁。这样，使他有机会阅读宫廷收藏的大量文献典籍。此后，在司马迁的主持下，于太初元年（前 104 年）冬制成新历——《太初历》。同年，司马迁开始撰写巨著《史记》。专志写作的司马迁因李陵之祸而被武帝下狱并遭腐刑。他在身心上受到极大摧残，痛苦之中，数欲“引决自裁”，但恨《史记》未能成稿，以坚韧不拔的精神，忍辱发愤地过了 8 年。出狱之后，任中书令，继续笔耕。征和二年（前 91），历经 18 年终于完成《史记》的写作。司马迁大约死于汉武帝末年，只活了 50 多岁。这部巨著问世之后，当时称为《太史公书》或称《太史公记》，也叫《太史公》。

▲ 司马迁像

经典概述

《史记》全书 130 篇，由本纪 12 篇、表 10 篇、书 8 篇、世家 30 篇、列传 70 篇组成，计 52.65 万字。它记载了上起黄帝轩辕氏，下迄汉武帝太初四年（前 101 年），近 3000 年

的历史。

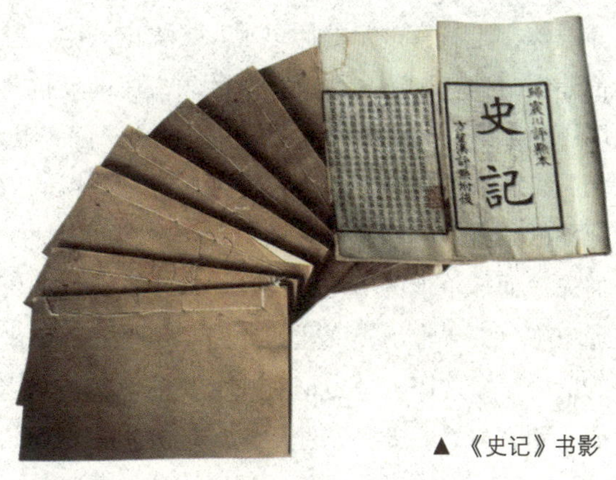
▲《史记》书影

司马迁的伟大历史功绩之一，在于他开创了新的历史著作的编写方法，它就是后世史学家所称誉的“纪传体”。它由“本纪”“表”“书”“世家”“列传”5种体例组成。《史记》的五体结构是一个完整的体系。

“本纪”是全书的提纲，按编年记载历代帝王的兴衰和重大历史事件。专取历代帝王为纲，以编年的形式，提纲挈领地记载了上起轩辕，下迄汉武这一历史阶段的国家大事。

“十表”以年表形式，按年月先后的顺序，记载重要的历史大事。以清晰的表格，概括地排列各个历史时期的人事，或年经国纬，或年纬国经，旁行斜上，纵横有致。分世表、年表、月表三类，以汉代年表为详。

“八书”记载各种典章制度的演变，以及天文历法等，以叙述社会制度和自然现象为主体，对礼乐、天文、历法、经济、水利等制度的发展状况进行了系统记述，具有文化史性质。

“三十世家”记载自周以来开国传世的诸侯，以及有特殊地位的人物事迹；其中主要包括春秋战国以来的诸侯国君、汉代被封的刘姓诸侯子侄以及汉朝所封的开国功臣。此外，还有《孔子世家》《陈涉世家》和《外戚世家》。

“列传”记载社会各阶层代表人物的事迹，其中有著名的思想家、政治家、军事家、文学家等及循吏，儒林、酷吏、游侠、刺客、名医、日者、龟策、商人的传记。该部分以“扶义倜傥，不令己失时，立功名于天下”为标准。最后，还专录《太史公自序》一篇。全书130卷，52万余言。

《史记》作为我国古代第一部正史，包括政治、经济、军事、文化、少数民族和外国历史等丰富的内容。具有以下长处：首先，发凡起例，创纪传史书体裁。秦汉以前，诸朝列国史书体例纷杂，记事笔法各异，鉴于这种情况，太史公确立以人物为中心的述史体系，首创五体，互为表里。因此，《汉书》以降，直至《明史》，整个封建正史全都袭用纪传体例，除断代为书之外，“少有改张”，就连民国期间成书的《清史稿》也一仍其旧而未变动。其次，

相关链接

《史记》是一部贯通古今的通史，把本纪、表、书、世家、列传综合于一书，使得《史记》第一次把政治、经济、文化等多方面的内容都包容在历史学的研究范围之内，从而扩大了历史研究的领域。《史记》既是一部纪传体史书，又是一部传纪文学集，其影响所及，已经远远超出中国的范围。《史记》的部分篇章已译成俄文、法文、英文、德文、日文等文字。《史记》成为古今中外一部不朽的杰作。

立意深刻，具有进步的历史观。《史记》中，歌颂什么，反对什么，态度是十分明朗的，他痛恨封建专制的残暴统治，歌颂人民的反抗斗争，同情人民所受的痛苦。比如，对于我国历史上第一次农民起义，司马迁在《史记》中，把陈胜、吴广两人的事迹列入“世家”，而且将陈胜比作汤、武，肯定他们推翻暴秦的历史功绩。又如，他也尽力描写推翻暴秦的项羽的英雄气概来和狡诈的刘邦作鲜明的对比，而且把项羽的事迹列入“本纪”，不因项羽失败而抹杀他的历史地位。司马迁不但承认历史是发展变化的，而且还试图从历史生活现象中，去寻求历史变化的原因。司马迁不但是中国史学家之父，也是全世界古代最伟大的历史学家之一。《史记》和希腊史学名著相比较，它的特点在于全面性，尤其是对于生产活动、学术思想和普通人在历史上的地位的重视。

精华内容

【原文】

项王军壁垓下，兵少食尽，汉军及诸侯兵围之数重。夜闻汉军四面皆楚歌，项王乃大惊曰：“汉皆已得楚乎？是何楚人之多也！”项王则夜起，饮帐中。有美人名虞，常幸从；骏马名骓，常骑之。于是项王乃悲歌忼慨，自为诗曰：“力拔山兮气盖世，时不利兮骓不逝。骓不逝兮可奈何，虞兮虞兮奈若何！”歌数阕，美人和之。项王泣数行下，左右皆泣，莫能仰视。

【译文】

项王军队在垓下筑起营垒，兵少粮尽，汉军及诸侯兵重重包围。晚上听到汉军四面都唱着楚歌，项王大惊道：“汉军都已经得到楚国的土地了吗？为什么楚人这么多呢？”

▲ 张良吹萧（箫）破楚兵

这是杨柳青年画中关于楚汉战争的描绘，生动再现了楚霸王兵败乌江的悲怆。

项王于是连夜起来，在营帐中饮酒。有位美人名叫虞姬，经常受宠幸随从；有匹骏马名叫骓，项王经常骑它。这时项王慷慨悲歌，自己作诗吟唱道："力拔山兮气盖世，时不利兮骓不逝。骓不逝兮可奈何，虞兮虞兮奈若何！"歌唱了好几遍，美人从旁伴唱。项王泪下数行，侍从人员也都哭泣，不忍抬头观看。

【原文】

高祖还归，过沛，留。置酒沛宫，悉召故人父老子弟纵酒，发沛中儿得百二十人，教之歌。酒酣，高祖击筑，自为歌诗曰：

"大风起兮云飞扬，威加海内兮归故乡，安得猛士兮守四方！"

令儿皆和习之。高祖乃起舞，慷慨伤怀，泣数行下。谓沛父兄曰："游子悲故乡。吾虽都关中，万岁后吾魂魄犹乐思沛。且朕自沛公以诛暴逆，遂有天下，其以沛为朕汤沐邑，复其民，世世无有所与。"沛父兄诸母故人日乐饮极欢，道旧故为笑乐。

十余日，高祖欲去，沛父兄固请留高祖。高祖曰："吾人众多，父兄不能给。"乃去。沛中空县皆之邑西献。高祖复留止，张饮三日。沛父兄皆顿首曰："沛幸得复，丰未复，唯陛下哀怜之。"高祖曰："丰吾所生长，极不忘耳，吾特为其以雍齿故反我为魏。"沛父兄固请，乃并复丰，比沛。于是拜沛侯刘濞为吴王。

【译文】

高祖从前线回京，路过沛县时，停留下来，在沛宫举行宴会，将家乡老熟人和父老子弟全部请来，纵情痛饮，还挑选了沛县的一百二十名儿童，教他们唱歌。酒意正浓的时候，高祖击筑而歌，他唱道：

"大风卷起啊，白云飞扬；皇威普及海内啊，我终于衣锦还乡；可又怎么才能招致勇士啊；来守卫四方的边疆！"

▲ 歌风台

汉高祖平定了英布叛乱后，于归途中经故乡沛县，酒酣之时，有感于昔日亡秦灭楚的戎马生涯，欣喜于既成帝业，即兴击筑而歌："大风起兮云飞扬，威加海内兮归故乡，安得猛士兮守四方！"后沛人于鸣唱处筑"歌风台"以纪念。

高祖让儿童们也都跟着学唱。他又跳起舞来，心中感慨万千，激动得淌下行行热泪。他对沛县父老兄弟们说："远行的游子，总是怀念故乡的。我虽然建都关中，可千秋万岁之后，我的魂魄还会想念着沛地。并且我从做沛公开始，讨伐暴君逆贼，最终取得天下。现在就将沛县作为我的汤沐邑，免除沛县人民的赋税劳役，让他们世世代代不要纳税服役。"沛县的父老兄弟、婶子大娘和亲朋戚友天天陪着高祖开怀畅饮，笑谈往事，高祖极为高兴。

过了十多天，高祖要离开了，沛县的父老乡亲们执意挽留。高祖说："我的随从众多，父兄们负担不起。"于是离开了。这天沛县人倾城而出，都赶到西郊来敬献酒食。高祖又留下来，搭起帐篷，再痛饮了三天。沛县的父老兄弟们都叩头请求说："我们沛县有幸能够免除劳役，丰邑人却没有免除劳役，请陛下可怜他们。"高祖说："丰邑是我生长的地方，我决不会忘记，只因为先前丰邑人跟着雍齿背叛我而倒向魏王。"沛县的父老兄弟再三请求，高祖才答应照沛县的样子，一并免除赋税劳役。在这时封沛侯刘濞为吴王。

【原文】

汉六年正月，封功臣。良未尝有战斗功，高帝曰："运筹策帷帐中，决胜千里外，子房功也。自择齐三万户。"良曰："始臣起下邳，与上会留，此天以臣授陛下。陛下用臣计，幸而时中，臣愿封留足矣，不敢当三万户。"乃封张良为留侯，与萧何等俱封。

上已封大功臣二十余人，其余日夜争功不决，未得行封。上在雒阳南宫，从复道望见诸将往往相与坐沙中语。上曰："此何语？"留侯曰："陛下不知乎？此谋反耳。"上曰："天下属安定，何故反乎？"留侯曰："陛下起布衣，以此属取天下，今陛下为天子，而所封皆萧、曹故人所亲爱，而所诛者皆生平所仇怨。今军吏计功，以天下不足遍封，此属畏陛下不能尽封，恐又见疑平生过失及诛，故即相聚谋反耳。"上乃忧曰："为之奈何？"留侯曰："上平生所憎，群臣所共知，谁最甚者？"上曰："雍齿与我故，数尝窘辱我。我欲杀之，为其功多，故不忍。"留侯曰："今急先封雍齿以示群臣，群臣见雍齿封，则人人自坚矣。"于是上乃置酒，封雍齿为什方侯，而急趣丞相、御史定功行封。群臣罢酒，皆喜曰："雍齿尚为侯，我属无患矣。"

▲ 汉殿论功图轴　明　刘俊　绢本

此画取材于"汉殿论功"的典故。汉室江山新立，众功臣于殿上争功邀赏，以致拔剑砍殿柱。儒士叔孙通遂劝刘邦召集鲁地儒生，规定朝仪，进退有节，高祖方知皇帝于众人之上的尊贵。

【译文】

汉高祖六年（前 201 年）正月，大封功臣。张良不曾立过战功，高帝说："在营帐中运筹帷幄，决胜千里之外，这就是子房的功劳。你自己选择齐地的

三万户（作为封地）吧！”张良说：“当初臣从下邳起兵，与皇上相会于留县，这是上天把臣送给了陛下。陛下采用臣的计策，侥幸偶尔料中，臣愿意获封留县就足够了，不敢接受三万户的封地。”于是封张良为留侯，与萧何等人一起受封。

皇上封赏立了大功的臣子二十多人，其余的人日夜争功，一时难以决定，未能进行封赏。皇上在洛阳的南宫，从阁子的走廊里看到众将常常三三两两地坐在沙堆里窃窃交谈。皇上问：“他们谈什么呢？”留侯说：“陛下难道不知道吗？他们这是在谋反呢。”皇上说：“天下刚刚安定，为何造反？”留侯说：“陛下以一介布衣起兵，依靠这班人取得天下，现在陛下贵为天子，但您所封赏的都是您所亲近喜爱的萧何、曹参等故人，而诛杀的都是生平怨恨的人。现在将士们计算战功，认为天下的土地不够封赏，这班人害怕陛下不能全部封赏，又担心自己有过失而被诛杀，所以相互聚集在一起图谋造反呢。”皇上担忧地问道：“那该怎么办呢？”留侯说：“皇上平生所憎恨的，群臣都知道的，其中哪个是最憎恨的呢？”皇上说：“雍齿和我是故交，曾多次使我窘困受辱。我想杀他，因为他功劳甚多，所以不忍心。”留侯说：“现在就赶快先封赏雍齿给群臣看看，群臣看到雍齿获封，那么人人都会对自己受封坚信不疑。”于是皇上置备酒宴，封雍齿为什方侯，并紧催丞相和御史论功封赏功臣。群臣饮酒完毕后，都欢喜地说：“雍齿尚且获封侯爵，我们这班人就不必担心了。”

【原文】

老子者，楚苦县厉乡曲仁里人也，姓李氏，名耳，字聃，周守藏室之史也。

孔子适周，将问礼于老子。老子曰：“子所言者，其人与骨皆已朽矣，独其言在耳。且君子得其时则驾，不得其时则蓬累而行。吾闻之，良贾深藏若虚，君子盛德，容貌若愚。去子之骄气与多欲，态色与淫志，是皆无益于子之身。吾所以告子，若是而已。”孔子去，谓弟子曰：“鸟，吾知其能飞；鱼，吾知其能游；兽，吾知其能走。走者可以为罔，游者可以为纶，飞者可以为矰。至于龙吾不能知，

▲ 紫气东来图轴　清　任颐

图中老子身着赤衣，须眉皆白，高额、凸颧、阔耳、长颌，笑意盈盈，童颜鹤发。

其乘风云而上天。吾今日见老子，其犹龙邪！”

【译文】

老子，楚国苦县厉乡曲仁里人，姓李，名耳，字聃，是周朝管理藏书室的史官。

孔子到达周都，打算向老子问礼。老子对他说：“您所说的礼，制定它的人和那人的骸骨都已经腐朽了，唯有他的言论还在。况且君子生逢其时就该驾车出仕，生不逢时就该如蓬蒿一般飘荡而行。我听说，善于经商者经常深藏自己的货物而表面看上去好像一无所有，君子具有高尚的品德却在容貌上表现得愚钝。摒除您的骄气和多欲，抛弃您的姿态容色及过分高远的志向，这些东西对您来说毫无益处。我所能告诉您的，就只有这一些而已。”孔子离去之后，对弟子说：“鸟，我知道它能（在空中）飞翔；鱼，我知道它能（在水里）游耍；兽，我知道它能（在陆上）奔跑。会奔跑的野兽可以用网来捕捉，会游耍的鱼儿可以用线钩来垂钓，会飞翔的鸟类可以用弓箭来射杀。至于龙，我就不知道了，它是乘着风云而上青天的。我今天见到老子，他就像龙一样啊！”

【原文】

或曰：老莱子亦楚人也，著书十五篇，言道家之用，与孔子同时云。

盖老子百有六十余岁，或言二百余岁，以其修道而养寿也。

自孔子死之后百二十九年，而史记周太史儋见秦献公曰：“始秦与周合，合五百岁而离，离七十岁而霸王者出焉。”或曰儋即老子，或曰非也，世莫知其然否。老子，隐君子也。

【译文】

有的人说：老莱子也是楚国人，著书十五篇，讲的是道家的运用，与孔子处于同一时代。

老子大约活到一百六十多岁，也有说活到二百多岁的，这是他通过修习道德来延年益寿的缘故。

自孔子死后一百二十九年，史书上记载周太史儋拜见秦献公说：“起初秦与周是合在一起的，相合五百年而分离，分离七十年后有霸王出现。”有的人说儋就是老子，也有的人说不是，世人也不知孰对孰错。老子，是归隐的君子。

【原文】

孙子武者，齐人也。以兵法见于吴王阖庐。阖庐曰：“子之十三篇，吾尽观之矣，可以小试勒兵乎？”对曰：“可。”阖庐曰：“可试以妇人乎？”曰：“可。”于是许之。出宫中美女，得百八十人。孙子分为二队，以王之宠姬二人各为队长，皆令持戟。令之曰：“汝知而心与左右手、背乎？”妇人曰：“知之”。孙子曰：“前，则视心；左，视左手；右，视右手；后，即视背。”妇人曰：“诺。”约束既布，乃设铁钺，即三令五申之。于是鼓之右，妇人大笑。孙子曰：“约束不明，申令不熟，将之罪也。”复三令五申而

鼓之左，妇人复大笑。孙子曰："约束不明，申令不熟，将之罪也；既已明而不如法者，吏士之罪也。"乃欲斩左、右队长。吴王从台上观，见且斩爱姬，大骇。趣使使下令曰："寡人已知将军能用兵矣。寡人非此二姬，食不甘味，愿勿斩也。"孙子曰："臣既已受命为将，将在军，君命有所不受。"遂斩队长二人以徇。用其次为队长，于是复鼓之。妇人左右、前后、跪起皆中规矩绳墨，无敢出声。于是孙子使使报王曰："兵既整齐，王可试下观之，唯王所欲用之，虽赴水火犹可也。"吴王曰："将军罢休就舍，寡人不愿下观。"孙子曰："王徒好其言，不能用其实。"于是阖庐知孙子能用兵，卒以为将。西破强楚，入郢；北威齐、晋，显名诸侯，孙子与有力焉。

【译文】

孙武，是齐国人。因为精通兵法而得到吴王阖庐的召见。阖庐说："您的十三篇兵书，我已经全部看完了，能否小试一下指挥军队吗？"孙子回答说："可以。"阖庐说："可以用女子试试吗？"回答说："可以。"于是阖庐答应了孙武。选出宫中的美女，总共一百八十人。孙子把这些女子分成两队，任命吴王最宠爱的两位侍妾分别担任两支队伍的队长，命令所有选出的美女都手执一支戟。孙子向她们命令说："你们知道自己的心、左右手和背吗？"女子们回答说："知道。"孙子说："向前，你们就看心口所对的方向；向左，你们就看左手所对的方向；向右，你们就看右手所对的方向；向后，你们就看背所对的方向。"女子们回答说："是。"号令交代清楚后，孙子便设置铁钺等刑具，接着又多次重复已经制定的号令。于是击鼓命令女子们向右，结果她们都哈哈大笑。孙子说："纪律不清楚，号令不熟悉，这是将领的过失。"又多次重复已经制定的号令，然后击鼓命令女子们向左，结果她们又都哈哈大笑。孙子说："纪律不清楚，号令不熟悉，这是将领的过失；既然已经明确了法令却不依照号令行事，这就是军官和士兵的过错了。"于是打算斩杀左、右两队的队长。这时吴王正在台上观看，看见孙子将要斩杀自己的爱姬，十分吃惊。急忙派人向孙子下令道："我已经知道将军擅长用兵了。倘若我失去这两个侍妾，就算吃东西也不会有味道，希望您不要斩杀她们。"孙子回答说："我既然已经受命为将军，将军在军队中，君主的命令有时可以不接受。"于是杀掉吴王的两名宠姬并巡行示众。然后按顺序派各队的第二个人为队长，再击鼓发令，女子们不论是向左、向右、向前、向后、跪倒、站起都

▲ 孙五（武）子演阵教美人战　版画

图中孙武作道士装束，举旗于城上教宫女演习战术，吴王坐于对面的台上，俯视两队演武的阵容。

合乎命令和纪律的要求，没有人再敢出声了。于是孙子派人禀报吴王说："军队已经训练得整整齐齐，大王您可以试着下来观看一下，随便大王怎样使用她们，即使让她们赴汤蹈火也能办得到。"吴王回答说："将军您停下来去旅店休息吧，我不愿下去观看了。"孙子说："大王只是欣赏我的兵书罢了，却不能让我亲身实践，发挥我的本领。"于是阖庐知道孙子的确善于用兵，便任命他为将军。后来吴国向西打败了楚国，攻入郢都；向北威震齐国和晋国，在诸侯之间显名，孙子在这一时期出了很多力啊。

【原文】

信数与萧何语，何奇之。至南郑，诸将行道亡者数十人，信度何等已数言上，上不我用，即亡。何闻信亡，不及以闻，自追之。人有言上曰："丞相何亡。"上大怒，如失左右手。居一二日，何来谒上，上且怒且喜，骂何曰："若亡，何也？"何曰："臣不敢亡也，臣追亡者。"上曰："若所追者谁？"何曰："韩信也。"上复骂曰："诸将亡者以十数，公无所追；追信，诈也。"何曰："诸将易得耳。至如信者，国士无双。王必欲长王汉中，无所事信；必欲争天下，非信无所与计事者。顾王策安所决耳。"王曰："吾亦欲东耳，安能郁郁久居此乎？"何曰："王计必欲东，能用信，信即留；不能用，信终亡耳。"王曰："吾为公以为将。"何曰："虽为将，信必不留。"王曰："以为大将。"何曰："幸甚！"于是王欲召信拜之。何曰："王素慢无礼，今拜大将如呼小儿耳，此乃信所以去也。王必欲拜之，择良日，斋戒；设坛场，具礼，乃可耳。"王许之。诸将皆喜，人人各自以为得大将。至拜大将，乃韩信也，一军皆惊。

【译文】

韩信多次和萧何谈话，萧何听后十分赏识他。到达南郑，将领们半路逃跑的有好几十人，韩信估计萧何等人已多次向汉王推荐过自己，但是汉王不重用自己，因此他也逃走了。萧何听说韩信逃走了，来不及将情况报告汉王，就亲自去追赶他。有人向汉王报告说："丞相萧何逃跑了。"汉王大怒，如同失去了左右手。过了一两天，萧何来晋见汉王，汉王又是生气又是高兴，骂萧何道："你逃跑，这是怎么回事？"萧何说："我不敢逃跑啊！我是去追逃跑的人。"汉王说："你追赶的人是谁？"萧何说："韩信呐！"汉王又骂道："将领们逃跑的多得要用十数来计算，你都没有去

▲《萧何追韩信》五彩盘

为清康熙年间的珐琅彩盘。"萧何追韩信"成为千古美谈，同时也成为各种艺术的创作题材。

追；追韩信，那是扯谎。”萧何说：“那些将领容易得到，至于像韩信这样的杰出人物，普天下找不出第二个。大王如果只想长期在汉中称王，那自然没有地方用得着韩信；如果一定要争夺天下，除了韩信，就再没有和您商量大事的人了。就看大王怎样决策罢了。”汉王说：“我也想要向东方发展呢，怎么能够闷闷不乐地停留在这里呢？”萧何说：“如果大王决计向东方发展，能够任用韩信，韩信就会留下来；如果不能任用，韩信终究要跑掉的。”汉王说：“我看在您的分上，让他做将吧。”萧何说：“即使做将，韩信也肯定不会留下来的。”汉王说：“让他做大将。”萧何说：“太好了！”于是汉王就想把韩信召来任命他。萧何说：“大王向来傲慢不讲礼节，如今任命大将就像呼唤小孩子一样，这就是韩信要离开的原因啊。如果大王决心要任命他，就选个吉祥日子，亲自斋戒，设置拜将坛，举行任命大将的完备仪式，那才行啊。”汉王答应了萧何的请求。将领们听到要拜大将都高兴，人人都以为自己会被拜为大将了。等到任命大将时，竟是韩信，全军都十分惊讶。

【原文】

广居右北平，匈奴闻之，号曰“汉之飞将军”，避之数岁，不敢入右北平。

广出猎，见草中石，以为虎而射之，中石没镞，视之石也。因复更射之，终不能复入石矣。广所居郡闻有虎，尝自射之。及居右北平射虎，虎腾伤广，广亦竟射杀之。

【译文】

李广守右北平，匈奴听到了，称他为“汉朝的飞将军”，躲避他几年，不敢侵入右北平。

有一次，李广出外打猎，看到草丛中的石头，以为是一只老虎而发箭射去，射中石头，箭头射进了石头里，走近一看，才知道是块石头。接着又连射几箭，却始终不能再射进去了。李广所在的郡，一听说有老虎，常常亲自去射它。到他驻守右北平时，一次射老虎，老虎跳跃起来，扑伤了李广，李广最终射死了老虎。

▲ 李广射石图（局部） 清 任颐

唐代诗人卢纶诗：“林暗草惊风，将军夜引弓，平明寻白羽，没在石棱中。”即讲李广射石这件事，极力称赞李将军的神勇和高超箭术。

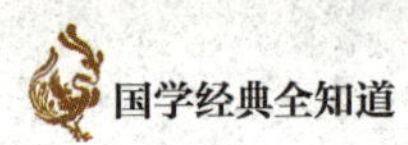

汉书

——中国第一部纪传体断代史

作者介绍

班固（公元32～92年），字孟坚，东汉扶风安陵（今陕西省咸阳市东）人。班固出身于一个世代显贵豪富的家族，并有家学渊源。父亲班彪，字叔皮，到东汉光武帝时，官至望都长。班彪博学多才，专攻史籍，是著名的儒学大师。他不满当时许多《史记》的续作，便作《后传》65篇，以续《史记》。班彪有二子：班固、班超。班超为东汉时通西域的著名将领。班固从小就非常聪明，9岁便能作诗文，长大之后，班固熟读百家书，并深入研究。渊博的学识以及很强的写作能力，为他以后的作史创造了十分有利的条件。在他23岁那年即建武三十年（54年），班彪去世，班固私自修改国史，因此被捕入狱。他的弟弟班超赶到洛阳，为班固申辩。当明帝审阅地方官送来班固的书稿时，十分欣赏班固的才华，并任他为兰台令史，负责掌管图籍，校定文书。此后他与陈宗、尹敏、孟异等共同撰成《世祖本纪》。随后迁任为郎，典校秘书。班固后又写了功臣、平林、公孙述的列传、载记28篇。后来明帝又命令班固继续完成他原来所欲著述的西汉史书。班固通过一再的思索之后，经过潜精积思二十余年，终于在建初七年（82年）完成了《汉书》。《汉书》一写成，影响就很大。和帝永元元年（89年），班固以中护军随大将军窦宪出征北匈奴。永元四年（92年），窦宪以外戚谋反而畏罪自杀，班固因此受到牵连。先被免官，后有人因曾受班固家奴侮辱便借机搜捕班固入狱。不久，班固死于狱中，时年61岁。班固死后，《汉书》尚未完成的八表和《天文志》主要由班固的妹妹班昭继续完成。

▲ 班固像

经典概述

《汉书》是我国第一部纪传体断代史，体制全袭《史记》而略有变更，《史记》包括本纪、表、书、世家、列传五种体裁，《汉书》有纪、表、志、传，改“书”为“志”，没有世家，凡《史记》列入世家的汉代人物，《汉书》均写入“传”。《汉书》这种体裁上的改动是符合历史事势变化的，是合理的。《汉书》沿袭《史记》的体例，但作了一些改动，也有了一些创新。在纪部分，《汉书》不称“本纪”，而改称为“纪”，在《史记》的基础上，《汉书》

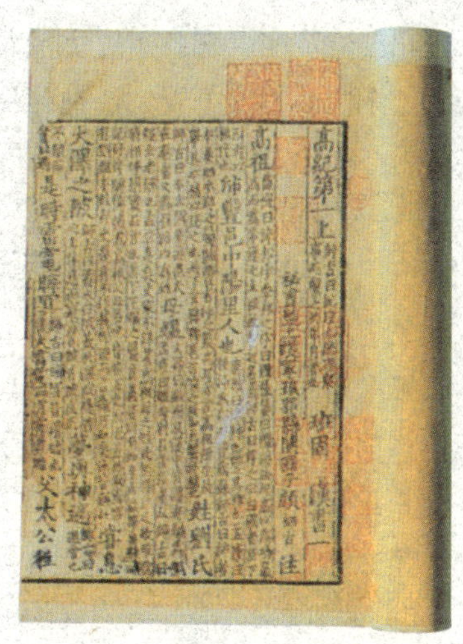
▲《汉书》书影

增立《惠帝纪》，以补《史记》的缺略；在《武帝纪》之后，又续写了昭、宣、元、成、哀、平等6篇帝纪。在表的部分，《汉书》立38种表，其中6种王侯表是根据《史记》有关各表制成的，主要记载汉代的人物事迹。只有《古今人表》和《百官公卿表》，是《汉书》新增设的两种表。《古今人表》专议汉代以前的古代人物，表现了班固评论人物的论事标准，暗示出他对汉代人物褒贬的立意，且网罗甚富，亦不无裨益。而《百官公卿表》记述了秦汉官制和西汉将相大臣的升迁罢免死亡，是研究古代官制史、政治制度史的重要资料，有重要的学术价值。在志部分，《汉书》改《史记》的“书”为“志”而又予以丰富和发展，形成我国史学上的书志体。

《汉书》将《史记》的《律书》《历书》并为《律历志》，《礼书》《乐书》并为《礼乐志》，增写《史记·平准书》为《食货志》，改《史记·封禅书》为《郊祀志》《天文志》，《河渠书》为《沟洫志》。除上述诸志增加了主要是武帝以后的内容之外。《汉书》还创设了刑法、五行、地理、艺文四志。《汉书》十志比较《史记》八书在先后次序上也有所不同，《汉书》的志包括律历、礼乐、刑法、食货、郊祀、天文、五行、地理、沟洫、艺文等10种。其中，改变或者并八书名称的有律历、礼乐、食货、郊祀、天文、沟洫6种，但它们的内容或者不同，或者有所增损。如《食货志》在继承了《平准书》部分材料的同时，又增加新的内容，分为上、下两卷。上卷记“食”，叙述农业经济情况；下卷载“货”，介绍工商及货币情况。《史记》列传篇题的定名，或以姓，或以名，或以官，或以爵，多不齐一，且排列顺序难为论析。《汉书》则一律以姓名题篇，排列顺序是先专传，次类传，后四夷和域外传，最后是外戚和王莽传，整齐划一。《汉书》将《史记》的《大宛传》扩充为《西域传》，详细记述了西域几十个地区和邻国的历史，是研究古代中国各兄弟民族和亚洲有关各国历史的珍贵资料。

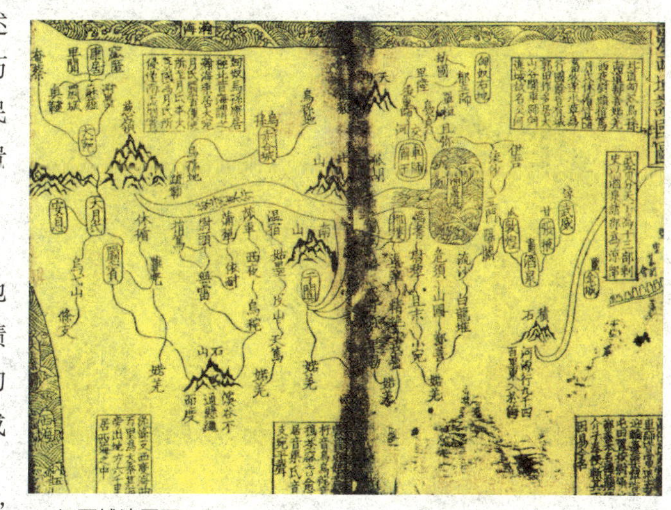
▲ 汉西域诸国图

《汉书》主要的四个特点：

第一，《汉书》较真实地记述和评论了西汉一代的政绩及其盛衰变化，从一统功业的角度，对于各时期所取得的成就进行了热情的称颂。《汉书》评述西汉政治，有用“时”“势”

或“天时”变异来表达历史是发展的看法。

第二，《汉书》广泛地评价了各种人物在西汉政治中的作用。他记述到汉代的兴盛，是由于有众多的文臣武将和智谋极谏之士，在中央和地方的各方事务中竭其忠诚，做出贡献。

第三，《汉书》暴露了皇权的争夺、外戚的专横，以及封建统治阶级的淫奢，反映了人民的痛苦生活和反抗斗争，《汉书》暴露了西汉外戚势力的专横、残暴与奢侈。《汉书》以很多笔墨暴露了王室及大臣聚敛财富，奢侈淫逸。

第四，《汉书》详细记述了古代尤其是汉代的政治典制，表现了西汉文化的发展规模及其重要价值。其中《刑法志》记述了古代的兵学简史，叙述刑法典核详明，首尾备举，论其变化正本清源。《食货志》系统地记述了自西周以至王莽时期的农政和钱法，反映了1000多年以来社会经济发展的重要侧面。《地理志》先叙由古之九州说而进至秦的郡县变迁，是中国地理最为详尽的记载。

精华内容

高帝求贤诏

【原文】

盖闻王者莫高于周文，伯者莫高于齐桓，皆待贤人而成名。今天下贤者智能，岂特古之人乎？患在人主不交故也，士奚由进？今吾以天之灵、贤士大夫定有天下，以为一家。欲其长久，世世奉宗庙亡绝也。贤人已与我共平之矣，而不与我共安利之，可乎？贤士大夫有肯从我游者，吾能尊显之。布告天下，使明知朕意。御史大夫昌下相国，相国酂侯下诸侯王，御史中执法下郡守。其有意称明德者，必身劝，为之驾，遣诣相国府，署行、义、年。有而弗言，觉，免。年老癃病，勿遣。

▲ 拜将坛

在陕西省汉中市城南，相传为汉王刘邦拜韩信为大将军举行拜将仪式的坛。

【译文】

听说行王道的没有能超过周文王的，做霸主的没有能超过齐桓公的，他们都是依靠贤人的辅佐才成就了功业。如今谈起天下贤人的智慧和才能，难道只有古人才特有吗？应当忧虑的只在于做人君的不去和他们交往，贤士们又怎能被进用呢？现在我靠上天的佑助以及贤士大夫们的辅佐平定了天下，把天下统一成了一家。我

想要使国家能得到长治久安，使宗庙的香火不断，世世代代都能得到奉祀。贤士们已和我一起平定了天下，却不跟我一起享受太平，能行吗？贤士大夫们有愿意跟从我治理天下的，我能使他们显贵。因此布告天下，使大家明白我的意思。这诏书由御史大夫周昌下传给相国，相国酂侯萧何将它下达给诸侯王，御史中丞将它下达给各郡的郡守。那些确实可称为具有才德的士人，地方官一定要亲自去劝说，并为他驾车，送到京师相国府，登记被举荐者的品行、容貌和年龄。地方上有贤才而郡守不荐举的，发现后就免除他的官职。年老有病的，不必遣送。

文帝议佐百姓诏

【原文】

间者，数年比不登，又有水旱疾疫之灾，朕甚忧之。愚而不明，未达其咎。意者，朕之政有所失，而行有过与？乃天道有不顺，地利或不得，人事多失和，鬼神废不享与？何以致此？将百官之奉养或费，无用之事或多与？何其民食之寡乏也？夫度田非益寡，而计民未加益，以口量地，其于古犹有余，而食之甚不足者，其咎安在？无乃百姓之从事于末，以害农者蕃，为酒醪以靡谷者多，六畜之食焉者众与？细大之义，吾未能得其中，其与丞相、列侯、吏二千石、博士议之。有可以佐百姓者，率意远思，无有所隐。

【译文】

近几年接连农事歉收，又有水灾、旱灾、瘟疫等灾害，对此我很忧虑。我因为愚钝不明，还没有找到灾害的由来，自已思忖，是不是我在治理朝政上有所失误，行为上有过错呢？还是因为天道有不顺的时候，地利有不能完全被利用的地方，人们相处行事常常丧失和气，鬼神因为祭祀遭到废弃而不能享用供品的缘故呢？为什么会这样呢？是百官的俸养过高，无用的事情办得过多了吗？为什么百姓的粮食竟这样缺乏呢？计量显示的土地并不比以前少，而人口却没有增加多少；按人口分配土地，比古时候还要多出一些，而粮食却很匮乏，造成这种情况的过失到底在哪里？是不是百姓中从事工商业而妨害农业的人增多了，酿酒所费的稻谷增多了，牲畜吃掉的粮食也增多了呢？这些大大小小的原因，我还没能知晓其中的症结所在，希望跟丞相、列侯、俸禄二千石的官吏和博士们讨论这事，有可以帮助百姓改变现状的意见，就坦率地讲出来，不要有所保留。

景帝令二千石修职诏

【原文】

雕文刻镂，伤农事者也；锦绣纂组，害女红者也。农事伤，则饥之本也；女红害，则寒之原也。夫饥寒并至，而能无为非者寡矣。朕亲耕，后亲桑，以奉宗庙粢盛、祭服，为天下先。不受献，减太官，省徭赋，欲天下务农蚕，素有畜积，以备灾害，强毋攘弱，众毋暴寡，老耆以寿终，幼孤得遂长。

今岁或不登，民食颇寡，其咎安在？或诈伪为吏，吏以货赂为市，渔夺百姓，侵牟万民。县丞，长吏也，奸法与盗盗，甚无谓也。其令二千石各修其职。不事官职，耗乱者，丞相以闻，请其罪。布告天下，使明知朕意！

【译文】

让百姓们雕琢花纹、镂刻器物，势必会妨害农事；让妇女们织锦刺绣，为富人显贵们扎结丝带以做衣饰，势必会妨害她们从事丝织业。农事受到妨害，是饥饿的根源；纺织受到妨害，是受冻的因由。饥寒交迫下，能不为非作歹的人是很少的。我亲自耕田，皇后亲自采桑养蚕，用以提供祭祀宗庙用的谷物和礼服，以此来为天下人带头。我不接受贡品，减省太官所进奉的膳食，减轻徭役和赋税，想使天下百姓专心务农养桑，平时有所积蓄，以备灾害。我愿天下的强者不要侵夺弱者，人多的不要去欺压人少的，老人能终其天年，幼儿孤子能得以长大成人。

如今有时年成不好，百姓的口粮很缺乏，造成这种状况的过失到底在哪里？或许有狡诈虚伪的人充当了官吏，一些官吏纳贿行私，盘剥百姓，侵夺万民。县丞，本是吏中之长，但如果徇私舞弊，侵占财富如同盗贼，那么设立这样的官职就很是无谓。现在命令各地俸禄为二千石的地方长官各自修明自己的职守。对于那些尸位素餐、办事昏乱的人，由丞相向我奏明，以决定如何治罪。故此布告天下，使大家明白我的意思！

武帝求茂才异等诏

【原文】

盖有非常之功，必待非常之人。故马或奔踶而致千里，士或有负俗之累而立功名。夫泛驾之马，跅驰之士，亦在御之而已。其令州郡察吏民有茂才异等可为将相及使绝国者。

【译文】

若要建立不平凡的功业，就必须依靠不平凡的人才。所以马有狂奔踢人，却能行千里路的；士人有为世俗所讥议，却能建立功名的。这些狂奔乱跑不走正路的骏马，行为放荡不守礼法的士人，也只在于如何驾驭他们罢了。我命令各州郡考察官吏和百姓中有优秀才能、超群出众，可以担任将相及充任出使远方国家的人才。

▲ 汉武帝刘彻像

后汉书

——简而且周，疏而不漏

作者介绍

范晔（398 ~ 445 年），字蔚宗，南朝宋顺阳人。范晔的祖先是东晋的世家大族，祖父范宁，曾任豫章太守，著有《春秋谷梁传集解》一书；父亲范泰，曾任御史中丞。范晔少时就出继给叔父范弘之，因而被封武兴县五等侯。刘裕势力发展时，范晔投靠刘义康，在其部下担任要职，参与军机大事。宋文帝元嘉五年（428 年）父亲死后他守制去官。此后他虽担任了很多官职，但一直受到权贵的打击排挤，元嘉九年（432 年）被人告发参与拥立刘义康一事，因此以谋反罪被杀，时年 48 岁。范晔自幼深受儒家思想的教育，再加家学的影响，他广泛涉猎经史资料，写得一手好文章。他不但是南北朝时期著名的史学家，而且是有贡献的文学家、音乐家和发明家。范晔为人，正直气概，屡屡触犯封建礼法；有才华，但却恃才傲物，与同僚不合，他的死与此是有一定的关系的。范晔有无神论思想。他不仅曾想著《无鬼论》来反驳佛教转世说。临死前，他还向政敌宣称："天下决无佛鬼。"对于天人感应、图谶符命等神学迷信，他也进行了一定程度的批判。范晔死时，只完成了《后汉书》的纪和传，没有志。到南梁时，刘昭取晋司马彪《续汉书》的八志 30 卷，加以注释增补，附在范晔原著的后面。时至南宋，才将范晔所著和司马彪《续汉书》的八志 30 卷重新校勘，合为今天的《后汉书》。

经典概述

《后汉书》与《史记》《汉书》《三国志》并称"前四史"，是纪传体史书的代表作之一。《后汉书》引用第一手材料比较多，记载的内容多且涉及面广，通过这些各种各样的人物的言行和事迹，东汉社会内容的各方面便能得到具体、真实的反映。《后汉书》结构严密，题例完备，内容丰富，记载翔实，叙事繁简适宜，文辞精妙流畅，是一部文学价值和史学价值都很高的史学著作。

《后汉书》全书共 120 卷，记载自汉光帝建武元年（25 年）到汉献帝建安二十五年（220 年）间 195 年东汉一代的史事，包括有本纪 10 卷，列传 80 卷，志 30 卷。

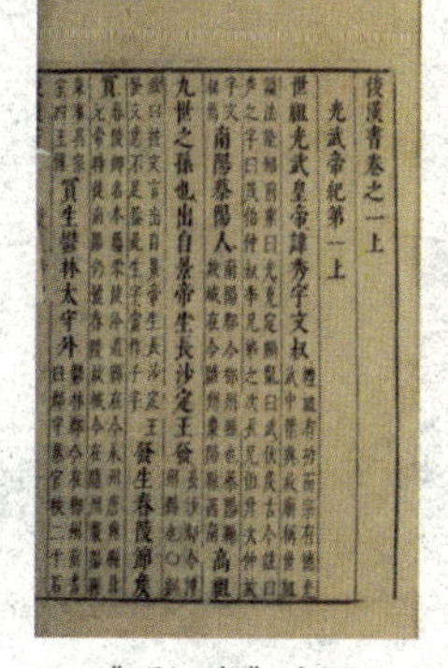

後漢書卷之一上

光武帝紀第一上

世祖光武皇帝諱秀字文叔

南陽蔡陽人

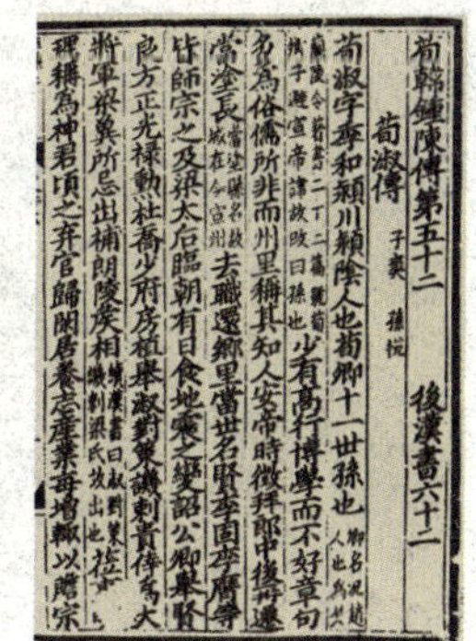

荀韓鍾陳傳第五十二　後漢書六十二

荀淑傳

荀淑字季和潁川潁陰人也荀卿十一世孫也少有高行博學而不好章句

▲《后汉书》内页

相关链接

范晔著《后汉书》开始于宋文帝元嘉九年（432年）。当时刘宋王朝正处于兴盛时期，政治稳定。统治者为了更进一步巩固政权，很注意思想文化方面的工作，而编写史书，总结前人的经验和教训则是其中极为重要的一项。范晔就十分重视从历史中去总结经验，他编撰《后汉书》的目的就是要总结前人之得失。由于范晔当时处于被贬地位，郁郁不得志，他编撰《后汉书》亦有寄情于著述之意，要通过对历史的论述来发表他的政治见解。范晔著《后汉书》时，前人已撰写过不少的东汉史，对于前人的著作，范晔都用发展的眼光去进行考察。

《后汉书》在撰写上，不仅吸取了前人的撰史经验，接受过去行之有效的治史方法，而且根据当时的具体情况和要求，进行了大胆的创新，进一步开拓了纪传体史书叙事的范围，并在纪传体史书在写作手法上总结积累出一定的经验。

《后汉书》在编纂上有几点很有创造性：

1.《后汉书》继承了《史记》《汉书》的体制，基本上按照已有的传目去叙事和写人，但又不完全囿于旧有的模式，而是针对东汉一代特有的社会风尚和特点，适时制宜地创设一些新的传目去反映。

2. 立传以类相从，叙事繁简得宜。《后汉书》继承了《史记》《汉书》立类传的做法，但在某些方面又有所发展。《后汉书》中的类传，一般不受时间先后的限制，或按人品相同，或按事迹相近，或按性质相类等原则来归类立传，使得某个历史事件或某类人物得到集中的反映。《后汉书》的类传中，传主是各有独立的传记的，与整个类传联系起来看，可表现出其一般性；而各人的事迹又表现出其个别性。

3. 注重史评，特崇论赞。论赞是《后汉书》的重要组成部分，在书中占有相当多的篇幅。在每篇纪或传之后的论，主要是针对历史人物或历史事件而作评论，或者是作者对于历史、社会、政治的见解。赞放在每篇纪传的最后面，是四字为句的韵语，作为史学评论的一种特殊的形式，用来品评人物，或补充正文与前论映辉。

▲ 君车出行图　汉

范晔著《后汉书》，着力探讨东汉社会问

题，贯彻了“正一代得失”的宗旨。书中的《王充王符仲长统传》，载王符《潜夫论》5篇，仲长统《昌言》3篇，都是探讨东汉为政得失的名作。他在传末写了一篇长约600字的总结，对其言论进行具体分析。

范晔重视东汉的对外关系，特别是很注意当时的海上交通问题。东汉和帝永元九年（97年），班超派甘英出使大秦，丝绸之路在此时重新出现兴盛之势。《西域传》中大笔描述了当时情况说“立屯田于膏腴之野”，“邮置于要塞之路”，好一派繁荣的景象。此外，范晔在《西域传》中叙述了大秦社会的富裕繁荣，并认为这是与其民主政治分不开的，大秦国王按时治理国事，“国无常人，皆简立贤者，国有灾异及风雨不时，辄废而更立，受放者甘黜不怨”，而“置三十六将，皆会议国事”。很明显，范晔这是以史为鉴，针砭当时封建君主专制之失，也表达了他对大秦民主政治制度的向往。

《后汉书》的文字优美流畅、热情奔放，具有相当高的文学成就。书中的论赞是范晔用力最多之处，一般都具有精湛思想理论、深刻历史见解与高超文字技巧相结合的特点。他特别欣赏自己在史论之后所加的赞语：“赞自是吾文之杰思，殆无一字空设。奇变不穷，同含异体，乃自不知所以称之。”

精华内容

光武帝临淄劳耿弇

【原文】

车驾至临淄，自劳军，群臣大会。帝谓弇曰：“昔韩信破历下以开基，今将军攻祝阿以发迹。此皆齐之西界，功足相方。而韩信袭击已降，将军独拔勍敌，其功乃难于信也。又田横亨郦生，及田横降，高帝诏卫尉不听为仇。张步前亦杀伏隆，若步来归命，吾当诏大司徒释其怨，又事尤相类也。将军前在南阳建此大策，常以为落落难合，有志者事竟成也！”

【译文】

光武帝来到临淄，亲自慰劳军队，群臣都会集于此。光武帝对耿弇说：“从前韩信因攻破

▲ 光武帝涉水图　明　仇英

历下而开创了汉家的基业，现在将军你攻占了祝阿而建立功勋，历下和祝阿都是齐国的西界，你的功绩可以与韩信相比。但是韩信袭击的是已经投降了的齐军，将军却独力战胜了强大的对手，取得这样的功绩就比韩信要困难了。再者，田横烹杀了郦生，等到田横投降的时候，高帝诏告卫尉郦商不要把田横当作仇人。张步从前也曾杀死伏隆，如果张步前来归降，我也要下诏给大司徒伏湛，要他消除仇怨，这事情又是尤其相似了。将军早在南阳的时候就提出了这个伟大的策略，我常常以为不切实际而难以实现，如今看来，真是有志者事竟成啊！”

三国志

——叙事可信、文笔优雅的断代史

作者介绍

陈寿，字承祚，晋朝巴西安汉（今四川南充）人。生于三国蜀后主建兴十一年（233 年），去世于晋惠帝元康七年(297 年)，享年 65 岁。他自幼好学，从小师从于谯周，谯周是当时有名的学者，历史学家，著有《古史考》等书。在这位历史学家的教授下，陈寿少年就有志于史学事业，对于《尚书》《春秋》三传、《史记》《汉书》等史书进行过深入的研究。在蜀汉时，陈寿曾担任卫将军主簿、东观秘书郎、散骑黄门侍郎等职。当时宦官黄皓专权，朝中大臣多阿附于他，陈寿不为所屈，后受排挤去职。曹魏灭蜀以后，司马炎夺取曹魏政权，建立晋朝。陈寿受到司空张华的赏识，在西晋政权中担任著作郎、长平太守、治书侍御史等官职。在这个时期，由于中书监荀勖和中书令和山乔的奏请，要他整理诸葛亮文集。晋武帝太康元年(280 年)，孙吴降晋，三国鼎立的局面最后统一于晋。从这个时候开始，陈寿着手撰写《三国志》。陈寿还著有《益都耆旧传》《古国志》等书，可惜这些书后来都亡佚了。《三国志》成书以后，张华、杜预等都很赞赏陈寿的才华，纷纷向皇帝推荐他出任要职。张华推荐陈寿为中书郎，由于荀勖与张华有矛盾而对陈寿也有不满，将陈寿调任长平太守。因为此地与洛阳相距较远，陈寿以母亲年老为由，辞去了这个职务。镇南将军杜预表荐他可任散骑侍郎，但此职已有寿良担任，后任陈寿为治书侍御史。两个职位都是皇帝左右的侍从官，职位都很重要。不久陈寿因母病危去职。接着母亲死后葬在洛阳而不葬于蜀，受到贬议。其实是他母亲有遗言要葬在洛阳。数年后担任太子中庶子，还来不及就职，即因病去世。

经典概述

《三国志》是我国古代一部著名的纪传体史书，名为志，其实无志。全书共 65 卷，分为《魏志》30 卷，《蜀志》15 卷，《吴志》20 卷，记载了汉献帝初平元年（190 年）到晋太康元年（280 年）之间共 90 年的历史。其中《魏志》1 ~ 4 卷是帝纪，《魏志》其他部分和《蜀志》《吴志》全部是列传。《三国志》成书后就受人推崇，人们赞誉它“善叙事，有良史之才”，“辞多劝戒，明乎得失，有益风化”。这确实道出了《三国志》的特点。

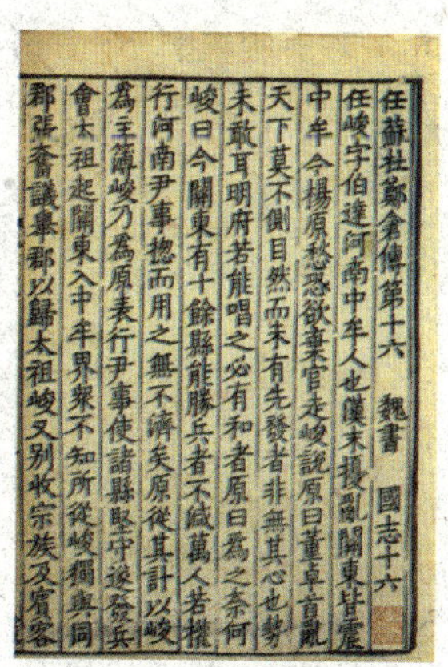

任蘇杜鄭倉傳第十六 魏書 國志十六
任峻字伯達河南中牟人也漢末擾亂關東皆震
中牟令楊原愁恐欲棄官走峻說原曰董卓首亂
天下莫不側目然而未有先發者非無其心也勢
未敢耳明府若能唱之必有和者原曰為之柰何
峻曰今關東有十餘縣能勝兵者不減萬人若權
行河南尹事總而用之無不濟矣原從其計以峻
為主簿峻乃為原表行尹事使諸縣堅守遂發兵
會太祖起關東入中牟界眾不知所從峻獨與同
郡張奮議舉郡以歸太祖峻又別收宗族及賓客

▲《三国志》内页

《三国志》在史学方面的成就和贡献，可概括为以下四个方面：

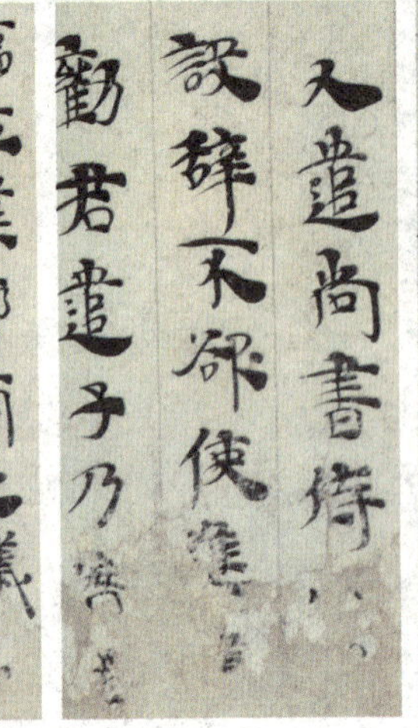
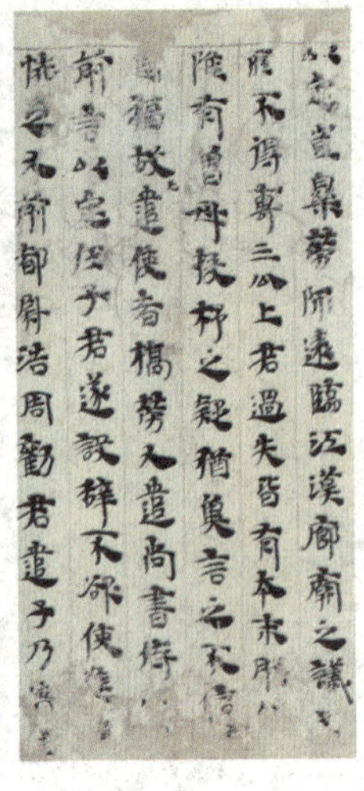

▲ 手抄本《三国志》　西晋

第一，三国并列为书，创纪传体国别史的典范。东汉末年，由于军阀割据，最后形成魏、蜀、吴三国鼎立的局面。记载这一时期历史，以三国并列，成《魏》《蜀》《吴》三书，是切合当时的历史实际的。《魏》《蜀》《吴》三书合起来就是一部书——《三国志》。《三国志》具有可分可合的特点，说它是纪传体国别史，是切合实际的。

第二，记事以历史时期的特点为断限标准，不为王朝年限所约束。《三国志》也是一部断代史，它所记录的历史就是三国时期的历史。三国时期，魏、蜀、吴三国的建立和灭亡，各不相同。魏国建立最早，曹丕称帝在220年，紧接着第二年刘备建立了蜀国，第三年孙权建立了吴国。最先灭亡的是蜀国，263年为魏所吞并，两年以后，魏国为司马炎所取代，建立了晋朝，最后灭亡的是吴国，直到280年，投降于晋。陈寿撰《三国志》时，正视了这个历史实际，所以断限的起点不定在曹丕建国，而是从汉灵帝末年开始，上溯了将近四十年。这是很有卓见的。

第三，取材谨慎，史事编排详略互见，少彼此矛盾、重复之嫌。《三国志》在叙事方面，对于史事的安排是比较严密的。同是一事，采取详略互见，即避免了重复，又充分再现了当时的历史。

第四，全书文笔简洁，记人叙事，生动传神，在传记文学方面，亦有较大的贡献。作为一个史学家，如果没有较高的文学修养，是写不出著名史书的。陈寿从小就以“属文富艳”著称。

陈寿对三国历史有个总揽全局的看法和处理方式。三国时期历史复杂，三个政权并存，在史书上如何恰当地反映这种情况，是颇费斟酌的，陈寿对此处理得比较得当。《三国志》以魏为中心，为其帝王立纪，也是符合历史实际的。同时陈寿又为蜀和吴单独写书，与《魏书》实际上并无统属关系。三书分开各自是国别史，合起来则是三国史，用三国并叙的方法，

相关链接

《三国志》在“二十四史”中，与《史记》《汉书》《后汉书》合称“前四史”。《三国志》以三国并列为书，开创了纪传体国别史的先例。全书文笔简洁，记人叙事，生动传神。但《三国志》的确存在不足之处，如没有记载典章制度的“志”，记事比较简略，提供的历史资料不够丰富等。

反映了三国鼎立的历史局面。

▲ 三国鼎立形势示意图

陈寿还能在叙事中做到隐讳而不失实录，扬善而不隐蔽缺点。陈寿所处时代，各种政治关系复杂，历史与现实问题纠缠在一起，陈寿在用曲折方式反映历史真实方面下了很大功夫。《三国志》对汉魏关系有所隐讳，但指词微而不诬，并于别处透露出一些真实情况。如他在《荀彧传》《董昭传》和《周瑜鲁肃吕蒙传》中都反映了当时的真实情况。陈寿对蜀汉虽怀故国之情却不隐讳刘备、诸葛亮的过失，记下了刘备以私怨张裕和诸葛亮错用马谡等事。这也是良史之才的一个表现。

精华内容

【原文】

曹操自江陵将顺江东下，诸葛亮谓刘备曰："事急矣，请奉命求救于孙将军。"遂与鲁肃俱诣孙权。亮见权于柴桑，说权曰："海内大乱，将军起兵江东，刘豫州收众汉南，与曹操共争天下。今操芟夷大难，略已平矣，遂破荆州，威震四海。英雄无用武之地，故豫州遁逃至此，愿将军量力而处之！若能以吴、越之众与中国抗衡，不如早与之绝；若不能，何不按兵束甲，北面而事之！今将军外托服从之名而内怀犹豫之计，事急而不断，祸至无日矣！"权曰："苟如君言，刘豫州何不遂事之乎？"亮曰："田横，齐之壮士耳，犹守义不辱；况刘豫州王室之胄，英才盖世，众士慕仰，若水之归海。若事之不济，此乃天也，安能复为之下乎！"权勃然曰："吾不能举全吴之地，十万之众，受制于人，吾计决矣！非刘豫州莫可以当曹操者，然豫州新败之后，安能抗此难乎？"亮曰："豫州军虽败于长坂，今战士还者及关羽水军精甲万人，刘琦合江夏战士亦不下万人。曹操之众远来疲散，闻追豫州，轻骑一日一夜行三百余里，此所谓'强弩之末势不能穿鲁缟'者也，故兵法忌之，曰'必蹶上将军'。且北方之人，不习水战；又，荆州之民附操者，逼兵势耳，非心服也。今将军诚能命猛将统兵数万，与豫州协规同力，破操军必矣。操军破，必北还；如此则荆、吴之势强，鼎足之形成矣。成败之机，在于今日！"权大悦，与其群下谋之。

【译文】

曹操将要从江陵顺江东下，诸葛亮对刘备说："事情很危急，请让我去向孙将军求救。"于是与鲁肃一起去见孙权。诸葛亮在柴桑见到了孙权，劝孙权说："天下大乱，将军您在江东起兵，刘豫州的汉南招收兵马，与曹操共同争夺天下。现在曹操削平大乱，大致已稳定局面，于是攻破荆州，威势震动天下。英雄没有施展本领的地方，所以刘豫州逃遁到这里，希望将军估量自己的实力来对付这个局面！如果能用江东的兵力同中原对抗，不如趁早同他绝裂；如果不能，为什么不放下武器、捆起铠甲，向他面北朝拜称臣呢！现在将军外表上假托服从的名义，而内心里怀着犹豫不决的心思，局势危急而不能决断，大祸没几天就要临头了！"孙权说："假若如你所说，刘豫州为什么不向曹操投降呢？"诸葛亮说："田横不过是齐国的一个壮士罢了，还能恪守节义不受屈辱；何况刘豫州是汉王室的后代，英明才智超过所有的当代人，众人敬仰、倾慕他，就像水归大海一样。如果事情不成功，就是天意，怎能再居于其下呢？"孙权发怒说："我不能拿全东吴的土地和十万将士，来受人控制，我的主意决定了！除了刘豫州就没有同我一齐抵挡曹操的了，可是刘豫州在刚打败仗之后，怎能抗得住这个大难呢？"诸葛亮说："刘豫州的军队虽然在长坂坡打了败仗，但是现在归队的士兵加上关羽率领的精锐水兵还有一万人，刘琦收拢江夏的战士也不少于一万人。曹操的军队远道而来，已疲惫不堪，听说为了追逐刘豫州，轻装的骑兵一日一夜跑三百多里，这就是所谓'强弓发出的箭到了尽头，连鲁国的薄绢也穿不透'啊。兵法特别忌讳这一情形，认为必定会让大将军打败仗。况且北方人不习惯打水战，而且荆州投降曹操的百姓，只是被兵势所逼罢了，并不是心甘情愿的。现在将军您如果能够派遣猛将，统领数万军队，和刘备并力合谋，必定能够打败曹操。曹军战败，必定会回到北方去。这样一来，东吴在荆州的势力就会强大，天下鼎足而立的态势就会成形了。成功失败的关键，就在今天了。"孙权十分高兴，立刻与群臣商量这件事。

▲ 诸葛亮舌战群儒

凭着三寸不烂之舌和满腹智慧，诸葛亮轻易达到了联吴抗曹的目的。

【原文】

时操军众已有疾疫，初一交战，操军不利，引次江北。瑜等在南岸，瑜部将黄盖曰："今寇众我寡，难与持久。操军方连船舰，首尾相接，可烧而走也。"乃取蒙冲斗舰十艘，载燥荻枯柴，灌油其中，裹以帷幕，上建旌旗，豫备走舸，系于其尾。先以书

遗操，诈云欲降。时东南风急，盖以十舰最著前，中江举帆，余船以次俱进。操军吏士皆出营立观，指言盖降。去北军二里余，同时发火，火烈风猛，船往如箭，烧尽北船，延及岸上营落。顷之，烟炎张天，人马烧溺死者甚众。瑜等率轻锐继其后，雷鼓大震，北军大坏，操引军从华容道步走，遇泥泞，道不通，天又大风，悉使羸兵负草填之，骑乃得过。羸兵为人马所蹈藉，陷泥中，死者甚众。刘备、周瑜水陆并进，追操至南郡。时操军兼以饥疫，死者太半。操乃留征南将军曹仁、横野将军徐晃守江陵，折冲将军乐进守襄阳，引军北还。

【译文】

这时曹操军中的士兵们已经有流行病，刚一交战，曹军就失利，曹操率军退到江北驻扎。周瑜的军队驻扎在南岸，周瑜部下黄盖说："现在敌多我少，很难同他们持久对峙。曹操的军队把战船连接起来，首尾相接，可用火烧来打退他们。"于是调拨十只大小战船，装满干苇和枯柴，在里面灌上油，外面用帷帐包裹，上面竖起旗帜，预备好轻快小船，系在战船的尾部。先送信给曹操，假称要投降。这时东南风来势很急，黄盖把十只战船排在最前头，到江中挂起船帆，其余船只都依次前进。曹操军中的将领、士兵都走出营房站在那里观看，指着说黄盖前来投降。离曹操军队二里多远时，各船同时点起火来，火势很旺，风势很猛，船只往来像箭一样，把曹操的战船全部烧着，并蔓延到岸上军营。霎时间，烟火满天，人马烧死的、淹死的很多。周瑜等率领轻装的精兵跟在他们后面，鼓声震天，曹操的军队彻底溃散了。曹操带领军队从华容道步行逃跑，遇上泥泞的道路，道路不能通行，天又刮起大风，疲弱的士兵背草填路，骑兵才得以通过。士兵被骑兵践踏，陷在泥中，死的很多。刘备、周瑜水陆一齐前进，追击曹操到了南郡。这时，曹操的军队饥饿、瘟疫交加，死了将近大半。曹操于是留下征南将军曹仁、横野将军徐晃把守江陵，折冲将军乐进把守襄阳，自己率领其余军队退回北方。

▲ 赤壁之战

资治通鉴

——鉴前世之兴衰，考当今之得失

作者介绍

在我国历史上，有两位著名的历史学家，因都复姓司马，所以人们称为“两司马”。即撰写《史记》的司马迁和主编《资治通鉴》的司马光。司马光（1019～1086年），字君实，北宋陕州夏县（今山西夏县）人。他父亲司马池，官任天章阁（皇帝藏书阁）待制（皇帝顾问）。司马池为人正直、清廉，这对司马光有深刻的影响，时人赞誉司马光是“脚踏实地的人”。司马光自幼酷爱史学，“嗜之不厌”。仁宗宝元元年（1038年）司马光中进士，历仕仁宗、英宗、神宗三朝，任天章阁待制兼侍讲、龙图阁直学士、翰林学士、御史中丞等职。当时正值神宗用王安石变法，而司马光是反对变法的“旧党首领”，故于熙宁三年（1070年）王安石执政后，司马光就请求做外官，出知永兴军。此年，王安石为相后又自请改判西京御史台。哲宗即位，高太后听政，保守派掌权，司马光任过尚书左仆射，把新法废除得一干二净。时隔不久，与世长辞，死后封温国公，谥文正。

▲ 司马光像

司马光修书时有三大助手：刘恕，字道原，筠州（今江西高安）人，18岁中冯京榜进士，再试经义说书皆第一，司马光受诏修书，上表推荐刘恕，年仅34岁成为史学名家。刘攽，字贡父，号公非先生，临江新喻（今江西新余）人，庆历进士，曾任国子监直讲，入秘书少监，官至中书舍人。范祖禹，字梦得，成都华阳（今四川华阳）人，进士出身，官至奉议郎。

经典概述

《资治通鉴》是中国最著名的编年体通史。共294卷，洋洋三百余万字，上起周威烈王二十三年（前403年），下迄后周显德元年（959年）。记载了包括周、秦、汉、魏、晋、宋、齐、梁、陈、隋、唐、后梁、后唐、后晋、后汉、后周在内的16个朝代的1362年历史。分为294卷，共计300多万字；另外《目录》30卷，《考异》30卷。《周纪》5卷，《秦纪》3卷，《汉纪》60卷，《魏纪》10卷，《晋纪》40卷，《宋纪》16卷，《齐纪》10卷，《梁纪》22卷，《陈纪》10卷，《隋纪》8卷，《唐纪》81卷，《后梁纪》6卷，《后唐纪》8卷，《后晋纪》6卷，《后周纪》5卷。司马光是为了巩固当时的封建政权才编写《资

相关链接

司马光自幼酷爱史学，“嗜之不厌”。屡次深切感受到历代史籍浩繁冗杂，并且除《史记》之外多数为断代史，不便参阅，使学习历史的人感到很困难，同时他为了给封建统治者提供借鉴，于是决定动手编一部“删削冗长，举撮机要，专区国家盛衰，系生民休戚，善可为法，恶可为戒”的史书，并确定此书的宗旨是“鉴前世之兴衰，考当今之得失，嘉善矜恶，取是舍非”。英宗治平三年（1066年），他将记载战国、秦朝历史的《通志》呈进朝廷，获得赏识，并受诏设局续编。书局始辟于开封，后迁至洛阳，设主修、同修、书吏多人。宋神宗曾专听司马光进读书稿，并赐其书名为《资治通鉴》。同时御撰书序，以示褒奖。元丰七年，全书完成，历时19年之久。

治通鉴》的，这就决定了此书的内容主要是政治史。他把历史上的君主依据他们的才能分为五类：第一类是创业之君，比如汉高祖、汉光武帝、隋文帝、唐太宗等；第二类是守成之君，如汉文帝和汉景帝。第三类是中兴之帝，如汉宣帝；第四类是陵夷之君，如西汉的元帝、成帝，东汉的桓帝、灵帝；第五类是乱亡之君，如陈后主、隋炀帝。在司马光看来，最坏的是那些乱亡之君，他们“心不入德义，性不受法则，舍道以趋恶，弃礼以纵欲，谗谄者用，正直者诛，荒淫无厌，刑杀无度，神怒不顾，民怨不知”，像陈后主、隋炀帝等就是最典型的例证。对于乱亡之君，《通鉴》都作了一定程度的揭露和谴责，以为后世君主鉴戒。

▲《司马温公稽古录》内页

《资治通鉴》对军事的记载也很突出，对战争的描述也很生动。凡是重大的战役，如赤壁之战、淝水之战等，《资治通鉴》都要详细记载战争的起因、战局的分析、战事的过程及其影响。《资治通鉴》也注意关于经济的记载，因田赋等赋税是封建经济的首要问题，因此对于商鞅变法、文景之治、北魏孝文帝的均田制等都有记载。《资治通鉴》在文化方面也有记载。从学术思想上来说，上至先秦的儒、法、名、阴阳、纵横五家的代表人物和学术主张，下及汉代的黄老思想、汉武帝的独尊儒术以及魏晋玄学的盛行都有记载。还叙述了佛教、道教的起源及流传，同时也涉及著名的文人学士及其作品。从史学方面来讲，对《汉书》到沈约的《宋书》以及唐代的修史制度均有记载。从科技方面来讲，历代的历法是记载最多的，其他还有天文学、地理学、土木建筑（如秦长城、隋唐长安城和洛阳城）、水利工程（隋大运河）等都有记载。《资治通鉴》还有历史评论，一类选录前人的评论，开头都写明作者名氏，不过所选录的前人史论都符合司马光的观点，大部分都是用来表达他的政治思想的，

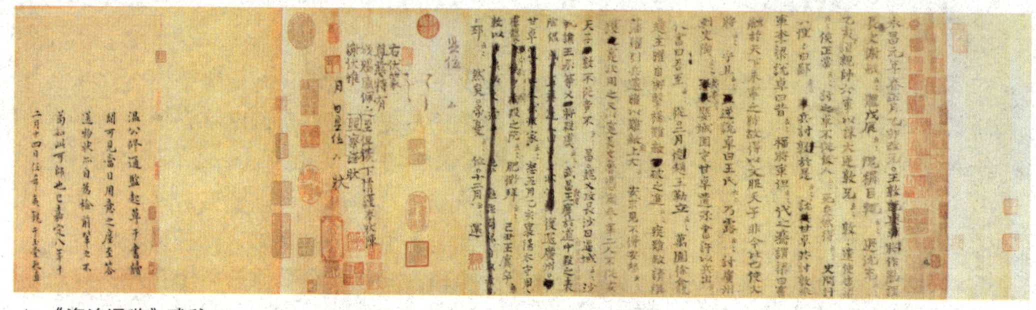

▲《资治通鉴》残稿

还有一类是属于司马光自己写的，每篇以“臣光曰”开头。

《资治通鉴》主张治理国家必须用人唯贤。司马光认为一个国家能否治理得好，关键在于能否选拔到一批得力的人才。不仅如此，他还反对以门第族望为取人的标准。另外在用人问题上，《资治通鉴》还记载了齐威王与魏惠王论宝的一席对话，语言生动，含义深刻，把德才兼备、智勇双全的大臣，视为国家的无价之宝，突出强调了得人才的重要性。

这里还要提一下《通鉴目录》和《通鉴考异》。《目录》30卷，仿《史记》年表的体例，纪年于上，列《通鉴》卷数于下；《考异》30卷，说明材料去取的理由。这两书虽不能与《资治通鉴》相比，但它们互相配合，这样使《资治通鉴》的体例更为完备，这是值得读者注意的。

精华内容

燕太子丹使荆轲刺秦

【原文】

燕太子丹怨王，欲报之，以问其傅鞠武。鞠武请西约三晋，南连齐、楚，北媾匈奴以图秦。太子曰：“太傅之计，旷日弥久，令人心然，恐不能须也。”顷之，将军樊於期得罪，亡之燕；太子受而舍之。鞠武谏曰：“夫以秦王之暴而积怒于燕，足为寒心，又况闻樊将军之所在乎！是谓委肉当饿虎之蹊也。愿太子疾遣樊将军入匈奴！”太子曰：“樊将军穷困于天下，归身于丹，是固丹命卒之时也，愿更虑之！”鞠武曰：“夫行危以求安，造祸以为福，计浅而怨深，连结一人之后交，不顾国家之大害，所谓资怨而助祸矣。”太子不听。

太子闻卫人荆轲之贤，卑辞厚礼而请见之。谓轲曰：“今秦已虏韩王，又举兵南伐楚，北临赵；赵不能支秦，则祸必至于燕。燕小弱，数困于兵，何足以当秦！诸侯服秦，莫敢合从。丹之私计愚，以为诚得天下之勇士使于秦，劫諰秦王，使悉反诸侯侵地，若曹沫之与齐桓公，则大善矣；则不可，则因而刺杀之。彼大将擅兵于外而内有乱，则君臣相疑，以其间，诸侯得合从，其破秦必矣。唯荆卿留意焉！”荆轲许之。

于是舍荆卿于上舍，太子日造门下，所以奉养荆轲，无所不至。及王翦灭赵，太子闻之惧，欲遣荆轲行。荆轲曰："今行而无信，则秦未可亲也。诚得樊将军首与燕督亢之地图，奉献秦王，秦王必说见臣，臣乃有以报。"太子曰："樊将军穷困来归丹，丹不忍也！"荆轲乃私见樊於期曰："秦之遇将军，可谓深矣，父母宗族皆为戮没！今闻购将军首，金千斤，邑万家，将奈何？"於期太息流涕曰："计将安出？"荆卿曰："愿得将军之首以献秦王，秦王必喜而见臣，臣左手把其袖，右手揕其胸，则将军之仇报而燕见陵之愧除矣！"樊於期曰："此臣之日夜切齿腐心也！"遂自刎。太子闻之，奔往伏哭，然已无奈何，遂以函盛其首。太子豫求天下之利匕首，使工以药淬之，以试人，血濡缕，人无不立死者。乃装为遣荆轲，以燕勇士秦舞阳为之副，使入秦。

▲ **人物故事图册（之二） 清 吴历 绢本**

荆轲是战国时燕国太子丹手下的勇士。秦灭韩、赵之后，又向燕国进军，荆轲便携樊於期人头及地图前去刺杀秦王，后终因寡不敌众而惨死。荆轲去秦国之前，便抱着必死的决心，于易水江边把酒临风，高渐离击筑，荆轲高吟："风萧萧兮易水寒，壮士一去兮不复还！"吟罢上车而去，头也不回。此图即绘荆轲上车离去的情景。荆轲刺秦的故事见于司马迁的《史记》，《史记》是历史散文中里程碑式的杰作。

荆轲至咸阳，因王宠臣蒙嘉卑辞以求见；王大喜，朝服，设九宾而见之。荆轲奉图而进于王，图穷而匕首见，因把王袖而揕之；未至身，王惊起，袖绝。荆轲逐王，王环柱而走。群臣皆愕，卒起不意，尽失其度。而秦法，群臣侍殿上者不得操尺寸之兵，左右以手共搏之，且曰："王负剑！"负剑，王遂拔以击荆轲，断其左股。荆轲废，乃引匕首王，中铜柱。自知事不就，骂曰："事所以不成者，以欲生劫之，必得约契以报太子也！"遂体解荆轲以徇。王于是大怒，益发兵诣赵，就王翦以伐燕，与燕师、代师战于易水之西，大破之。

【译文】

燕国太子姬丹怨恨秦王嬴政，想要实施报复，为此征求太傅鞠武的意见。鞠武建议太子丹西与韩、赵、魏三晋订约，南与齐、楚联合，北与匈奴媾和，赖此共同图谋秦国。太子丹说："太傅的计略虽好，但要实现它却是旷日持久的事情，令人内心烦闷、焦躁，恐怕不能再等待了。"不久，秦国将领樊於期在本国获罪，逃到燕国。太子丹接纳了他，并让他住下。鞠武规劝太子丹说："仅凭秦王的暴虐以及对燕国积存的愤怒、怨恨，就足以令人寒心的了，更何况他还将获悉樊将军被收留在燕国了呢！这就等于把肉弃置在饿虎往来的小道上。希望您尽快将樊将军送到匈奴去！"太子丹说："樊将军走投无路，归附于我，这本来就是我应当舍命保护他的时候了，请您还是考虑一下其他的办法吧！"

▲ 荆轲刺秦王石像图

鞠武说："做危险的事情来求取安全，制造灾祸以祈求幸福，谋略浅薄而致积怨加深，为了结交一个新的朋友，而不顾及国家将遭受大的危害，这即是所谓的积蓄怨仇并助长灾祸了！"太子丹对鞠武的劝说置之不理。

太子丹听说卫国人荆轲很贤能，便携带厚礼求见他。太子丹对荆轲说："现在秦国已俘虏了韩王，又乘势举兵向南进攻楚国，向北威逼赵国。赵国无力对付秦国，那么灾难就要降临到燕国头上了。燕国既小又弱，多次为战争所拖累，哪里还能够抵挡住秦国的攻势啊！各诸侯国都屈服秦国，没有哪个国家敢于再合纵抗秦了。目前，我个人的计策颇愚鲁，认为如果真能获得一位天下最大无畏的勇士，让他前往秦国胁迫秦王政，迫使他将兼并来的土地归还给各国，就像曹沫当年逼迫齐桓公归还鲁国丧失的领土一样，如此当然是最好的了。假若不行，便乘机刺杀掉秦王嬴政。秦国的大将拥兵在外，而国内发生动乱，于是君臣之间相互猜疑。趁此时机，各国如能够合纵抗秦，就一定可以击败秦军。希望您留心这件事情。"荆轲答应充当刺客赴秦。太子丹于是安排荆轲住进上等客舍，并天天亲往舍中探望，凡能够进送、供给荆轲的东西，没有不送到的。及至秦将王翦灭亡了赵国，太子丹闻讯后惊恐不已，便想送荆轲出行。荆轲说："我现在前往秦国，但没有令秦人信任我的理由，这就未必能接近秦王。倘若果真得到樊将军的头颅和燕国督亢的地图奉献给秦王，秦王必定很高兴召见我，那时我才能够刺杀他以回报您。"太子丹说："樊将军在穷途末路时来投奔我，我实在不忍心杀他啊！"荆轲于是私下里会见樊於期说："秦国对待您，可说是残酷之极，您的父母、宗族都被诛杀或没收为官奴了！现在听说秦国悬赏千斤黄金、万户封地购买您的头颅，您打算怎么办呢？"樊於期叹息地流着泪说："那么能想出什么办法呢？"荆轲说："希望能得到您的头颅献给秦王，秦王见此必定欢喜而召见我，那时我左手拉住他的袖子，右手持匕首刺他的胸膛。这样一来，您的大仇得报，燕国遭受欺凌的耻辱也可以消除了！"樊於期说："这正是我日日夜夜渴求实现的事情啊！"随即拔剑自刎。太子丹闻讯急奔而来，伏尸痛哭，但

已经无济于事了，就用匣子盛装起樊於期的头颅。此前，太子丹已预先求取到天下最锋利的匕首，令工匠把匕首烧红浸入毒药之中，又用这染毒的匕首试刺人，只需渗出一丝血，人就没有不立即倒毙的。于是便准备行装送荆轲出发，又派燕国的勇士秦舞阳当他的助手，二人作为使者前往秦国。

荆轲抵达秦国都城咸阳，通过秦王嬴政的宠臣蒙嘉，以谦卑的言辞求见秦王，秦王嬴政大喜过望，穿上君臣朝会时的礼服，安排朝会大典迎见荆轲。荆轲手捧地图进献给秦王，图卷全部展开，匕首出现，荆轲乘势抓住秦王的袍袖，举起匕首刺向他的胸膛。但是未等荆轲近身，秦王嬴政已惊恐地一跃而起，挣断了袍袖。荆轲随即追逐秦王，秦王绕着柱子奔跑。这时，殿上的群臣都吓呆了，事发仓促，大出意料，群臣全都失去了常态。秦国法律规定，在殿上侍从的群臣不得携带任何武器。因此大家只好徒手上前扑打荆轲，并喊道："大王，把剑推上背！"秦王嬴政将剑推到背上，立即拔出剑来回击荆轲，砍断了他的左大腿。荆轲肢体残废无法再追，便把匕首向秦王投掷过去，但却击中了铜柱。荆轲知道行刺之事已无法完成，就大骂道："此事所以不能成功，只是想活捉你以后强迫你订立契约，归还所兼并的土地，以此回报燕太子啊！"由是，荆轲被分尸示众。秦王为此勃然大怒，增派军队去到赵国，随王翦的大军攻打燕国。秦军在易水以西与燕军和代王的军队会战，大破燕、代之兵。

大唐西域记

——中西交流最重要的历史地理文献

作者介绍

▲ 玄奘像

玄奘，俗姓陈，洛州缑氏（今河南偃师县南缑氏镇）人。他于隋文帝仁寿二年（602 年）出生于一个世代儒学之家，出家后法名玄奘，敬称三藏法师，俗称唐僧。13 岁时在洛阳净土寺诵习佛典，后来去唐朝都城长安，游历成都、荆州（今湖北江陵）、扬州、苏州、相州（今河南安阳）、赵州（今河北赵县）等地，遍访名师，然后又回到长安，拜师于法常、僧辩两位大师。随着学业的日益进步，他的疑问和困惑也越来越多，而这些疑惑中国的佛典和高僧又解决不了。玄奘于是下定决心去佛教的发源地印度取经求法。唐太宗贞观元年（627 年），玄奘从长安出发，孤身踏上征程，开始西行之路。途经秦州（今甘肃天水）、兰州、凉州（今甘肃武威）、瓜州（今甘肃安西东南），渡玉门关，历五天四夜滴水不进，艰难地通过了 800 里沙漠，取道伊吾（今新疆哈密），年底到达高昌（今新疆吐鲁番），沿天山南麓西行，历经属国，沿大清池西行，来到素叶城。然后继续西行，经过昭武九姓中的七国，翻越中亚史上著名的铁门，到达吐火罗，由此又南行，经大雪山，来到迦毕试国，东行至团犍驮罗国，进入印度。当时的印度分为东、西、南、北、中五部分，史称五印度或五天竺。玄奘先到北印度，在那里拜望高僧，巡礼佛教圣地，跋涉数千里，经历 10 余国，进恒河流域的中印度。在中印度，历史悠久的摩揭陁国拥有全印度规模最大有 700 年历史的那烂陀寺，这是当时全印度的文化中心，玄奘西行求法的目的地。玄奘在那烂陀寺留学 5 年，向寺主持、当时印度佛学权威戒贤法师学习《瑜伽论》等，又研究了寺中收藏的佛教典籍，兼学梵文和印度很多的方言。后到中印度、东印度、南印度、西印度游学，足迹几乎遍及全印度，再返回那烂陀寺，戒贤法师命他为寺内众僧讲解佛典，赢得了极大声誉。贞观十七年（643 年）春，玄奘谢绝了戒日王和那烂陀寺众僧的挽留，携带 657 部佛经北上，翻越帕米尔高原，沿塔里木盆地南线回国，两年后，回到了阔别已久的首都长安。唐太宗得知玄奘回国，在洛阳召见了他，并敦促他将在西域、印度的所见所闻撰写成书。于是玄奘口述，由其弟子辩机执笔的《大唐西域记》一书，于贞观二十年（646 年）七月完成。

经典概述

《大唐西域记》分12卷，共10余万字，书前冠以于志宁、敬播两序。卷一记载今天新疆和中亚的广大地区，是玄奘初赴印度所经之地。卷二之首有印度总述，其后直到卷11分述五印度的各国概况，其中摩揭陁一国情况占去了8、9两整卷的篇幅。卷12记载玄奘返国途中经行的帕米尔高原和塔里木盆地南缘诸国概况。全书共记述了玄奘亲身经历的110国和得之传闻的28国情况，书中对各国的记述繁简不一，通常包括国名、地理形势、幅员广狭、都邑大小、历时计算法、国王、族姓、宫室、农业、物产、货币、事物、衣饰、语言、文字、礼仪、兵刑、风俗、宗教信仰以及佛教圣迹、寺数、僧数等内容。《大唐西域记》记载了东起我国新疆、西尽伊朗、南到印度半岛南端、北到吉尔吉斯斯坦、东北到孟加拉国这一广阔地区的历史、地理、风土、人情，科学地概括了印度次大陆的地理概况，记述了从帕米尔高原到咸海之间广大地区的气候、湖泊、地形、土壤、林木、动物等情况。

▲ 普贤经变　西夏　敦煌石窟

《大唐西域记》所载内容十分丰富：（一）综述各国的地理形势、气候、物产、政治、经济、文化、风俗、宗教等概况。书中多数国家的介绍都是从自然环境叙述到社会概况，语言简洁，内容翔实，章法基本统一。尤为珍贵的是还用17个专题对印度作了重点介绍，基本上囊括了印度的全貌，堪称古代和中世纪印度的简史。（二）记载了重要的历史人物和历史事件。全书介绍的国家多数都涉及一些历史人物或历史事件，但该书

相关链接

鉴真和尚（公元688～763年）是唐代著名的高僧，俗姓淳于，扬州人，精于佛教律宗。当时日本的佛教还不够完备，日僧荣和普照随遣唐使入唐邀请高僧到日本传授戒律，访求十年找到了鉴真。天宝元年（公元742年），鉴真不顾弟子的劝阻和地方官的阻挠，发愿东渡传法。前四次都未能成行，第五次漂流到了海南岛，荣病死，鉴真双目失明。但是他不改初衷，第六次搭乘日本遣唐使团的船只东渡，终于在天宝十三年（公元754年）到达日本，被日本人称为“过海大师”“唐大和尚”。他在日本传播佛教和先进的唐文化，后来被日本天皇任命为大僧都，成为日本律宗的始祖。公元763年，鉴真在日本圆寂。他对中日文化交流做出了巨大贡献，一千多年来一直受到日本人民的敬仰。

并非历史人物传记，只是一部地理志，历史人物与历史事件是玄奘参谒名人故地、观看遗存文物时引发出来的。书中记载的历史事件尽管都与佛教有关，但对考察该国的政治状况也都有重要的参考价值。（三）记述了佛教各教派的演变与分布状况。玄奘漫游印度各地，随时记录各国信教情况。

《大唐西域记》记录玄奘亲自游过的110个和传闻得知的28个以上的城邦、地区、国家的情况，是唐代杰出的地理著作，主要成就表现在四个方面：1. 新的地理内容。我国自汉代起，就把昆仑山脉西部高山地区称作葱岭。《大唐西域记》卷12有波谜罗川的地名，指出这是葱岭的一部分，"其地最高"。这是我国古代地理著作中首次提到帕米尔（波谜罗）这个名称和地理概念。2. 对中亚、印度等国地理环境的详细描述，超过了以前的任何著作。3. 对某个地区的描述，既有自然地理的内容，又有经济地理内容。是今天研究中亚、印度一带的历史地理所必需的文献。4.《大唐西域记》除去首尾两卷有中国地理内容外，其余各卷都是讲外国地理，是我国古代外国地理专著之一。

贞观政要

——初唐政治的重要文献

作者介绍

吴兢（670 ~ 749 年），唐朝汴州浚仪（今河南开封）人。出生于唐高宗总章三年（670 年），病逝于唐玄宗天宝八年（749 年）。吴兢为人正直不阿，勤奋好学，对古代经书都有一定的研究，特别是对历史有较深的造诣。青年时期，他结识了当代著名人物魏元忠、朱敬则等，并从他们那里得到了不少的教益。约在武周圣历三年（700 年）前后，当时武三思领导修撰国史，武三思等人以朋党为界限，记事不实，吴兢具有忠于历史的赤诚，愤而私撰《唐书》《唐春秋》，意欲为后人留下信史。唐中宗时，他任右补阙，与刘知几等人共修《则天实录》。书成后，转任起居郎，又迁水部郎中。开元初，自请继续修史，得准与刘知几撰《睿宗实录》，并重修《则天实录》。刘知几去世后，张说为相，见到书中记载张易之诱他诬陷魏元忠之事，感到不安。颇有政治见识的吴兢，对澄清了七八年混乱局面的唐玄宗很敬仰，他热切地希望颇有作为的新皇帝能够吸取老皇帝教训，重整旗鼓，治国安邦，便唐王朝得以长期统治下去。因此，他大胆而直率地向皇帝上了一道奏书要求皇帝纳谏。吴兢得到唐玄宗的重视和信任，约在开元三年（715 年）前后，升任谏议大夫、太子左庶子等官，并兼文馆学士。不久，又任卫尉少卿，兼修国史。开元十七年（729 年），吴兢被贬官，出任荆州司马，后又历任地方郡守，辗转迁任，不得重用，寂寞地度过了自己的晚年。

经典概述

▲ 唐太宗像

《贞观政要》分类编录了唐太宗与魏徵、房玄龄、杜如晦等君臣之间有关国家大事的问答，以及大臣争议和所上谏疏，并旁及政治设施、刑法等等，“用备观戒”。“贞观”是唐太宗李世民的年号。“政”指“令”“政策”，“要”指“要领”“要点”。“贞观政要”即“贞观年间的施政要领”。《贞观政要》虽记载史实，但不按时间顺序组织全书，而是从总结唐太宗治国施政经验，告诫当今皇上的意图出发，将君臣问答、奏疏、方略等材料，按照为君之道、任贤纳谏、君臣鉴戒、教诫太子、道德伦理、正身修德、崇尚儒术、固本宽刑、征伐安边、善始慎终等一系列专题内容归类排列，使这部著作既有史实，又有很强的政论色彩；既是唐太宗贞观之治的历史记录，又蕴含着丰富的治国安民的政治观点和成功的施政经验。

全书10卷42篇、250章，共8万字左右。

在第一卷中，吴兢将《论君道第一》作为首篇，其中主要记载了唐太宗和时任谏议大夫的魏徵关于“为君之道”的讨论。唐太宗认为，为君之道，在于必须先存老百姓，如果损害了百姓来奉养自身，就如同“割股以啖腹，腹饱而身毙”。如果想安定天下，君主必须首先严于自律，否则上行下效，国家的安定将无从谈起。第一卷第二篇是“论政体”。在这里，吴兢继续记述唐太宗君臣对治国之道的讨论，只是这种讨论以由单纯的治国指导思想进一步深入到了具体的治国方式。

▲ 古帖　唐　魏徵

第二卷《论任贤第三》《论求谏第四》和《论求谏第五》，吴兢更详细地记录了太宗身边的几个股肱之臣：房玄龄、杜如晦、魏徵、王珪、李靖、虞世南、李勣、马周等被选拔任用的经历。太宗对贤才珍惜和重视，但对那些贪官污吏深恶痛绝。如果有接受钱财而违法的官吏，一定严惩不贷。由于这样，唐太宗时的官吏多能做到“清廉自谨”。

第三卷包括《君臣鉴戒第六》《论择官第七》《论封建第八》三篇。太宗君臣注意从隋亡中吸取教训，认为作为君主应该力戒骄奢淫逸，并随时采纳忠直之言，选用贤良，励精图治。而为臣子者，对君主应该忠诚不贰，敢于直言，不怕诛杀。在择官方面，基本遵循“任官唯贤才”的原则。

第四卷主要记录了关于对太子及诸王的封授、教育、规谏的问题。太宗采纳了褚遂良的建议，给太子高于诸王的待遇，并为太子延请师傅，教育太子尊师重道，为将来君临天下做准备。其他诸王也应该选择良师益友，接受他们的直言规劝，不得独断专行。

第五卷和第六卷共包括十六篇，记录了唐太宗君臣心中君主或臣子应该恪守的道德准则，包括：仁义、忠义、孝友、公平、诚信、俭约、谦让、仁恻、慎所好、慎言语、杜谗邪，自省、廉洁等。

第七卷包括《崇儒学第二十七》《论文史第二十八》《论礼乐第二十九》三篇。记录了太宗自践位以来，通过设弘文馆，尊孔子为至圣先师，广泛授予天下儒士以官职等方法，确立儒家思想在社会中的统治地位。

第八卷包括六篇，分别是《论务农第三十》《论赦令三十一》《论刑法第三十二》《论贡献第三十三》《禁末作附（三章）》《辩兴亡第三十四》。

相关链接

《贞观政要》一书，约完成于唐玄宗开元后期或开元、天宝之际。这一时期正是唐王朝承续“贞观之治”继续兴盛发展时期，但政治危机已在一连串宫廷政变——武后专权、韦氏弄权以后显现；社会危机也已时露端倪，小股农民起义时有发生。政治上颇为敏感的吴兢已感受到衰颓的趋势。为了保证唐皇朝的长治久安，他深感有必要总结唐太宗君臣相得、励精图治的成功经验，为帝王树立起施政的楷模。《贞观政要》正是基于这样一个政治目的而写成的，所以它一直以其具有治国安民的重大参考价值，而得到历代的珍视。

第九卷包含《议征伐第三十五》和《议征伐第三十六》两篇，它记录了从唐初期到唐太宗后期，唐朝处理与周边国家、地区关系的情况。

《贞观政要》全书内容涉及非常广泛。分类归纳，基本上可分为以下四个方面。1. 君主的自身修养和作风。2. 官员的选拔和作风要求。3. 对内对外的大政方针。4. 规谏太子，确保国家长久，社稷永存。

《贞观政要》记述的封建政治问题是全面而详备的。吴兢把君主作为封建政权的关键，他在开卷的第一篇《君道》中，首先探讨了为君之道。他列举唐太宗的言论说明：要想当好君主，必先安定百姓，要想安定天下，必须先正自身。把安民与修养自身当作为君的两个要素，对于封建政治来说，是抓到了点子上的。对于君主的个人修养，他以唐太宗为例，说明清心寡欲和虚心纳谏是相当重要的。做到这两点，是唐太宗成功的关键，从历代统治者的施政实践上看，这两条对于政权安危具有普遍意义。

《贞观政要》中，也反映了吴兢思想中的一些消极东西。如书中第五卷罗列了关于封建伦理道德的一些说教；第六卷中又列举了许多关于修身养性的议论。这固然是希望统治者能够正身修德，做出表率，但也表明吴兢对封建伦理的重视和虔诚。

精华内容

【原文】

贞观二年，太宗问魏徵曰：“何谓为明君暗君？”徵曰：“君之所以明者，兼听也；其所以暗者，偏信也。《诗》云：‘先人有言，询于刍荛。’昔唐、虞之理，辟四门，明四目，达四聪。是以圣无不照，故共、鲧之徒，不能塞也；靖言庸回，不能惑也。秦二世则隐藏其身，捐隔疏贱而偏信赵高，及天下溃叛，不得闻也。梁武帝信朱异，而侯景举兵向阙，竟不得知也。隋炀帝偏信虞世基，而诸贼攻城剽邑，亦不得知也。是故人君兼听纳下，则贵臣不得壅蔽，而下情必得上通也。”太宗甚善其言。

▲ 魏徵像

【译文】

贞观二年（628年），唐太宗问魏徵说："什么叫作圣明君主、昏暗君主？"魏徵答道："君主之所以能圣明，是因为能够兼听各方面的话；其所以会昏暗，是因为偏听偏信。《诗经》说：'古人说过这样的话，要向割草砍柴的人征求意见。'过去唐尧、虞舜治理天下，广开四方门路，招纳贤才；广开视听，了解各方面的情况，听取各方面的意见。因而圣明的君主能无所不知，所以像共工、鲧这样的坏人不能蒙蔽他，花言巧语也不能迷惑他。秦二世却深居宫中，隔绝贤臣，疏远百姓，偏信赵高，到天下大乱、百姓背叛，他还不知道。梁武帝偏信朱异，到侯景兴兵作乱举兵围攻都城，他竟然不知道。隋炀帝偏信虞世基，到各路反隋兵马攻掠城邑时，他还是不知道。由此可见，君主只有通过多方面听取和采纳臣下的建议，才能使显贵大臣不能蒙上蔽下，这样下情就一定能上达。"太宗很赞赏他讲的话。

【原文】

杜如晦，京兆万年人也。武德初，为秦王府兵曹参军，俄迁陕州总管府长史。时府中多英俊，被外迁者众，太宗患之。记室房玄龄曰："府僚去者虽多，盖不足惜。杜如晦聪明识达，王佐才也。若大王守藩端拱，无所用之；必欲经营四方，非此人莫可。"宗自此弥加礼重，寄以心腹，遂奏为府属，常参谋帷幄。时军国多事，剖断如流，深为时辈所服。累除天策府从事中郎，兼文学馆学士。隐太子之败，如晦与玄龄功第一，迁拜太子右庶子。俄迁兵部尚书，进封蔡国公，实封一千三百户。贞观二年，以本官检校侍中。三年，拜尚书右仆射，兼知吏部选事。仍与房玄龄共掌朝政。至于台阁规模，典章文物，皆二人所定，甚获当时之誉，时称房、杜焉。

【译文】

杜如晦，祖籍陕西万年。武德初年，担任秦王府兵曹参军，不久就被提升为陕州总管长史。当时秦王府中人才济济，外迁的人也非常多，对此，李世民表示忧虑。记室房玄龄说："王府中的幕僚离开得多，这并不值得惋惜。可是杜如晦非常能干，有见识，是辅佐帝王的良才。如果您只做一个守住领地的藩王，那么用不着他，可是如果您要统领四海，那么非此人不可。"太宗从此便对杜如晦以礼相待，视为心腹，经常让他参与密谋。当时，权力之争激烈，战事很多，每次

▲ 文官图　唐

唐初多因袭隋制，帝王及文武百官均能戴图中所示的黑色帻，至贞观后，则为帝王、内臣所专用。

杜如晦都能为太宗出谋划策，提出良好的建议，令人十分佩服。后来，他被封为天策府从事中郎，兼任文学馆学士。在平定太子的叛乱中，杜如晦和房玄龄功劳最大，杜如晦被提升为太子右庶子。不久又迁任兵部尚书，封为蔡国公，食邑一千三百户。贞观二年（628年），他担任检校侍中。贞观三年（629年），拜为尚书右仆射，兼任吏部选事。他和房玄龄共同掌管朝廷的政务，有关修筑宫殿的规模、典章制度等事情，都由二人商议决定，二人的政绩深得人们的称道，说起当时的良相，人们就会以“房谋杜断”加以赞许。

【原文】

太宗有一骏马，特爱之，恒于宫中养饲，无病而暴死。太宗怒养马宫人，将杀之。皇后谏曰：“昔齐景公以马死杀人，晏子请数其罪云：‘尔养马而死，尔罪一也。使公以马杀人，百姓闻之，必怨吾君，尔罪二也。诸侯闻之，必轻吾国，尔罪三也。’公乃释罪。陛下尝读书见此事，岂忘之邪？”太宗意乃解。又谓房玄龄曰：“皇后庶事了相启沃，极有利益尔。”

【译文】

唐太宗有一匹好马，特别喜爱它，常在宫里饲养，有一天这匹马没有生病却突然死掉了。太宗对养马的宫人很生气，要杀掉他。长孙皇后劝谏说：“从前齐景公因为马死了要杀人，晏子请求数说养马人的罪状：‘你养的马死了，这是你第一条罪。让国君因马杀人，百姓知道了，必定怨恨我们国君，这是你第二条罪。诸侯知道了，必定轻视我们齐国，这是你第三条罪。’齐景公听后便赦免了养马人的罪。陛下读书曾经读到过这件事情，难道忘记了吗？”太宗听后平下气来。他对房玄龄说：“皇后在很多事情上启发帮助我，对我很有好处。”

▲ **昭陵六骏·飒露紫　金　赵霖**

此图依据唐太宗昭陵六骏石刻而绘，全卷分六段，每段画一马，旁有题赞。

【原文】

太宗初践祚，即于正殿之左置弘文馆，精选天下文儒，令以本官兼署学士，给以五品珍膳，更日宿直，以听朝之隙引入内殿，讨论坟典，商略政事，或至夜分乃罢。又诏勋贤三品以上子孙为弘文学生。

▲ 十八学士图　唐　佚名

【译文】

唐太宗刚刚继位不久，就在正殿左侧设置了弘文馆，精心挑选天下通晓儒学的人士，保留他们现任的官职，并兼任弘文馆学士，供给他们五品官员才能享用的精美的膳食，排定当值的日子，并让他们在宫内歇息留宿。唐太宗在上朝听政的间隙时间，就把他们引进内殿，讨论古代典籍，商议谋划政事，有时到半夜才停歇。后来，他又下诏让三品以上的皇亲贵族、贤臣良将的子孙充任弘文馆学生。

洛阳伽蓝记

——北朝奇书

作者介绍

杨衒之（有的书中“杨”误作“羊”，也有写作“阳”的），北魏著名散文家，北平（今河北满城）人，约生活北齐天保（550 ~ 559 年）年间。《魏书》《北史》均不立传，生平事迹不甚可考。有的说他曾任北齐时期城郡太守，也有的说他官至秘书监。从本书卷首书名和卷中自述来看，曾任北魏抚军府司马，担任过奉朝请，后升秘书监，并且亲身经历了北魏中后期的全盛与变乱。后任北齐期城（今河南泌阳县）太守。北魏自太和十九年（495 年）迁都洛阳后，大修佛寺，“金刹拥有僧尼二百万，寺院多达三万处”，东魏武定五年（547 年）杨衒之重返洛阳，目睹洛阳多年战乱、城郭崩毁凄凉景象，抚今思昔，感慨之余，著《洛阳伽蓝记》。梵文的“伽蓝”，意思是“众园”或“僧院”，即佛教寺院。作者之所以写这部书，不单是为了记录北魏佛教全盛时期的概貌，也是为了记叙当时社会的富庶，追溯祸乱的由来，悲叹繁华的消失。

经典概述

《洛阳伽蓝记》是以洛阳的寺院为纲而展开的，全书共分城内、城东、城南、城西、城北五卷。作者先从城内开始，由里及外，并且表列门名，兼记远近市里、官署、道路、桥梁、时人宅第与名胜古迹。

全书记载了洛阳大大小小 80 多所寺院。记寺院先记立寺人、立寺时间、寺院方位，再记建筑结构、周围环境及其兴废沿革。市里、官署、道路、桥梁、时人宅第及名胜古迹等也多交代其地理位置，有的还兼记遗闻佚事，同时还叙述了中外佛教文化的交流情况，在这些记述中，还记录了所交往各国的社会政治、风土人情、物产出品等。

▲ 佛说法刺绣　南北朝

经过孝文帝改革，北魏社会经济有了明显的发展，特别是朝廷放松了对技作户的控制后，民间的手工业与商业日益活跃起来。《洛阳伽蓝记》在描绘佛寺的盛况时，也为我们提供了这方面的材料。如在《法

▲ 如来三尊像　麦积山石窟　南北朝

云寺》篇记载洛阳大市东西南北时写道："市东有通商、达货二里，里内之人尽皆工巧屠贩为生，资财巨万。""市西有延酤、治觞二里，里内之人多酿酒为业。""市北有慈孝、奉终二里，里内之人以卖棺椁为业，赁辆车为事。""别有阜财、金肆二里，富人在焉。凡此十里，多诸工商货殖之民。"工商业的发达必然导致城市生活的丰富多彩，《洛阳伽蓝记》所记载的当时民间杂技百戏之盛，也正是城市生活丰富多彩的一个侧面，这在《长秋寺》《景乐寺》《禅虚寺》等中都有精彩的记载。从这些记载看，当时的表演节目形形色色，场面相当阔大，情节精彩纷呈，观众上自帝王，下至普通青年男女。

《洛阳伽蓝记》以佛寺为线索，还描写了许许多多的人物，其中有不少是作者赞赏的人物，如刘白堕、杨元慎、邢子才、王肃等，不仅交代他们的生平、爵里，有的还花费大量笔墨记载佚事。

《洛阳伽蓝记》之所以能够长盛不衰，不仅仅由于它的内容，同时也有赖于它的描写技艺。书中说："至武定五年（547 年），岁次丁卯，余因行役，重览洛阳。城郭崩毁，宫室倾覆，寺观灰烬，庙塔丘墟，墙被蒿艾，巷罗荆棘。野兽穴于荒阶，山鸟巢于庭树。游儿牧竖，踯躅于九逵；农夫耕老，艺黍于双阙。麦秀之感，非独殷墟；黍离之悲，信哉周室。"在这种苍凉的故国之悲下，他在书里，写出宫闱、写出政事、写出腐败统治者的贪淫豪奢、写出寺庙中不会诵经的假和尚，笔触所及，都哀伤人世，寓意深远，令人跟着也为之惆怅、为之感慨了。

相关链接

《洛阳伽蓝记》向来与《水经注》一道被人们誉为中国北朝散文著作的双璧，是以记佛寺为纲的具有文化与文学价值的历史文献。作者长于叙述，精于描绘。文笔浓丽秀逸，情趣盎然，语言洗炼，格调高雅，是一部具有高度文学价值的史书，其中尤以《法云寺》《寿丘里》等节为人传诵。

水经注

——中国古代历史地理名著

作者介绍

郦道元，字善长，北魏范阳涿县（今河北涿州）人，生年说法不一。史书仅记载他于孝昌三年被害于阴盘驿亭（今陕西省西安市临潼区东）。他出生于官宦世家，其祖父、父亲曾多年为官。他的父亲郦范，是北魏的公侯。少年时随父官居山东，喜好游历，酷爱祖国锦绣河山，培养了“访渎搜渠”的兴趣。成年之后，承袭其父封爵，封为永宁伯，先后出任太尉掾、治书御史、颍州太守、东荆州刺史、河南尹、黄门侍郎、御史中尉等职。他充分利用在各地做官的机会进行实地考察，足迹遍及今河北、河南、山东、山西、安徽、江苏、内蒙古等广大地区，每到一地除参观名胜古迹外，还用心勘察水流地势，了解沿岸地理、地貌、土壤、气候，人民的生产生活，地域的变迁等，并访问各地长者，了解古今水道的变迁情况及河流的渊源所在、流经地区等。郦道元自幼好学，历览奇书，如《山海经》《禹贡》《禹本纪》《周礼·职方》《汉书·地理志》《水经》等，积累了丰富的地理学知识，为他的地理学研究和著述打下了基础。郦道元做官“素有严猛之称”，“为政严酷，吏人畏之”。从山蛮到权贵，都很怕他。后有人排挤他，把他调到关右，想假手悍将萧宝夤（齐明帝第六子）杀他。萧宝夤派人在阴盘驿亭，把他和他弟弟，连同两个儿子都杀了。郦道元除撰写《水经注》外，还有《本志》13卷及《七聘》诸文，但都已亡佚，仅《水经注》得以流传。

经典概述

《水经注》全书共40卷，以《水经》所记水道为纲。《水经》共载水道137条，而《水经注》则将支流等补充发展为1252条，达32万字。涉及的地域范围，除了基本上以西汉王朝的疆域作为其撰写对象外，还涉及当时不少涉外的地区，包括今印度、中南半岛和朝鲜半岛若干地区，覆盖面积实属空前。《水经注》所记述的时间跨度起先秦，下至北朝当代，上下约2000多年。它的内容非常丰富，以水道为纲，将河流流经地区的古今历史、地理、经济、政治、文化、社会风俗、古迹等作了尽可能详细的描述，包括自然地理和人文地理的各个方面。

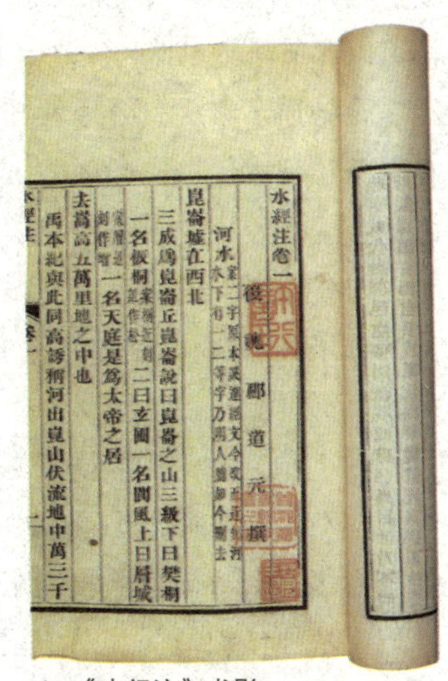
水經注卷一
後魏 酈道元 撰
河水
崑崙墟在西北
三成爲崑崙丘崑崙說曰崑崙之山三級下曰樊桐
一名板桐 二曰玄圃一名閬風上曰層城
一名天庭是爲太帝之居
去嵩高五萬里地之中也
禹本紀與此同高誘稱河出崑山伏流地中萬三千

▲《水经注》书影

在自然地理方面，所记大小河流有1000余条，从河流

这件距今八百多年的艺术品记录了即墨老酒古遗六法传统酿造工艺。即墨老酒是中国古典名酒之一，酿造过程遵循“黍米必齐，曲糵必时，水泉必香，陶器必良，湛炽必洁，火剂必得”的古老“法式”。

的发源到入海，举凡干流、支流、河谷宽度、河床深度、水量和水位季节变化，含沙量、冰期以及沿河所经的伏流、瀑布、急流、滩濑、湖泊等等都广泛搜罗，详细记载。

在人文地理方面，所记的一些政区建制往往可以补充正史地理志的不足。所记的县级城市和其他城邑共2800座，除此以外，小于城邑的聚落包括镇、乡、亭、里、聚、村、墟、戍、坞、堡等10类，共约1000处。交通地理包括水运和陆路交通，其中仅桥梁就记有100座左右，津渡也近100处。经济地理方面有大量农田水利资料，记载的农田水利工程名称就有陂湖、堤、塘、堰、坨、水门、石逗等。

在手工业生产方面，包括采矿、冶金、机器、纺织、造币、食品等。

在采矿冶金方面，书中记载了很多地方的金、银、铜、铁、锡等金属的冶炼场所和冶炼设备，介绍了各地大小盐场18处，其中对屈茨（今新疆一带）地区的冶铁工业的记载更为详细、具体，既记载了冶铁所用的燃料、原料等，还记载了产品的销售地区等情况。

在食品方面，书中记载了三处名酒的酿造情况，为研究我国酿酒技术和酒文化提供了资料。此外，还有兵要地理、人口地理、民族地理等各方面资料。

《水经注》记载了历史上和当时的洪水暴发的情况，这些记载包括洪水暴发时间、洪水大小等情况，相当具体翔实。它对各种类型湖泊的记载也颇为详细包括非排水湖、排水湖、人工湖以及沿海的潟湖。郦道元还注意了湖泊与河流之间密切的水文关系，他多次指出，湖泊可以调节河流水量，洪水时，河流将洪水排入湖泊，旱季，湖泊又将洪水补给河流。

在地质学方面，郦道元在《水经注》中对于流水在地质形成中的作用进行了阐述，初步具备了流水侵蚀、搬运和沉积作用的思想。他通过长期的观察认识到水具有很强的侵蚀作用。《水经注》中还记载了许多化石，包括古生物残骸化石和遗迹化石，记载了温泉31个，对各个温泉的特点、水温、矿物质、生物等情况进行了比较详细的叙述。其中可以治病的温泉有12个，对各地温泉水温的记载尤为具体、详细，并按温度不同，从低温到高温分5个等级。

在生物方面，《水经注》对各个河流周围的动植物情况进行了记载。全书记载各种植物大约有140多种，并对各地植物生长情况作了描述。书中还对各地植物生长的地区性分布进行了记载，描述了我国东部湿润地区的沼泽植被、水生植被的情况和西北干燥地区的草原、荒原植被情况。书中记载的动物大约有100多种，所记内容非常有特色，明确记载了动物的分布界线，指出某些动物超出了原来生活的范围界限就难以生存。

徐霞客游记

——世间真文字、大文字、奇文字

作者介绍

徐霞客（1586 ~ 1641 年），名宏祖，字振之，号霞客，江苏江阴人，明代地理学家、旅行家。自幼博览群书，学问渊博。从小就有一个远大理想，立志游遍祖国的锦绣河山，探索大自然的奥秘。应试失败后，淡泊功名，不求仕进。他酷爱史籍舆地之学，对历代地志的辗转抄袭附会深感不满，万历三十六年（1608 年），他开始有计划的远游，直到五十五岁时为止。东游普陀，北游幽燕，南涉闽粤，西北抵太华之巅，西南达云贵边陲。不避风雨，不惮虎狼，不计程期，不求伴侣，甚至饥食草木之实，进行实地考察，足迹遍于今江苏、浙江、安徽、福建、广东、广西、江西、河南、陕西、山东、山西、河北、湖南、湖北、云南、贵州等十六个省区及北京、天津、上海等地。可以说，几乎大半个中国的土地上都留下了他的足迹，他把自己的毕生精力都献给了祖国的地理考察事业。他所到之处，对地貌、地质、水文、气候、植物等科学问题，都做了深入而细致的考察，以科学的态度和惊人的毅力，以及敏锐的观察和生动入微的文笔，逐日写成考察记录。明崇祯十三年（1640 年）因疾病缠身，双足不能行走，才由云南木知府用轿送回家乡。回家后，卧病在床，已无能力整理自己的游记手稿。临危前，委托外甥来实现这一心愿。后经季梦良、王忠纫共同努力将游记手稿编辑成书。后因累遭战乱，多有散佚，幸有传钞诸本，历经后人校刊，迟至乾隆四十一年（1776 年）才有初刻本问世，但已非全稿。20 世纪 20 年代，其科学价值才被发现，1928 年，丁文江主持编绘徐霞客旅行路线图三十六幅，连同据嘉庆年间刊本标点的游记及自著的《徐霞客先生年谱》一起印行。

▲ 徐霞客像

经典概述

《徐霞客游记》（包括《徐霞客西游记》）是徐霞客 30 多年旅行考察的真实记录和结晶，它的内容十分广泛、丰富，从山川源流、地形地貌的考察到奇峰、异洞、瀑布、温泉的探索；从动植物生态品种到手工业、矿产、农业、交通运输、城市建置的记述；从各地风土人情到民族关系和边陲防务等等，皆有记载。它为我国历史自然地理和历史人文地理的研究都

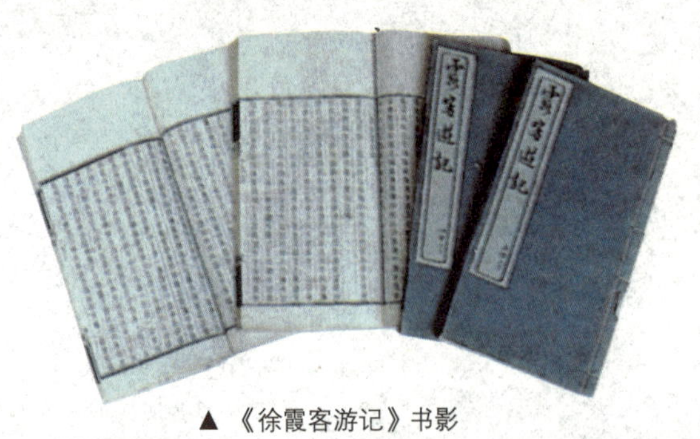
▲《徐霞客游记》书影

提供了极其珍贵的资料，开创了我国地理学上实地考察自然、系统描述自然的先河。

徐霞客的主要贡献是详细地考察和记述了中国西南地区广大的石灰岩地区的峰林、洞穴、溶沟、石芽、石梁、圆洼地、落水洞、天生桥和地热现象等地貌景观的分布、类型、变化、特征和成因等，并做了详细的记录和分析研究，有比较科学的解释，是我国也是世界上最早的有关岩溶地貌的珍贵文献，在世界上开辟了岩溶地貌考察的新方向。

在水文方面，对很多河流的源流做了详细考察，对诸水的源头、走向进行过认真的探索，他勇于打破传统的错误说法，并纠正前人研究中的不足和地方志记载的错误。尤其是他的《江源考》，正确指出长江的正源是金沙江，不是岷江，大胆地否认了1000多年来陈陈相因的“岷山导江”的错误论断，还将气候、地形对植物的影响，做了详细的描述。

《徐霞客游记》对一些奇特的自然地理现象都做了许多科学解释，揭示了一定的自然规律。例如，它以福建宁洋溪（今九龙江）与建溪为例，说明二水发源的山岭高度相等，但距海的远近不同而决定了二者流速的快慢，即所谓“程愈迫，则流愈急”。

《徐霞客游记》亦有不少记载有关各地的工农业生产、交通运输、风土人情，动植物的种类、分布、特征以及与地理环境的关系。

《徐霞客游记》是一部思想教育的好教材。从《徐霞客游记》中，可以看到徐霞客爱憎分明，对当时政治腐败不满，尤其对宦官头目魏忠贤一伙深恶痛绝，不入仕途，不与贪官污吏为伍，并同情被迫害的东林党人，情愿和他们交朋友，他“身许之山水”。他关心老百姓的疾苦，“恤孤怜寡，拯弱救饥”。因此，凡是读过游记的人，无不被徐霞客鲜明的政治态度，以及被他所描绘的秀美山川所鼓舞。

《徐霞客游记》还是一部享有盛名的文学佳篇，祖国的锦绣河山，自然界的万千奇景，在徐霞客的笔下，如诗如画，栩栩如生。写动态，千变万化；写静态，清新秀丽；写山，或峻险幽奇，或巍峨雄壮，令人目不暇接；写水，或碧波荡漾，或水清石寒，令人心旷神怡；写洞，或玲珑剔透，或乳柱缤纷，令人眼花缭乱；写险，或悬流而下，或猿挂蛇行，令人心惊胆战。如此种种，美不胜言。它文字优美，语言生动，感情真挚，表达深刻细致。洋洋60多万字的大著作，人们读起来，如身临其境。

精华内容

【原文】

初六日天色甚朗。觅导者各携筇上山，过慈光寺。从左上，石峰环夹，其中石级为积雪所平，一望如玉。疏木茸茸中，仰见群峰盘结，天都独巍然上挺。数里，级愈峻，雪愈深，其阴处冻雪成冰，坚滑不容着趾。余独前，持杖凿冰，得一孔置前趾，再凿一孔，以移后趾。从行者俱循此法得度。上至平冈，则莲花、云门诸峰，争奇竞秀，若为天都拥卫者。由此而入，绝峰危崖，尽皆怪松悬结。高者不盈丈，低仅数寸，平顶短鬣，盘根虬干，愈短愈老，愈小愈奇，不意奇山中又有此奇品也！松石交映间，冉冉僧一群从天而下，俱合掌言："阻雪山中已三月，今以觅粮勉到此。公等何由得上也？"且言："我等前海诸庵，俱已下山，后海山路尚未通，惟莲花洞可行耳。"已而从天都峰侧攀而上，透峰罅而下，东转即莲花洞路也。余急于光明顶、石笋矼之胜，遂循莲花峰而北。上下数次，至天门。两壁夹立，中阔摩肩，高数十丈，仰面而度，阴森悚骨。其内积雪更深，凿冰上跻，过此得平顶，即所谓前海也。由此更上一峰，至平天矼。矼之兀突独耸者，为光明顶。由矼而下，即所谓后海也。盖平天矼阳为前海，阴为后海，乃极高处，四面皆峻坞，此独若平地。前海之前，天都、莲花二峰最峻，其阳属徽之歙，其阴属宁之太平。

余至平天矼，欲望光明顶而上。路已三十里，腹甚枵，遂入矼后一庵。庵僧俱踞石向阳。主僧曰智空，见客色饥，先以粥饷。且曰："新日太皎，恐非老晴。"因指一僧谓余曰："公有余力，可先登光明顶而后中食，则今日犹可抵石笋矼，宿是师处矣。"余如言登顶，则天都、莲花并肩其前，翠微、三海门环绕于后，下瞰绝壁峭岫，罗列坞中，即丞相原也。顶前一石，伏而复起，势若中断，独悬坞中，上有怪松盘盖。余侧身攀踞其上，而浔阳踞大顶相对，各夸胜绝。

【译文】

初六日天色很晴朗。寻觅到一位向导，各自拿着竹杖上山，经过慈光寺。从左面往上攀登，石峰环绕相夹，其中的石级被积雪覆盖得平平坦坦，一眼望去就像白玉一般。稀疏的树木披满茸茸的雪花，在其中仰视黄山群峰盘根错节，唯独天都峰巍然挺立于群峰之上。往上走数里路，石级越来越险峻，积雪越来越深，那些背阴的地方雪已冻结成冰，坚硬而溜滑，不容脚踩稳。我独自一人前进，拿着竹杖凿冰，挖出一个孔放置前脚，再凿一个孔，以移动后脚。跟从我的人都沿用这一方法得以通过。往上走到平冈，看见莲花峰、云门峰等各座山峰争奇竞秀，就像是替天都峰作护卫。从这里进去，无论是极陡峭的山，或是高峻的石崖上，全都是怪异的松树悬空盘结，

▲ 黄山迎客松

迎客松位于玉屏楼东，文殊洞顶。古松破石而出，枝干苍劲，形态优美，寿逾千年。

▲ 莲花峰（后方）和玉屏峰（前方）

莲花峰位于黄山中部，玉屏峰西南，东对天都峰，为36大峰之一。它海拔1864米，是黄山最高峰，也是华东地区第三高峰。玉屏峰介于天都、莲花峰间，为36小峰之一，海拔1716米，峰壁如玉雕屏障，故名“玉屏峰”。

高的不超过一丈，矮的仅有几寸，平顶上的松树松针很短，盘根错节而枝干弯曲如虬，越是短粗的越是老松，越是矮小的越是怪异，不料这奇山中又有此种奇异的品种啊！在奇松怪石交相辉映之间，一群和尚仿佛从天而降，向我们慢慢走来，合起掌说：“被雪阻隔在山中已三个月，现在因为寻觅粮食勉强走到这里。诸公如何上得山来？”又说：“我们前海各庵的僧人，都已下山；后海的山路尚未通行，只有莲花洞的路可以走了。”后来，我们就从天都峰侧面攀缘而上，穿过山峰缝隙下山，向东转就是去莲花洞的路了。我急切地想游览光明顶、石笋矼的胜景，于是顺着莲花峰向北走，上上下下好几次，到达天门。天门两边有刀削般陡直的石壁相夹，中间宽仅能摩肩而行，高则数十丈，仰面向上度量，阴森得令人毛骨悚然。天门里积雪更深，凿出冰洞而向上攀登，走过这里就到平顶，就是人们所说的前海了。从这里再登上一峰，到达平天矼。平天矼上独耸而突兀的地方，是光明顶。从平天矼向下走，就是所谓的后海了。大约平天矼的南面是前海，北面是后海，就是最高的地方，四面都是险峻的凹地，唯独这里有如平地。前海的前面，天都、莲花两座山峰最高峻，它南面属于徽州府的歙县，它的北面属于宁国府的太平县。

我到平天矼时，很想朝光明顶攀登而上。山路已走了三十里，很是饥饿，于是走进平天矼后面的一座庵里。庵里的和尚都坐在石头上面朝南方。主持和尚名叫智空，看见客人饥饿的神色，先用稀饭款待。并且说：“刚出来的太阳太明亮，恐怕不是长久晴天的天气。”于是指着一位和尚对我说：“徐公如果有余力，可以先登览光明顶而后再吃中饭，那今天还可以抵达石笋矼，晚上在这位禅师处歇宿。”我照他所说的登上光明顶，只见天都、莲花两峰在前方并肩而立，翠微、三海门在后面环绕，向下鸟瞰，极陡峭的山崖和山岭罗列于大山坞中，那就是丞相原了。光明顶前的一巨石，低伏一段后又重新峙立，其势就如中断一样，孤独地悬空于山坞中，石上有怪异的松树盘根错节地覆盖着。我侧身攀登到巨石上坐着，浔阳叔翁则坐在光明大顶上与我相对，各自夸耀景致极为优美。

子篇

道德经

——中国哲学发展的重要源头之一

作者介绍

关于老子其人、其书及其“道论”历来有争论。根据《史记》介绍如下：老聃，姓李名耳，字伯阳，楚国苦县厉乡曲仁里（今河南鹿邑东）人，是春秋时著名的思想家，道家学派的创始人。他的生卒年月不详。老子做过周朝的“守藏室吏”，所以他谙于掌故，熟于礼制，不仅有丰富的历史知识，并且有广泛的自然科学知识。他和孔子是同时代的人，较孔子年辈稍长，世称“老子”。公元前520年，周王室发生争夺王位的内战，这场长达5年的内战，最终以王子朝失败告终。王子朝失败后，席卷周室典籍，逃奔楚国。老子所掌管的图书也被带走。于是老子遂被罢免而归居。老子由于身受当权者的迫害，为了避免祸害，不得不“自隐无名”，流落四方，后来，他西行去秦国。经过函谷关（在今河南灵宝市西南）时，关令尹喜知道老子将远走隐去，便请老子留言。于是老子写下了5000字的《道德经》。相传老子出关时，骑着青牛飘然而去，世不知其所终。

▲ 老子像

经典概述

《道德经》又名《老子》《老子五千文》，是中国道家的主要经典，全面反映了老子的哲学思想。全书共81章，分上下两篇，上篇37章为《道经》，讲的是世界观问题，下篇44章为《德经》，讲的是人生观问题。全书文辞简奥，哲理宏富，且体系完整，内容丰富，涉及宇宙、社会、人生、军事、政治、医学等各个方面。其中“道”的观念，是其思想体系的核心。老子反对儒墨两派的道德观，认为真正的道德是不追求道德，提倡柔弱虚静，减少私欲，知足不争；理想政治是无为而治，理想社会是小国寡民的社会。老子提出了以“道”为核心的哲学体系，用“道”来说明宇宙万物的本质、构成、变化和根源。老子认为“道”是天地万物的本源，他的“道论”的中心思想是：“道即自然，自然即道。”

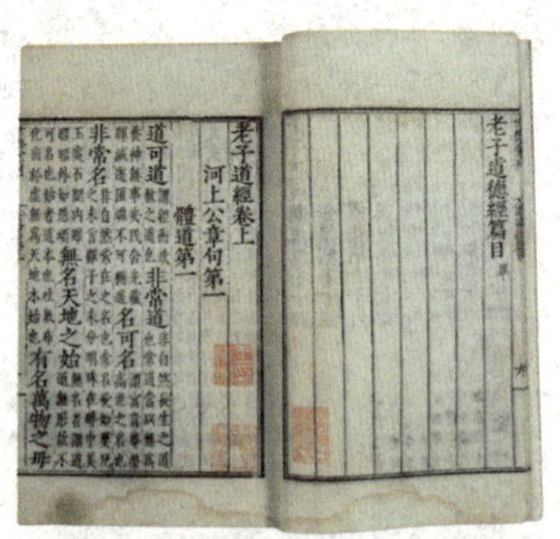

老子道德經篇目

老子道經卷上

河上公章句第一

體道第一

道可道 非常道

名可名 非常名

無名天地之始 有名萬物之母

▲《老子》书影

他说，“道”是万物之母：“道可道，非常道。名可名，非常名。无，名天地之始。有，名万物之母。”也就是说，作为宇宙的本源就是道，它是永远存在的。道的运行是自由的、必然的，即按其自身的规律而运行。天地万物都是由它产生的，它是宇宙的母体。老子认为，道产生了天地，德是道的性能，天地生养着万物，万物各成其形，各备其用。所以万物没有不尊道而贵德的。道的尊崇，德的贵重，不是有谁给它爵位，而是自然而然的，所以道产生天地，德畜养万物，长育万物，成熟万物，覆盖万物。老子的“道”是超形象、超感觉的观念性存在，是无，没有颜色，没有声音，没有味道。

▲ 孔子问道图

这幅画反映的是孔子游学途中，拜访老子，虚心求学的情景。图中将孔子的谦虚，老子的睿智表现得十分到位。

《道德经》一书中具有丰富的辩证思想。它触及了矛盾普遍存在的原理，提出了一系列对立范畴：阴阳、刚柔、强弱、智愚、损益……它认为这些对立双方处在互相依存之中，而且这些对立的双方又是互相成就、互相转化的。对立双方之所以能互相转化，乃是因为它们的相互包含，不过，对立面的转化有一个量的积累过程。老子的辩证法是来自实际、返诸现实的。老子观察了自然界的变化，生与死、新与旧的相互关系，观察了社会历史与政治的成与败、福与祸等对立的双方的相互关系，发现了事物内部所具有的一些辩证规律。同时还深刻地论证了相反相成的，长和短二者只有彼此比较才能显现出来，不同的声音产生谐和，前后互相对立

▲ 老子帛书

相关链接

《道德经》五千言，包容着极大的智慧，在中国乃至世界哲学史和文化史上占有十分重要的地位。这部著作不仅影响先秦诸子各家各派，而且对整个哲学史中的重大哲学派别都有极大的影响。自先秦韩非以来，注释《道德经》者不下千家。魏晋玄学家把《道德经》列为“三玄”之一。在传统文化中，医学、军事、气功、天文、养生、政治等各个领域都离不开对《道德经》的研究。当然由于受时代的限制，老子的自然辩证观是直观的、原始的、朴素的，缺乏科学的论证，并且他的小国寡民的理想是幻想，是违反社会历史发展规律的。但《道德经》一书中光辉的思想火花是值得我们珍视的一份历史遗产。

▲ 老子出关图　清　任颐

而有了顺序。总之，老子承认事物是在矛盾中发展的。老子还初步意识到量的积累可以引起质的变化。

老子的“道论”，基本上可以概括为“天道自然观”。所以老子的人生哲学和政治哲学基本上是人当法道，顺其自然。至于如何治理国家，老子认为最好是采取“无为而治”的办法，让人民去过自由自在的生活，用无所作为听其自然发展的办法，来达到治理好国家的目的。在老子看来，无为正是有所作为，“无为而无不为”。老子反对用刑、礼、智这些来治理国家，反对向人民加重赋税，反对拥有强大的兵力。在老子看来，人类社会不要“圣智”“仁义”“巧利”，国家就大治了。这三种东西不足以治国，最好的办法是使人们着意于“朴素”“少有私欲”，不求知识，就可以没有忧患了。

老子所向往的理想世界是小国寡民的原始社会。他的这一设想在一定程度上反映了当时人民迫切要求休养生息和减轻剥削的愿望。这是老子政治思想的进步因素。但是，小国寡民的理想，却是幻想，它是违反社会历史发展规律的。

精华内容

【原文】

道可道，非常道；名可名，非常名。无名，天地之始；有名，万物之母。故常无欲，以观其妙；常有欲，以观其徼。此两者同出而异名，同谓之玄。玄之又玄，众妙之门。

【译文】

可以用语言表达出来的道，就不是永恒不变的“道”；可以用语言表达出来的名，就不是永恒不变的“名”。无，是天地的开端，有，是万物的根源。所以，常从“无”中观察天地的奥妙；常从“有”中寻找万物的踪迹。有和无，只不过是同一来源的不同名称罢了。有和无都是幽昧深远的，它们是一切变化的总门。

【原文】

道冲，而用之或不盈。渊兮，似万物之宗：挫其锐，解其纷，和其光，同其尘。湛兮，似或存。吾不知谁之子，象帝之先。

【译文】

大道是空虚无形的，但它发生作用时却永无止境。它如深渊一样广大，像是世间万物的宗主：它不显露锋芒，解除世间的纷乱，收敛它的光耀，混同它于尘世。它看起来幽隐虚无却又实际存在。我不知道它是从哪里产生出来的，好像在天帝之前就已经有了。

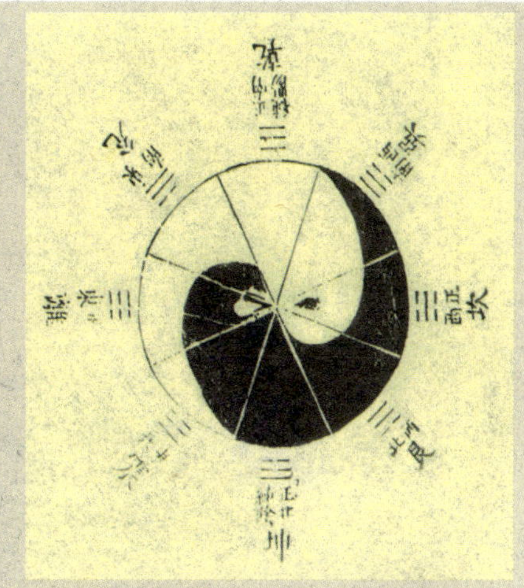

▲《太极图》（阴阳鱼）

这种《太极图》据考始制于东汉炼丹家和气功学家魏伯阳的《周易参同契》。它反映了阴阳两方面既相互对立，又相互依存，阴中有阳，阳中有阴。这种阴阳对立互根的思想在中国古代医学中得到了广泛的应用。

【原文】

上善若水。水善利万物而不争，处众人之所恶，故几于道。居善地，心善渊，与善仁，言善信，正善治，事善能，动善时。夫唯不争，故无尤。

【译文】

最高的善就像水一样，水善于滋润万物却不与其争短长。它总是停留在众人不愿去的低洼之地，这种品德，最接近于“道”。上善的人总是甘居卑下的环境，心胸善于保持沉静而深远博大，待人善于相助、真诚可亲，说话善于信守诺言，为政善于治理，办事善于发挥所长，行动善于把握时机。正因为有不争的美德，所以才不会出现过失，招来怨咎。

【原文】

持而盈之，不如其已；揣而锐之，不可常保。金玉满堂，莫之能守；富贵而骄，自遗其咎。功遂身退，天之道。

【译文】

保持着盈满的状态，不如适可而止。捶打得既尖又利的铁器，就不能长期保持锋利。纵然金玉堆满房屋，谁也不能长久守住。富贵而又骄纵，定会给自己带来祸害。功成名就之时，要含藏收敛，急流勇退，这才符合自然运行的规律。

【原文】

五色令人目盲，五音令人耳聋，五味令人口爽，驰骋畋猎令人心发狂，难得之货令人行妨。是以圣人为腹不为目，故去彼取此。

【译文】

五光十色绚丽多彩的颜色，容易使人眼花缭乱；纷繁嘈杂的音调，容易使人耳朵受到伤害；香馥芬芳、浓郁可口的食物，容易败坏人的口味；放马飞驰醉心狩猎，容易使人心情放荡发狂；稀奇珍贵的货物，容易使人失去操守，犯下偷窃的行为。因此，圣人

只求三餐温饱，不追逐声色犬马的外在诱惑。所以应该抛去外物的引诱来确保安足纯朴的生活。

【原文】

有物混成，先天地生。寂兮寥兮，独立不改，周行而不殆，可以为天下母。吾不知其名，字之曰道，强为之名曰大。大曰逝，逝曰远，远曰反。故道大，天大，地大，王亦大。域中有四大，而王居其一焉。人法地，地法天，天法道，道法自然。

【译文】

有一种浑然而成的东西，在有天地之前就已经产生了。它寂寂无声而又广阔无形，它独立长存而永不衰竭，周而复始地循环运行而永不停息，可以作为天地万物的根本。我不知道究竟叫它什么名字才好，只好叫它为“道”，我再勉强给它取个名字叫“大”。它广大无边而运行不息，运行不息而伸展遥远，伸展遥远而回归本原。所以道有道的规律，天有天的规律，地有地的规律，治国也有治国的规律。天地间有四种主要规律，治国的规律只占其中之一。人是效法于地的，地是效法于天的，天是效法于道的，而道则纯任自然。

【原文】

知人者智，自知者明。胜人者有力，自胜者强。知足者富，强行者有志。不失其所者久，死而不亡者寿。

【译文】

能够了解、认识别人的是智慧的，能够了解、认识自己的才是高明的。能够战胜别人的人是有力的，能够克服自身弱点的人才是刚强的。知道满足的人是富有的，努力不懈的人是有志气的。始终不离失根基的人就能够长久，肉体死了但精神永存的人才是长寿的。

【原文】

上士闻道，勤而行之；中士闻道，若存若亡；下士闻道，大笑之。不笑不足以为道。故建言有之：明道若昧；进道若退；夷道若颣；上德若谷；大白若辱；广德若不足；建德若偷；质真若渝；大方无隅；大器晚成；大音希声；大象无形；道隐无名。夫唯道，善贷且成。

【译文】

上士听到道后，必定立即勤奋去实行；中士听到道后，则将信将疑犹豫不定；下士

听到道后，则会哈哈大笑。如果不被他们嘲笑，那就不足以成为“道”了。所以古时候立言的人说过这样的话：光明的道看似暗昧；前进的道好似在后退；平坦的道好似凹凸不平；崇高的德好似低下的川谷；洁白无瑕的东西好似含污纳垢了一般；广大的德好似有不足之处；刚健的德好似怠惰的样子；质朴纯真又好像浑浊未开；最方正的东西好似没有棱角；最珍贵的器物总在最后制成；最大的乐声反而听来没有声音，最大的形象反而看不见它的形状。道幽隐无声，无名无状。也只有道，它善于给予万物并且辅助万物。

▲ 食气养生图　清　黄慎

【原文】

治大国，若烹小鲜。以道莅天下，其鬼不神；非其鬼不神，其神不伤人；非其神不伤人，圣人亦不伤人。夫两不相伤，故德交归焉。

【译文】

治理一个很大的国家，要像烹煎很小的鱼那样，不能时常翻动导致破碎。运用“道”的原则去治理天下，那些鬼怪就起不了作用了。不仅鬼怪起不了作用，神祇也不伤害人。不仅神祇不伤害人，圣人也不侵越人。这样，鬼神和有道的人都不伤害人，所以人们就能彼此相安无事了。

庄子

——游逍遥、达齐物的智慧结晶

作者介绍

关于《庄子》一书的作者，自司马迁开始，绝大多数研究者认为：庄子（约前 369 ~ 前 286 年），名周，字子休，战国时宋国蒙（今河南商丘东北）人，先秦著名思想家，道家学派的主要代表人物。庄子与梁惠王、齐宣王是同时代的人，较孟子稍晚，为惠施挚友。他曾做过蒙地漆园小吏，管理生产漆的工匠，任职不久即辞官。庄子一生视仕途为草芥，不追逐官禄，因而他家境贫寒，一生穷困潦倒，除讲学、著述外，有时靠打草鞋维持生活，有时靠钓鱼糊口。曾经向监河侯（官名）借过粮食，也曾经穿着粗布麻鞋见魏王。相传楚威王以厚金聘他做楚国的丞相，但他却坚辞不就，后来终身脱离仕途，过着隐居的生活。庄子蔑视权贵，鄙视吏禄，追求个人自由。他猛烈地抨击当时的社会，在文章中大声疾呼“圣人生而大盗起”，直接把矛头指向暴君，表现出对统治者和当时社会制度的不满和蔑视。庄子还是一位十分豁达的文人，面对什么事情都能处之泰然，并练就了一套“喜怒哀乐不入于胸次”的功夫。庄周一生虽处于穷困之中，但他能在逆境中博览群书，这使他具备了丰富的知识和敏锐的思维。庄子的思想与老子相近，推崇并发展了老子的学说，并且“著书十余万言”，后被编成《庄子》一书。

▲ 庄子像

经典概述

《庄子》亦称《南华经》，根据汉代流传的古本，有 52 篇，内篇 7，外篇 28，杂篇 14，解说 3，共 10 余万字。但传世的郭象注本只有 33 篇：内篇 7，外篇 15，杂篇 11。这些是不是都是庄子的著作，历来有争议。一般认为，《内篇》思想连贯，文风一致，是全书的核心，应当属于庄子的著作，《外篇》《杂篇》冗杂，有可能是庄子门徒或后学所作。

《庄子》以“寓言”“重言”“卮言”为主要表现形式，书中绝大部分是寓言。所谓“寓言”指言在此而意在彼；所谓“重言”是借重古先哲或当时名人的话，或另造一些古代的“乌有先生”来谈道说法，让他们互相辩论，或褒或贬，没有一定的定论。所谓“卮言”就是

漏斗式的话，漏斗空而无底，隐喻无成见之言。

▲ 老庄图　清　任颐

《内篇》是全书的核心，包括《逍遥游》《齐物论》《养生主》《人间世》《道充符》《大宗师》《应帝王》7篇，各篇各有中心思想，但又具内在联系，反映了庄子的宇宙观、认识论、人生观、道德观、政治观和社会历史观。

《逍遥游》是《庄子》的第一篇，主旨是讲人应该如何才能适性解脱，达到逍遥自由的境界。他认为只有忘绝现实，超脱于物，才是真正的逍遥。庄子认为人生种种苦恼和不自由的根本原因在于“有待”“有己”，而“逍遥”的境界是“无所待”的，即不依赖外在条件、他力的。

《齐物论》表述了庄子的“天地与我并生，万物与我为一”的思想，强调自然与人是有机的生命统一体，肯定物我之间的同体融合。认为一切事物都是相对的，如果要达到解脱逍遥，就必须齐物，所谓“齐物”就是齐同物。首先，从绝对“道体”的高度来看，认识对象的性质是相对的，处于不断转化之中，其性质因而就无法真正认识。其次，人的主观认识能力和知识的可靠性也是相对的，没有客观标准，所以知与不知是不能证明和区分的。再次，探求事物的是非、真假，应该是没有意义的，因为没有客观标准。所以庄子认为，不论客观万物还是人的内心世界都受“道”的主宰，因而事物的彼此、认识上的是非等都是相对的。

《养生主》主要讲人生观，即养生之道或原则。庄子正面阐述养生的原则，就是要“缘督以为经”，即顺乎自然的中道。而后，又以“庖丁解牛”等具体说明：在错综复杂的社会中，如何找出客观规律以适应现实并“游刃有余”，形体的缺陷不影响养生，养生主要是使精神得到自由，人之生死是自然现象，不必过分感情激动而影响养生，养生之道重在精神而不在形体。

《人间世》是讲处世哲学，提出了“心斋”的命题。他认为耳目心智无法去认识道，只有使精神保持虚静状态，才能为道归集，悟得妙道。又以一连串的寓言来说明待人接物要安顺，并说明有用有为必有害，无用无为才是福。

《道充符》主要是讲道德论。通过寓言的形式，写了几个肢体残缺、形状丑陋的人，但他们的道德却完美充实。庄子所指的“德”指领悟大道，因循变化，顺其自然。

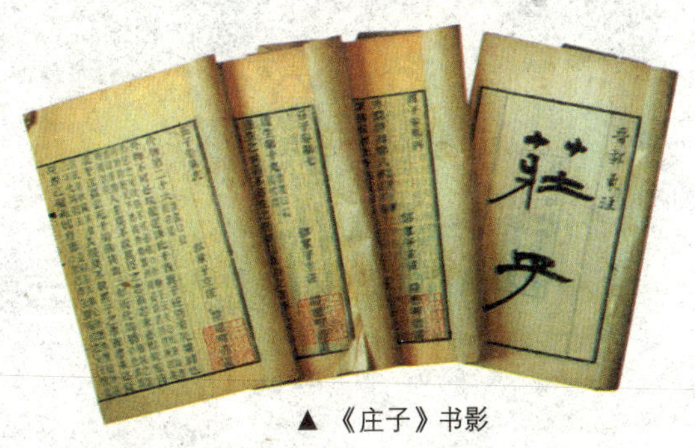

▲《庄子》书影

相关链接

《庄子》是道家学派的一部重要著作，以后成为道家的经典之一，到魏晋时成为玄学的“三玄”之一。它不但涉及哲学、人伦、政治，而且谈论美学、艺术、语言、生物、养生等方面。他第一次提出了寓言、小说的概念，创作了近200个寓言故事，开创了以虚构的手法，反映现实和表现理想。《庄子》对后世的政治影响也很复杂，历代知识分子崇尚其悲观遁世、自我陶醉的人生态度，而统治者也较多地取其消极面作为麻醉人民的工具。《庄子》不仅在国内而且在国际文化界引起了普遍的关注。

《大宗师》的主旨是讲“道”和如何“修道”。“道”是客观存在的，又是看不见摸不着的，其存在不以它物为条件，不以它物为对象，在时空上是无限的，是一无始无终的宇宙生命。万物的生命，即此宇宙生命的发用流行。庄子认为，人们通过修养去体验大道，接近大道，可以超越人们对于生死的执着和外在功名利禄的束缚。修养的方法就是“坐忘”，即通过暂时与俗情世界绝缘，忘却知识、智力、礼乐、仁义，甚至我们的形躯，达到精神的绝对自由。《应帝王》主要是讲政治。通过寓言来强调“无为”的重要性。《外篇》和《内篇》中还有许多有价值的思想，如在《秋水篇》中提到物质的无穷性、时空的无限性和事物的特殊性；在《则阳》篇中论述了关于矛盾对立面相互依存和相互作用的思想；《天下》篇是介绍先秦几个重要学派哲学思想的专论。

精华内容

【原文】

昔者庄周梦为胡蝶，栩栩然胡蝶也，自喻适志与！不知周也。俄然觉，则蘧蘧然周也。

▲ 庄生梦蝶图　元　佚名

此图取材于“庄周梦蝶”的典故，画家将此场景置于炎夏树阴。童子倚树根而眠，庄周袒胸卧木塌，鼾声正浓，其上一对蝴蝶翩然而乐，点明画题。笔法细利削劲，晕染有致。

不知周之梦为胡蝶与，胡蝶之梦为周与？周与胡蝶，则必有分矣。此之谓物化。

【译文】

从前庄周梦见自己变成了蝴蝶，翩翩飞舞的一只蝴蝶，自我感觉快意极了，不知道自己是庄周了。忽然醒了，自己分明是僵直卧在床上的庄周。不知道是庄周做梦化为蝴蝶呢，还是蝴蝶梦中化为庄周呢？庄周与蝴蝶，必定是有分别的。这种物我的转变就叫作“物化”。

【原文】

庖丁为文惠君解牛，手之所触，肩之所倚，足之所履，膝之所踦，砉然响然，奏刀騞然，莫不中音；合于《桑林》之舞，乃中《经首》之会。

文惠君曰：“譆，善哉！技盖至此乎？”

庖丁释刀对曰：“臣之所好者道也，进乎技矣。始臣之解牛之时，所见无非全牛者也。三年之后，未尝见全牛也。方今之时，臣以神遇而不以目视，官知止而神欲行。依乎天理，批大郤，导大窾，因其固然。枝经肯綮之未尝微碍，而况大軱乎！良庖岁更刀，割也；族庖月更刀，折也。今臣之刀十九年矣，所解数千牛矣，而刀刃若新发于硎。彼节者有间，而刀刃者无厚；以无厚入有间，恢恢乎其于游刃必有余地矣。是以十九年而刀刃若新发于硎。虽然，每至于族，吾见其难为，怵然为戒，视为止，行为迟。动刀甚微，謋然已解，牛不知其死也，如土委地。提刀而立，为之四顾，为之踌躇满志，善刀而藏之。”

文惠君曰：“善哉！吾闻庖丁之言，得养生焉。”

【译文】

庖丁给文惠王宰牛，手接触的地方，肩倚着的地方，脚踩着的地方，膝抵住的地方，发出哗哗的或轻或重的响声，进刀时发出哗啦啦的响声，没有不合乎音律的。合乎《桑林》舞曲的节拍，又同于《经首》乐章的韵律。

文惠王说：“啊，好极了！您的技术怎么能达到这般高超的地步呢？”

庖丁放下刀回答说：“我所爱好的是道，已经超越技术了。我刚开始宰牛的时候，所看到的无非是牛。三年以后，未尝看见整个的牛了。到了现在，我只用心神和牛接触而不用眼睛去看，耳目等感官的作用停止而心神在运行着。依照牛体的自然纹理，劈开筋骨间的空隙，引刀入骨节间的空隙，顺着牛体本来的结构动刀。那些经络相连、筋骨聚结的地方都不曾有什

要按照牛的身体结构动刀。

么妨碍，更何况大骨头呢！好的厨师一年更换一把刀，他们用刀割筋肉；一般的厨师一个月更换一把刀，他们用刀砍骨头。现在我这把刀已用了十九年，所宰过的牛有几千头了，而刀刃好像在磨刀石上新磨过的一样锋利。因为牛骨节是有间隙的，而这刀刃却薄得没有厚度，用没有厚度的刀刃切入有间隙的骨节，这其中宽宽绰绰的，当然会游刃有余了。所以这把刀子用了十九年还像新磨的一样。即便如此，每遇到筋骨聚结的地方，我见了知道不容易，小心谨慎，视线专注，动作慢下来，动刀很轻微，牛体哗啦啦就分解开了，牛还不知道自己已经死了呢，像土溃散在地。这时我提刀站立，环顾四周，感到心满意足，将刀擦净收好。”

文惠王说：“好啊！我听了庖丁的这一番言语，得到了养生之道。”

【原文】

孔子适楚，楚狂接舆游其门曰：“凤兮凤兮，何如德之衰也！来世不可待，往世不可追也。天下有道，圣人成焉；天下无道，圣人生焉。方今之时，仅免刑焉。福轻乎羽，莫之知载；祸重乎地，莫之知避。已乎，已乎！临人以德！殆乎，殆乎！画地而趋！迷阳迷阳，无伤吾行！郤曲郤曲，无伤吾足！”

山木，自寇也；膏火，自煎也。桂可食，故伐之；漆可用，故割之。人皆知有用之用，而莫知无用之用也。

【译文】

孔子到楚国，楚国狂人接舆路过孔子的门前唱道：“凤啊，凤啊，你的德行为什么衰微了呢？来世不可期待，往世不可追回。天下有道，圣人可以成就事业；天下无道，圣人只能保全生命。当今这个时代，只能求免遭刑戮。福比羽毛还轻微，不知道摘取；灾祸比大地还重，不知道躲避。罢了！罢了！在人面前以德来炫耀自己。危险啊！危险啊！在划定的地域里行走。荆棘啊，荆棘啊，别妨碍我走路！绕弯走啊，绕弯走啊，别伤了我的脚！”

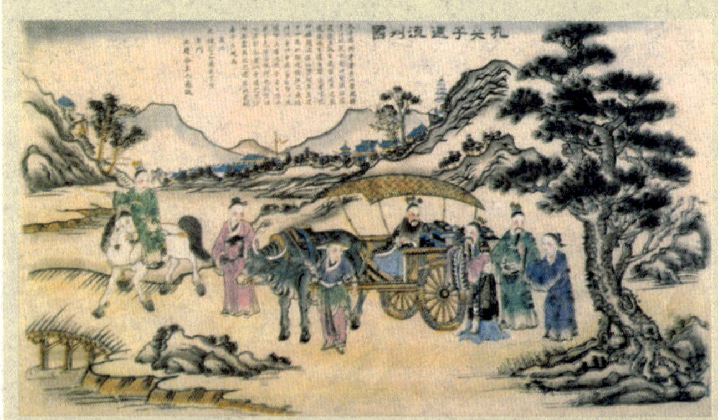

▲ 孔夫子周游列国　年画

孔子为了推行他的治理国家学说和社会道德主张，周游列国，希望说服诸侯实现其治平之道。

山木是自己招致砍伐的；膏火是自己招来的煎熬。桂树可以食用，所以遭砍伐；漆树有用，所以遭刀割。人们都知道有用的用处，而不知道无用的用处。

【原文】

庄子与惠子游于濠梁之上。庄子曰：“鲦鱼出游从容，是鱼之乐也。”

惠子曰："子非鱼，安知鱼之乐？"

庄子曰："子非我，安知我不知鱼之乐？"

惠子曰："我非子，固不知子矣；子固非鱼也，子之不知鱼之乐，全矣。"

庄子曰："请循其本。子曰'汝安知鱼乐'云者，既已知吾知之而问我，我知之濠上也。"

【译文】

庄子与惠子在濠水桥上游玩。庄子说："白鱼悠闲自在地游水，这是鱼儿的乐趣呀。"

▲ 濠梁秋水图　南宋　李唐

惠子说："您不是鱼，哪知道鱼的乐趣呢？"

庄子说："您不是我，怎么知道我不知道鱼的乐趣？"

惠子说："我不是您，当然不知道您的想法；您原本也不是鱼，所以您也不知道鱼的乐趣，是完全可以肯定的。"

庄子说："还是让我们从开头的话题说起吧。您所说：'您（在）哪儿知道鱼的乐趣'这句话，就是已经知道我晓得鱼的乐趣才问我的，（我告诉您吧，）我是在濠水桥上知道鱼的乐趣的呀。"

【原文】

纪渻子为王养斗鸡。

十日而问："鸡可斗已乎？"曰："未也，方虚憍而恃气。"

十日又问，曰："未也，犹应向景。"

十日又问，曰："未也，犹疾视而盛气。"

十日又问，曰："几矣，鸡虽有鸣者，已无变矣，望之似木鸡矣，其德全矣，异鸡无敢应，见者反走矣。"

【译文】

纪渻子为齐宣王训练斗鸡。

十天以后宣王来问："鸡训练好了吗？"纪渻子回答："没有，眼下还色厉内荏，自恃意气。"

十天后又问，回答说："还没有，对其他鸡的声响和影子还有反应。"

十天后再问，回答说："仍没有，还整日怒目而视，气焰嚣张。"

十天后再来问，回答说："差不多了，虽然听见别的鸡叫，却已毫无反应，看上去就像是一只木鸡，它的德性已经完善了。其他的鸡见了不敢应战，掉头就跑了。"

荀子

——先秦诸子百家集大成者

作者介绍

▲ 荀子像

荀子名况，字卿，又称孙卿。战国末期赵国人，生卒年月不详，约生活于公元前313至前238年，是战国时期杰出的唯物主义哲学家、无神论者。其政治、学术活动年代约在周赧王十七年（前298年）到秦王政九年（前238年）间。荀子是战国末期与孟子齐名的一位儒家大师，是继孟子后儒家又一杰出代表。他曾游学齐国，在著名的稷下学宫讲学，并被尊奉为学官之长。后来做过楚国的兰陵令，也曾议兵于赵，论儒于秦，晚年定居兰陵，从事著作和教育。他的门人很多，赫赫有名的法家人物韩非和李斯就是他的高徒。公元前285年，正是齐王吞并宋国，兵强势盛的时候，荀子曾企图说服齐国宰相实行儒家的仁义王道，劝说齐国君臣选贤任能，重用儒家。但齐湣王听不进荀子的建议，荀子只好离开齐国去了楚国。不久，齐果然被燕打败。荀子总结这一教训时说，齐王不修礼义是使齐国由强到弱到失败的根本原因。荀子一生的主要时间和精力是用于研究和传习儒家经典，以及从事教学。他的学生很多，李斯、韩非、浮丘伯等曾受业为其弟子。他善于吸收和批判诸子百家的学说，尤有功于诸经。荀子的著作十分宏富，在汉代抄录流传的有300多篇，后经刘向校雠，定为32篇。有人说荀子是法家，也有人说他是道家，荀子自己则以儒家自居，对孔丘推崇备至。总的说来，荀子之学确是以兴儒尊孔为主旨，却又明显地受到墨、道、法、名诸家的影响。

经典概述

据《史记·孟子荀卿列传》记载，《荀子》这部书是荀况晚年为总结当时学术界的百家争鸣和自己的学术思想而编写的。《荀子》一书现存32篇，一般认为，《大略》以下6篇是其“弟子杂录”，其余26篇为荀况手笔。

《荀子》明确论述了“天人相分”人定胜天的朴素唯物主义自然观。《天论》篇认为：天就是自然界，天的变化是自然的变化，而且是有规律的，日月、风雨、寒暑的运行与变化，不因人们的喜怒而转移。同时还充分肯定了人类认识、改造自然的主观能动作用。肯定了人具有认识事物的能力和事物是可以被认识的，强调了认识要有正确的方法和途径。他特

别强调后天学习的重要性，并用“青出于蓝而胜于蓝”的形象比喻，说明学习没有止境和后来居上的道理，劝导人们要进行广博的学习，要发扬“锲而不舍”“用心一也”的精神，反对死记硬背、不求甚解和杂而不专，成为激励后人学习的名篇佳句。

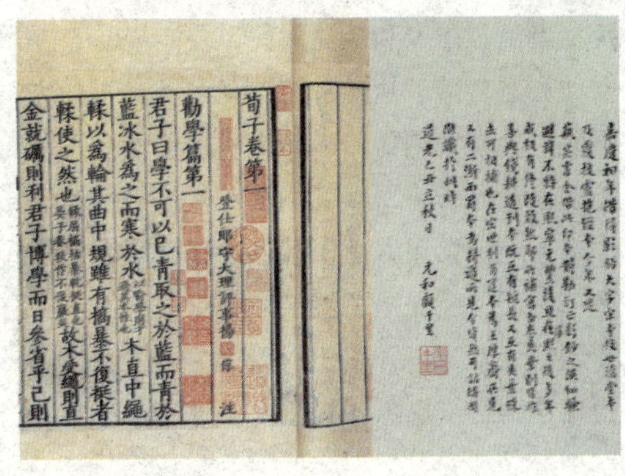

荀子卷第一

登仕郎守大理評事楊倞注

勸學篇第一

君子曰學不可以已青取之於藍而青於藍冰水爲之而寒於水木直中繩輮以爲輪其曲中規雖有槁暴不復挺者輮使之然也故木受繩則直金就礪則利君子博學而日參省乎己則

▲《荀子》内页

荀子的伦理思想，主要反映在《性恶》《修身》《礼论》等篇中。他在《性恶篇》提供“性伪之分”的命题，指出：“人之性，恶；其善者，伪也。”“不可学，不可事之在天者，谓之性；可学而能，可事而成之在人者，谓之伪，是性伪之分也。”与生俱来的本能是“性”，而后天习得的则是“伪”。“伪”是“人为”的意思。他认为，人的本性就是“目好色，耳好听，口好味，心好利”和“饥而欲饱”“寒而欲暖”“劳而欲休”的自然属性，这些自然属性只有通过封建伦理道德来严格加以限制，才能变成性善的，才符合封建礼仪。《礼论篇》认为，礼义起源对人的自然本性情欲情感的限制，起源于人们无限的欲求与社会有限的财富的矛盾。人们正当的物质欲求必须满足，但财富毕竟有限，因此只能按社会名分等级来确立消费的多寡，以解决需求和生活资料的矛盾。

荀况的政治思想和经济思想，主要反映在《王制》《富国》《王霸》《君道》《臣道》《强国》等篇中。为了加强封建统治，巩固地主阶级政权，荀况提出了“隆礼敬士”“尚贤使能”的用人原则。《王制篇》指出，人与动物的区别就在于能“群”。人是社会性的动物，面对自然，面对野兽，必须联合成社会群体，而任何群体，必然有一定的组织形式，要有分工和合作，要有等级名分，并依次决定消费品之分配，以免发生斗争和内乱。《富国篇》提出“明分使群”的命题，指出一个人的能力不能兼通数种技艺，兼管各种事务。一个人的生活所需，要靠众多人的生产品供给。群居生活一定要明其职分和等级。明确各人的职分是人能“群”的前提，而礼义是维持“分”的手段。荀子主张“以礼正国”。他所倡导的“礼治”，是通过社会分工，确立贫富贵贱的等级秩序。

荀子礼论又是与乐论相结合的。《乐论篇》强调，礼乐不仅调节人们的物质需求，而满足人们的精神需求。儒家的治道，是一种教化形态，它也包含法治、刑政，但是主要是通过礼乐教化提升每一个人的人格，以礼节民，以乐和民。礼乐刑政，相辅相成。荀子把儒家的礼乐相辅相成之道发挥到极致，主张美善相乐，指出通过礼乐教化可以提高百姓的文化素质的文化素质，纯洁人心，成就每一个和乐庄敬的生命，达到理想的胜境。《正名篇》《解蔽篇》等主张名实统一，以名指实，达到名实相符，提出了制名的几条原则和防止认识的片面性的方法，具有丰富的逻辑学与认识论思想。《非十二子篇》《解蔽篇》等儒墨道法名诸学派的代表思想家有所评论和批判。

在如何治理国家问题上，荀况提出了“重法爱民”“赏罚严明”的政治纲领。他认为，统治者治理国家和统治人民，一定要有一套严密的政治法令和赏罚措施。对人民，在没有给他利益之前就从他身上谋取利益，不如先给人民利益然后再从人民中索取利益更有利；不爱护他就重用他，不如先爱护他然后再重用他更为有效。荀子认为，只有赏罚严明，才能治理好国家。

在经济思想方面，荀况主张一方面用赏罚严明的制度来鼓励人民发展生产，增加财富。另一方面他又提出了“强本抑末”“节用裕民”“开源节流”的经济措施，加强发展农业生产，抑制商品流通，不断开拓新的财源，限制统治阶级的费用，以此达到国富民强的目的。荀况这种经济思想，集中代表了中小地主阶级的利益，同时也符合人民的愿望。

精华内容

【原文】

始皇三十三年，起自临洮，东暨辽海，西并阴山，筑长城及开南越地，昼警夜作，民劳怨苦，故杨泉《物理论》曰：秦始皇使蒙恬筑长城，死者相属，民歌曰：生男慎勿举，生女哺用铺，不见长城下，尸骸相支拄。其冤痛如此矣。蒙恬临死曰：夫起临洮，属辽东，城堑万余里，不能不绝地脉，此固当死也。

▲ 万里长城第一台遗址

在秦代修筑长城时，榆林这个地方是当地处势最高、烽火台最大、里面驻军最多，也是两路长城汇合的地方。自秦以后，历代均以此台为镇守北方的重要军事要地，号称镇北台。

【译文】

秦始皇三十三年（公元前214年），起于临洮，东到辽海，西依阴山，秦建造了万里长城，又开发了南越地区。百姓日夜劳作，困乏怨苦，所以杨泉《物理记》说：秦始皇派蒙恬筑长城，死尸相互连接，绵延不断。民谣唱道：生男慎勿举，生女哺用铺，不见长城下，尸骸相支拄。百姓的痛苦和怨恨竟到了这种地步。蒙恬临死时说：从临洮开始，一直绵延到辽东，筑城掘壕一万多里，不可能不把地脉弄断了，我就该死的。

【原文】

漳水又北迳祭陌西，战国之世，俗巫为河伯娶妇，祭于此陌。魏文侯时，西门豹为邺令，约诸三老曰：为河伯娶妇，幸来告知，吾欲送女。皆曰：诺。至时，三老、廷掾赋敛百姓，取钱百万，巫觋行里中，有好女者，祝当为河伯妇，以钱三万聘女，沐浴脂粉如嫁

西门豹拆穿“河伯娶亲”的阴谋。

状。豹往会之，三老、巫、掾与民咸集赴观。巫妪年七十，从十女弟子。豹呼妇视之，以为非妙，令巫妪入报河伯，投巫于河中。有顷，曰：何久也？又令三弟子及三老入白，并投于河。豹磬折曰：三老不来，奈何？复欲使廷掾、豪长趣之，皆叩头流血，乞不为河伯娶妇。淫祀虽断，地留祭陌之称焉。

【译文】

漳水又北流经祭陌西边，战国时，当地有为河伯娶妻的风俗，在陌上祭祀。魏文侯时，西门豹担任邺令，与三老们相约道：为河伯娶妇时，希望告诉我，我也要送给他女子。三老都说：好的。河伯娶妇的时间到了，三老、廷掾向百姓征收赋税，聚集钱财至百万，男巫师巡视乡里，看到漂亮女子就说应作为河伯之妇，用三万钱为聘金，沐浴并涂上脂粉，装扮得好像要出嫁的样子。西门豹去会见他们，三老、巫师、廷掾与百姓也都赶去观看。老巫婆已有七十岁了，后边跟着十个女弟了。西门豹叫出新妇看，认为不够漂亮，并叫老巫婆去通知河伯，老巫婆被投入河中。过了一会儿，他说：为什么这么长时间不回来呢？又叫三个弟子及三老到河里去告诉河伯，把他们投入河里。西门豹弯着腰恭恭敬敬地说：三老也不回来了，这怎么办呢？又想叫廷掾、豪长前往，豪长、廷掾们都伏在地上叩头，直至流血，答应不再为河伯娶妇了。这种荒唐的祭祀仪式虽然已断绝了，然而祭陌的名称却流传下来。

【原文】

君子曰：学不可以已。青、取之于蓝，而青于蓝；冰、水为之，而寒于水。木直中绳，

▲ 捉柳花图　明　仇英

生而同声，长而异俗，教使之然也。

輮以为轮，其曲中规，虽有槁暴，不复挺者，輮使之然也。故木受绳则直，金就砺则利，君子博学而日参省乎己，则知明而行无过矣。

故不登高山，不知天之高也；不临深溪，不知地之厚也；不闻先王之遗言，不知学问之大也。干、越、夷、貉之子，生而同声，长而异俗，教使之然也。诗曰："嗟尔君子，无恒安息。靖共尔位，好是正直。神之听之，介尔景福。"神莫大于化道，福莫长于无祸。

吾尝终日而思矣，不如须臾之所学也。吾尝跂而望矣，不如登高之博见也。登高而招，臂非加长也，而见者远；顺风而呼，声非加疾也，而闻者彰。假舆马者，非利足也，而致千里；假舟楫者，非能水也，而绝江河。君子生非异也，善假于物也。

南方有鸟焉，名曰蒙鸠，以羽为巢，而编之以发，系之苇苕，风至苕折，卵破子死。巢非不完也，所系者然也。西方有木焉，名曰射干，茎长四寸，生于高山之上，而临百仞之渊，木茎非能长也，所立者然也。蓬生麻中，不扶而直；白沙在涅，与之俱黑。兰槐之根是为芷，其渐之滫，君子不近，庶人不服。其质非不美也，所渐者然也。故君子居必择乡，游必就士，所以防邪辟而近中正也。

【译文】

君子说：学习不能够停止不前。靛青是从蓼蓝中提取而来的，但比蓼蓝更青；冰是由水凝固而成的，但比水还要寒冷。木材挺直得如同木工的墨线，但用火烘烤，就可使它弯曲，进而做成车轮，它的曲度就像与圆规画的一样，即使再经过烈火的烘烤，太阳的暴晒，它也不能再恢复原样了，这是熏烤弯曲使它变成这样的啊。所以木材经过墨线加工才能取直，金属刀剑在磨刀石上磨过才能锋利，君子学习广泛，而又能每天检查反省自己，那就会见识高明而行为不会犯错误了。

所以，不登上高山，就不知道天的高远；不亲临深溪，就不知道大地的厚度；没有听到过前代圣王的遗言，就不知道学问的渊博。干国、越国，夷族和貊族的孩子，生下来的时候，他们的哭声是一样的，但长大后习俗却不同了，这是因为后天的教化而使他们这样的啊。《诗经》上说："你们这些君子啊，不要总是贪图安逸，要安守你的职位，爱好正直的德行。上帝知道了，就会赐与你极大的幸福。"融化于圣贤的道德的精神修养就是最高明的，没灾没祸的幸福就是最持久的。

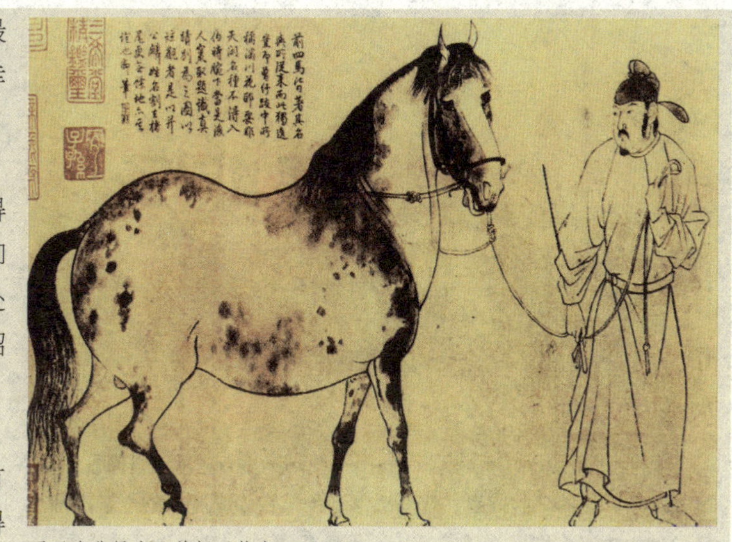

君子生非异也，善假于物也。

我经常整天思考，但不如学习片刻所获得的教益；我曾经踮起脚远望，但不如登上高处看得广阔。登上高处招手，手臂并没有加长，但远处的人就能看见。顺风呼喊，声音并没有加强，但听的人却听得很清楚。利用车马远行的人，并不是双脚善于走路，但能够到达千里之外；借助船桨渡河的人，并不是善于游泳，却能够横渡江河。君子的生性并非与别人有什么两样，只不过是善于借助外物，帮助自己罢了。

南方有一种鸟叫蒙鸠，它用羽毛做窝，再用毛发编织起来，系结在芦苇穗子上，大风吹来，苇穗就会折断，窝里的鸟蛋跌破，幼鸟就会被摔死。这并不是它的窝做得不好，而是窝所在的地方不对。西方有一种草，名叫射干，茎长四寸，生长在高山上，就能俯临百丈深渊。这并不是由于它的茎能长这么高，而是它生长的位置使然。蓬草生在丛麻当中，不需要扶持它也能长得很直；白沙混入黑土中，会变得跟黑土一样黑。兰槐的根是白芷，如果沾上尿水，君子不愿接近它，普通百姓也不再佩带它。这并不是它的本质不美，只因为沾上尿液才会这样。所以君子居住要选择好的地方，交游要接近贤士，这样才是防止自己误入邪途而接近正道的方法。

韩非子

——法家学说集大成者

作者介绍

▲ 韩非像

韩非（约前280～前233年），出生韩国贵族，战国末期著名思想家，古代法家思想的集大成者。韩非出身于没落贵族家庭，他与李斯都是荀子的学生。当时韩国国势弱小，屡败于秦国，割地损兵。于是，他曾数次上书韩王谏议变法图强，均未被采纳。韩非口吃不善言谈，但下笔滔滔，文辞雄辩，著有阐明自己法治理想的著作《孤愤》《五蠹》《说难》等十余万言。在这些书里，韩非总结历史经验教训，陈述自己的政治主张。此书流传到秦国。秦王看后遂有发兵进攻韩国之意。韩安鳌王只好派韩非出使秦国以平息战事。韩非到了秦国以后，并没有受到秦王的重用，他曾多次向秦王建议，秦国要先稳住楚、魏二国，进攻赵、齐，暂缓进攻韩国，后又状告上卿姚贾私交诸侯，并警告秦王提高警惕。后来，李斯与姚贾陷害韩非，使之下狱，后来又使之在狱中服毒自尽。《韩非子》是先秦法家集大成者韩非的著作。司马迁在《史记·韩非列传》中说："韩非者，韩之诸公子也，喜刑名法术之学……悲廉直不容于邪枉之臣，观往者得失之变，故作《孤愤》《五蠹》《说林》《说难》十余万言。"这说明《韩非子》确系韩非所著。

经典概述

《汉书·艺文志》著录"《韩子》五十五篇"与今本《韩非子》55篇相同。《隋书》《旧唐书》《新唐书》《宋史》《四库全书总目提要》皆著录《韩子》20卷，这说明《韩非子》从先秦流传到现在，基本上没有遗失的现象，这在先秦哲学典籍中，是不多见的。《韩非子》本名《韩子》，后因唐代韩愈的名气越来越大，后人为了加以区别，故改名《韩非子》。

在自然观方面，韩非通过对道家思想的诠释和借鉴，提出了唯物主义自然观：道不是存在于自然界之外，而是存在于自然界万物的生长、变化之中。道是万物的本原，又是万物的总规律，他又引进"理"作为事物的特殊规律。同时他把道和理的关系解释为客观事物的普遍规律和特殊规律的关系。《韩非子》坚持了彻底的无神论，认为天和人各有自己

相关链接

《韩非子》是法家思想的集大成者，提出了法、术、势相结合的君主专制的中央集权的理论。该书是研究韩非法治、哲学、伦理、社会思想的主要资料。书中记述了众多历史人物、事件、故事、传说，对研究中国古代政治、经济、文学、哲学、历史亦有重要价值。《韩非子》的许多篇章在作者生前即已行世，至西汉时期经人整理，成为定本流传至今。

的规律，自然界的天地没有意志。

在认识论方面，韩非受荀况的影响最大。他认为，人们的认识都必须依赖于感觉器官，人的眼睛能看东西，耳朵能够听声音，心能思考问题，这都是人具有的自然属性，所以他称之为“天明”“天聪”“天智”。他说：“目不明则不能决黑白之分，耳不聪则不能别清浊之声，智失别则不能审得失之地。目不能决黑白之色则谓之盲，耳不能别清浊之声则谓之聋，心不能审得失之地则谓之狂。盲则不能避昼日之险，聋则不能知雷霆之害，狂则不能免人间法令之祸。”这就说明了人的感觉和思维器官与认识对象的关系，坚持了唯物主义的认识路线。在认识方法上，韩非主张“去喜去恶”，切忌主观偏见和先入为主的成见来左右人们的认识。

《韩非子》一书，重点阐述了法、术、势相结合的法治理论，主要反映在《难势》《难三》《定法》《扬权》《有度》等篇中。在韩非看来，商鞅治秦只讲“法”，不讲“术”，不擅“法”；甚至片面强调“势”，这都是不全面的，“皆未尽善也”。只有把“法”“术”“势”三者有机地结合起来，才是切实可行的。他说：“君无术则弊于上，臣无法则乱于下，此不可一无，皆帝王之具也。”《五蠹》《显学》《诡使》诸篇主要阐述了韩非的社会历史观。他认为，时代变了，治国措施也要变，应以法治代替礼治，以官吏代替师儒，以耕勤之民、力战之士为贵而当赏，以五蠹之民为贱而当除。《显学》篇对儒、墨等显学进行了进一步的抨击和驳斥，认为他们的学说不合时务，无益于当世。《诡使》篇则更明确地指出“道和者乱，道法者治”，主张明智的君主必须禁止儒家等有害于耕战之人，而尊崇能耕善战之士。《孤愤》《说难》《难言》等篇述说了推行新政、厉行法治的重重阻难，对占据要位的既得利益者“贵重之臣”作了深刻揭露和无情申斥，指明“智法之士与当途之人不可两存之仇也”。《奸劫弑臣》《说疑》《爱臣》等篇集中揭露权奸近嬖对王权统治的严重威胁及其种种奸术。韩非指出君臣只是互相利用，君臣之交其实是计谋之交，没有情

▲《韩非子》书影

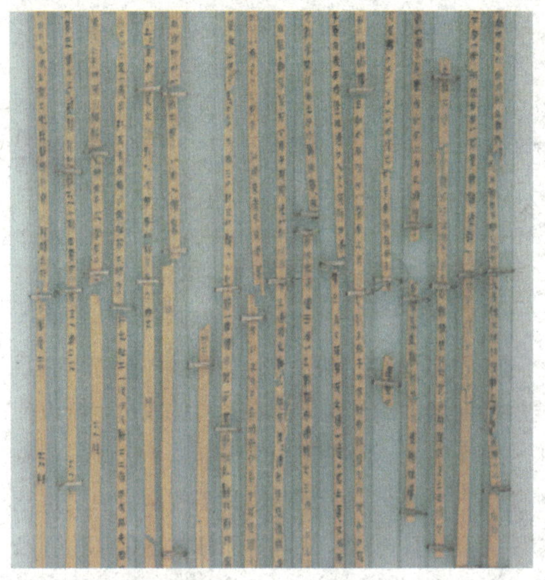

▲ 竹简　秦

韩非的法家思想为秦朝统治阶级采用，这部出土于湖北省云梦睡虎地秦墓的律简，真实生动地记载了秦国是如何以法治国的。

感或道德可言。《解老》《喻老》两篇是韩非对道家的主要哲学范畴的阐释和发挥。一方面，他认为道是万物的本原，即道是“万物之所以成”。另一方面，他又说道是万物的总规律，即“道者，万物之所以然也”。韩非借解释道家《老子》一书，对《老子》哲学体系的核心“道”进行了唯物主义的改造，赋予了客观物质性的内容。他说：“道者，万物之所然也，万理之所稽也。”在这里，韩非又第一次提出了“理”的概念范畴。“理者，成物之文也……物有理，不可相薄，故理之为物之制。万物各异理，而道尽稽万物之理，故不得不化。”

值得一提的是，《韩非子》书中记载了大量脍炙人口的寓言故事，著名的有“自相矛盾”“守株待兔”“讳疾忌医”“滥竽充数”“老马识途”“画鬼最易”等等。这些生动的寓言故事蕴涵着深刻的哲理，以其思想性和艺术性的完美结合，给人们以智慧的启迪，具有较高的文学价值。

精华内容

【原文】

扁鹊见蔡桓公，立有间，扁鹊曰：“君有疾在腠理，不治将恐深。”桓侯曰：“寡人无疾。”扁鹊出，桓侯曰：“医之好治不病以为功。”居十日，扁鹊复见曰：“君之病在肌肤，不治将益深。”桓侯不应。扁鹊出，桓侯又不悦。居十日，扁鹊复见曰：“君子病在肠胃，不治将益深。”桓侯又不应。扁鹊出，桓侯又不悦。居十日，扁鹊望桓侯而还走。桓侯故使人问之，扁鹊曰：“疾在腠理，汤熨之所及也；在肌肤，针石之所及也；在肠胃，火齐之所及也；在骨髓，司命之所属，无奈何也。今在骨髓，臣是以无请矣。”居五日，桓公体痛，使人索扁鹊，已逃秦矣，桓侯遂死。

【译文】

一天，扁鹊进见蔡桓公，站了好一会儿说道：“您有病在皮下，要是不治，恐怕会加重。”桓公回答说：“我没有病。”扁鹊退出后，桓公说：“医生总是喜欢给没病的人治病，并把这作为自己的功劳。”过了十天，扁鹊又拜见蔡桓公，说：“您的病已经到了肌肤，要是不治，就会更加厉害了。”桓公听后不理睬他。扁鹊退出，桓

公又很不高兴。过了十天，扁鹊再次拜见蔡桓公，说："您的病已经进入肠胃，要是不治，就更加严重了。"桓公仍不理睬他。扁鹊退出，桓公极不高兴。又过了十天，扁鹊远远地看见桓公转身就跑。桓公很奇怪，故此特派人去问他，扁鹊说："病在皮下，用药热敷治疗就可以治好；病在肌肤之间，用针刺就可以治好；病在肠胃中，用清火汤剂可以治好；病在骨髓，那就是掌管生命的神所管的了，我就没有办法治疗了。现在桓公的病已发展到骨髓里面，我因此不再过问了。"过了五天，桓公感到浑身疼痛，便派人去寻找扁鹊，这时，扁鹊已经逃到秦国去了。

▲ 扁鹊像

【原文】

曾子之妻之市，其子随之而泣。其母曰："女还，顾反，为女杀彘。"妻适市反，曾子欲捕彘杀之，妻止之曰："特与婴儿戏耳。"曾子曰："婴儿非与戏耳。婴儿非有知也，待父母而学者也，听父母之教。今子欺之，是教子欺也。母欺子，子而不信其母，非所以成教也。"遂烹彘也。

【译文】

曾子的夫人到集市上去，她的儿子哭着闹着要跟着去。他的母亲对他说："你回家，等我回来杀猪给你吃。"她刚从集市上回来，曾子就要捉猪杀猪。他的妻子阻止他说："不过是和孩子开玩笑罢了。"曾子说："（妻子，）小孩是不能和他开玩笑啊！小孩子没有思考和判断能力，等着父母去教他，听从父母亲的教导。今天你欺骗孩子，就是在教他欺骗别人。母亲欺骗了孩子，孩子就不会相信他的母亲，这不是用来教育孩子成为正人君子的方法。"于是（曾子）就杀猪煮肉（给孩子吃）。

【原文】

上古之世，人民少而禽兽众，人民不胜禽兽虫蛇。有圣人作，构木为巢以避群害，而民悦之，使王天下，号曰有巢氏。民食果蓏蚌蛤，腥臊恶臭而伤害腹胃，民多疾病。有圣人作，钻燧取火以化腥臊，而民说之，使王天下，号之曰燧人氏。中古之世，天下大水，而鲧、禹决渎。近古之世，桀、纣暴乱，而汤、武征伐。今有构木钻燧于夏后氏之世者，必为鲧、禹笑矣；有决渎于殷、周之世者，必为汤、武笑矣。然则今有美尧、舜、汤、武、禹之道于当今之世者，必为新圣笑矣。是以圣人不期修古，不法常可，论世之事，因为之备。宋有人耕田者，田中有株，兔走触株，折颈而死，因释其耒而守株，冀复得兔，兔不可复得，而身为宋国笑。今欲以先王之政，治当世之民，皆守株之类也。

【译文】

在上古时代，人口稀少，鸟兽众多，人们受不了禽兽虫蛇的侵害。这时候出现了一位圣人，他发明在树上搭窝棚的办法，用来避免遭到各种伤害；人们因此很爱戴他，推举他来治理天下，称他为有巢氏。当时人们吃的是野生的瓜果和蚌蛤，腥臊腐臭，伤害肠胃，许多人得了疾病。这时候又出现了一位圣人，他发明钻木取火的方法烧烤食物，除掉腥臊臭味；人们因而很爱戴他，推举他治理天下，称他为燧人氏。到了中古时代，天下洪水泛滥，鲧和他的儿子禹先后负责疏通河道，排洪治灾。近古时代，夏桀和殷纣的统治残暴昏乱，于是商汤和周武王起兵讨伐。如果到了夏朝，还有人用在树上搭窝棚居住和钻木取火的办法生活，那一定会被鲧、禹耻笑了；如果到了殷周时代，还有人要把挖河排洪作为要务的话，那就一定会被商汤、武王所耻笑。既然如此，那么在今天要是还有人推崇尧、舜、商汤、周武、禹的政治并加以实行的人，定然要被现代的圣人耻笑了。因此，圣人不期望照搬古法，不死守陈规旧俗，而是根据当前社会的实际情况，进而制定相应的政治措施。有个宋人在田里耕作；田中有一个树桩，一只兔子奔跑时撞在树桩上碰断了脖子死了。从此这个人便放下手中的农具，守在树桩旁边，希望再捡到死兔子。他当然不可能再得到兔子，自已倒成了宋国的一个笑话。现在假使还要用先王的政治来治理当代的民众，那就无疑属于守株待兔之类的人了。

墨子

——中国逻辑学的代表作

作者介绍

墨子，姓墨名翟，春秋战国之际的政治家、思想家，墨家学派的创始人。近代学者一般认为，墨子生于公元前468年左右，卒于公元前376年左右。墨子出生何地，也有争议。《史记·孟子荀卿列传》说他是“宋之大夫”，《吕氏春秋·当染》认为他是鲁国人，也有的说他原为宋国人，后来长期住在鲁国。墨子自称“今翟上无君上之事，下无耕农之难”，似属当时的“士”阶层。但他又承认自己是“贱人”。他可能当过工匠或小手工业主，具有相当丰富的生产工艺技能经验。有学者认为墨子的祖先是宋国的贵族，后来在宋国的内乱中迁往鲁国。到墨子时，已经降为贱人。墨子擅长于车辖、兵器、机械制造，并且曾经与公输班较量过智巧。墨子早年时“学儒者之业，受孔子之术”，后来因为不满于儒家崇尚天命、繁文缛节、厚葬久丧、尚宗费财及爱有差等，就自己成立了一个学派，招收徒弟进行讲学。他把“兴天下之利，除天下之害”作为教育目的，与儒家并峙。在先秦诸子百家中，儒、墨两家号称“显学”，墨子在当时的声望与孔子差不多。墨子“日夜不休，以自苦为极”，长期奔走于各诸侯国之间，宣传他的政治主张。相传他曾止楚攻宋，实施兼爱、非攻的主张。他“南游使卫”，宣讲“蓄士”以备守御。又屡游楚国，献书楚惠王。他拒绝楚王赐地而去，晚年到齐国，企图劝止项子牛伐鲁，未成功。越王邀墨子做官，并许以五百里封地。他以“听吾言，用我道”为条件，而不计较封地与爵禄，目的是实现他的政治抱负。墨子一生主要从事讲学和政治活动。墨家学派既是学术团体也是政治组织。墨子倡导尚贤、尚同、兼爱、非攻、节用、节葬等主张，基本反映了广大劳动阶层的呼声，因此，墨子被誉为劳动人民的哲学家。

▲ 墨子像

经典概述

《墨子》是记载墨翟言论和墨家学派思想资料的总集，由墨子及其弟子乃至后学相递著述而成。《汉书·艺文志》著录《墨子》71篇，今存15卷53篇。全书大致分五个部分：卷一：《亲士》《修身》《所染》《法仪》《七患》《辞过》《三辨》7篇；卷二至卷九共24篇，有《尚贤》《尚同》《兼爱》《非攻》《节用》《节葬》《天志》《明

▲ 春秋时代已盛行的台榭高层建筑

鬼》《非乐》《非命》《非儒》11个题目；卷十、卷十一有《经上》《经下》《经上说》《经下说》《大取》《小取》六篇，通称为《墨经》；卷十二、卷十三有《耕柱》《贵义》《公孟》《鲁问》《公输》五篇；卷十四、卷十五有《备城门》等11篇。《墨子》记录了墨家的哲学、社会政治学说、伦理思想、逻辑学说、自然科学观点和城守兵法等，尤其是它的逻辑思想，是先秦逻辑思想史的奠基作。

《墨子》的政治思想主要反映在《尚贤》《尚同》《非攻》《节用》《节葬》《非乐》诸篇中，主张任人唯贤的用人原则，反对任人唯亲，反对世袭制度，主张从天子到下面的各级官吏，都要选择天下的贤人来充当。墨子反对侵略战争，声援被侵略的国家，并为此而奔走呼号，主持正义。墨子主张对统治者要限制，不能让统治者过骄奢淫逸的糜烂生活。对葬礼，墨子主张节俭，反对铺张浪费。

关于伦理思想主要反映在《兼爱》《亲士》《修身》等篇中，墨子的伦理思想以兼爱为号召，以交相利为实质。他认为人们之间不分贫贱，都要互爱互利，主张"兼相爱"，反对儒家的等级观念。国君要爱护有功的贤臣，慈父要爱护孝顺的儿子，人们处在贫困的时候不要怨恨，处在富有的时候要讲究仁义，对活着的人要仁爱，对死去的人要哀痛，这样社会就会走向大同。

墨子的哲学思想主要反映在《非命》《贵义》《尚同》《天志》《明鬼》《墨经》诸篇中。墨子一方面倡天志明鬼，一方面非命尚力。他认为，天有意志，创造了一切，天能赏善罚恶，主宰人类一切行为。人类社会秩序的建立，国家的形成，都是天志的体现。天志的核心是兼相爱，交相利。墨子反对命定论，把人力的作用提到十分重要的地位。他主张把知识分为"闻知""说知""亲知"三类，"闻知"是传授的知识，"说知"是推理的知识，"亲知"是实践经验的知识。同时，在认识论方面，墨子提出了著名的"三表法"："有本之者，有原之者，有用之者。于何本之？上文之于古者圣王之事。于何原之？下原察百姓

▲《墨子》书影

清光绪湖北崇文书刻本。总计53篇，大多为墨翟弟子及其后世门人对墨翟言行的记述。

耳目之实。于何用之？废以为刑政，观其中国家百姓人民之利。此所谓有三表也。”即要重视历史经验、直接经验和实际效用。

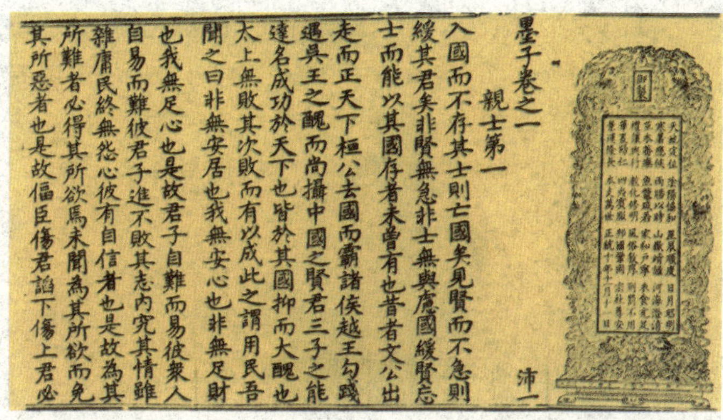

墨子卷之一
親士第一
入國而不存其士則亡國矣見賢而不急則
緩其君矣非賢無急非士無與慮國緩賢忘
士而能以其國存者未曾有也昔者文公出
走而正天下桓公去國而霸諸侯越王句踐
遇吳王之醜而尚攝中國之賢君三子之能
達名成功於天下也皆於其國抑而大醜也
太上無敗其次敗而有以成此之謂用民吾
聞之曰非無安居也我無安心也非無足財
也我無足心也是故君子自難而易彼衆人
自易而難彼君子進不敗其志內究其情雖
雜庸民終無怨心彼有自信者也是故為其
所難者必得其所欲焉未聞為其所欲而免
其所惡者也是故偪臣傷君諂下傷上君必

▲《墨子》书影

逻辑思想主要反映在《经上》《经下》《经说上》《经说下》《大取》《小取》6篇中，其中提出了辩的任务、目的和原则，揭示了概念、判断和推理的实质作用，并做了较科学的分类。《墨经》6篇内容，已构成墨辩逻辑体系，它与亚里士多德逻辑、佛教因明逻辑并称世界三大逻辑体系。在《小取》中论述了辩论的作用，即分析是非的区别，审查治乱的规律，弄清同异的所在，考察名实的道理，判别利害，解决疑似；还阐述了辩论的几种方式，对推理的研究也甚为精细。

军事思想主要反映在《备城门》《备高临》《备水》等篇中，由于墨家主张“兼爱”“非攻”，因而反对侵略战争，所以它的军事思想主要是积极的防御战术。

《墨子》中有丰富的自然科学知识内容，涉及数学和物理知识的有40余条，包含了器械制造、冶金化学、动物等自然科学知识。

精华内容

【原文】

圣人以治天下为事者也，必知乱之所自起，焉能治之；不知乱之所自起，则不能治。譬之如医之攻人之疾者然：必知疾之所自起，焉能攻之；不知疾之所自起，则弗能攻。治乱者何独不然？必知乱之所自起，焉能治之；不知乱之斯自起，则弗能治。圣人以治天下为事者也，不可不察乱之所自起。

当察乱何自起？起不相爱。臣子之不孝君父，所谓乱也。子自爱，不爱父，故亏父而自利；弟自爱，不爱兄，故亏兄而自利，臣自爱，不爱君，故亏君而自利，此所谓乱也。虽父之不慈子，兄之不慈弟，君之不慈臣，此亦天下之所谓乱也。父自爱也，不爱子，故亏子而自利；兄自爱也，不爱弟，故亏弟而自利；君自爱也，不爱臣，故亏臣而自利。是何也？皆起不相爱。

虽至天下之为盗贼者亦然：盗爱其室，不爱其异室，故窃异室以利其室。贼爱其身，不爱人，故贼人以利其身。此何也？皆起不相爱。虽至大夫之相乱家，诸侯之相攻国者亦然：大夫各爱其家，不爱异家，故乱异家以利其家。诸侯各爱其国，不爱异国，故攻异国以利其国，天下之乱物，具此而已矣。察此何自起？皆起不相爱。

若使天下兼相爱，爱人若爱其身，犹有不孝者乎？视父兄与君若其身，恶施不孝？犹有不慈者乎？视弟子与臣若其身，恶施不慈？故不孝不慈亡有。犹有盗贼乎？故视人之室若其室，谁窃？视人身若其身，谁贼？故盗贼亡有。犹有大夫之相乱家、诸侯之相攻国者乎？视人家若其家，谁乱？视人国若其国，谁攻？故大夫之相乱家、诸侯之相攻国者亡有。若使天下兼相爱，国与国不相攻，家与家不相乱，盗贼无有，君臣父子皆能孝慈，若此，则天下治。

故圣人以治天下为事者，恶得不禁恶而劝爱？故天下兼相爱则治，交相恶则乱。故子墨子曰："不可以不劝爱人者，此也。"

【译文】

圣人是以治理天下为职业的人，必须知道混乱从哪里产生，才能对它进行治理。如果不知道混乱从哪里产生，就不能进行治理。这就好像医生给人治病一样，必须知道疾病产生的根源，才能进行医治。如果不知道疾病产生的根源，就不能医治。治理混乱又何尝不是这样，必须知道混乱产生的根源，才能进行治理。如果不知道混乱产生的根源，就不能治理。圣人是以治理天下为职业的人，不可不考察混乱产生的根源。

试问考察混乱从哪里产生呢？起于人与人不相爱。臣与子不孝敬君和父，就是所谓乱。儿子爱自己而不爱父亲，因而损害父亲以自利；弟弟爱自己而不爱兄长，因而损害兄长以自利；臣下爱自己而不爱君上，因而损害君上以自利，这就是所谓混乱。反过来，即使父亲不慈爱儿子，兄长不慈爱弟弟，君上不慈爱臣下，这也是天下的所谓混乱。父亲爱自己而不爱儿子，所以损害儿子以自利；兄长爱自己而不爱弟弟，所以损害弟弟以自利；君上爱自己而不爱臣下，所以损害臣下以自利。这是为什么呢？都是起于不相爱。

▲ 墨子破云梯

即使在天底下做盗贼的人，也是这样。盗贼只爱自己的家，不爱别人的家，所以盗窃别人的家以利自己的家；盗贼只爱自身，不爱别人，所以残害别人以利自己。这是什么原因呢？都起于不相爱。即使大夫相互侵扰家族，诸侯相互攻伐封国，也是这样。大夫各自爱他自己的家族，不爱别人的家族，所以侵扰

别人的家族以利他自己的家族；诸侯各自爱他自己的国家，不爱别人的国家，所以攻伐别人的国家以利他自己的国家。天下的乱事，全部都具备在这里了。细察它从哪里产生呢？都起于不相爱。

假若天下都能相亲相爱，爱别人就像爱自己，还能有不孝的吗？看待父亲、兄弟和君上像自己一样，怎么会做出不孝的事呢？还会有不慈爱的吗？看待弟弟、儿子与臣下像自己一样，怎么会做出不慈的事呢？所以不孝不慈都没有了。还有盗贼吗？看待别人的家像自己的家一样，谁会盗窃？看待别人就像自己一样，谁会害人？所以盗贼没有了。还有大夫相互侵扰家族，诸侯相互攻伐封国吗？看待别人的家族就像自己的家族，谁会侵犯？看待别人的封国就像自己的封国，谁会攻伐？所以大夫相互侵扰家族，诸侯相互攻伐封国，都没有了。假若天下的人都相亲相爱，国家与国家不相互攻伐，家族与家族不相互侵扰，盗贼没有了，君臣父子间都能孝敬慈爱，像这样，天下也就治理了。

所以圣人既然是以治理天下为职业的人，怎么能不禁止相互仇恨而鼓励相爱呢？因此天下的人相亲相爱就会治理好，相互憎恶则会混乱。所以墨子说“不能不鼓励爱别人”，道理就在此。

淮南子

——西汉前期道家思想的系统总结

作者介绍

《淮南子》又名《淮南鸿烈》，西汉初年淮南王刘安及门客李尚、苏飞、伍被等共同编著。刘安（前179～前122年），汉高祖刘邦的少子淮南厉王刘长的儿子，汉武帝刘彻的皇叔。刘长谋反死后，汉文帝封刘安为淮南王。刘安智慧过人，很有文才，好读书鼓琴，不喜欢驰骋射猎。他对中央心怀怨恨，常常想要叛逆。他用施恩行惠的方法争取人心，召集宾客方术之士数千人为羽翼，究天论地，著书立说，使淮南成为当时全国重要的学术中心。汉武帝时，淮南王刘安招集以道家为首的百家游士，仿秦吕不韦著《吕氏春秋》，集体写作《刘安子》二十一篇，又名《淮南子》或《淮南鸿烈》。“鸿”是广大的意思，“烈”是光明的意思，作者自认为此书包括广大而光明的道理，所以称为《淮南鸿烈》。由于后来谋反事发，刘安自杀。

经典概述

《淮南子》认为：宇宙万物的总根源是“道”，是道始于一，不是道生一。在天地未形成之前，大宇宙是一个浑然一体，没有定形的“一”。既然世界万物的最后根源是物质的“一”，那么万物的产生及其发展就绝不是有意志的天安排的，而只能是一个自然而然的过程。天极尽高，地极尽厚，白天日光普照，晚上众星闪亮，阴阳的变化，并不是什么天有意志的体现，而是按照万物自然而然发展变化的。阴阳四时，并不是为了生成万物而代御，雨露也不是为了滋养草木而降。万物的生长不过是自然的神妙作用和阴阳变化的结果罢了。

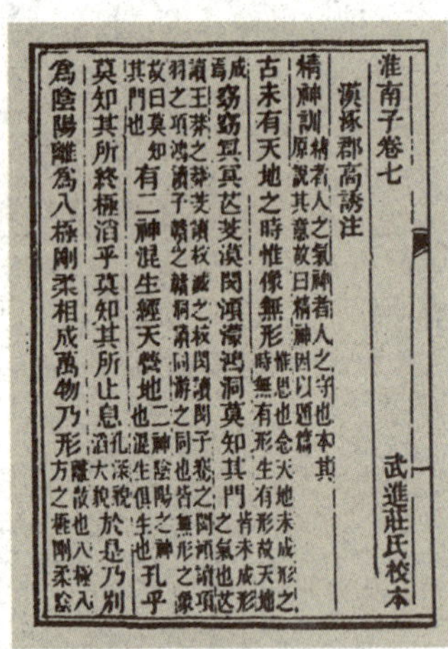

淮南子卷七
漢涿郡高誘注
精神訓
古未有天地之時惟像無形
窈窈冥冥芒芠漠閔澒濛鴻洞莫知其門
有二神混生經天營地
孔乎莫知其所終極滔乎莫知其所止息
於是乃別為陰陽離為八極剛柔相成萬物乃形
武進莊氏校本

▲《淮南子》书影

《淮南子》认为，人类历史也有一个混沌纯朴的时代，称之为“至德之世”。“至德之世”以后，社会发生了大动荡，急剧地向两极分化，一方面，人主、贵族极尽宫室、花园之乐，另一方面，黎民百姓无所归宿。同时《淮南子》认为生产技术的进步是必然的现象，技术的进步是适应人民克服困难、趋利避害要求而产生的，不应该因循守旧，而应该日新月异。生产技术是不断发展的，社会也是不断进化的，那么法令制度也应当适应时代的需要而相应的改变。这些观点自然有助于汉初封建王朝建立新的法制。

相关链接

《淮南子》是一部百科全书式的学术著作，有人说比《老子》更系统，比《国语》《孟子》更深刻，比《墨子》更全面，比《庄子》更现实。坚持唯物主义认识论，反对神学目的论，坚持认识论上的唯物主义，把认识描绘成一个过程，强调按客观规律办事，发挥众人智慧和力量的无为而治，反对封建统治者任情纵欲的压榨、骚扰人民和独断专行等，这些思想无疑具有进步的意义。《淮南子》对后世有一定的影响，许多哲学家从不同的方面对它进行了批判或吸收。

▲ 帛画　西汉

该帛画体现了较为浓厚的天人合一观念。

《淮南子》认为，既然自然性是社会历史发展的最高原则，那么，统治者要治理好国家，就必须遵循事物的自然规律，实行无为而治。无为而治的内容可以概括为两个方面：一方面要“循理”，不要纵欲。这就是要求君主在施政方面按客观规律办事，不要放纵个人欲望。君主施政治国必须重视人民的吃饭问题，这是国家的根本问题。衣食有余，封建道德观念就会加强，封建秩序就会安定和巩固。反之，社会就会发生争夺暴乱，统治地位就会动摇。因此，君主要把保证人民的衣食问题当作一个根本问题。《淮南子》还提出了保证人民衣食之源的方法。另一方面，要“因资”，不要自用。这就是说在用人方面，要求君主放手任用众人的才智，不要自作聪明地包揽一切，这乃是“君道无为”的重要内容。它要求君主虚心好学，集中众人的智慧。同时主张发挥每一个臣下的长处，反对君主干涉职能部门的工作。如果君主与臣下争能，官员就会无所事事，顺意取宠。众人的才智藏而不用，君主势必弄得智穷力竭，成为孤家寡人。君主的本职工作应该是“无为而有守也，有立而无好也”。即君主不应该做具体工作，而是把操守“法律度量”、驾驭臣下当作本职工作。在立法和持法时，要合乎民心，执法要以身作则。要重视众人的智慧和力量，能较正确地对待个人与众人的关系。

在认识论上，《淮南子》首先承认有独立于人们主观意识之外的外物的存在，但是，这个外物不是不可知的，人具有反映外物的能力，这个外物是可以被人所反映、所认识的。书中还提到认识过程中掌握原理和正确方法的重要性，只要遵循事物的普遍法则，根据天地本来的样子去对待事物，认识和处理天下所有事物并不是难以企及的事情。

精华内容

【原文】

宁越欲干齐桓公，困穷无以自达，于是为商旅，将任车，以商于齐，暮宿于郭门之

▲ 宁戚贩牛图轴　明　周臣　纸本

宁戚，春秋时卫国人，满腹韬略，且胸怀大志，但家境贫困，便为商旅赶车来到齐国，夜晚睡于城门外，待齐桓公夜出送客之时，击牛角，发悲歌。桓公闻听甚觉奇怪，于是召见他，宁戚便将胸中治天下之道说与齐桓公。桓公大悦，便任命宁戚为大夫。此图即绘宁戚为商旅赶车前往齐国途中，歇息喂牛的情景。

外。桓公郊迎客，夜开门，辟任车，爝火甚盛，从者甚众。宁越饭牛车下，望见桓公而悲，击牛角而疾商歌。桓公闻之，抚其仆之手曰："异哉，歌者非常人也！"命后车载之。

【译文】

宁戚想向齐桓公谋求官职，以便能施展自己的才能，但是穷困得没有办法去齐国见桓公，于是给去齐国经商的商人赶运货车，晚上停宿在齐国都城外。这时，齐桓公去郊外迎接客人，打开城门后，随从让宁戚赶的那辆车回避到一边去；桓公一行人所举的火把将四周照得如同白昼，而随从的人又很多。在车旁给牛喂草料的宁戚看了后，悲从心中起，于是敲击着牛角唱起悲凄激越的歌曲，桓公听到这突如其来的悲曲，情不自禁地拍着仆人的手说："奇妙，那唱歌的人一定是位不寻常的人。"于是命令随从的车将宁戚载返回去。

【原文】

羿请不死之药于西王母，羿妻嫦娥窃之奔月，托身于月，是为蟾蜍，而为月精。旧言月中有桂，有蟾蜍。故异书言：月桂高五百丈，下有一人。常斫之，树创随和。人姓吴，名刚，西河人，学仙有过，谪令伐木。

【译文】

羿从西王母处请来不死之药，后羿的妻子嫦娥偷吃了这颗灵药，飞往月宫，嫦娥于是就住在月宫之中，变成了蟾蜍，就是传说中的月精。古老的传说中月亮上有棵桂树，还有蟾蜍。因此有一本记录异事的书上说：月亮上有棵桂树非常高，树下有个人不停地砍，可是树被砍开之后马上就愈合了，砍树的人叫作吴刚，是西河人，在学仙道的时候犯了过错，就罚他砍伐桂树。

吕氏春秋

——诸子百家思想的总结

作者介绍

吕不韦（约前292～前235年），战国末年秦相。原是卫国濮阳（今河南濮阳西南）人，后来到韩国经商，成了“家累千金”的“阳翟大贾”。吕不韦在赵都邯郸见入质于赵的秦公子子楚（即异人），认为“奇货可居”，遂予重金资助，并游说秦太子安国君宠姬华阳夫人，立子楚为嫡嗣。后子楚与吕不韦逃归秦国。安国君继立为孝文王，子楚遂为太子。次年，子楚即位（即庄襄王），任吕不韦为丞相，封为文信侯，食河南洛阳十万户。没过几年，庄襄王死去，年幼的太子政立为王，即后来的秦始皇，尊吕不韦为相国，号称“仲父”。至此，吕不韦在政治上达到了空前显赫的地位。门下有食客三千人，家童万人。命食客编著《吕氏春秋》，有八览、六论、十二纪，共二十余万言，汇合了先秦各派学说，“兼儒、墨，合名、法”，故史称“杂家”。执政时曾攻取周、赵、卫的土地，立三川、太原、东郡，对秦王政兼并六国的事业有重大贡献。后因叛乱事受牵连，被免除相国职务，出居河南封地。不久，秦王政复命其举家迁蜀，吕不韦自知不免，于是饮鸩而死。

经典概述

《吕氏春秋》，又名《吕览》，战国末年秦相吕不韦集合众多门客共同编辑。完成于秦始皇八年（前239年）。该书是以儒家学说为主干，以道家理论为基础，以名、法、墨、农、兵、阴阳家思想学说为素材，以封建大一统政治需要为宗旨，熔诸子百家之说于一炉的理论巨著。全书分十二“纪”、八“览”、六“论”三大部分，共160篇，20余万字。

▲ 吕不韦像

《吕氏春秋》对先秦诸子的思想进行了总结性的批判，它写道：“老聃贵柔，孔子贵仁，墨翟贵廉，关尹贵清，子列子贵虚，陈骈贵齐，阳生贵已，孙膑贵势，王廖贵先，儿良贵后。”《吕氏春秋》并没有均等地对待各派学说，并没有简单地把各家观点原封不动地糅合在一起，而是赋予所吸收的各家学说以新的内容，以儒家思想为主干融合各家学说。它改造和发

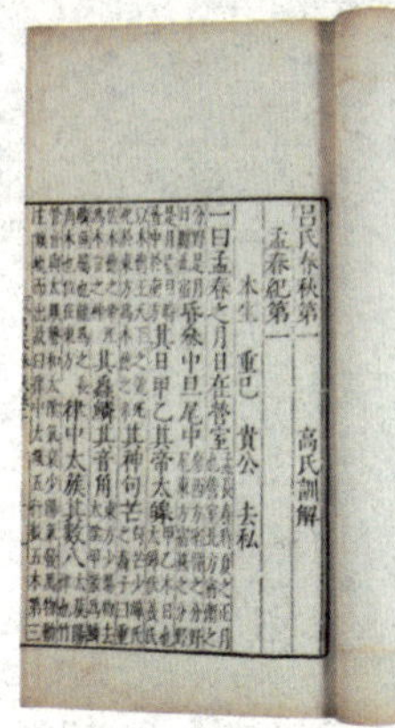
▲《吕氏春秋》书影

展了孔夫子开创儒家学派时的儒家思想。如关于儒家维护“君权”的思想，在《吕氏春秋》里，实质虽然没有变，但有其独特的形式，它主张拥护立新“天子”，即建立封建集权的国家。对法家、农家、墨家和阴阳家的思想，《吕氏春秋》也是遵循这一原则。《吕氏春秋》中的法家是儒家化了的法家，墨家是兵家化了的墨家，如此等等。

《吕氏春秋》依照预定计划编写，有明确的目的，有大体上统一的学术见解。全书分纪、览、论三部分，以纪为主干。按其形成而论，十二纪是采用阴阳家的《月令》作为章法，仿照《管子》的《幼官》和《幼官图》作的。它把一些论文分配在春夏秋冬四季之下。《吕氏春秋》分配在春季之下的论文都是阐述养生方法的，分配到夏季的论文大部分是有关教育和音乐的，把主要是兵家和法家关于战争的论文分配到秋季，把提倡忠信、廉洁、气节、中庸、节葬等内容的论文分配到冬季。

《吕氏春秋》的《八览》《六论》则分门别类地对其他一些问题进行了论述。天文、地理、政治、经济、生产技术等无所不及，每览八篇，每论六篇。

《吕氏春秋》中有不少朴素的唯物主义思想和朴素的辩证法思想。在关于物质起源的问题上，认为“太一”是万物的本原，世界万物都是从“太一”那里产生出来的，由阴阳二气变化而成的。“太一”就是“道”的名称，是看不见听不着，没有形状的“至精”的气——“精气”。“精气”派生的万物是在不停地运动着，上至天上的日月星辰，下至地上的水泉草木，都处于不断的运动变化的状态中。在认识的来源上，《吕氏春秋》认为人的知识绝非天生，而是从学习中得来的；在认识的方法上，主张要想取得对事物的正确的认识，必须去掉主观偏见，强调认识事物还要随着客观情况的变化而变化；在社会历史观方面，承认社会历史是不断变化发展的，社会历史是一个统一的，前后相连的历史，是不能割裂的。了解今天的事情，有助于了解古代的事情，知道古代的事情，对了解今天的事情有帮助。

精华内容

【原文】

四曰：石可破也，而不可夺坚；丹可磨也，而不可夺赤。坚与赤，性之有也。性也者，所受于天也，非择取而为之也。豪士之自好者，其不可漫以污也，亦犹此也。

昔周之将兴也，有士二人，处于孤竹，曰伯夷、叔齐。二人相谓曰：“吾闻西方有偏伯焉，似将有道者，今吾奚为处乎此哉？”二子西行如周，至于岐阳，则文王已殁矣。武王即位，观周德，则王使叔旦就胶鬲于次四内，而与之盟曰：“加富三等，就官一列。”为三书，同辞，血之以牲，埋一于四内，皆以一归。又使保召公就微子开于共头之下，而与之盟曰：“世为长侯，守殷常祀，相奉桑林，宜私孟诸。”为三书，

同辞，血之以牲，埋一于共头之下，皆以一归。伯夷、叔齐闻之，相视而笑曰：“嘻！异乎哉！此非吾所谓道也。昔者神农氏之有天下也，时祀尽敬而不祈福也；其于人也，忠信尽治而无求焉；乐正与为正，乐治与为治；不以人之坏自成也，不以人之庳自高也。今周见殷之僻乱也，而遽为之正与治，上谋而行货，阻丘而保威也。割牲而盟以为信，因四内与共头以明行，扬梦以说众，杀伐以要利，以此绍殷，是以乱易暴也。吾闻古之士，遭乎治世，不避其任；遭乎乱世，不为苟在。今天下暗，周德衰矣。与其并乎周以漫吾身也，不若避之以洁吾行。”二子北行，至首阳之下而饿焉。

人之情，莫不有重，莫不有轻。有所重则欲全之，有所轻则以养所重。伯夷、叔齐，此二士者，皆出身弃生以立其意，轻重先定也。

【译文】

石头可以破开，然而不可改变它坚硬的性质，朱砂可以磨碎，然而不可改变它朱红的颜色。坚硬和朱红分别是石头、朱砂的本性所具有的。本性这个东西是从上天那里承受下来的，不是可以任意择取制造的。洁身自好的豪杰之士，他们的名节不可玷污也像这一样。

从前周朝将要兴起的时候，有两位贤士住在孤竹国，名叫伯夷、叔齐。两人一起商量说：“我听说西方有个西伯，好像是个仁德之君，现在我们还待在这儿干什么呢？”于是两人向西行到周国去，走到岐山之南，文王却已经死了。武王即位，宣扬周德，派叔旦到四内去找胶鬲，跟他盟誓说；“让你俸禄增加三级，官居一等。”准备三份盟书，文辞相同，把牲血涂在盟书上，一份埋在四内，两人各持一份而归。武王又派保召公到共头山下去找微子启，跟他盟誓说：“让你世世代代做诸侯之长，奉守殷的各种正常祭祀，允许你供奉桑林之乐，把孟诸作为你的私人封地。”准备三份盟书，文辞相同，把牲血涂在盟书上，一份埋在共头山下，两人各持一份而归。伯夷、担齐闻知这些，互相望着笑道：“跟我们原来听说的不一样啊！这不是我们所说的‘道’。从前神农氏治理天下的时候，四时祭祀毕恭毕敬，但是不为求福，对于百姓，忠信为怀尽心治理，而无所求；百姓乐于公正，就帮助他们实现公正，百姓乐于太平，就帮助他们实现太平，不利用别

▲ 采薇图　南宋　李唐

此图描述的是商末周初，孤竹国二公子伯夷与叔齐因不满武王伐纣，发誓不食周粟的故事，作者借此二人宁可隐居荒山，以薇蕨为食也不妥协的典故，暗喻当时南宋子民中坚守气节的人。

人的失败使自己成功，不利用别人的卑微使自己高尚。如今周看到殷邪僻淫乱，便急急忙忙地替它纠正，替它治理，这是崇尚计谋，借助贿赂，倚仗武力，炫耀威势。把杀牲盟誓当作诚信，依靠四内和共头之盟来宣扬德行，宣扬吉梦取悦众人，靠屠杀攻伐攫取利益，用这些做法承继殷，这是用悖乱代替暴虐。我们听说古代的贤士，遭逢太平之世，不回避自己的责任，遭逢动乱之世，不苟且偷生。如今天下黑暗，周德已经衰微了。与其依附周使我们的名节遭到玷污，不如避开它使我们的德行清白高洁。”于是两人向北走，走到首阳山下饿死在那里。

人之常情，无不有所重，无不有所轻。有所重就会保全它，有所轻就会拿来保养自己所珍视的东西。伯夷、叔齐这两位贤士，都舍弃生命以坚守自己的节操，这是由于他们心目中的轻重早就确定了。

孙子兵法

——世界古代第一兵书

作者介绍

孙子即孙武，字长卿。春秋末期著名军事家。孙子出生于齐国乐安，出身将门家庭，生卒年月不详。他是陈国公子完的后裔，由于内乱陈完出奔齐国，以食邑改姓田氏。孙武的祖父孙田书，因伐莒有功，齐景公赐姓孙氏，封地乐安，并封其为齐国大夫。后因孙武家族人谋反作乱，不得不逃往吴国。公元前 512 年，孙武因文武兼备得到伍子胥引荐，得到了吴王阖闾的重用，并以自著兵法 13 篇献于吴王阖闾，阖闾得知孙武能用兵，封其为大将。

经典概述

《孙子》，又称《孙子兵法》《吴孙子兵法》《孙武兵法》。传世本《孙子兵法》13 篇，是孙武一派兵家的著作，其主要内容和核心思想属于孙武，但经过他的门生和战国兵家的整理补充。该书中所描写的战争规模，似是战国时代的情况。现存的《孙子兵法》是经过三国时代曹操删定编注的，全书分为 13 篇：《计》《作战》《谋攻》《形》《势》《虚实》《军争》《九变》《行军》《地形》《九地》《火攻》《用间》，总结了春秋至战国时期长期战争的经验，揭示了战争的一些规律，具有朴素的唯物主义思想和原始的军事辩证法思想。其思想内容主要有三方面：

一、战略指导思想

战略论是孙子军事学说的主体部分。孙武在此书中首次提出了战略概念——“庙算”，具体论述“安国保民”的最高目标、“五事七计”的全局运筹、“不战屈敌”的止战谋划、“知彼知己”的作战指挥等战略思想。在战略论中孙子提出“安国全军”“唯民是保”的战略目标，把“重战”“慎

▲ 孙武塑像

春秋方阵示意图

（前列）

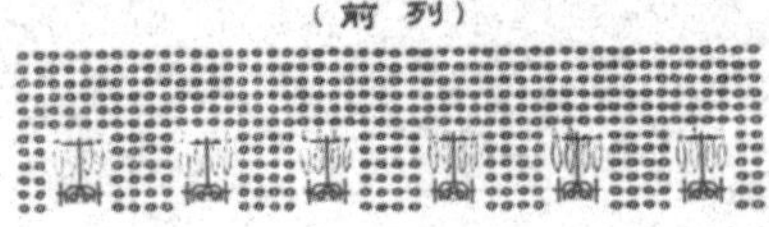

春秋圆阵示意图

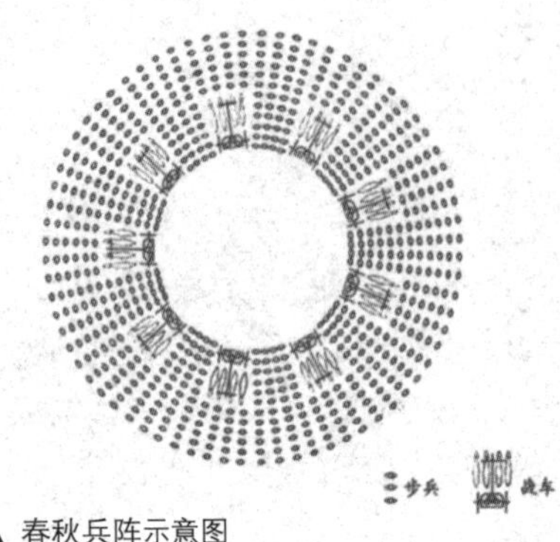

▲ 春秋兵阵示意图

战”作为根本用战原则。并从其对待战争的严肃态度出发，评述了“五事七计”的重要性。“重战”，即重视战争，提高警惕，加强戒备，应取态度是：“无恃其不来，恃吾有以待之；无恃其不攻，恃吾有所不可攻也”。慎战即开始须慎重，其原则是：“非利不动，非地不用，非危不战”。“五事七计”书中详述“道”（治道）、“天”（天时）、“地”（地利）、“将”（将帅）、“法”（法度）五要素，及其“主孰有道、将孰有能、天地孰得、法令孰行、兵众孰强、士卒孰练、赏罚孰明”等七个对战备全局作正确估计的七个条件。但孙子并没有认为军事力量越强越好，而是主张顾及国力，有限地发展军事。孙子反复强调要以“伐谋”“伐交”作为优先的决策，总结“不战而屈人之兵”的“全胜战略”。而在实战中争取一“军”、一“旅”、一“卒”、一“伍”之“全”仍不失为上策。如此，“谋”“攻”思想已贯彻到底。

孙子关于“知彼知己”和“致人而不致于人”之说，为作战指挥的战略原则。并尽可能“策之而知得失之计，作之而知动静之理，形之而知死生之地，角之而知有余不足之处”。争取“先机之利”，“致人”“不致于人”，掌握战争的主动权。

二、作战策略思想

以战略为基础，孙子提出相应用兵策略。其重要策略原则有六：其一，因利制权，因敌制胜。其二，奇正相生，出奇制胜。其三，避实击虚，击其惰归。其四，我专敌分，以众击寡。其五，攻其无备，出其不意。其六，示形用诈，诡道制胜。

三、军事哲学思想

孙子论“天”：“阴阳、寒暑、时制也”，是自然界之天；论“道”：“令民与上同意也”，具有民本主义因素。在书中把具有理性思维的人，放在认识和掌握战争规律的主体地位，并详细分析了战争对客观条件的依赖关系。孙子重视矛盾的相互依存，尤其重视矛盾的相互转化，说“乱生于治，怯生于勇，无恒形”，关键是造成“胜兵先胜”的条件，促使矛盾向有利方面发展。《孙子兵法》除三个主要方面以外，各篇均有其主题思想，又构成一个完整的思想体系。

《计》篇论述的是能否进行战争的问题。开宗明义指出战争是国家大事，关系到生死存亡，因而首要的是明了战争的规律和决定战争胜负的主客观条件。该篇主要提出了“道”“天”“地”“将”“法”是决定战争胜负的五项基本要素。

《作战》篇主要阐述的是如何进行战争。孙子认为，战争的消耗和战费的开支是十分庞大的，战争旷日持久势必危及国家的存亡，所以主张速胜。

《谋攻》篇主要论述如何进行攻敌的问题。孙子主张以尽可能小的代价，去取得最大的成功，即力求不战而胜，不靠硬攻而夺取敌城，不需久战毁灭敌国。而要做到这一点，就不仅要知己，还要做到知彼。

《形》篇主要讲如何利用物质之“形”来保全自己，取得完全的胜利。孙子认为，只有先使自己立于不败之地，然后等待和寻求战胜敌人的时机，才能夺得战争的胜利。当取胜条件不足时，应采取守势；当取胜条件具备时，则应采取攻势。

▲ 战车复原图

《势》篇主要阐述如何造成有利的态势，来压倒对方。强调“势”与“造势”。所以，要出奇制胜，就应该善于因时、因地、因事制宜，根据情况的变化，改变奇正的战法。此外，要造成有利的态势，还必须善于故意向敌示弱，诱敌以利，以达到欺骗和调动敌军的目的，造成战胜敌军的有利时机。

《虚实》篇主要论述指挥作战如何争取主动权，主动灵活地打击敌人。“五行无常胜，四时无常位”，指出“夫兵形象水，水之形避高而趋下，兵之形避实而击虚，水因地而制流，兵因敌而制胜”。

《军争》篇论述的是如何通过机动掌握主动，先于敌人造成有利态势和取得制胜的条件。

《九变》篇主要讲述了如何发挥指挥上的灵活性。孙子认为，灵活性的基础在于对利弊进行全面的衡量。

《行军》篇主要讲述如何配置、组织军队、观察判断敌情和团结将士。孙子认为，行

相关链接

《孙子兵法》是中外现存最早的一部兵书，理论体系完备，历史影响深远。同时《孙子兵法》既是一部军事经典著作，又是一部光辉的哲学著作。千百年来，这部书以“兵经”“百世家之师”“第一部战略学著作”见称。《孙子兵法》以多方面探讨了军事规律，尤其以整体、综合和动态的方式把握战争全局，凸显了灵活机动的战略战术和谋略权变，充满了辩证法的智慧，不仅深受战国以来历代军事家的重视和推崇，对他们的军事思想和实践产生了重要的影响，而且在世界军事思想领域内也拥有广泛的影响，享有极高的声誉，至今仍有其不可抹煞的科学价值。不仅如此，它的影响所及，今天已扩展到管理学、心理学、逻辑学、文学、语言学、音韵学、地理学、情报学、预测学、医学等许多科学领域，取得了显著效果。《孙子兵法》先后被译成十余种外文出版，广泛流传于海外。

军作战必须占据便于作战和生活的有利地形，善于根据地形配置兵力。

《地形》篇主要论述在不同的地形条件下如何指挥军队的行动。孙子认为，地形是用兵的辅助条件。

《九地》篇论述在九种不同的作战地区指挥作战的原则。孙子认为，在不同的作战地区，将帅应该根据地形的不同而采取不同的行动。

《火攻》篇主要指出火攻的目标、种类、发火的物质和气象条件，以及实施方法。孙子认为，火攻只是辅助军事进攻的一种手段。

《用间》篇主要论述使用民间间谍的重要性及其方法。孙子认为，是否了解敌情对战争的胜负具有重要影响。

精华内容

【原文】

兵者，诡道也。故能而示之不能，用而示之不用，近而示之远，远而示之近；利而诱之，乱而取之，实而备之，强而避之，怒而挠之，卑而骄之，佚而劳之，亲而离之，攻其无备，出其不意。此兵家之胜，不可先传也。

夫未战而庙算胜者，得算多也；未战而庙算不胜者，得算少也。多算胜，少算不胜，而况于无算乎！吾以此观之，胜负见矣。

▲ 王翦征战

【译文】

用兵打仗是一种诡诈之术。所以，能打却装作不能打；能攻而装作不能攻；要打近处，却装作要在远处行动；要打远处，却装作要在近处行动。敌人贪利，就用利引诱它；敌人混乱，就乘机攻击它；敌人实力雄厚，就要注意防备它；敌人实力强劲，就暂时避开它的锋芒；敌人冲动易怒，就要设法骚扰激怒它；敌人鄙视我方，就要设法使其变得骄傲自大；敌人休整充分，就要设法使它疲困；敌人内部团结，就要设法离间它；要在敌人没有防备的地方发动攻击，要在它意料不到的时候采取行动。这是兵家取胜的奥妙所在，（其中的深意必须在实践中方能体会）

是无法事先传授的。

凡是在开战之前就预计能够取胜的，是因为筹划周密，胜利条件多；开战之前就预计不能取胜的，是因为筹划不周，胜利条件少。筹划周密、条件具备就能取胜，筹划不周、条件缺乏就不能取胜，更何况根本不筹划、没有任何胜利条件呢？我们依据这些来观察，胜负的结果也就很明显了。

【原文】

故善战者，求之于势，不责于人，故能择人而任势。任势者，其战人也，如转木石。木石之性，安则静，危则动，方则止，圆则行。故善战人之势，如转圆石于千仞之山者，势也。

【译文】

所以，善于指挥作战的人，所寻求的是可以利用的“势”，而不会苛求部属，因而能选到合适的人去利用有利的形势。能够利用有利形势的人，他指挥将士作战，就像转动木头和石头那样。木头和石头的本性，放在平坦的地方就静止，放在高峻陡峭的地方就滚动；方形的木石就容易静止不动，圆形的木石就容易滚动。所以善于指挥作战的人所造成的有利态势，就如同把圆石从千仞的高山上推下来（那样不可阻挡），这就是所谓的“势”。

【原文】

孙子曰：凡兴师十万，出征千里，百姓之费，公家之奉，日费千金；内外骚动，怠于道路，不得操事者，七十万家。相守数年，以争一日之胜，而爱爵禄百金，不知敌之情者，不仁之至也，非人之将也，非主之佐也，非胜之主也。

故明君贤将，所以动而胜人，成功出于众者，先知也。先知者，不可取于鬼神，不

▲ 漠北之战　绘画

可象于事，不可验于度，必取于人，知敌之情者也。

【译文】

孙子说：凡是出兵十万，千里征战，百姓的耗费，公家的开支，每天都要花费千金；国内局势动荡不安，民众（为战事所迫而）疲惫于道路，不能从事耕作劳动的，多达七十万家。交战双方相持数年，是为了有朝一日赢得胜利，如果因为吝惜爵禄和区区百金钱（而不肯重用间谍），以致不能了解敌情而遭受失败，是不仁到了极点，（这种人）不配做统率三军的将领，不配做君主的助手；这样的国君，不是能打胜仗的好国君。

所以，英明的君主和贤良的将帅，之所以一行动就能战胜敌人，而成就超出于众人之上，是因为他们能够事先了解敌情。事先了解敌情，不能用求神问鬼的方式来获取，不能用相似的事情作类比，不能根据日月星辰运行的位置去进行验证，而是从了解敌情的人那里获取。

鬼谷子

——中国谋略学第一奇书

作者介绍

鬼谷子，著名的思想家、道家、谋略家、兵家、教育家，姓王名诩（或利），又名王禅，号玄微子，春秋战国时期卫国朝歌人。常入云梦山采药修道。因隐居周阳城清溪之鬼谷，故自称鬼谷先生，是先秦诸子之一。鬼谷子为纵横家之鼻祖，苏秦与张仪为其最杰出的两个弟子，另有孙膑与庞涓亦为其弟子之说。鬼谷子是中国历史上一位极具神秘色彩的人物，被誉为千古奇人，长于持身养性，精于心理揣摩，深明刚柔之势，通晓纵横捭阖之术，独具通天之智。

经典概述

《鬼谷子》作为纵横家游说经验的总结，它融会了鬼谷子毕生学术研究的精华。《鬼谷子》共二十一篇，作为纵横家的代表著作，为后世了解纵横家的思想提供了不少参考。

《鬼谷子》着重实践的方法，具有极完整的领导统御、智谋策略体系，堪称“中国第一奇书”，它以谋略为主，兼通军事，同时还是中国历史上第一部在充分探索人的心理特征和心理活动规律的基础上，论述劝谏、建议、协商、谈判和一般交际技巧的书。它讲授了不少政治斗争权术，其中最重要的是取宠术、制君术、交友术和制人术。“智用于众人之所不能知，而能用于众人之所不能”，潜谋于无形，常胜于不争之费，此为《鬼谷子》之精髓所在。

《鬼谷子》一书，一直为中国古代军事家、政治家和外交家所研究，现又成为当代商家的必备之书。它所揭示的智谋权术的各类表现形式，被广泛运用于内政、外交、战争、经贸及公关等领域，其思想深受世人尊敬，享誉海内外。

精华内容

【原文】

物有自然，事有合离。有近而不可见，有远而可知。近而不可见者，不察其辞也，远而可知者，反往以验来也。

【译文】

世间事物都有自己本身的存在规律，事情都有它们自然聚合分离循环往复的道理。

▲ 耕织图册·收刈　清

但对这些属性和规律，有的近在身边却难以看透，有的远在天边却了若指掌。近在身边难以看透，那是由于不察对方虚实的缘故；远在天边却了若指掌，是因为对它的历史和现状做了深入研究，用经验来推论将来的缘故。

【原文】

故口者，机关也，所以关闭情意也；耳目者，心之佐助也，所以窥瞷奸邪。故曰参调而应，利道而动。故繁言而不乱，翱翔而不迷，变易而不危者，睹要得理。故无目者，不可以示以五色；无耳者，不可告以五音。故不可以往者，无所开之也；不可以来者，无所受之也。物有不通者，圣人故不事也。古人有言曰："口可以食，不可以言。"言者，有讳忌也；众口铄金，言有曲故也。人之情，出言则欲听，举事则欲成。是故智者不用其所短，而用愚人之所长；不用其所拙，而用愚人之所工，故不困也。言其有利者，从其所长也；言其有害者，避其所短也。故介虫之捍也，必以坚厚；螫虫之动也，必以毒螫。故禽兽知用其长，而谈者亦知其用而用也。

【译文】

所以说，嘴是人心的一个机关，是用来倾吐和遮蔽内心情意的。耳朵和眼睛，是大脑思维的辅助器官，是用来窥探、发现奸邪事物的。因此说：应该把口、耳、目这三者调动起来，互相配合，相互应和，以引导说辩局势朝着利于自己的方面发展。一般来说，虽有烦琐的语言但思路不乱，虽有翱翔之物但并不迷惑人，一会儿东一会儿西地说辩而不失主旨，变换说辩手段但并非诡谲难知，都是因为充分发挥了口、耳、眼的作用，使它们相互配合，因而在揣测中抓住了对方问题的要害、在说辩中掌握了既定原则的缘故，抓住言论的要害、掌握游说的真理。所以说，对色彩感觉不敏锐的人不能给他欣赏色彩斑斓的画作，对于听觉不够敏感的人，不要和他谈论音乐的变化。像这样的人主，只因为他蒙昧暗滞，不值得我们前去游说，所以无法开导他们；像这样的不值得我们到那里游说他的人主，只因为对方过于浅薄，他们也无法接受我们的意见。像这般不能通窍的人和事，就是那些圣智之士也不去打主意。除此之外，都可以用我们的嘴将他说动。所以古人常说："嘴可以用来吃饭，不能用来乱说"。说话就会触犯忌讳，众口一词，可以把金子般坚固的事物说破，这是因为说话中有邪曲的缘故。言辞的威力多么大啊！人

之常情，只要自己说的话，希望别人听从，只要筹办事情就希望能够取得成功。我们想要游说成功，就要学会借用别人的力量。聪明人不用自己的短处，而去利用愚蠢者的长处；不用自己不擅长的地方，而去利用愚蠢者的技巧之处，这样做到逼己所短，用人之长，这样做起事来永远顺利。我们常讨论怎样做对自己有利，就是要发挥自己的长处；讨论怎样才能避害，就是要避开自己的短处。那些有甲壳的动物保护自己，一定是用自己坚厚的甲壳；那些有毒螫的动物进攻别人，一定是发挥自己的毒螫的威力。禽兽都知道利用自己的长处，我们游说策士更应该懂得如何利用自己的优势了。

【原文】

解仇斗郄，谓解羸微之仇；斗郄者，斗强也。强郄既斗，称胜者高其功，盛其势也；弱者哀其负，伤其卑，污其名，耻其宗。故胜者闻其功势，苟进而不知退；弱者闻哀其负，见其伤，则强大力倍，死者是也。郄无强大，御无强大，则皆可胁而并。

【译文】

所谓解仇斗郄之术，解仇，是说要调解两个弱者之间的敌对关系；斗郄，说的是令有嫌隙的强者相斗。两个强者既然斗起来，就必然有一胜一负，这样我们既控制住弱者，又控制住强者。让有嫌隙的强者发生争斗，对胜了的一方，则夸大他的功业，张大他的声势；对失败的一方，则对他的失败表示哀怜，对他的位势表示伤心，蛊惑他：这一次一定丢了声名，还对不起祖先。这样，胜方听到我们称道他的功业和威势，便只知道进攻不知道适可而止；而败者听到我们哀叹其失败，见到自己被损伤，就必然不忘战争创伤，努力使自己强大，加强力量，为此而拼命。这样，无论多么强大的敌手和对手，都会因此而削落，都会在削落后为我们胁迫、并吞。

两个有嫌隙的强者相斗，夸大胜方的功业，对失败的一方表示哀怜，两方最终都会为我所用。

【原文】

摄心者，谓逢好学伎术者，则为之称远。方验之道，惊以奇怪，人系其心于己。效之于人，验去，乱其前，吾归诚于己。遭淫酒色者，为之术；音乐动之，以为必死，生日少之忧。喜以自所不见之事，终可以观漫澜之命，使有后会。

【译文】

摄心术，说的是碰到那些喜欢学习技艺道术的人，就要为他们扩大宣传，并设法从多方面来证实他们的技术。使之受宠若惊，感到无可非议。然后用我们的知识去检验他学到的技艺道术，评价时恰当充分，使他惊讶于我们知识的广博和看法的高明，在内心佩服我们。然后我们把他的道术技艺推广到实践中，帮他检验以往之不足，整理当前之经验，使他心悦诚服地归附我们。若遇到那种沉湎于酒色不能自拔的人，则采用另一种手段。先用音乐、道术使他猛醒过来，使他认识到这样下去必步入死亡之渊。再用那些他们所不曾见过的美好景象来刺激他们的情绪，使他们看到人生的道路是丰富多彩的，对未来充满信心。

三十六计

——汇集兵家奇谋方略之兵书

作者介绍

据调查，国内流行本《三十六计》(以下简称“流行本”)一书最早来源于民国三十年，即1941年由成都瑞琴楼发行、四川兴华印刷所用土纸排印。1943年，北京的一名教师叔和在成都的祠堂旧街一地摊上无意购得瑞琴楼版的《三十六计》，该书旁注小字“秘本兵法”，无作者姓名且后三页被撕毁。现在通行的《三十六计》版本是叔和发现的。近年来出版的有关三十六计方面的书籍，基本上以叔和本为依据。叔和本无准确的著作年代，也无作者姓名可考。但据推测，该书成书约在明清之际，其作者很可能是一位深谙兵法理论、悉通《易经》、满腹经纶的中下层失意的知识分子。名姓现今尚无确考。

经典概述

《三十六计》是根据我国古代卓越的军事思想和丰富的斗争经验总结而成的兵书。“三十六计”一语，先于著书之年，语源可考自南朝宋将檀道济(？ ~436年)，据《南齐书·王敬则传》：“檀公三十六策，走为上计，汝父子唯应走耳。”意为败局已定，无可挽回，唯有退却，方是上策。此语后人赓相沿用，宋代惠洪《冷斋夜话》：“三十六计，走为上计。”及明末清初，引用此语的人更多。于是有心人采集群书，编撰成《三十六计》。

▲ 檀道济唱筹量沙

原书按计名排列，共分六套，即胜战计、敌战计、攻战计、混战计、并战计、败战计。前三套是处于优势优域所用之计，后三套是处于劣势所用之计。每套各包含六计，总共三十六计。其计名，有的来源于历史典故，如“围魏救赵”等；有的来源于古代军事术语，如“以逸待劳”等；有的来源于古代诗人的诗句，如“擒贼擒王”等；有的借用成语，如“金蝉脱壳”等；还有出自其他方面的。其中每计名称后的解说，均系依据《周易》中的阴阳变化之理及古代兵家刚柔、奇正、攻防、彼己、虚实、主客等对立关系相互转化的思想推演而成。解说后的按语，多引证宋代以前的战例和孙武、吴起、尉缭子等兵家的精辟语句。全书还有总说和跋。

原书广引《周易》语辞，或以《周易》为依据。《三十六计》正是在前人的基础上进一步研究《周易》中的阴阳变化，推演出兵法的刚柔、奇正、攻防、彼己、主客、劳逸等对立关系的互相转化，使每一计都体现出极强的辩证哲理。全书三十六条计，引用《周易》二十七处，涉及六十四卦中二十二个卦。例如第三计“借刀杀人”，原文为“敌已明，友未定。引友杀敌，不自出力，以损推演”，也就是说，“借刀杀人”之计与损卦密切相关。先定计，后推卦，这是三十六计的特色所在。从某种意义上可以说，三十六计的理论基础就是《周易》的阴阳法则。三十六计原文运用阴阳变化之理，论证刚柔、奇正、攻防、虚实、劳逸等相反相成的关系，包含着丰富的辩证法思想。

《三十六计》作为一部兵书，所涉及的内容仅局限于古代战争的领域。然而，其丰富的内涵已经远远超出了军事斗争的范畴，被人们广泛应用于政治、经济、外交、管理、科技、体育乃至人生哲学等许多领域，成为人们排难解疑、克敌制胜的重要智慧源泉。人们今天研究三十六计应当遵循古为今用、兵为民用的原则，根据社会的进步与发展来不断发掘其无穷的思想价值。

《三十六计》是我国古代兵家计谋的总结和军事谋略学的宝贵遗产，为便于人们熟记这三十六条妙计，有位学者在三十六计中每取一字，依序组成一首诗：金玉檀公策，借以擒劫贼。鱼蛇海间笑，羊虎桃桑隔。树暗走痴故，釜空苦远客。屋梁有美尸，击魏连伐虢。全诗除了檀公策外，每字包含了三十六计中的一计，依序为：金蝉脱壳、抛砖引玉、借刀杀人、以逸待劳、擒贼擒王、趁火打劫、关门捉贼、混水摸鱼、打草惊蛇、瞒天过海、反间计、笑里藏刀、顺手牵羊、调虎离山、李代桃僵、指桑骂槐、隔岸观火、树上开花、暗渡陈仓、走为上、假痴不癫、欲擒故纵、釜底抽薪、空城计、苦肉计、远交近攻、反客为主、上屋抽梯、偷梁换柱、无中生有、美人计、借尸还魂、声东击西、围魏救赵、连环计、假道伐虢。

精华内容

瞒天过海

【原文】

备周则意怠，常见则不疑。阴在阳之内，不在阳之对。太阳，太阴。

▲ 陈平瞒天过海解荥阳之围

【译文】

防备得十分周密，往往容易让人松懈大意；经常见到的人和事，往往不会引起怀疑。把秘密隐藏在公开的事物中，而不是和公开的形式相对立。非常公开的事物中往往蕴藏着非常机密的事物。

围魏救赵

【原文】

共敌不如分敌，敌阳不如敌阴。

【译文】

攻打兵力集中的敌人，不如设法使它分散兵力而后各个击破；正面攻击敌人，不如迂回攻击其空虚薄弱的环节。

借刀杀人

【原文】

敌已明，友未定，引友杀敌，不自出力，以《损》推演。

【译文】

在敌方已经明确，而盟友的态度还不确定的情况下，要引诱盟友去消灭敌人，自己就不用出力（以此来保存实力），这是按照《损》卦推演出来的。

声东击西

【原文】

敌志乱萃，不虞，坤下兑上之象。利其不自主而取之。

【译文】

当敌人混乱得像丛生的野草，无法预料将要发生的事情时，这正是《萃》卦中所说的水高出地面（必然溃决）的象征。必须利用敌人不能自主的机会去消灭他们。

无中生有

【原文】

诳也，非诳也，实其所诳也。少阴、太阴、太阳。

【译文】

使用假象欺骗敌人，但并非一假到底，而是巧妙地让对方把欺骗当作真实。即开始用小的假象，然后用大的假象，（造成敌人的错觉使其）最后把假象当成真相。

暗度陈仓

【原文】

示之以动，利其静而有主，益动而巽。

【译文】

采取佯攻的行动，利用敌人在某地集结固守的有利时机，迅速绕到敌人的薄弱之处发动突袭，出奇制胜。

▲ 栈道遗址

公元前206年，韩信率汉军东征。当时，汉中入关的栈道已被烧毁，不能行军，张良献“明修栈道，暗度陈仓”计，遂得关中。

隔岸观火

【原文】

阳乖序乱，阴以待逆。暴戾恣睢，其势自毙。顺以动豫，豫顺以动。

【译文】

当敌方内部矛盾激化，甚至明显表现出分崩离析之势时，我方应暗中静观其变，等待敌方形势进一步恶化。敌人横暴凶残，互相仇杀，势必自取灭亡。我方应采取顺其自然的态度，相机行事，坐收渔人之利。

笑里藏刀

【原文】

信而安之，阴以图之；备而后动，勿使有变。刚中柔外也。

【译文】

设法使敌人相信我方是善意友好的，从而不生疑心，放松警惕；我方则暗中策划，积极准备，相机而后动，决不可让敌人有所察觉而采取应变措施。这是一种内藏杀机而外示柔和的谋略。

李代桃僵

【原文】

势必有损，损阴以益阳。

【译文】

当局势发展到必然会有所损失的时候，就应该牺牲局部来换取全局的胜利。

顺手牵羊

【原文】

微隙在所必乘，微利在所必得。少阴，少阳。

【译文】

敌人出现的漏洞再微小，也必须乘机利用；利益再微小，也要力争获得。要变敌人的小漏洞为我方的小胜利。

打草惊蛇

【原文】

疑以叩实，察而后动；复者，阴之媒也。

【译文】

发现了可疑情况就要去寻求实情，只有调查清楚后才能采取行动；反复查探分析，是发现敌人阴谋的重要方法。

借尸还魂

【原文】

有用者，不可借；不能用者，求借。借不能用者而用之，匪我求童蒙，童蒙求我。

【译文】

有作为的，不求助于人；无作为的，求助于人。利用那些无所作为的并顺势控制它，结果就不是我受别人支配，而是我支配别人。

调虎离山

【原文】

待天以困之，用人以诱之。往蹇来返。

【译文】

等到自然条件对敌人不利时再去围困它，用人为的假象去引诱调动敌人。向前进攻有危险时，就要设法使敌人反过来攻打我。

欲擒故纵

【原文】

逼则反兵，走则减势。紧随勿迫，累其气力，消其斗志，散而后擒，兵不血刃。需，有孚，光。

【译文】

如果将敌人逼得太紧，它就可能拼命反扑；如果让敌人逃跑，则可以削减它的气势。对逃跑之敌要紧紧跟随，但不要过于逼迫，以此来消耗其体力，瓦解其斗志，等到敌人士气低落、军心涣散时再去擒拿它，这样就可以不动刀枪，避免不必要的流血牺牲。总之，不过分逼迫敌人，并使其相信这一点，就能使战局前途充满光明。

▲ 孟获像

诸葛亮七擒七纵孟获，用的便是欲擒故纵之计。

抛砖引玉

【原文】

类以诱之，击蒙也。

【译文】

用类似的东西去引诱敌人，使敌人懵懵懂懂地上当受骗。

擒贼擒王

【原文】

摧其坚，夺其魁，以解其体。龙战于野，其道穷也。

【译文】

摧毁敌人的主力，擒住或消灭它的首领，就可以瓦解它的整体力量。这就好像龙离开大海到陆地上作战，从而面临绝境一样。

釜底抽薪

【原文】

不敌其力，而消其势，兑下乾上之象。

【译文】

不直接面对敌人的锋芒与之抗衡，而是间接地削弱它的气势。也就是说用以柔克刚的办法来转弱为强。

浑水摸鱼

【原文】

乘其阴乱，利其弱而无主。随，以向晦入宴息。

【译文】

趁敌人内部发生混乱，利用其力量虚弱而没有主见这一弱点，使敌人顺从我，就像人顺应天时到了夜晚就要入室休息一样。

金蝉脱壳

【原文】

存其形，完其势，友不疑，敌不动。巽而止蛊。

【译文】

保存阵地的原形，进一步完备作战态势，使友军不怀疑，敌人不敢轻举妄动。我方却趁机秘密转移了主力，安然躲过了战乱之危。

关门捉贼

【原文】

小敌困之。剥，不利有攸往。

【译文】

对于弱小的敌人本应围而歼之。不过，对于那些看起来势单力薄的小股顽敌，不宜穷追远赶。

远交近攻

【原文】

形禁势格，利以近取，害以远隔。上火下泽。

【译文】

当作战目标受到地理条件的限制时，攻取靠近的敌人就有利，越过近敌去攻取远敌就有害。火向上烧，水往下流，是我方与邻近者乖离的情形。

▲ 远交近攻

假途伐虢

【原文】

两大之间，敌胁以从，我假以势。困，有言不信。

【译文】

处在敌我两个大国之间的小国，当敌方威胁它屈服时，我方应立即出兵援助，以借机扩展势力。

偷梁换柱

【原文】

频更其阵，抽其劲旅，待其自败，而后乘之，曳其轮也。

【译文】

频频变动友军的阵势（地），暗中抽换其主力，使其自趋灭亡，而我则暗中控制它、吞并它。这就像控制了车轮就控制了车子的运行方向一样，而为我所用。

指桑骂槐

【原文】

大凌小者，警以诱之。刚中而应，行险而顺。

【译文】

强者制服弱者，要用警告的办法来诱导他。主帅强刚居中间正位，便会有部属应和，行事艰险而不会有祸患。

假痴不癫

【原文】

宁伪作不知不为，不伪作假知妄为。静不露机，云雷屯也。

【译文】

宁愿假装不知道而不采取行动，而不要假装知道而轻举妄动。要沉着冷静，不露出真实动机，如同雷霆掩藏在云雷后面，不显露自己。

上屋抽梯

【原文】

假之以便，唆之使前，断其援应，陷之死地。遇毒，位不当也。

【译文】

故意（露出破绽）使敌人觉得方便（进攻我方），引诱它深入我方，然后截断它的后援和接应，使其陷入绝境。（敌人）中毒，便会失去原有的地盘。

树上开花

【原文】

借局布势，力小势大。鸿渐于陆，其羽可用为仪也。

【译文】

借助别人的局面，把我方的弱小的力量装点成阵势强大的样子。鸿雁飞到山上，落下来的羽毛可以用做装饰，增加气氛。

反客为主

【原文】

乘隙插足，扼其主机，渐之进也。

【译文】

乘着有漏洞就赶紧插足进去，扼住它的关键要害部分，循序渐进地达到自己的目的。

美人计

【原文】

兵强者，攻其将；将智者，伐其情。将弱兵颓，其势自萎。利用御寇，顺相保也。

【译文】

对于兵力强大的敌人，就攻击他的将帅；对于有智慧的将帅，就打击他的意志。将帅斗志沦丧，兵士颓废消沉，敌人的气势必然会自行萎缩。利用这些方法来控制敌人，可以顺利地保存自己。

空城计

【原文】

虚者虚之，疑中生疑；刚柔之际，奇而复奇。

【译文】

兵力空虚时，愿意显示防备虚空的样子，就会使人疑心之中再产生疑心。用这种阴弱的方法对付刚强的敌人，这是用奇法中的奇法。

▲ 蒋干盗书

反间计

【原文】

疑中之疑。比之自内，不自失也。

【译文】

在疑局中再布设一层“迷雾”，顺势利用隐蔽在自己内部的敌人间谍去误传假情报，这样就不会因有内奸而遭受损失。

苦肉计

【原文】

人不自害，受害必真；假真真假，间以得行。童蒙之吉，顺以巽也。

【译文】

人们通常不会自我伤害；如果受了伤害，大家就会认为是他人所为。因此，假若我

方以假为真，以真为假，就会使敌人信而不疑，这样，我方的计谋就得以实施了。这就像对待天真的孩子，只要顺着其性情逗玩，他就会相信你一样。

连环计

【原文】

将多兵众，不可以敌，使其自累，以杀其势。在师中吉，承天宠也。

【译文】

当敌方兵多将广时，不能够硬拼，要想方设法使其互相制约，以减弱其势力。因此，只要将帅指挥恰当，就会像得到神明的相助一样。

走为上

【原文】

全师避敌。左次无咎，未失常也。

【译文】

在面临强大的对手时，要进行有计划、有目的的退却。退却待机就不会遭受祸患，也没有违反正常的用兵法则。

论衡

——中国哲学划时代的著作

作者介绍

王充（27 ~ 104 年），字仲任，会稽上虞（今浙江上虞）人。王充的祖籍本是魏郡元城（今河北大名）人，先祖因立军功受封于会稽阳亭，但只过了一年就失去了爵位。随后就在当地安家，以农桑为业。王充的家庭非常重义气，好行侠。他的祖先因为要避开仇敌，迁到了钱塘，后来就弃农经商。王充的父亲与伯父因为与豪族结怨，最后迁居到上虞。王充 6 岁开始学习读书写字，8 岁到书馆学习，从小品学兼优。18 岁左右，到京师洛阳上太学。王充聪颖好学，勤奋刻苦，博览群书，他的兴趣极为广泛。因为家境贫困，他经常在洛阳书市上阅读别人卖的书籍，并且能够过目不忘，因而他通晓诸子百家的学说，注意力并没有局限在儒家经典。后来，王充回到乡里教书。他也曾在县、郡、州里做过一些小官，但在职时间均不长，往往因意见不合得罪当权者，最终弃官而去。王充的晚年与仕途无缘，孤独无靠，贫无供养，郁郁不得志。他一生著作多种，流传至今的只有《论衡》一书。

▲ 王充像

经典概述

《论衡》一书共 38 卷，计 85 篇。其中《招致》篇已失，实存 84 篇。《论衡》细说微论，解释世俗之疑，辨明是非之理，即以“实”为根据，疾虚妄之言。“衡”字本义是天平，《论衡》就是评定当时言论的价值的天平。它的目的是“冀悟迷惑之心，使知虚实之分”。《论衡》的基本思想包括唯物主义的元气自然论，反对迷信的无神论思想，唯物主义的认识论和历史观。

一、唯物主义的元气自然论。汉儒思想体系是董仲舒提出的唯心主义哲学思想，其核心是“天人感应”说，并由此生发出其对其他一切事物的神秘主义的解释和看法。汉儒唯心主义者认为天地是由“太初”产生的，这个“太初”是虚无缥缈的本原。针对这种观点，王充提出：天地万物（包括人在内）都是由“气”构成，“气”是一种统一的物质元素，天和地都是从元气中分化而来的，天气和地气交合就产生出人和物来。“气”有“阴气”和“阳气”，有有形和无形，人、物的生都是“元气”的凝结，死灭则复归“元气”，这是个自然发生的过程。在此基础上，王充进一步提出了自然无为论。他认为“元气”产生万物是一种无意识的过程，不可能是天的故意安排和制作。他以“元气”自然论为武器，否定了天地生人、派生万物的神学目的论。他认为天地生人，就如同夫妇生子一样，是一个自然而然的过程。十月怀胎，一朝分娩，婴儿的耳目口鼻、发肤纹理、肌肉血脉和骨骼是在母亲腹中自然形成的。这就否认了造物者的存在，坚持了以自然的原因说明自然的唯物主义观点。

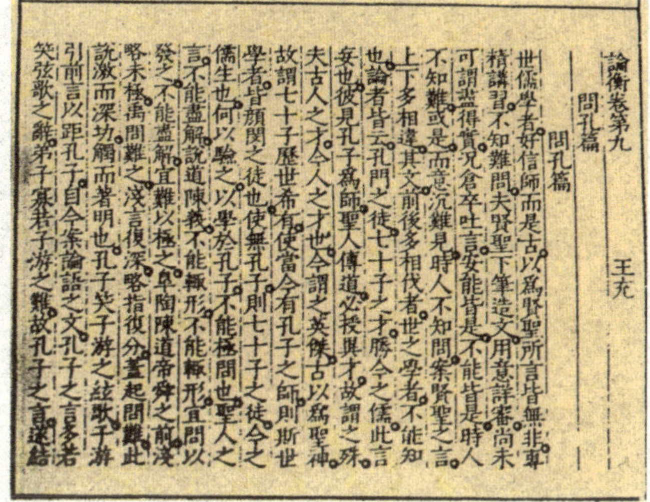
論衡卷第九
問孔篇
王充
問孔篇
世儒學者好信師而是古以爲賢聖所言皆無非專
精講習不知難問夫賢聖下筆造文用意詳審尚未
可謂盡得實況倉卒吐言安能皆是不能皆是時人
不知難或是而意沉難見時人不知問案賢聖之言
上下多相違其文前後多相伐者世之學者不能知
也論者皆云孔門之徒七十子之才勝今之儒此言
妄也彼見孔子爲師聖人傳道必授異才故謂之殊
夫古人之才今人之才也今謂之英傑古以爲聖神
故謂七十子歷世希有使當今有孔子之師則斯世
學者皆顏閔之徒也使無孔子則七十子之徒今之
儒生也何以驗之以學於孔子不能極問也聖人之
言不能盡解說道陳義不能輒形不能輒形宜問以
發之不能盡解宜難以極之皋陶陳道帝舜之前淺
略未極禹問難之淺言復深略指復分蓋起問難此
說激而深切觸而著明也孔子笑子游之弦歌子游
引前言以距孔子自今案論語之文孔子之言多若
笑弦歌之辭弟子寡若子游之難故孔子之言遂結

▲《论衡》书影

二、反对迷信的无神论思想。当时流行的灾异谴告说认为，如果君主统治无道，老天就会寒温不节、风雨失调。王充认为，谴告说与自然无为的天道是相违背的，是否认大自然的客观规律性的。他指出，自然灾害并非政治黑暗所导致的上天谴告，而是一种自然现象。《论衡》反对迷信的思想还体现在他的无鬼论。他首先用“元气”自然论的观点来解释人的生命现象，提出了唯物主义的形知观。他认为人的生命乃是阴气和阳气交合而成的。阴气构成骨肉形体，阳气构成精神意识。由阳气构成的精神，只有依赖于由阴气构成的五脏器官，才能产生出聪明智慧等精神现象。《论衡》明确肯定了物质第一性精神第二性的原则，并为其无鬼论奠定了坚实的基础。他认为，人之所以存在是由于阴阳二气结合在一起的缘故。人死之后，精神离散而形体腐朽，人就又还原为本来的气。正是由于物质变化的不可逆性，决定了人死之后不能复生为人之形。王充进一步指出，人们所见的“鬼”只是一种幻觉。“鬼”的出现是人身体患病、思想恐惧、精神恍惚所致。

三、唯物主义的认识论。在认识论上，《论衡》反对神化圣人，否定了圣人生而知之

相关链接

《论衡》是东汉思想界唯物主义与唯心主义激烈对抗的集中体现，在中国哲学史上占有重要地位。该书的基本精神是追求真知，反对迷信。它对先秦各家的思想，如儒、墨、道、法，进行了批判的继承，把中国古代唯物主义哲学推进到一个新的高度。《论衡》极具战斗性的唯物主义无神论思想，成为后来中国无神论的重要理论营养。但《论衡》一书不可能摆脱当时时代的局限，用自然主义和直观的观察来描述世界，特别是在社会历史观上基本是唯心论的，但它毕竟在历史上起了划时代的作用。

的先验论，提出了注重效验的唯物主义认识论。王充指出，世上没有什么生而知之的圣人，任何人大都必须依靠感觉经验，才能了解事实获得知识。圣人也是通过后天的学习而成的，他反对把圣人偶像化，反对把圣人之言奉为圭臬。同时，王充认为感性经验是知识的来源，而且也是检验知识的必要手段，这就是“效验”。

四、历史观。王充认为，国家的治乱、朝代的兴衰是不以个人的意志为转移的，而有其内在的客观规律。历史是进化的，历史发展的客观规律是由自然原因所决定的治乱往复的规律。《论衡》不仅对儒家思想进行了尖锐而猛烈的抨击，而且还批判地吸取了先秦以来各家各派的思想，特别是道家黄老学派的思想。

精华内容

【原文】

儒书言：淮南王学道，招会天下有道之人，倾一国之尊，下道术之士。是以道术之士，并会淮南，奇方异术，莫不争出。王遂得道，举家升天，畜产皆仙，犬吠于天上，鸡鸣于云中。此言仙药有余，犬鸡食之，并随王而升天也。好道学仙之人，皆谓之然。此虚言也。

▲ 王子乔吹笙画像砖　南北朝

王子乔，黄帝后裔，本名姬晋，字子乔，世称王子晋或王子乔，传说中的仙人。“好吹笙，作凤凰鸣。”

【译文】

儒者的书上说：淮南王学道，招集天下有道的人，屈国君的尊严，接待有道术的人士。因此有道术的人，一起会聚于淮南王，奇异的方术，没有不争先献出的。淮南王终于得道成仙，全家升天，连家中的禽兽都成了仙，狗会在天上叫，鸡会在云中啼。这是说淮南王的仙药有多余，狗、鸡吃了，都一起随他升天。喜欢求道学仙的人，都说是真的。这话不确实。

【原文】

世或言东方朔亦道人也，姓金氏，字曼倩。变姓易名，游宦汉朝。外有仕宦之名，内乃度世之人。此又虚也。

夫朔与少君并在武帝之时，太史公所及见也。少君有教道、祠灶、却老之方，又名齐桓公所铸鼎，知九十老人王父所游射之验，然尚无得道之实，而徒性寿迟死之人也。况朔无少君之方术效验，世人何见谓之得道？案武帝之时，道人文成、五利之辈，入海求仙人，索不死之药，有道术之验，故为上所信。朔无入海之使，无奇怪之效也。如使有奇，不过少君之类及文成、五利之辈耳，况谓之有道？此或时偶复若少君矣，自匿所生之处，当时在朝之人不知其故，朔盛称其年长，人见其面状少，性又恬淡，不好仕宦，善达占卜、射覆，为怪奇之戏，世人则谓之得道之人矣。

【译文】

社会上有人说东方朔也是得道的人，姓金，字曼倩。他改变姓名，到汉朝做官。表面上有做官的名声，实际上却是成仙的人。这话又是虚假的了。

▲ 东方朔偷桃图

东方朔和李少君同在汉武帝时候，太史公能够见到他们。李少君有不吃五谷、祀祭灶神、返老还童的方术，又能说出齐桓公十五年铸造铜鼎的事，还有他知道九十岁老人祖父打猎地方的证明，然而都还没有得道的事实，却仅只是个长寿晚死的人。何况东方朔没有李少君的方术效验，世人根据什么说他得道了呢？考察汉武帝的时候，有道人文成、五利之辈，到海外去寻找仙人，寻求不死的药，因为有道术的证明，所以为皇上所相信。东方朔没有被派到海外去的使命，又没有神奇表现的证明。如果出使有神奇的表现，也不过是李少君之类和文成、五利之辈罢了，怎么就称赞他得道呢？这也许碰巧又是个像李少君的人，自己隐瞒了生长的地方，当时在朝的人不知道他原来的情况，而东方朔又极力宣扬他自己年长，人们看他样貌年轻，性格又清静少欲，不喜欢做官，精通占卜、射覆，爱做稀奇古怪的游戏，于是世人就认为他是得道的人。

【原文】

卫石骀卒，无適子，有庶子六人，卜所以为后者，曰：“沐浴佩玉则兆。”五人皆沐浴佩玉。石祁子曰：“焉有执亲之丧而沐浴佩玉？”不沐浴佩玉，石祁子兆。卫人卜，以龟为有知也。龟非有知，石祁子自知也。祁子行善政，有嘉言，言嘉政善，故有明瑞。使时不卜，谋之于众，亦犹称善。何则？人心神意同吉凶也。此言若然，然非卜筮之实也。

【译文】

卫国的石骀死了，他没有嫡子，却有六个庶子，就用占卜决定谁为继承人，占卜的人说：“沐浴佩戴玉器就会得吉兆。”五个庶子都沐浴佩戴玉器。石祁子说：“哪

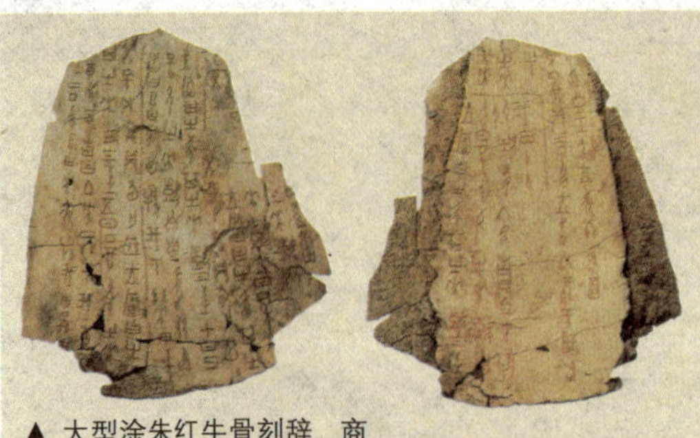

▲ 大型涂朱红牛骨刻辞　商

商朝的甲骨文是占卜时刻在龟甲或者兽骨上的象形文字，也称卜辞。河南安阳殷墟有大量出土。

有为父亲守丧期间还沐浴并佩戴玉器的呢？”他不沐浴也不佩戴玉器，石祁子得以继承父位。卫国人认为龟甲是有知的。并不是龟甲有知，而是石祁子自己有知。祁子施行善政，又有好的言语，所以得到明显的吉兆。假使当时不用占卜决定继承人，让众人来推举，人们也会称赞他。为什么呢？因为人的心思和神的旨意对吉凶的看法是相同的。以上的这些话好像是对的，但并不符合占卜算卦的实际。

太平经

——道教基础理论经典之一

作者介绍

《太平经》的流传主要有三种：即齐人甘忠的《包元太平经》（12 卷），于吉的《太平清领书》（170 卷），张道陵的《太平洞极经》（144 卷）。现今的太平经主要是综合以上三书而成。甘忠无考，于吉一作干吉，三国吴琅琊人，初住东方，后至吴会，以烧香读道书治病为事，信者甚众。为孙策所杀。张道陵（？～156 年）原名张陵。东汉沛国丰人。本太学生，博通五经。曾任江州令。后以儒学无益于年命，乃弃儒习道。顺帝时入蜀。得道后，作道书，以符水咒法为人治病，创立教派。入道者需输米五斗，故称“五斗米道”。其徒尊称为“天师”。后裔袭承道法，居江西龙虎山，世称“张天师”。

经典概述

《太平经》又名《太平清领书》，《太平经》曾三次出现于洛阳而闻名于世：第一次是在东汉顺帝（126～144年在位）时，琅琊宫崇到洛阳献此书，朝廷认为“妖妄不经”，收藏了之；第二次是在桓帝（147～167年在位）时，隰阴人襄楷到洛阳上奏又推荐此书，朝廷以其“诬上罔事”下狱治罪。第三次是在灵帝（167～189 年在位）即位后，认为襄楷推荐的《太平经》有道理，后此书遂流行天下，巨鹿人张角获有《太平经》，并以此组织“太平道”发动起义。

《太平经》分甲、乙、丙、丁、戊、己、庚、辛、壬、癸十部，每部 17 卷，共计 170 卷，366 篇。《正统道藏》收入太平部时，仅存 57 卷，甲、乙、辛、壬、癸五部全佚，其余五部各亡佚若干卷。

▲ 张天师像　清　樊沂

该经卷帙浩繁，杂采先秦阴阳五行家、神仙家、道家、墨家及儒家谶纬之学以成篇，除宣扬神仙信仰方术外，还触及世俗的社会政治问题。其主要内容可分以下四方面：

一、“太平世道”的社会政治思想。《太平经》以“太平”名书，有其解释：“太者，大也。乃言其积大行如天，凡事大也，无复大于天者也。平者，乃言其治太平，凡事悉理，无复

▲ 飞升图

奸私也。”《太平经》追求的理想世界是无灾异、无病疫、无战争、君明臣贤、家富人足、各得其乐的太平世道。主张帝王当行道德，黜刑祸，理政应法天地、顺自然。它将帝王分为上君、中君、下君、乱君及凶败之君。认为帝王是天然的统治者，理想的政治是以有道、德、仁治理天下的明君，实行以民为本的治国之道，满足人民生活之急需，方能致太平，得人心而称天心。它还强调君、臣、民三者关系的协调，认为君明、臣良、民顺“三气悉善”，是太平长治的根本条件。“君导天气而下通，臣导地气而上通，民导中和气而上通”，君、臣、民三者相得，上下相通共成一国。还以阴、阳、和比拟君、臣、民，君阳臣阴，应依阳尊阴卑之则，各居其位。阳盛则阴衰，君盛则臣服。阴、阳、和三者相通，道乃可成。“天下太平不移时”，太平盛世即可实现。

《太平经》还主张选贤任能，广开言路，下可革谏其上；反对贱视和残害妇女，提倡人人应力作以获衣食；反对为富不仁，提倡救穷周急；反对以智欺愚，以强欺弱，提倡孝忠诚信，主张断除兵戈武备等。它的社会政治主张即襄楷上疏所称的“兴国广嗣之术”，主要反映了当时处于苦难之中的广大农民向往太平盛世的思想。

二、“奉天地顺五行”的神学思想。《太平经》称“天者，乃道之真，道之纲，道之信，道之所因缘而行也。地者，乃德之长，德之纪，德之所因缘而止也”。告诫信道者当“奉天地，法天道，得天心，顺天意。天可顺不可违，顺之则吉昌，逆之则危亡”。帝王为天之贵子，尤应顺承天道；顺天地者，其治长久，否则当遭天罚。“天人感应”是《太平经》的基本理论依据之一。天人之感应，表现为自然界之变异灾祥，“王者行道，天地喜悦；失道，天地为灾异”。灾异乃天警告人君之“天谏”，若不听从，必降重殃。认为天是冥冥中的最高主宰，能赏善罚恶，具有无上的权威。

阴阳五行说是《太平经》的主要理论基础。认为：阴阳五行体现天道之理则，恒常不变，人须绝对顺从，不可失其道。“道无奇辞，一阴一阳，为其用也。得其治者昌，失其治者乱；得其治者神且明，失其治者道不可行。一阴一阳之理，遍于天地，为道之用。

▲ 道教天尊坐像　唐

事无大小，皆守道而行，故无凶。今日失道，即致大乱。故阳安即万物自生，阴安即万物自成”。阴阳之关系可互生互变，阴极生阳，阳极生阴，阴阳相得，道乃可行。

三、善恶报应思想与承负说。《太平经》认为天地及人身中皆有众多之神，受天所使，鉴人善恶，掌人命籍，“善自命长，恶自命短”。对人之善恶，天皆遣神记录在簿，过无大小，天皆知之。天赏罚分明，行善者可得天年，如有大功，可增命益年；若作恶不止，则减其寿算，不得天年；或使凶神鬼物入其身中，使其致病。善恶之标准，最重要者为孝、忠。行孝忠者可被荐举，现世荣贵，天佑神敬，乃至白日升天；不忠不孝者，罪不容诛，天地鬼神皆恶之，令其凶夭，魂神受考。

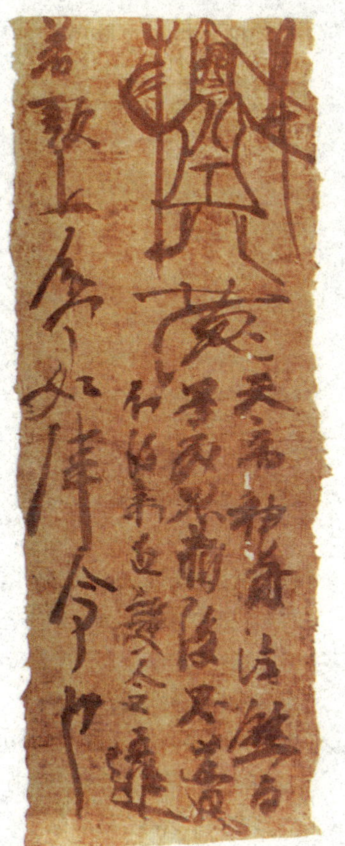

▲ 道教符箓　南北朝

此符箓为道教祈禳平安的用品之一。常常以“急急如律令也”收尾。

《太平经》在《周易》“积善余庆，积恶余殃”说的基础上，提出承负说。何谓承负？“承者，乃谓先人本承天心而行，小小失之，不自知，用日积久，相聚为多，今后生人反无辜蒙其过谪，连传被其灾，故前为承，后为负也。负者，乃先人负于后生者也。”即为善可遗福子孙，作恶将遗祸后人。承负的范围是：承负前五代，流及后五代。如能行大功，可避免先人的余殃。国家政治也相承负，前朝纲纪失堕，后朝遂被其灾。但承负代代积累的结果，也可能出现力行善，反常得恶；或力行恶，反常得善的现象。《太平经》认为力行善反得恶者，是承负先人之过；行恶反得善者，是先人深有积蓄大功所致。承负说是道教立教的理论依据之一。

四、长寿、成仙、祈禳、治病诸方术。《太平经》认为天地之间，寿最为善，积德行善，为长寿升天之要道。人之生命须神、气结合，或精、气、神俱备。如长期保守精神与形体的结合，使神不离身，就可达到长生久视。此方法为“守一”，也就是守神。“守一”可度世，乃至长生久视。此外，还有食气辟谷、胎息养形、守静存神、存思致神等仙道方术，以及尸解和白日升天两种成仙形式。

《太平经》记载的符咒祈禳诸方术有：卜占决吉凶，神咒以使神，佩、吞神符以避邪治病，叩头解过，依星宿而推禄命等。《太平经》中所谓“法”“诀”，皆与道术有关。《太平经》载后圣李君授青童大君《灵书紫文》，内有二十四经诀，不外符箓禁咒与服食炼养之术。

《太平经》还载有灸刺、生物方、草木方等治病方术。灸刺即针灸，以调安三百六十脉，通阴阳之气而除病。禽兽蚑行之属谓之生物方。草木能相驱使，谓之草木方。认为动植物内均含有“精”，具有疗病之神效。它还阐述静功内养及保健之法，其要旨为：乐和阴阳、守柔不争、安贫无忧、慎用饮食、勿犯风寒、清静存神和内视守一。

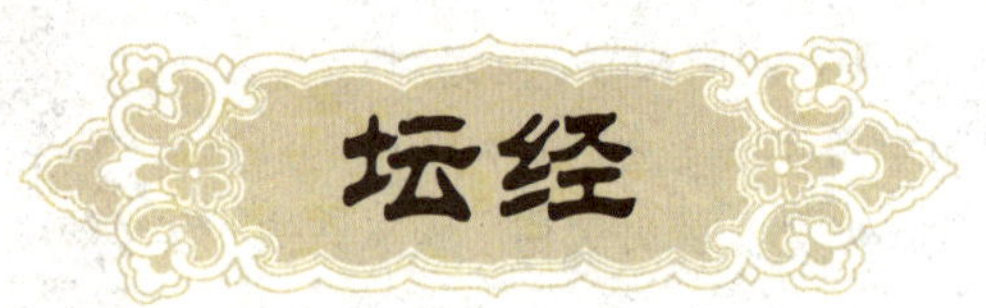

坛经

——中国禅宗精神的精髓

作者介绍

惠能亦作慧能（638 ~ 713 年），南海新州（今广东新兴）人，中国佛教禅宗的主要代表人物。惠能生于唐太宗贞观十二年（638 年），俗姓卢。他的父亲“本官范阳”（今北京大兴、宛平一带），后“左降迁流岭南，作新州百姓”。他 3 岁丧父，其母李氏守寡把他养大成人，家境艰辛。他稍稍长大就以卖柴为业，养母度日。于艰难竭蹶之中，存成佛作祖之念，常以虚幻的天国的补偿，安顿自己的机敏的心灵。24 岁时，告别亲人出家，投蕲州黄梅县（今湖北黄梅）东禅寺为行者，参拜弘忍为师学佛。那时他在寺中作过舂米、推磨、劈柴等杂役，地位低下。但是惠能聪明过人，而且具备高超的宗教“觉悟”，得到五祖弘忍的赏识，传授给他袈裟，令为第六祖，随即他回到原籍岭南一带隐遁说法。大约在弘忍去世后两年，惠能到广州法性寺听印宗法师讲经，但却被印宗法师推奉为师。第二年，惠能移住曹溪宝林寺，开讲佛法达 30 多年，名声远扬。当时武则天、孝和皇帝都下诏书，让惠能进京城，但他坚辞不去，于是皇帝们就陆续送袈裟、钱帛等供养惠能。唐玄宗先天二年（713 年），76 岁的惠能卒于曹溪。惠能的思想和言行被弟子整理成《坛经》。他所创立的南宗反对繁琐的宗教仪式，不讲布施财物和累世修行，不主张念经拜佛，甚至不主张坐禅，而是主张“顿悟成佛”——“一悟即佛地”“一念相应便成正觉”。

经典概述

《坛经》中最主要的思想体现在佛性说、顿悟成佛说和“凡夫即佛”的宗教归宿中。惠能禅宗思想的核心是他的佛性说。佛性在佛教哲学中指的是宇宙的本体，也可称作“如来性”“觉性”“真如”等。“佛性”还具有成佛的原因、种子的意思。在本体论上，惠能认为“心”就是“本体”，心外别无“本体”，现实世界的一切都依存于“心”。他认为“凡所有相，皆是虚妄”，只有佛性才是真实的永恒的，并进一步指出佛性是人人本来所具有的，并且是“性常清静”，犹如“日月高明”，“只为云覆盖”才造成“上明下暗”的局面，因而他认为只有除却妄念，拨去云雾，自识本心，直见本性，即可见性成佛。因而他要求人们发挥自我能动性，向自身心中求佛。

顿悟还是渐悟，是以惠能为代表的南宗与以神秀为代表的北宗的根本分歧点，二者的争论，集中反映在神秀和惠能所作的二偈（佛家所唱诗句）中。神秀所作的偈为：“身是菩提树，心如明镜台，时时勤拂拭，莫使染尘埃。”即渐悟才能成佛。惠能所作的偈为：“菩

相关链接

《坛经》废除了传统的读经、坐禅等修行方法和繁琐的宗教仪式，用主观主义方法提出了顿悟成佛的途径，并为顿悟成佛提供了理论根据，以自己特有的形式加深和发展了认识论问题。它继承和发展了庄子和魏晋玄学的虚无主义、不可知论和放任自然的思想以及孟子的唯心主义先验论，并给后来的宋明唯心主义理学尤其是陆王心学以很大的影响，不仅在中国佛教史上，而且在中国哲学史和思想史上都有重要的地位。

提本无树，明镜亦非台。本来无一物，何处惹尘埃。”他认为“一切万法不离自性”，世界上万事万物都在人的本性中，人心就是万有的本体，人性本来就是佛性。只要人能领悟这一点，就根本不会受世俗杂念的影响，也用不着念经修行，就可以“顿悟”成佛。惠能反对坐禅的方法，他认为禅定的目的，是通过“静其思虑”“静中思虑”的办法，把外物化为心灵的幻想。表面上看废除了禅定的修行方法，而实质上却扩大了禅定的修行范围。但惠能也并不完全否定渐修。他认为佛法无顿渐之分，只有顿悟一路才能成佛，但人有利钝、有迷悟之分，“迷则渐劝，悟则顿修”，即对于愚迷之人还是要先藉渐劝，才能最后达到顿悟。惠能的禅宗在理论和方法上论证：“佛”不在遥远的彼岸，就在你“心”中。只消在认识上来个突变，你就“顿悟”成佛。“成佛”以后，一切还是老样子，“人境均不夺”，但你却变成了“解脱”了的“自由人”了。这样一来，佛和众生的区别，只是“一念之差”；现实苦难世界和彼岸安乐佛土的距离，只有一纸之隔。对于压迫者来说，“放下屠刀，立地成佛”，而且“不放屠刀，也可成佛”。因为成佛以后“不异旧时人”，只要不被诸境迷惑，照样可以为所欲为。对于被压迫者来说，丝毫不必“借相外求”，以求改变现状，只消一转念，烦恼变成了菩提（觉悟后的境界），苦难世界就会变成了“清净佛土”，就在“披枷带锁”中成了“自由人”了。

▲ 达摩图　明宪宗

素书

——一部古老的传世奇书

作者介绍

黄石公（约前 292~ 前 195 年），秦末时人，传说后得道成仙，被道教纳入神谱。据传黄石公是秦末汉初的五大隐士之一，排名第五。《史记·留侯世家》称其避秦世之乱，隐居东海下邳。其时张良因谋刺秦始皇不果，亡匿下邳。于下邳桥上遇到黄石公。黄石公三试张良后，授予《素书》，临别时有言："十三年后，在济北谷城山下，黄石公即我矣。"张良后来以黄石公所授兵书助汉高祖刘邦夺得天下，并于十三年后，在济北谷城下找到了黄石，取而葆祠之。后世流传有黄石公《素书》和《黄石公三略》。

经典概述

《素书》仅有六章、一百三十二句、一千三百六十字，这样一本薄薄的书，却在中国谋略史上占据重要地位。书中语言高度精练，字字珠玑，句句名言。

素书原文分六章，以"道、德、仁、义、礼"贯穿始终，强调无论是修身养性还是想成就事业，都必须身兼五者而不可缺一。在为人处世方面，《素书》还特别重视人与人之间的关系，强调在中国这样一个人伦社会中，为人、处世、居官都必须重视人际关系的处理。

▲ 张良拾鞋
传说黄石公曾三试张良，最终授之以《素书》。

《素书》是作者人生观的具体表现。全书分述了以下问题：一，阐明了自己的思想体系，即道、德、仁、义、礼五位一体，密不可分，及"潜居抱道，以待其时"的处世哲学。二， 阐明了用人原则。作者依据才学之不同，将人才分为俊、豪、杰三类。作者认为"任材使能，所以济物""危莫危于任疑""既用不任者疏""用人不正者殆，强用

人者不畜”等，都是来自生活的总结，有着指导性意义。三，为别人做事时加强个人修养的意见。“博学切问”“恭俭谦约”“近恕笃行”“亲仁友直”等，反映了儒家的道德意识；“绝嗜禁欲”“抑非损恶”“设变致权”“安莫安于忍辱”“吉莫吉于知足”等，又具有道家思想的成分，儒、道兼收并蓄，反映出作者的思想的包罗万象。四，总结安邦治国的经验。作者认为“短莫短于苟得”“后令缪前者毁”“足寒伤心，人怨伤国”。五，阐述了自己的处世之道。作者提出“好直辱人者殃，戮辱所任者危”“慢其所敬者凶”“轻上生罪，侮下无亲”等，都给如何处理好各种关系提出了借鉴。六，奖赏刑罚，合情合理。

《素书》中总结了治国安邦的经验，如民为天下本的理念、识人用人管人的方略、长远发展的策略等。书中不但有正面经验，同时亦有反面训诫，可以引导人们进行深刻反思。无论《素书》为我们提供多少经世致用之术，它强调的根本都在于个人的修养与顺应世事规律。这就是《素书》用质朴的一千余字告诉世人的道理。

精华内容

【原文】

夫道、德、仁、义、礼，五者一体也。

道者，人之所蹈，使万物不知其所由。德者，人之所得，使万物各得其所欲。仁者，人之所亲，有慈慧恻隐之心，以遂其生成。义者，人之所宜，赏善罚恶，以立功立事。礼者，人之所履，夙兴夜寐，以成人伦之序。夫欲为人之本，不可无一焉。

贤人君子，明于盛衰之道，通乎成败之数；审乎治乱之势，达乎去就之理。故潜居抱道，以待其时。若时至而行，则能极人臣之位；得机而动，则能成绝代之功。如其不遇，没身而已。是以其道足高，而名重于后代。

【译文】

道、德、仁、义、礼五位一体，密不可分。

▲ 五常

①仁，仁者爱人，取材自谢安劝哥哥谢奕善待老翁的故事。②礼，取材自景公尊让的故事。③义、礼、信，取材自孔子化行中都的故事。当时，孔子制定制度：尊老爱幼、各行其道、路不拾遗、等价交换、童叟无欺等，这反映了儒家重义、明礼、诚信的伦理观。

道：即人所遵循的自然规律。它为世间万物所遵循，但它往往不能为人所认识。德：即人顺应自然的安排而使其欲求得到满足的能力，世间万物亦如此。德使万物各得其所而各尽其能。仁：即人所具有的慈悲、怜悯之心，有此心，人就会产生各种善良的愿望和行动。义：即人所遵循的与事理相适宜的原则，义要求人们奖赏善行、惩罚恶行，以此建功立业。礼：即人所遵循的社会规范。在礼制的规范下，每个人都克勤克俭，按照各自的社会角色行事，形成了和谐的人伦社会秩序。这五项是做人的根本，缺一不可。

贤明的人和有德行的君子，都明白世间万物兴盛、衰败的道理，通晓事业成功、失败的规律，知道社会太平、纷乱的局势，懂得把握好进退的尺度。当时机不对时，能够及时退隐，坚守正道，等待时机来临。一旦时机成熟，便乘势而行，于是常常能够位极人臣建立盖世之功。如果时运不济，他们也能守得淡泊以终生。这样的人往往能达到很高的境界，成为后世的典范，为后代所敬仰。

【原文】

德足以怀远，信足以一异，义足以得众，才足以鉴古，明足以照下。此人之俊也。

行足以为仪表，智足以决嫌疑，信可以使守约，廉可以使分财。此人之豪也。

守职而不废，处义而不回，见嫌而不苟免，见利而不苟得。此人之杰也。

【译文】

▲ 尾生抱柱

高尚的品德足以使四方咸服；诚实守信可以令异议统一；行事正直公正可以得到众人的拥戴；才识渊博，便知以古为鉴；聪明睿智，可以体察下属，明辨是非。这样的人，才智超群，可谓人中之才俊。

品行端正，可以成为人们的表率；足智多谋，可以决然果断，析疑解惑；诚实无妄，可以使人们信守约定；清正廉洁，则处事必公，仗义疏财。这样的人可谓人中豪杰。

坚守职责而不废弛；恪守道义而不改初衷；即使处于容易被人猜疑的处境中仍能做自己该做的事情；见利而不忘义。这样的人，卓越超众，可谓人杰。

【原文】

绝嗜禁欲，所以除累。抑非损恶，所以禳过。贬酒阙色，所以无污。避嫌远疑，所以不误。博学切问，所以广知。高行微言，所以修身。恭俭谦约，所以自守。深计远虑，所以不穷。亲仁友直，所以扶颠。近恕笃行，所以接人。任材使能，所以济物。瘅恶斥谗，所以止乱。推古验今，所以不惑。先揆后度，所以应卒。设变致权，所以解结。括囊顺会，所以无咎。橛橛梗梗，所以立功。孜孜淑淑，所以保终。

【译文】

杜绝不良嗜好，禁止非分妄想，可以免除不少烦恼和牵累；抑制非法行为，减少邪恶行径，可以避免不少罪过和祸患；不沉迷于酒色，可以保持身心纯洁无污；远离是非嫌疑，可以免除差错和谬误。广泛学习，切磋学问，可以扩大自己的知识面；行为高尚，言语谨慎，可以平心静气、修身养性；做人处事上恭敬、勤俭、谦逊、节约，这样才能修身自省，守住家业；深谋远虑，才不至于陷入难解的困境中。亲近仁义之士，结交正人君子，这样可以扶危助困，摆脱衰败；君子总是与品性敦厚，善良的人交往。任用德才兼备之人，使其才能得到最大的发挥，这样才能成就大事业。憎恨奸恶之徒，排斥馋妄小人，这样可以防止社会动乱，维持太平盛世。以古人之兴衰成败为鉴，体察当世，便可以减少迷茫、疑惑。事先揣测、度量，做到心中有数，便可以审时度势，随机应变，处理突发之事。设想各种变化情况，加以权衡谋划，这样可以灵活解决各种复杂矛盾。谨言慎行，举止顺应大局，这样才能远离纠纷，免遭祸患。坚定不移、刚正不阿，这样才能建立功勋。勤勉不怠、温雅善良，方能善始善终。

【原文】

夫志，心笃行之术。长莫长于博谋。安莫安于忍辱。先莫先于修德。乐莫乐于好善。神莫神于至诚。明莫明于体物。吉莫吉于知足。苦莫苦于多愿。悲莫悲于精散。病莫病于无常。短莫短于苟得。幽莫幽于贪鄙。孤莫孤于自恃。危莫危于任疑。败莫败于多私。

【译文】

个人想要做到志向坚定，必须懂得：深

▲ 苏武牧羊图

谋远虑，这是最长久的方法；忍辱负重，这是最安全的方式；修德养性，这是首要任务；乐善好施，这是最快乐的态度；至诚至性，这是最神圣的态度；了解事物本质，这是最明智的做法；知足常乐，这是最吉祥的观念；最痛苦的缺点是欲壑难填；最悲哀的状态是精神离散；最病态的莫过于反复无常；最无耻的妄想莫过于不劳而获；最愚昧的想法即是贪婪卑鄙；最孤独的念头莫过于自恃太高；最危险的行为是任用自己不信任的人；最失败的行为就是自私自利。

黄帝内经

——医学之宗

作者介绍

▲ 黄帝像

《黄帝内经》冠以黄帝名，并非真为黄帝所作。《淮南子》曾指出："世俗之贱今，必托之于神农、黄帝。"《内经》既非黄帝之作早已为确论，但其成书究竟何时？又出于何人之手？对此，历代以来意见纷纭，终未能取得共识。综观历代学者，《内经》现存本的汉代原本是由谁编订一无所知。仅有的争论在于第 9 篇的部分内容，第 66 ~ 71 篇的全部及第 74 篇有关"五运"的部分，这些都不见于全元起的校注本，而一般认为是后人所伪造的。由宋英宗治平四年（1067 年）版的注释中推测这些部分是由唐人王冰补入的，这种看法已被后来的学者所认可。而只有范适是一个显著的例外，他极其繁复地论辩哪些部分是由五代或宋初的无名氏补入的。在《黄帝内经》成书年代的问题上约有以下几种观点：如说成书于春秋战国说，说成书于春秋战国至秦汉之际说，说成书于西汉说，或谓更为晚出说等等，现仍为学者争论最为激烈的问题之一。在这个争论上，有一点则为大家所公认，即明代医学家吕复之所论："乃观其旨意，殆非一时之言。其所撰述，亦非一人之手。"

经典概述

《黄帝内经》这一名称常常分别冠于《素问》《灵枢》《太素》《明堂》四本书标题前。自北宋以后它常作为前两部分的总称，在这种用法上，它常缩写为《内经》。《黄帝内经》由黄帝与同样具有传说色彩的六大臣之间的对话组成。尽管最著名的部分是黄帝提问，由岐伯作答，但在其他部分这些大臣也参加谈话。全书中他们对宇宙、人们生活的直接的环境与人体、情绪之间的关系、对生活习惯与健康之间的关系、对体内各脏器之间的关系、对生命过程与病理过程之间的关系、对于病症与症状之间的关系以及对如何通过对所有这些的分析而作出诊断与医疗决定都提供了见解。《黄帝内经》流传甚广，现就《素问》《灵枢》分述之：

《素问》：公元 6 世纪全元起首次对《素问》做全面注释，当时第七卷早佚，故只有 8 卷。762 年，王冰补注，称为《黄帝内经·素问》24 卷，81 篇，其中除 72 ~ 73 篇有目缺文外，

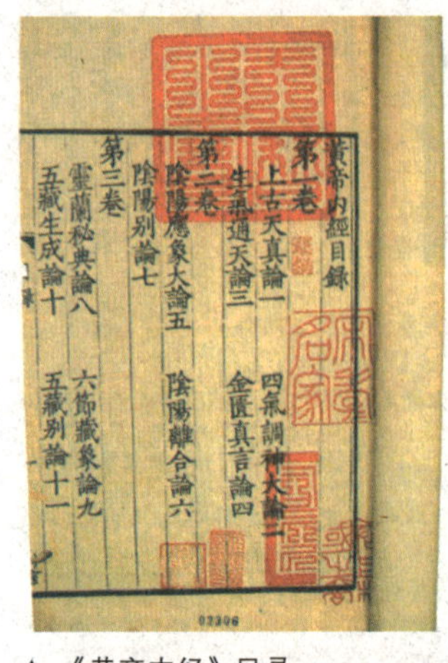

▲《黄帝内经》目录

经王氏补入了“旧藏”7篇。11世纪，北宋校正医书局对王氏注本再加校勘注释，改名《重广补注黄帝内经素问》，成为宋之后历代刊刻研究之蓝本和依据，刊刻本有数十种之多。

《灵枢》：在《汉书·艺文志》名为《九卷》，公元6世纪前后，其名有《针经》《九虚》《九灵》《灵枢》等不同书名之传本。南北朝、隋唐间，《针经》注本多种曾有流传，并见于隋唐及日、朝之医事法令将其列为医学教材，但未能流传后世。如前所述，宋代刻刊《灵枢》（1135）后，即成为《九卷》之唯一刻本流传于世，虽有12卷本与24卷本之不同，但篇目内容次第等并无差异。

《黄帝内经》内容十分丰富，《素问》偏重人体生理、病理、疾病治疗原则原理，以及人与自然的关系等基本理论；《灵枢》则偏重于人体解剖、脏腑经络、腧穴针灸等等。二者之共同点均系有关问题的理论论述，并不涉及或基本上不涉及疾病治疗的具体方药与技术。

《内经》认为：认识人类疾病必须首先认识人类自身。《内经》的作者们很可能直接参与了对人体的解剖研究，并实地进行了人体体表与内脏的解剖。

《内经》中涉及许多高明的医疗技术。例如该书不但记述了水浴疗法、灌肠技术，而且比较正确地论述了血栓闭塞性脉管炎——脱疽的外科手术截趾术等。《内经》已设计使用了筒针（中空的针）进行穿刺放腹水的医疗技术，这是一次改善腹水治疗和减轻患者痛苦比较成功的尝试。筒针穿刺放腹水虽然未能创造出根治腹水的方法，但作为一种医疗技术在后世继续得到发展和应用。

《内经》提倡疾病预防强调早期治疗。中国医学自古就十分重视促进人体健康以预防疾病的思想，追其源则始于《内经》。

精华内容

【原文】

故风者，百病之始也，清静则肉腠闭，阳气拒，虽有大风苛毒，弗之能害。此因时之序也。

故病久则传化，上下不并，良医弗为。故阳畜积病死，而阳气当隔，隔者当泻，不亟正治，粗乃败亡。故阳气者，一日而主外，平旦阳气生，日中而阳气隆，日西而阳气已虚，气门乃闭。是故暮而收拒，无扰筋骨，无见雾露。反此三时，形乃困薄。

【译文】

风是引起各种疾病的起始因素，而只要人体保持精神的安定，劳逸适度，遵守养生的原则，那么，肌肉腠理就会密闭而有抗拒外邪的能力，即使有大风苛毒的侵袭，也不

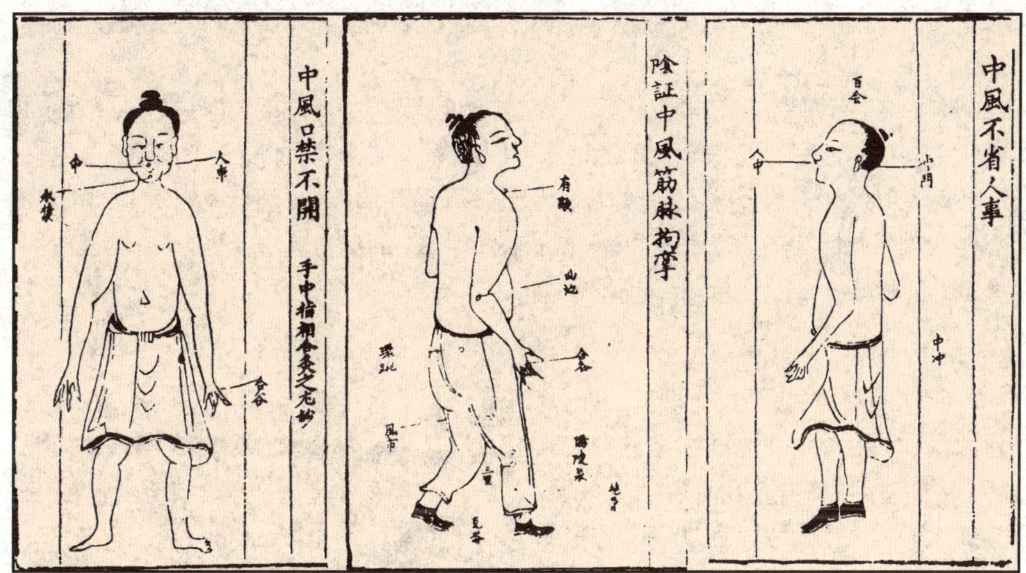

▲ 中风不省人事（右图）、阴证中风筋脉拘挛（中图）、中风口禁不开（左图）

能造成伤害。这是顺应时序的变化规律来养生的结果。

所以，如果疾病长期不能治愈，就会传导变化，发生其他疾病，到了上下之气不能相通、阴阳阻隔的时候，再高明的良医，也无能为力了。人体的阳气过分蓄积，淤阻不通时，也会致死。对于这种阳气蓄积，阻隔不通的疾病，应当采用泻的方法治疗，如果不迅速正确施治，而被医术低下的庸医所误，就会导致死亡。人体的阳气，白天都运行于体表：清晨的时候，阳气开始活跃，并向外生发；中午时，阳气达到最旺盛的阶段；日落时，体表的阳气逐渐衰退，汗孔也开始闭合。所以，到了晚上，阳气收敛而拒守在身体内部，这时不要扰动筋骨，也不要接近雾露。如果违反了一天之内这三个时间的阳气活动规律，形体就会被邪气侵扰，逐渐困乏而衰弱。

【原文】

心之合脉也，其荣色也，其主肾也。肺之合皮也，其荣毛也，其主心也。肝之合筋也，其荣爪也，其主肺也。脾之合肉也，其荣唇也，其主肝也。肾之合骨也，其荣发也，其主脾也。

是故多食咸，则脉凝泣而变色；多食苦，则皮槁而毛拔；多食辛，则筋急而爪枯；多食酸，则肉胝皱而唇揭；多食甘，则骨痛而发落。此五味之所伤也。故心欲苦，肺欲辛，肝欲酸，脾欲甘，肾欲咸。此五味之所合也。

【译文】

心脏与脉络相配合，从面色上就能知道肾的情况，肾脏能制约心脏。肺脏与皮肤相配合，从毛发上就可以推知心脏的情况，心脏能制约肺脏。肝脏与筋脉相配合，从爪甲上就知道肺脏的情况，肺脏能制约肝脏。脾脏与肌肉相配合，从口唇上就能知道肝脏的情况，肝脏能制约脾脏。肾与骨骼相配合，从发毛上就能知道脾脏的情况，脾脏能制约肾脏。

所以，过食咸味，会导致血脉凝涩，面色发生变化；过食苦味，会导致皮肤枯槁，毫毛脱落；过食辛味，会导致筋脉劲急，爪甲枯干；过食酸味，会导致肌肉粗厚皱缩，口唇掀揭；过食甘味，会导致骨骼疼痛，头发脱落。这是偏食五味所造成的损害。所以，心欲得苦味，肺欲得辛味，肝欲得酸味，脾欲得甘味，肾欲得咸味。这是五味与五脏之气的相合关系。

【原文】

帝曰：余闻九针，上应天地，四时阴阳，愿闻其方，令可传于后世，以为常也。

岐伯曰：夫一天、二地、三人、四时、五音、六律、七星、八风、九野，身形亦应之，针各有所宜，故曰九针。人皮应天，人肉应地，人脉应人，人筋应时，人声应音，人阴阳合气应律，人齿面目应星，人出入气应风，人九窍三百六十五络应野。故一针皮，二针肉，三针脉，四针筋，五针骨，六针调阴阳，七针益精，八针除风，九针通九窍，除三百六十五节气。此之谓各有所主也。人心意应八风，人气应天，人发齿耳目五声应五音六律，人阴阳脉血气应地，人肝目应之九。

▲ 针灸画像石拓片（局部） 东汉

画像石于山东微山市出土，为墓室内装饰图案。图左面有一个人面鸟身的神医，手执砭石正为病人做针刺治疗。把医者比成鸟像，正是为了象征战国名医扁鹊。

【译文】

黄帝说：我听说九针在上与天地四时阴阳相应合，希望听您讲讲其中的道理，以使其能流传于后世，作为治病的准则。

岐伯说：天地之至数，从一至九的配属分别是：一配天、二配地、三配人、四配时、五配音、六配律、七配星、八配风、九配野。人的形体的各部分也与自然界相应，针的式样也是根据其所适应的不同病症制成的，所以叫九针。具体来说，人的皮肤在外，庇护全身，如同覆盖万物的天，所以与天相应；肌肉柔软安静，如土地厚载万物一样，所以与地相应；脉与人相应，其盛衰如同人的壮老；筋约束周身，各部功能不同，犹如一年四季气候各异，所以与时相应；人的声音与五音相应，如同五音的清浊各不相同；人的脏腑阴阳之气配合，犹如六律六吕的高低有节，所以与律相应；人的牙齿和面目的排列就像天上的星辰一样，所以与星相应；人的呼吸之气就像自然界的风一样，所以与风相应；人的九窍与三百六十五络分布全身，犹如地上的百川万水，纵横灌注于九野，所以与野相应。所以，九针之中，第一种针法刺皮，第二种针法刺肉，第三种针法刺脉，第四种针法刺筋，第五种针法刺骨，第六种针法调和阴阳，第七种针法补益精气，第八种针法驱除风邪，第九种针法通利九窍，以应周身三百六十五节之气。这就是说，九针中不同的针各有不同的功用和适应证。人的心愿意向与八风相应，像八风一样变化无常；人体之气运行与天气运行相应，像天一样运行不息；人的发齿耳目五声与五音六律相应，像音律调谐一样有条不紊；人体阴阳经脉运行气血与大地江河百川相应；人的肝脏精气通于两目，目又属于九窍，所以肝目与九之数相应。

【原文】

五脏有六腑，六腑有十二原，十二原出于四关，四关主治五脏。五脏有疾，当取之十二原。十二原者，五脏之所以禀三百六十五节之会也。五脏有疾也，应出十二原，而原各有所出，明知其原，睹其应，而知五脏之害矣。

阳中之少阴，肺也，其原出于太渊，太渊二。阳中之太阳，心也，其原出于大陵，大陵二。阴中之少阳，肝也，其原出于太冲，太冲二。阴中之至阴，脾也，其原出于太白，太白二。阴中之太阴，肾也，其原出于太溪，太溪二。膏之原，出于鸠尾，鸠尾一。肓之原，出于脖胦，脖胦一。凡此十二原者，主治五脏六腑之有疾者也。胀取三阳，飧泄取三阴。

【译文】

五脏有在外的六腑相应，与之互为表里，六腑与五脏之气表里相通，跟六腑与五脏之气相应的还有十二个原穴。十二个原穴的经气输注之源，多出自两肘两膝以下的四肢关节部位。这些在四肢关节以下部位的腧穴，都可以用来治疗五脏的疾病。凡是五脏发生的病变，都应当取用十二个原穴来治疗。因为这十二个原穴，是全身三百六十五节禀受五脏的气化与营养而将精气注于体表的部位。所以，五脏有疾病时，其变化就会反映在十二个原穴的部位上。十二个原穴各有其相应的脏腑，根据其各自穴位上所反映出的现象，就可以了解相应脏腑的受病情况了。

（五脏中的心肺二脏，位于胸膈以上，上为阳，其中又有阴阳的分别。）阳中的少阴是肺脏，它的原穴是太渊穴，左右共有两穴；阳中的太阳是心脏，它的原穴是大陵穴，左右共有两穴。（五脏中的肝、脾、肾三脏，都位于胸膈以下，下为阴，其中再分出阴

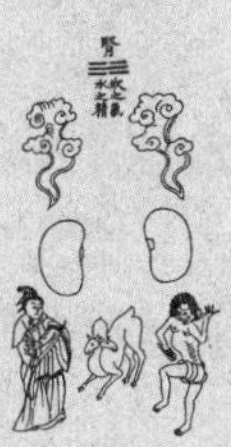

▲ 唐代《五脏六腑图》中插图

▲ 清宫彩绘内经图

又名内景图，形象地表现了内功修炼以及内景概念的图像，是道教对人体脏腑组织结构的认识。道教气功以意念内观脏腑组织，并以此作为内功修炼参考图。

阳。）阴中的少阳是肝脏，它的原穴是太冲穴，左右共有两穴；阴中的至阴是脾脏，它的原穴是太白穴，左右共有两穴；阴中的太阴是肾脏，它的原穴是太溪穴，左右共有两穴。（在胸腹部脏器附近，还有膏和肓的两个原穴。）膏的原穴是鸠尾穴，属任脉，只有一穴；肓的原穴是气海穴，属任脉，也只有一穴。（以上五脏共十穴，加上膏和肓的各一穴，合计共有十二穴。）这十二个原穴，都是脏腑经络之气输注于体表的部位，可以用它们来主治五脏六腑的各种疾患。凡患腹胀病的，应当取用足三阳经，即取足太阳膀胱经、足阳明胃经、足少阳胆经的穴位进行治疗。凡患完谷不化的泄泻证的，应当取用足三阴经，即取足太阴脾经、足少阴肾经、足厥阴肝经的穴位进行治疗。

【原文】

黄帝问于少俞曰：五味入于口也，各有所走，各有所病。酸走筋，多食之，令人癃；咸走血，多食之，令人渴；辛走气，多食之，令人洞心；苦走骨，多食之，令人变呕；甘走肉，多食之，令人悗心。余知其然也，不知其何由，愿闻其故。

少俞答曰：酸入于胃，其气涩以收，上之两焦，弗能出入也。不出即留于胃中，胃中和温，则下注膀胱。膀胱之胞薄以懦，得酸则缩绻，约而不通，水道不行，故癃。阴者，积筋之所终也，故酸入而走筋矣。

【译文】

黄帝向少俞问道：饮食五味进入人体后，分别进入相应的脏腑经络，五脏六腑在其影响下也会发生各自的病变。如酸味进入筋，食用酸味过多，会使人小便不通；咸味进入血液，食用咸味过多，会使人口渴；辛味进入气分，食用辛味过多，会使人内心有熏灼之感；苦味进入骨骼，食用苦味过多，会使人发生呕吐；甘味进入肌肉，食用甘味过多，会使人感到心胸烦闷。我已知道这些情况，却不知道是什么原因造成的，希望能听您讲讲其中的道理。

少俞回答说：酸味入胃以后，由于酸味涩滞，具有收敛的作用，只能行于上、中二焦，而不能迅速吸收转化而排出。不能排出就流注并停滞在胃中，如果胃中温暖调和，就能促使它下注膀胱。膀胱的皮薄而柔软，遇到酸味便会收缩卷曲，导致膀胱出口处也紧缩而约束不通，影响水液的排泄，从而形成小便不利的病证。人体的前阴，是全身宗筋汇聚的地方，肝主筋，所以说酸味进入胃而走肝经之筋。

【原文】

五藏气：心主噫，肺主咳，肝主语，脾主吞，肾主欠。

六腑气：胆为怒，胃为气逆、哕，大肠小肠为泄，膀胱不约为遗溺，下焦溢为水。

【译文】

五脏之气失调，各有其所主的病证：心气失调会嗳气，肺气失调会咳嗽，肝气失调会多语，脾气失调会吞酸，肾气失调会打呵欠。

六腑之气失调，也各有其主的病证：胆气失调会发怒，胃气失调会呃逆，大肠小肠失调会泄泻，膀胱不能约束会遗尿，下焦泛滥会水肿。

【原文】

五主：心主脉，肺主皮，肝主筋，脾主肌，肾主骨。

【译文】

人体五脏对身体各部分各有所主：心主血脉，肺主皮毛，肝主筋膜，脾主肌肉，肾主骨骼。

伤寒杂病论

——中医“众方之祖”

作者介绍

▲ 张仲景像

张仲景（约公元 150 ~ 219 年），原名机，字仲景，以字行。东汉南阳郡涅阳（今河南邓县穰东镇）人。据史料记载，年轻时曾跟从同郡张伯祖学医，经过多年的刻苦钻研，青出于蓝，医术远超其师，终成汉代贡献最大的临床医学家。张仲景医术精湛，素为诸家所称颂。相传汉献帝初，张仲景被举孝廉，建安年间官居长沙太守，因此被人呼为张长沙，他的方书亦被称为“长沙方”。相传他经常在公堂之上为人诊病，如今的“坐堂医”由此得名。张仲景一生的著述十分丰富，可惜大部分都已失传了，只留下《伤寒论》和《金匮要略》，综称为《伤寒杂病论》。《伤寒杂病论》一书，撰成于东汉末年，然而其具体之年份却难于考证。今多据其自传推断，其著述应始于建安十年（205 年）之后，终于建安十五年（210 年）。张仲景是中医临床医学的奠基人，被后世尊称为“医圣”。

经典概述

《伤寒杂病论》共 16 卷，是我国医学发展史上影响最大的著作之一。该书流传至宋代，后由林亿等人整理校定为现存的《伤寒论》和《金匮要略》。在中药方剂方面，《伤寒论》载方 113 首，《金匮要略》载方 262 首，除去重复，两书实收方剂 269 首，使用药物达 214 种，基本上概括了临床各科的常用方剂，被誉为“方书之祖”。

《伤寒杂病论》系统总结了汉朝以前的医学理论和临证经验，记载了对疾病的各种治疗原则、治疗方法和治疗各种传染病和杂病的药方，奠定了中医治疗学的基础。该书把病症分成若干条目，每条先介绍临床表现，然后根据辨证分析，定为某种病症，最后根据病症提出治法与药方。

《伤寒论》是《伤寒杂病论》一书中综合论述传染病、流行病理论与治疗规律的重要部分，共 10 卷。

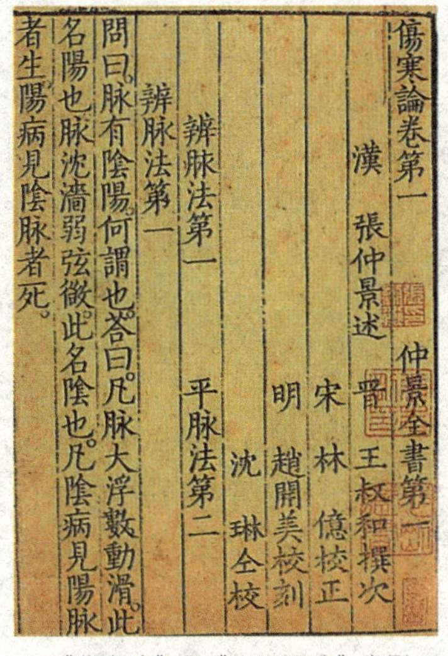

傷寒論卷第一　仲景全書第一

漢　張仲景述　晉　王叔和撰次

宋　林　億校正

明　趙開美校刻

沈　琳仝校

辨脉法第一　平脉法第二

辨脉法第一

問曰。脉有陰陽。何謂也。荅曰。凡脉大浮數動滑。此名陽也。脉沈濇弱弦微。此名陰也。凡陰病見陽脉者生。陽病見陰脉者死。

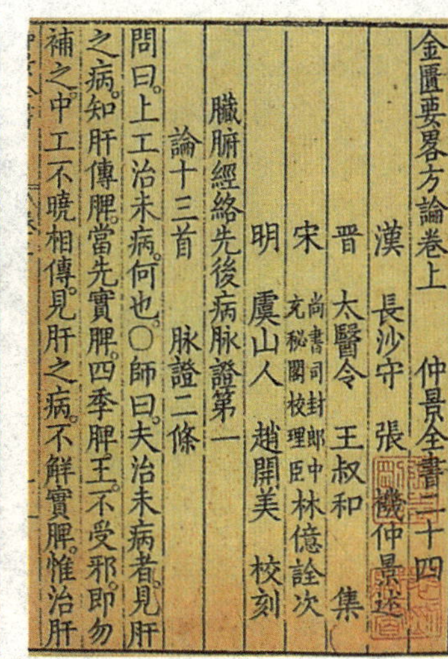

金匱要畧方論卷上　仲景全書二十四

漢　長沙守　張　機仲景述

晉　太醫令　王叔和　集

宋　尚書司封郎中充秘閣校理臣林億詮次

明　虞山人　趙開美　校刻

臟腑經絡先後病脉證第一

論十三首　脉證二條

問曰。上工治未病。何也。○師曰。夫治未病者。見肝之病。知肝傳脾。當先實脾。四季脾王。不受邪。即勿補之。中工不曉相傳。見肝之病。不解實脾。惟治肝

▲《伤寒论》和《金匮要略》书影

张仲景著《伤寒杂病论》，被后人整理成《伤寒论》和《金匮要略》两书行世。图为明万历年间虞山赵开美校刻本。

《伤寒论》在大量治疗传染病、流行病经验总结的基础上，对其发病因素、临床症状病候表现、治疗过程与瘥后等等之共性问题，进行了比较系统而全面的综合分析，从而创造性提出了六经辨证的理论学说，即将当时几乎年年常发的许多热性病，按其发病初期、中期、末期不同的临床表现，以及不同治疗的反应与结果，分为辨太阳病、辨阳明病、辨少阳病、辨太阴病、辨少阴病、辨厥阴病脉证并治。此即历代所称的“辨伤寒六经病”，由此构成了该书的主体内容。有的学者视六经病为六个症候群以帮助学者学习理解。实际上，太阳病所论基本上是综合论述了许多传染性或流行性疾病初发的症状、征候表现，以及切脉等四诊之要点和治疗之原则方法等。在这些辨证论治的过程中，张仲景以其渊博的学识，以及极其丰富的临床经验，依据各种传染病、流行病与不同病人体质等不同反应所表现的千变万化的征候，作出了颇富科学思想的综合、分析、论述和预见性结论。与此同时，张仲景还以“平脉法”“辨脉法”“伤寒例”（一说为王叔和整理时所加），集中论述了伤寒的切脉与切脉诊断等问题。

《伤寒论》的理论体系即六经病证的辨证论治体系。它以六经辨证为纲，方剂辨证为法，对六经传变过程中之征候、脉象等各阶段的审证、辨脉、论治的结果，给予遣方、用药等，进行了有规律性的论述。世称《伤寒论》113方、397法，虽不尽确切，但其逐条评述传染病、流行病不同发展时期不同表现的因素、病理、症状、体征以及据以诊断的依据，治疗处方用药的原则与具体方法，无不条分缕析。

《金匮要略》是《伤寒杂病论》的组成部分，专论内科等杂病，共3卷。全书共分25篇，所论述之内科杂病有：痉、湿、暍、百合病、狐惑病、阴阳毒、疟、中风、疠疖、血痹、虚劳、肺痈、咳嗽上气、消渴、黄疸、下痢等40多种；外科、骨伤科方面疾病有：痈肿、肠痈、浸淫疮、刀斧伤等；此外，还有妇科病症等专门论述。

该书认为上述疾病等等之发作，其病因不越三条，即六淫（风寒暑湿燥火）为外因；七情（喜怒哀乐悲惊恐）过甚为内因；金刃、虫兽咬伤与饮食偏颇而造成伤病者为不内外因。张氏对内科等杂病之认识，重视一个病一个病地进行比较具体的叙述，在诊断上强调望、闻、问、切四诊合参，辨证多以脏腑经络为重点，运用营卫气血、阴阳五行等学说，以

相关链接

《伤寒杂病论》是世界上第一部经验总结性的临床医学著作。融理法方药为一体，开辨证论治之先河，创中医临床医学之体。自唐代以来，仲景学说传播于世界各地，在国际医学界享有崇高声誉，日本、朝鲜等国人民称他为医学“先师”。《伤寒论》和《金匮要略》二书与《黄帝内经》《神农本草经》并称为“中医四大经典”。张仲景的著作毕竟已经1700多年了，当然也不可避免地会存在着某些历史的局限性。

指导临床治疗之实施。该书共收方剂262首，其特点与《伤寒论》之方剂一样，药味精炼，配制严密，多富有针对性。该书所记载的自缢患者的抢救，其所叙述的原则要求、技术要领，以及对人工呼吸法全过程的生动描述，该法几乎与现代之人工呼吸法没有什么两样，甚至更富有综合性技术要求。

——巍巍堂堂，百代之师

作者介绍

孙思邈，世称孙真人，后世尊之为药王，唐京兆华原（今陕西耀州区）孙家塬人。根据《旧唐书》《新唐书》等，认为孙思邈大约生于公元542年，卒于公元682年，终年140岁左右。孙氏自幼聪慧好学，敏慧强记，7岁时每天能背诵一千多字，人称圣童。他的家乡在长安附近，为秦汉时期的文化中心，因而孙思邈有机会从小就博览群书。自幼体弱多病，常请医生诊治，以致耗尽家资。因此他从青年时代就立志以医为业。到20岁左右，他已对医学有一定造诣并且已经小有名气。除医学书籍外，儒家、道家、佛家的典籍他也无所不读。到青年时孙思邈已经是一个知识渊博尤其精通儒家、道家并兼通佛学思想的颇有功底的学者了。公元579年，孙思邈鄙弃仕途，离开家乡，先后到长安以西稍偏南距长安600余里的太白山和长安以南200余里的终南山过了数十年的隐居生活。在这期间，他潜心钻研唐以前历代医家的著作。除此之外，他也在当时盛行的“阴阳禄命”“诸家相法”“灼龟五兆”“周易六壬”及预测祸福、卜筮吉凶等方面消耗了大量的时间。他还利用久居山林的自然条件，钻研并整理记载了大量药物识别、采集、炮制、贮存等方面的丰富经验。在长年为方圆数百里内百姓治疗各种疾病的实践中，他所学的医学理论与临床实践融会贯通，医疗技术达到了炉火纯青的境地。孙思邈淡泊名利，隋文帝、唐太宗、唐高宗多次请其为官，他均托病辞而不受。自85岁以后，他时而居京师，时而居山林，以行医为主要社会活动。孙思邈到了晚年，对天文、地理、人文、社会、心理等诸方面学问无不精通，对事物的发展变化有着深刻和洞察力，甚至达到了出神入化的境地。他晚年把主要精力用于著书立说，孙氏在一百多岁才开始着手写《千金方》30卷，682年他又积最后30年之经验，写成《千金翼方》30卷，以补《千金方》之遗。同年，寿至140岁左右的一代名医孙思邈在长安与世长辞。孙思邈终生精勤不倦，著述很多，除了《千金要方》《千金翼方》外，还有《老子注》《庄子注》《枕中素书》《会三教论》《福禄论》《摄生真录》《龟经》等。

经典概述

《备急千金要方》被誉为中国最早的临床百科全书，世简称为《千金方》。《千金方》共30卷，其中主要对于临床各科的诊治方法、食物疗法及预防、卫生等方面的内容都详细论述。卷首以显著地位论述了《大医精诚》与《大医习业》，突出地强调了作为一位优秀医生必须具备高尚的医疗道德修养和精辟的医学理论、医疗技术。为此，该书一一作出了医德与医术的严格要求，成为历代临床医生修养的准绳。

▲ 孙思邈像

孙思邈十分重视妇女和儿童的疾病，用很大的篇幅专论妇人病、婴幼儿病及体质发展的特点。他认为妇女有经、带、胎、产等方面的特殊生理条件和疾病范围；儿童的身体结构与成人大不相同，皆应单分出科，独立讨论。他也是最早提出将妇科单列一科的医家。孙氏在比较正确地论述了妇女妊娠及胎儿在母体逐月发展之形态等以后，还强调了出生儿的护理、喂养、乳母、保育员的选择条件等，应该说这是很符合科学要求的。

在内科病的防治方面，按脏腑病症逐一论述，这是孙思邈对内科学的一大贡献。将神经和脑血管病分为偏枯、风痱、风懿、风痹进行诊治。记载了精神病人在认识、情感、思维、语言和行为等方面的障碍，在治疗上按病症分类用药，如惊痫药品、失魂魄药品及其他疗法。指出消渴病（糖尿病）患者要节制饮酒、房事、咸食及含糖较高的食品。在治疗上不要使用针灸，以防外伤成疮久不痊愈；除用药物治疗外，还要用饮食疗法，如牛乳、瘦肉等食物。记述了数十种内科急症，如癫痫、惊厥、眩晕、卒心痛、咯血、吐血、腹痛、瘟疫、尸厥等诊治抢救。广泛地使用黄连、苦参、白头翁治痢；用常山、蜀漆治疟疾。认为霍乱等传染病并非鬼神所致，皆因饮食不节不洁所生。对于慢性消耗性疾病的防治和老年病，孙思邈主张用药物、饮食、运动等调养方法。用含碘丰富的动物甲状腺（靥）及海藻、海带来治疗甲状腺肿（瘿），用富含维生素 A 的动物肝脏来治疗夜盲症。用地肤子、决明子、茺蔚子、青葙子、车前子、枸杞子来防治维生素 A 缺乏症。用谷白皮、麻黄、防风、防己、羌活、吴茱萸、橘皮、桑白皮、茯苓、薏苡仁、赤小豆来防治维生素 B_1 缺乏症。

在外科方面，他首创的葱管导尿术和灸法治痈疽等多种效验颇佳的方法被后人大量地采用。

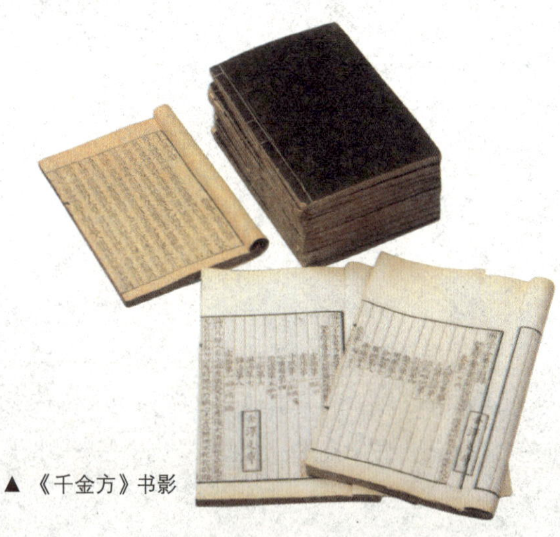
▲《千金方》书影

在针灸治疗方面，他独创了“阿是穴”疗法，就是找到病人感觉最痛苦的部位施针的方法。他认为，关于针灸疗法，必须首先掌握经络、穴位的理论和技术。他在前人绘图的基础上，经过考订、修改、并创造性地以青、黄、赤、白、黑五色彩绘以区别其十二经各经络之走行方向和空穴之部位，并以绿色绘制奇经八脉。该图分正、侧、背面三幅，大小取常人之一半为之。在针灸临床上，他指出选穴要少而精，提倡针灸辨症，

主张综合治疗。

▲ 孙思邈扎针

在药物学方面，他十分注重采药的时间和制作方法以及药品的产地，在药材学方面亲自做了大量的实践和调查，对于不同时间采摘、不同方法炮制、不同产地药物的各种细微差别进行了多方面的比较，在组方配药时，就对此有了严格的区分和不同的要求。孙思邈还创立了根据药物的治疗功效对药物进行分类的方法。

在疾病诊疗技术上，孙氏创造了“验透隔法”，就是确诊胸背部化脓性感染是否穿透胸膜引致脓胸的科学方法。其方法是在胸、背肋部脓疮疮面贴一薄纸或竹内膜，于光亮处观察竹膜是否随着病人呼吸同步起伏，呼气则竹内膜内陷，吸气则竹内膜凸出，如是则可诊断：脓肿已穿透胸膜而成脓胸；否则尚未穿透胸膜。在医疗技术上，孙氏实际上已创造出有血清疗法性质的技术。

孙思邈还发展了卫生保健说。在此上有三个显著的特点：一是将老庄“吐故纳新”思想指导下的“静功”与华佗等倡导的“流水不腐，户枢不蠹”思想指导下的“动功”结合起来；二是把一般人的养生保健理论技术与中老年常见病的防范结合起来；三是严厉批判了服五石企图长生的思想，同时强调了服食植物类营养防病方剂的必要性。

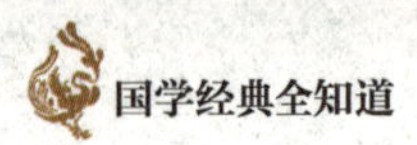

山海经

——古今语怪之祖

作者介绍

《山海经》的作者与成书年代，众说纷纭。传统上《山海经》被认为是大禹及其助手益所作，如《论衡》《吴越春秋》及刘歆的《上山海经表》所说。另外一些人表示怀疑，北魏郦道元作《水经注》时已发现：《山海经》编书稀绝，书策落次，难以辑缀，后人又加以假合，与原意相差甚远。北齐的颜之推注意到了书中出现的汉代地名，认为是在秦代焚书之后或董卓所加，此后随着考古学与辨伪学的发展，禹、益之说日趋被否定。当代学者较一致认为《山海经》是由几个部分汇集而成，并非出于一人一时之手。但具体看法又不同，有学者认为《山海经》由三大部分组成，其中以《山经》成书年代最早，为战国时作；《海经》为西汉所作；《大荒经》及《大荒海内经》为东汉至魏晋所作。有的学者对《山海经》中的《山经》与《禹贡》作比较研究，结论是《山经》所载山川于周秦汉间最详最合。至于时代当在《禹贡》之后，战国后期。

经典概述

《山海经》记述的内容十分丰富，其中囊括了天文、历法、地理、气象、动物、植物、矿物、地质、水利、考古、人类学、海洋学和科技史等诸多内容。同时也保留了大量远古神话传说。《山海经》的今传本为18卷39篇，分《五藏山经》《海外经》《海内经》《大荒经》四部分，其中《五藏山经》5卷，包括《南山经》《西山经》《北山经》《东山经》《中山经》，共21000字，占全书的2/3。《海内经》《海外经》8卷，4200字。《大荒经》及《大荒海内经》5卷，5300字。

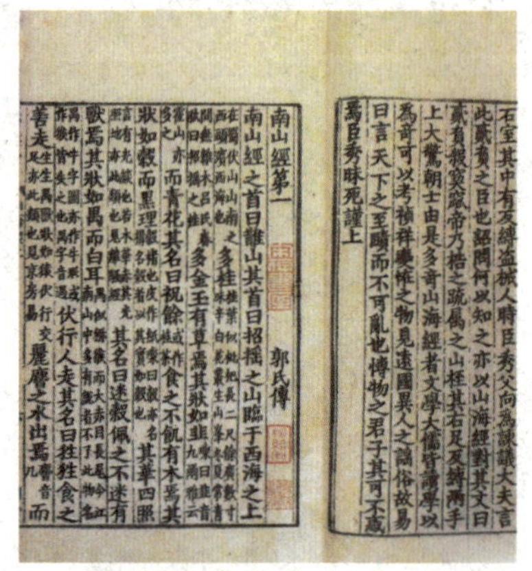

▲《山海经》书影

《山经》以五方山川为纲，记述的内容包括古史、草木、鸟兽、神话、宗教等。《海经》除著录地理方位外，还记载远国异人的状貌和风格。在古代文化、科技和交通不发达的情况下，尤为可贵。

卷1～卷5分为26节，描写了447座中央陆地上的山脉。每座山的描写至少包括它的名字，它距前面提到的山脉的距离，以及关于其植物、动物和矿物的信息。还包括对居住于一座山或者一群山脉上的守护神和怪物以及某些神话传说的评说。当一条河与一座山相

▲ 昆仑山壁画

据《西山经》所载："西南四百里曰昆仑之丘，是实唯帝之下都，神陆吾司之。"描述的就是昆仑山，但由于《山海经》中的神话色彩浓厚，因而里面提及的许多地理名称都难以找到实证。

连时，原文详细说明了河流的起源和出口、流向以及其中所见的物品。在 24 个小部分的末尾，还提供了一些有关山精崇拜的规定，这些记载对研究中国早期宗教是十分重要的。卷 6 ~ 卷 18 的内容有些不同。地名几乎无法确认，植物学和动物学让位于虚构的民族学；医学的、占卜的和仪式的规定再也找不到了，神话纪录倒为数更多。

作者以《中山经》所在地区为世界的中心，四周是《南山经》《西山经》《北山经》《东山经》中所记录的山系，它们共同构成大陆，大陆被海包围着，四海之外又有陆地和国家，再外还有荒远之地，这就是《山海经》所描绘的世界。

《山海经》的地域范围依今天的行政区划来分析，大致如下：《南山经》东起浙江舟山群岛，西抵湖南西部，南抵广东南海，包括今天的浙、赣、闽、粤、湘 5 省。《西山经》东起晋、陕间的黄河，南起陕、甘秦岭山脉，北抵宁夏盐池西北，西北达新疆阿尔泰山。《北山经》西起今内蒙古、宁夏腾格里沙漠贺兰山，东抵河北太行山东麓，北至内蒙古阴山以北。《东山经》包括今山东及苏皖北境。《中山经》西达四川盆地西北边缘。

《山经》以山为纲，分中、南、西、北、东五个山系，分叙时把有关地理知识附加上去。全文以方向与道里互为经纬，有条不紊。在叙述每列山岳时还记述山的位置、高度、走向、陡峭程度、形状、谷穴及其面积大小，并注意两山之间的相互关联，有的还涉及植被覆盖密度、雨雪情况等，显然已具备了山脉的初步概念，堪称我国最早的山岳地理书。在叙述河流时，必言其发源与流向，还注意到河流的支流或流进支流的水系，包括某些水流的伏流和潜流的情况以及盐池、湖泊、井泉的记载。《山海经》中最具有地理价值的部分《五藏山经》，在全书中最为平实雅正，从形式至内容都以叙述各地山川物产为主。

另外本书中记载的医学史料、药物知识，对研究中国医药学的萌芽和演化尤为重要。据学者吕子方统计，《山海经》载录的药物数目，动物药 76 种（其中兽类 19 种，鸟类 27 种，鱼龟类 30 种），植物药 54 种（其中木本 24 种，草本 30 种），矿物药及其他 7 种，共计 137 种，并且所收载的药物有明确的医疗效能的记述。经过长期的研究证实，《山海经》还是世界上最古老的矿藏地质文献，所记载的 226 处金、银、铜、铁、锡等矿藏，现在大都可以证实。

精华内容

【原文】

又东五百里，曰丹穴之山，其上多金玉。丹水出焉，而南流注于渤海。有鸟焉，其状如鸡，五采而文，名曰凤皇，首文曰德，翼文曰义，背文曰礼，膺文曰仁，腹文曰信。是鸟也，饮食自然，自歌自舞，见则天下安宁。

【译文】

再向东五百里，有座丹穴山，山上有很多金和玉。丹水发源于此山，向南流入南海。山中有一种鸟，形状像鸡，身上有五彩斑斓的羽毛，花纹像文字的形状，它的名字叫凤凰，它头上的花纹像“德”字，翅膀上的花纹像“义”字，背上的花纹像“礼”字，胸部的花纹像“仁”字，腹部的花纹像“信”字。这种鸟，进食从容自如，唱歌跳舞也很自由自在，它一出现，就表示天下会太平安宁。

该画取材于汉代刘向所著《神仙传》，相传春秋时秦穆公之女弄玉擅长吹箫，又与同样擅吹箫的仙人萧史喜结连理。秦穆公于都城外筑高台，弄玉夫妻吹箫，箫声婉转，引来凤凰，后二人乘龙凤升天而去。故后人称此地为凤城。本图即描绘秦穆公之女吹箫，凤凰起舞的场景。

【原文】

又西三百五十里，曰玉山，是西王母所居也。西王母其状如人，豹尾虎齿而善啸，蓬发戴胜，是司天之厉及五残。有兽焉，其状如犬而豹文，其角如牛，其名曰狡，其音如吠犬，见则其国大穰。有鸟焉，其状如翟而赤，名曰胜遇，是食鱼，其音如录，见则其国大水。

【译文】

再向西三百五十里有座山，名叫玉山，这是西王母居住的地方。西王母形貌像人，长着豹一样的尾巴、老虎一样的牙齿，善于长啸，蓬散着头发，头上戴着首饰，它掌管天上的灾疫和五刑残杀。玉山中有一种兽，它的形状像狗，身上有豹一样的斑纹，长着牛一样的角，它被叫作狡，发出的声音跟狗的吠叫声相像，它出现在哪个国家，哪个国家就会获得大丰收。山中有一种鸟，形状像长尾的野鸡，红色，名字叫作胜遇，它以鱼类为食，发出的声音像录的叫声，它出现在哪个国家，哪个国家就会发生水灾。

【原文】

又北二百里，曰发鸠之山，其上多柘木。有鸟焉，其状如乌，文首、白喙、赤足，

名曰精卫，其鸣自詨。是炎帝之少女，名曰女娃。女娃游于东海，溺而不返，故为精卫，常衔西山之木石，以堙于东海。漳水出焉，东流注于河。

【译文】

再向北二百里有座山，名叫发鸠山，山上有很多柘树。山中有一种鸟，形状似乌鸦，长着带有花纹的脑袋、白色的嘴、红色的足爪，名字叫精卫，它的叫声像是在喊自己的名字。精卫原是炎帝的小女儿，名叫女娃。有一次女娃去东海游玩，不慎溺入海里，再也没有返回，所以她（死后）化身为精卫鸟，常常衔来西山的树枝和石子，想把东海填平。漳水发源于发鸠山，向东流入黄河。

▲ 精卫填海

【原文】

又东南一百二十里，曰洞庭之山，其上多黄金，其下多银、铁，其木多柤、梨、橘、櫾，其草多荔、蘪芜、芍药、芎䓖。帝之二女居之，是常游于江渊。澧、沅之风，交潇湘之渊，是在九江之间，出入必以飘风暴雨。是多怪神，状如人而载蛇，左右手操蛇。多怪鸟。

【译文】

再往东南一百二十里有座山，名叫洞庭山。山上有许多黄金，山下有许多银和铁，山中的树木多是山楂树、梨树、橘树、柚树，草类多是荔草、蘪芜、芍药、川芎。尧帝的两个女儿就住在洞庭山中，她们常常在长江的深潭中游玩。由澧水和沅江吹来的风，交汇于湘江的深潭处，这里位于九条江河之间，她们出入时一定会伴有狂风暴雨。这一带有许多怪神，他们的形状与人相似，身上盘着蛇，左右两只手也握着蛇。这里还有许多怪鸟。

【原文】

夸父与日逐走，入日。渴，欲得饮，饮于河、渭，河、渭不足，北饮大泽。未至，道渴而死。弃其杖，化为邓林。

【译文】

夸父追赶太阳，离太阳越来越近。这时夸父口渴难忍，想要喝水，于是去喝黄河和渭河中的水，将两条河的水喝干了，还是不够，便去喝北方大泽里的水。还没等到达大泽，夸父就渴死在半路上了。夸父临死前扔掉了自己的手杖，这根手杖后来变成了桃林。

【原文】

刑天与帝至此争神，帝断其首，葬之常羊之山。乃以乳为目，以脐为口，操干戚以舞。

【译文】

刑天与黄帝争权，黄帝斩断刑天的脑袋，并把它埋到常羊山。刑天于是以双乳作眼睛，以肚脐作嘴，挥舞手中的盾牌和大斧。

▲ 刑天舞干戚

《山海经·海外西经》载，刑天是炎帝的大臣，因与帝争神，结果被砍了头，之后它就以乳为目，以脐为口，“手操干戚以舞”。

【原文】

蓬莱山在海中。

【译文】

蓬莱山位于大海之中。

【原文】

帝俊赐羿彤弓素矰，以扶下国，羿是始去恤下地之百艰。

【译文】

帝俊把红色的弓、系着丝绳的白色短箭赏赐给了后羿，让他去扶助下界的国家，后羿于是到地上去帮助人们应对各种艰难困苦。

【原文】

帝俊生三身，三身生义均，义均是始为巧倕，是始作下民百巧。后稷是播百谷。稷之孙曰叔均，是始作牛耕。大比赤阴，是始为国。禹、鲧是始布土，均定九州。

【译文】

帝俊生了三身，三身生了义均，义均是最早的巧匠，他为下界之民发明了各种巧妙的工艺和技术。后稷最早播种百谷。后稷的孙子名叫叔均，叔均发明了用牛耕田的方法。大比赤阴，开始受封而建国。禹和鲧开始挖掘泥土治理洪水，度量划定九州。

【原文】

炎帝之妻、赤水之子听生炎居，炎居生节并，节并生戏器，戏器生祝融。祝融降处于江水，生共工。共工生术器，术器首方颠，是复土穰，以处江水。共工生后土，后土生噎鸣，噎鸣生岁十有二。

【译文】

炎帝的妻子、赤水的女儿听生了炎居，炎居生了节并，节并生了戏器，戏器生了祝融。祝融被放逐到了长江岸边，生下了水神共工。共工生了术器，术器的脑袋呈方形，他最

早通过翻耕土地的方法使农作物丰收，并到长江岸边居住。共工生了后土，后土生了噎鸣，噎鸣把一年划分为十二个月。

共工撞倒不周山。

【原文】

洪水滔天，鲧窃帝之息壤以堙洪水，不待帝命。帝令祝融杀鲧于羽郊。鲧复生禹。帝乃命禹卒布土，以定九州。

【译文】

大地上四处都是洪水，鲧没有经过天帝同意，偷了天帝的息壤来堵塞洪水。天帝派祝融把鲧杀死在羽山的郊野。鲧死之后，从他腹中诞生了禹。天帝于是命令禹治理洪水，禹最终以土工扼制了洪水，并划定了九州。

茶经

——世界上第一部茶叶专著

作者介绍

陆羽（733～804年），字鸿渐，一名疾，字季疵，号竟陵子、桑苎翁、东冈子、东园先生，世称陆文学。唐复州竟陵（今湖北天门）人，一生嗜茶，精于茶道，以著世界第一部茶叶专著《茶经》闻名于世，被誉为“茶仙”，奉为“茶圣”，祀为“茶神”。他出身于一个贫困的家庭，自幼好学，唐天宝十一年（752年）出巴山，涉峡州，考察茶事一口气踏访了彭州、绵州、蜀州、邛州、雅州等八州。唐上元元年（760年），游览了湘、皖、苏、浙等十数州郡后，于次年到达盛产名茶的湖州，在风景秀丽的苕溪结庐隐居，潜心研究茶事，闭门著述《茶经》。乾元三年（760年），开始隐居湖州苕溪一带搜集采茶、制茶、饮茶的资料，四年后，他根据32州调查资料，写成《茶经》初稿。唐大历八年（773年），颜真卿出任湖州刺史。陆羽拜会颜公之后，即成刺史的座上客。颜真卿看到江南人才众多，于是就发起重修《韵海镜源》的盛举，约陆羽等十数人共同编纂。陆羽接受邀请，参与编辑，趁机搜集历代茶事，又补充《七之事》，从而完成《茶经》的全部写作，前后历时十几年，出版于建中元年（780年）。陆羽晚年由浙江经湖南而移居江西上饶。他的著作涉及诗歌、戏剧、考古、方志、书法等诸多方面。《茶经》之外，其他著述颇丰:《四悲诗》《天之未明赋》《君臣契》三卷，《源解》三十卷，《江西四姓谱》八卷，《南北人物志》十卷，《吴兴历官记》一卷，《占梦》三卷、《天竺灵隐二寺记》和《武林山记》。可惜这些著述传世甚少。

▲ 茶圣陆羽像

经典概述

《茶经》是世界上第一部茶叶专著，分上、中、下三卷，包括茶的本源、制茶器具、茶的采制、煮茶方法、历代茶事、茶叶产地等十章，内容丰富、翔实。

“一之源”：作者于1200多年以前就肯定茶树原产于我国南方，有高一尺二尺的灌木型，也有高数十尺的乔木型。在川东郑西一带，有两人合抱的大茶树，需把枝条砍下来采摘。茶树形态像瓜芦，瓜芦是生长在广州的一种近似茶树的大叶冬青属的植物，味极苦涩。作者介绍了茶的栽培方法、茶叶的品质鉴别、茶叶的颜色、形状、茶树的生态环境，认为

▲ 陆羽烹茶图　元

茶叶具有收敛性，与蛋白质结合凝固，能使皮肤上的瘕疾结疤愈合。

“二之具”：介绍采制茶叶的工具。除采茶篮外，其余都是加工蒸青团饼茶的用具。籯，又叫篮、笼。灶，烧水蒸茶用。甑，蒸茶（蒸汽杀青）时把鲜叶放在箅上，蒸熟后从箅上取出。锅子里的水烧干时向甑里加水。杵臼，也叫碓，以常用的为佳。规，也叫模，铁制，圆形、方形或花形，做茶饼的模子。承，也叫台、砧。石制，也可用栀木或桑木半埋地下，使不会动摇。簷笆，把青叶摊在上面冷却。棨，团饼茶穿孔用。朴，也叫鞭。以竹制成，有利于烘焙。焙，烘焙团饼茶用。贯，“削竹为之，长二尺五寸，以贯茶焙之”。棚，用于焙茶。穿，团饼茶包装的重量单位。育，“以木制之，以竹编之，以纸糊之……江南梅雨时焚之以火”。

“三之造”：介绍团饼茶的蒸青（蒸气杀青）制造方法。采茶在农历二月三月四月之间；嫩梢长四五寸时，一定要晴天才采。茶叶的外形千变万化，粗略而言，可分为八等。团饼茶从采到封，经过七道工序。从像胡人的皮靴到霜打过的荷叶，分为八等。

以团饼茶表面是否光黑平整来鉴别品质好坏，是片面的下等的鉴别方法。

以团饼茶表面是否萎黄不平来鉴别品质的好坏，是不全面的中等的鉴别方法。

既讲光黑，又讲皱黄，品质有好有坏，这才是全面的上等的鉴别方法。因为茶膏（汁）充分挤出的表面光，没有充分挤出的（含膏）表面皱。隔夜制成的色黑，太阳晒干的则黄。蒸压适当的表面平正，压得不紧则松开不平。茶叶与其他植物的叶子一样，鉴别品质好坏的最好方法最终需由口尝决定。

“四之器”：介绍与茶相关的器具。风炉，煮茶烧水的器具，炉膛用铸铁或泥涂。灰承用三足铁架。莒，竹编或用藤作木柜，盛木炭等燃料用。炭挝，用六棱形铁棒制成或用锤打碎木炭，或用斧劈柴。火筴，用铁或熟铜制成。镀，煮茶用的铁锅。交床，镀的支架。夹，用小青竹制成，夹住团饼茶在火上烘烤，烤时竹子产生的清香，有增进茶味的作用。纸囊，用白而厚的剡藤纸缝制而成，“以贮所炙茶，使不泻茗香也”。碾，把烤好的团饼茶捣成粉末，用橘木制成。其次用梨、桑、桐、柘等硬杂木。堕，形如车轮，不辐而轴。罗盒，用竹节制成，或刻杉木漆制，碾碎的末茶用罗（纱绢）筛过后放在罗盒里，把“则”也放在盒里。则，准则，度量。拂末，以鸟羽制之。水方，用稠木或槐、楸木等拼合而

▲ 杭州“清河坊茶会”上的斗茶表演

成，外面的缝隙涂上油漆封住，容量一升。漉水囊，囊用青篾编成能卷的口袋，内缝碧绸，衬绿油囊贮水。瓢，又叫杓勺，把葫芦剖开而成或用木刻制。竹夹，用桃、柳、蒲葵木或柿心制成。鹾簋，瓷质，贮盐花用。揭，取盐时用。熟盂，贮沸水用。碗，茶碗，瓷质。畚，可贮碗十枚。札，清洁茶具用。涤方，贮洗涤过的水。滓方，贮渣滓用。具列，陈列茶具用，或作床，或作架。都篮，存放全部茶具用。

“五之煮”：详细介绍了唐代团饼茶的烹煮方法。

“六之饮”：介绍饮茶的历史和方法。饮茶的种类有粗茶、散茶和末茶三种。都是由团饼茶捣碎后分筛出来的。最细的末茶是正品，最粗的是粗茶，两者之间的为散茶。饮茶有九个问题需要解决：一是制造；二是鉴别；三是器具；四是火工；五是用水；六是烘烤；七是碾末；八是烹煮；九是饮用。

“七之事”：辑录了自上古神农氏到唐代中叶数千年间有关茶事的记录，系统而全面地介绍了我国古代茶的发展演变，尤具史料价值。

“八之出”：记载了唐代产茶的区域。根据政治地理，分为道，州，县三级。道相当于现在的省，历代变化较大，名称都已改变。唐代八个产茶道的名称和它们的地理位置大致如下：山南道、淮南道、浙西道、浙东道、剑南道、黔中道、江南道、岭南道。

“九之略”：介绍制茶工具和饮茶器皿。

“十之图”：介绍茶经的挂图。把《茶经》的内容，画在四幅或六幅的白纸上。那么对于茶的起源、制造工具、制造方法、煮茶器皿、煮茶方法、饮茶方法、历史、产地等，一望可知。

精华内容

【原文】

翼而飞，毛而走，去而言，此三者俱生于天地间。饮啄以活，饮之时，义远矣哉。至若救渴，饮之以浆；蠲忧忿，饮之以酒；荡昏寐，饮之以茶。

茶之为饮，发乎神农氏，闻于鲁周公，齐有晏婴，汉有扬雄、司马相如，吴有韦曜，晋有刘琨、张载远、祖纳、谢安、左思之徒，皆饮焉。滂时浸俗，盛于国朝，两都并荆俞间，以为比屋之饮。

饮有粗茶、散茶、末茶、饼茶者，乃斫，乃熬，乃炀，乃舂，贮于瓶缶之中，以汤沃焉，

谓之茶。或用葱、姜、枣、橘皮、茱萸、薄荷之等，煮之百沸，或扬令滑，或煮去沫，斯沟渠间弃水耳，而习俗不已。

▲ 洞庭碧螺春及茶汤

▲ 安溪铁观音及茶汤

【译文】

禽鸟有翅而飞，兽类毛丰而跑，人开口能言，这三者都生在天地间。依靠喝水、吃东西来维持生命活动。可见喝饮的作用重大，意义深远。为了解渴，则要喝水；为了兴奋而消愁解闷，则要喝酒；为了提神而解除瞌睡，则要喝茶。

茶作为饮料，开始于神农氏，由周公旦作了文字记载而为大家所知道。春秋时齐国的晏婴，汉代的扬雄、司马相如，三国时吴国的韦曜，晋代的刘琨、张载远、祖纳、谢安、左思等人都爱喝茶。后来流传一天天广泛，逐渐成为风气，到了我唐朝，达于极盛。在西安、洛阳两个都城和江陵、重庆等地，竟是家家户户饮茶。

茶的种类，有粗茶、散茶、末茶、饼茶。饼茶时用刀砍开，炒，烤干，捣碎，放到瓶缶中，用开水冲灌，这叫作“夹生茶”。有的加葱、姜、枣、橘皮、茱萸、薄荷等，煮开很长的时间，把茶汤扬起变清，或煮好后把茶上的“沫”去掉，这样的茶无异于倒在沟渠里的废水，可是一般都习惯这么做！

菜根谭

——为人处世之典，企业经营之书

作者介绍

洪应明（生卒年不详），字自诚，号还初道人。洪应明的籍贯、事迹，都无法考证，从他的作品推测应当是一位勤于耕耘稼穑的布衣之士。洪应明著有《仙佛奇踪》。他与金坛（今属江苏省镇江市）人于孔兼是好朋友。于孔兼于明万历年间进士及第，官至礼部仪制郎中，后来因为直言极谏而遭贬谪，罢官后隐居田里长达20余年。屏居茅舍，日与渔夫、田夫朗吟唱和。或许洪应明就是此时此地与于孔兼结为挚友的。于孔兼应洪应明的请求，给他所写的《菜根谭》写了“题词”，在“题词”中于孔兼称赞这部书：“其谭性命直入玄微，道人性曲尽岩险。俯仰天地，见胸次之夷犹；尘芥功名，知识趣之高远。笔底陶铸，无非绿树青山：口吻化工，尽是鸢飞鱼跃。”他认为这本书“悉砭世醒人之吃紧，非入耳出口之浮华也”。

清朝乾隆年间，三山病夫重刻《菜根谭》一书，给它作了一个序言：“其间有持身语，有涉世语，有隐逸语，有显达语，有迁善语，有介节语，有仁语，有义语，有趣语，有学道语，有见道语，词约意明，文简理诣。”三山病夫很看重这部书，认为《菜根谭》可以“启迪天下后世”。读者如果能“熟习沉玩而励行之，其于语默动静之间，穷通得失之际，可以补过，可以进德，且近于律，亦近于道矣”。清朝中叶以后，《菜根谭》逐渐得到重视，人们不断翻刻，各种版本流行于世，把它看成修身处世的通俗课本。

经典概述

《菜根谭》一书共有6篇，篇目依次是：《修身》《应酬》《评议》《闲适》《概论》《补遗》。

该书以“菜根”来命名，蕴含着作者的深刻含义。其含义大致有以下三点：一、努力培养处世之根。蔬菜是人类得以生存的必不可少的东西，是营养极其丰富的佐餐佳品。菜可能是甘甜美味，也可能是清醇爽口，还可能是又辛又辣，但这都是由根产生的。一般老农都知道这个道理，所以他们在种菜的时候必定重点放在菜根上。人生在世，为人处世，也必须厚培其根，这根就是对人生真谛的探求和理解。二、不可轻视菜根。与菜叶、菜茎相比，菜根多被人们所遗弃，很多人认为，处世的道理就如同菜根，根本不值得重视。洪应明却认为处世之道不能等闲视之。三、菜根自有菜根的妙处。根与菜相比，远远比不上，但一些贫困人家常常把菜根当作菜蔬来食用。只要不存在太多的奢望，不贪求更多，菜根

吃起来其实也是很香的。或许洪应明就是嚼着菜根谈“菜根”，他希望世人阅读《菜根谭》如同咀嚼菜根，能从中体味出一些为人处世的滋味来。

《菜根谭》所提倡的处世原则、处世方法、处世手段是十分广博的，涉及人际交往中的方方面面。《菜根谭》提倡的处世哲学主要有三点：首先，提倡安贫乐道，淡泊名利。安贫乐道，是治国、平天下的大经络；淡泊名利，是修身处世的做人原则。作为一名普通的百姓，应该要学会安于清贫的生活，甘心处于窘迫的境地，乐于接受人们共同遵守的道德，不存非分之想，也不做非分之事。名和利就如镜中花，水中月。洪应明在《修省》篇中反复强调不要把富贵名利看得太重，而要耐得住贫寒寂寞。唯有这样，才能在纷繁复杂的世界中优游自处，如鱼得水，游刃有余。如同他在《评议》篇中告诫的那样：“富贵是无情之物，看得它重，它害你越大；贫贱是耐久之交，处得它好，它益你反深。”其次，提倡克己博爱，厚以待人。《菜根谭》所有的篇章都闪耀着这一处世思想的光芒。“克己”的内容非常广泛，但首要的是要节制欲望，要能制怒。要清心寡欲，抑制各种欲望，各种怒火要抑而不发。洪应明在《修省》篇中形象地说：“人欲从初起处剪除，便以新刍剧斩，其功夫极易；天理自乍明时充拓，便如尘镜复磨，其光彩更新。”在《应酬》篇中提供了一种节欲制怒的方法：“己之情欲不可纵，当用逆之之法以制之，其道只在一忍字；人之情欲不可拂，当用顺之之法以调之，其道只在一恕字。”人食五谷杂粮，接触千人万物，不可能不产生种种欲望，关键在于要肯于并善于控制，把“欲”消灭在萌芽之中。薄以待己，宽以待人，是人际交往、处世酬人时不可或缺的原则之一。最后，提倡心地坦白，慎于独处。“慎

▲ 槐荣堂图

“槐荣堂”是吴历好友许青屿的祖居。相传许青屿之父许中丞四岁时，许夫人在庭院里手植槐树，并对中丞说，此树盛茂覆堂之时，也是你做都堂之时。中丞五十岁时，夫人之言果验，而夫人已逝去。其后，中堂子孙家世的沉浮，都随槐树的枯荣变化而时兴时衰。此事，不免让人产生人生世事变幻只不过是自然之理的感慨。唯心无执着，才能抛却世俗的烦虑，进入“不以物喜，不以己悲”的最高境界。吴历画此图，正是出于对许夫人洞测人生的敬仰与缅怀。

独”是儒家一贯提倡的修身处世的原则，今日也被人们所接受，承认这是应该具有的美好的道德品质。为人处世要心地坦白，光明磊落，要做一个正人君子，对自己心安理得，无所愧悔，也就无偏私，无畏惧，对人则开诚布公，无隐瞒，无避讳。如果当面一套，背后一套，见人说人话，见鬼说鬼话，就会失掉朋友，在人世中也难以容身。正如《概论》篇中所言，只有“不昧己心，不拂人情，不竭物力”，才能“可以为天地立心，为生民立命，为子孙造福”。

精华内容

【原文】

粪虫至秽，变为蝉而饮露于秋风；腐草无光，化为萤而耀采于夏月。因知洁常自污出，明每从晦生也。

【译文】

在粪土中生活的幼虫是最为肮脏的东西，可是它一旦蜕变成蝉后，却在秋风中吸饮洁净的露水；腐败的草堆本身不会发出光彩，可是它孕育出的萤火虫却在夏夜里闪耀出点点光亮。从这些自然现象中可以悟出一个道理，那就是洁净的东西最初是从污秽之中诞生的，而光明的东西也常常从晦暗中孕育。

【原文】

文章做到极处，无有他奇，只是恰好；人品做到极处，无有他异，只是本然。

【译文】

文章写到最美妙的境界，没有什么特别奇异之处，只是写得恰到好处；品德修炼到最高尚的境界，没有什么特别的地方，只是表现了人最善良的本性。

【原文】

德者才之主，才者德之奴。有才无德，如家无主而奴用事矣，几何不魍魉猖狂？

【译文】

品德是一个人才能的主人，而才能是品德的奴婢。如果一个人只有才能而缺乏品德，就好像一个家庭没有主人而由奴婢当家，这样哪有不胡作非为、放纵嚣张的呢？

【原文】

节义傲青云，文章高白雪，若不以德性陶之，终为血气之私，技能之末。

【译文】

节操和义气足以胜过高官厚禄，生动感人的文章比名曲《白雪》更加美妙，如果不是用道德准则来贯穿其中，那么终究是血气冲动时的个人感情，是一种玩弄技艺的低级手段而已。

【原文】

文以拙进，道以拙成，一拙字有无限意味。如桃源犬吠，桑间鸡鸣，何等淳庞。至于寒潭之月，古木之鸦，工巧中便觉有衰飒气象矣。

【译文】

文章讲究质朴实在才能长进，道义讲究真诚自然才能修成，一个“拙”字蕴涵着说不尽的意味。像桃花源中的狗叫，又如桑林间的鸡鸣，是多么淳朴有余味啊！至于清冷潭水中映照的月影，枯老树木上的乌鸦，虽然工巧，却给人一种衰败的气象。

【原文】

不昧己心，不尽人情，不竭物力。三者可以为天地立心，为生民立命，为子孙造福。

【译文】

不违背自己的良心，不违背人之常情，不浪费物资财力。做到这三点，就可以在天地之间树立善良的心性，为生生不息的民众创造命脉，为子子孙孙造福。

【原文】

俭，美德也，过则为悭吝，为鄙啬，反伤雅道；让，懿行也，过则为足恭，为曲谨，多出机心。

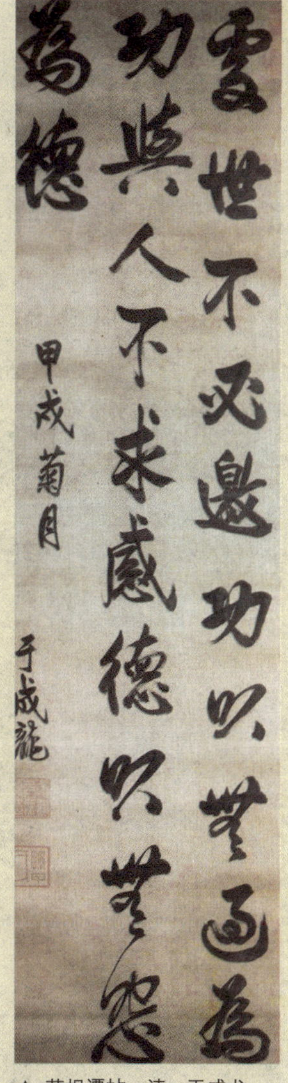

▲ 菜根谭帖　清　于成龙

【译文】

生活俭朴是一种美德，可是如果俭朴过分就是吝啬、斤斤计较，反而伤害了与人交往的雅趣；处事谦让是一种高尚的行为，可是如果谦让过分，就显得卑躬屈膝、谨小慎微，反而让人觉得是心计过多。

【原文】

耳中常闻逆耳之言，心中常有拂心之事，才是进德修行的砥石。若言言悦耳，事事快心，便把此生埋在鸩毒中矣。

【译文】

经常听到一些不顺耳的话，常常遇到一些不顺心的事，这样才是修身养性、提高道行的磨砺方法。如果听到的话句句都顺耳，遇到的事件件都顺心，那么这一生就如同浸在毒药中一样。

【原文】

气象要高旷，而不可疏狂；心思要缜密，而不可琐屑；趣味要冲淡，而不可偏枯；操守要严明，而不可激烈。

【译文】

一个人的气度要高远旷达，但是不能太粗疏狂放；思维要细致周密，但是不能太杂乱琐碎；趣味要高雅清淡，但是不能太单调枯燥；节操要严正光明，但是不要太偏执刚烈。

【原文】

害人之心不可有，防人之心不可无，此戒疏于虑也；宁受人之欺，勿逆人之诈，此警惕于察也。二语并存，精明而浑厚矣。

【译文】

不可存有害人的念头，也不可没有防人的心思，这是用来告诫那些思虑不周的人；宁可受到别人的欺负，也不预料别人的狡诈之心，这是用来警惕那些过分小心提防的人。能够做到这两点，便能够思虑精明且心地浑厚了。

【原文】

日既暮而犹烟霞绚烂，岁将晚而更橙桔芳馨。故末路晚年，君子更宜精神百倍。

【译文】

在夕阳西下时，天空出现的晚霞放射出灿烂的光彩，绚丽夺目；在晚秋季节时，橙

桔正结出芬芳金黄的果实。所以到了晚年的时候，一个有德行的君子更应该精神百倍地充满生活的信心。

【原文】

冷眼观人，冷耳听语，冷情当感，冷心思理。

【译文】

冷静地观察他人，冷静地听他人说话，冷静地感受事物，冷静地进行思考。

【原文】

天地寂然不动，而气机无息稍停；日月昼夜奔驰，而贞明万古不易。故君子闲时要有吃紧的心思，忙处要有悠闲的趣味。

【译文】

天地看起来好像很安宁，没有什么变动，其实充盈在里面的阴阳之气时时在运动，没有一刻会停歇；太阳和月亮白天黑夜不停地运转，但它的光明自古以来没有改变。所以君子在闲散时要有紧迫感，在忙碌时要有悠闲的情趣。

【原文】

人生原是一傀儡，只要根蒂在手，一线不乱，卷舒自由，行止在我，一毫不受他人提掇，便超出此场中矣！

【译文】

人生本来就像一场木偶戏，只要自己掌握了牵动木偶的线索，任何丝线也不紊乱，收放自由，行动或停止由自己掌握，一点都不受他人的牵制和左右，那么就算是跳出这个游戏场了。

【原文】

世人以心肯处为乐，欲被乐心引在苦处；达士以心拂处为乐，终为苦心换得乐来。

【译文】

世人都把自己心中的欲望得到满足当作快乐，然而却被快乐引诱到痛苦中；通达的人却以能够经受不如意的事为快乐，最后用自己的一片苦心换得了真正的快乐。

【原文】

宠辱不惊，闲看庭前花开花落；去留无意，漫随天外云卷云舒。

【译文】

无论是受宠或者受辱都不会在意，只是悠闲地欣赏庭院中花草的盛开和衰落；无论是晋升还是贬职，都不在意，只是随意观看天上浮云自如地舒卷。

【原文】

孤云出岫，去留一无所系；朗镜悬空，静躁两不相干。

【译文】

一朵孤云从山谷中飘出来，毫无牵挂地在天空飘荡；一轮明月像镜子一样悬挂在天空，世间的安静或喧闹和它毫无关系。

【原文】

人情世态，倏忽万端，不宜太过认真。尧夫云："昔日所云我，而今却是伊。不知今日我，又属后来谁。"人常作是观，便可解却胸中挂矣。

【译文】

人世间的冷暖炎凉，瞬息就会发生变化，不必看得那么认真。邵尧夫先生说："昨天所说的我，在今天已经变成了他。不知道今天的我，明天又变成谁。"人们常作这样的思考，就可以解开心中许多牵挂。

【原文】

世人为荣利缠缚，动曰："尘世苦海。"不知云白山青，川行石立，花迎鸟笑，谷答樵讴，世亦不尘，海亦不苦，彼自尘苦其心尔。

【译文】

世上的人因为被荣华富贵等名利所束缚，所以动不动就说："人世是一个苦海。"却不知道白云映照着青山，流水不断、涧石林立，鲜花伴着鸟儿鸣唱，山谷应答着樵夫高歌，都是人间胜景。人世间并非凡俗之地，人生也不都是苦海，那些说人生是苦海的人不过是自己落入凡俗和苦海中罢了。

【原文】

交友须带三分侠气，做人要存一点素心。

【译文】

交朋友要有几分侠肝义胆的气概，为人处世要保存一种赤子的情怀。

【原文】

人情听莺啼则喜，闻蛙鸣则厌，见花则思培之，遇草则欲去之，俱是以形气用事。若以性天视之，何者非自鸣其天机，非自畅其生意也？

【译文】

一般人总是听到黄莺啼叫就高兴，听到蛙鸣就厌恶，看见花木就愿意栽培它，看见野草就想拔掉，这都是根据对象的外形来决定好恶。如果以自然的本性来看待，哪一类

动物不是随其天性而鸣叫，哪一种草木不是在畅显自己的生机呢？

【原文】

口乃心之门，守口不密，泄尽真机；意乃心之足，防意不严，走尽邪蹊。

【译文】

口是心的大门，如果不能管好自己的口，那么就会泄露很多机密；意是心的双足，如果防范得不够严谨，那么就会走上邪路。

【原文】

山之高峻处无木，而溪谷回环则草木丛生；水之湍急处无鱼，而渊潭停蓄则鱼鳖聚集。此高绝之行，偏急之衷，君子重有戒焉。

【译文】

山峰险峻的地方没有树木生长，而溪谷蜿蜒曲折的地方却草木丛生；在水流湍急的地方没有鱼儿停留，而平静的深水潭下则生活着大量鱼鳖。所以过于清高的行为，过于偏激的心理，对一个有德行的君子来说，是应当努力戒除的。

【原文】

径路窄处，留一步与人行；滋味浓的，减三分让人尝。此是涉世一极安乐法。

【译文】

在经过狭窄的道路时，要留一步让别人走得过去；在享受甘美的滋味时，要分一些给别人品尝。这就是为人处世中取得快乐的最好方法。

【原文】

处世不必邀功，无过便是功；与人不求感德，无怨便是德。

【译文】

为人处世不必刻意去追逐名利，能够做到不犯错误就是最大的功劳；对待他人多予施舍不一定要求回报，只要别人没有怨恨，就是最好的回报。

【原文】

人情反复，世路崎岖。行不去处，须知退一步之法；行得去处，务加让三分之功。

【译文】

人间世情变化不定，人生之路曲折艰难，充满坎坷。在人生之路走不通的地方，要知道退让一步、让人先行的道理；在走得过去的地方，也一定要给予人家三分的便利，这样才能逢凶化吉，一帆风顺。

【原文】

有妍必有丑为之对，我不夸妍，谁能丑我？有洁必有污为之仇，我不好洁，谁能污我？

【译文】

有美丽必然就有丑陋作为对比，我不自夸自大宣扬自己美丽，谁又能指责我丑陋呢？有干净必然就有脏污作为对比，我不宣扬自己如何干净，谁又能讥讽我脏污呢？

【原文】

居盈满者，如水之将溢未溢，切忌再加一滴；处危急者，如木之将折未折，切忌再加一搦。

【译文】

当一个人的权力达到鼎盛的时候，就像水缸中的水已经装满将要溢出，这时切忌再加入一滴；处在危急状况时，就像树木将要折断却还未折断，这时切忌再施加一点力量。

【原文】

花看半开，酒饮微醉，此中大有佳趣。若至烂漫，便成恶境矣。履盈满者，宜思之。

【译文】

鲜花在半开的时候欣赏最美，醇酒要饮到微醉时最妙，这里面有很深的趣味。如果等到鲜花盛开，酒喝得烂醉如泥时，那么已经是恶境了。那些志得意满的人，要仔细考虑这个道理。

【原文】

恩里由来生害，故快意时，须早回首；败后或反成功，故拂心处，莫便放手。

【译文】

在得到恩惠时往往会招来祸害，所以在得

心快意的时候要想到早点回头；在遇到失败挫折时或许反而有助于成功，所以在得心快意的时候要想到早点回头。

【原文】

石火光中争长竞短，几何光阴？蜗牛角上较雌论雄，许大世界？

【译文】

在电光石火般短暂的人生中较量长短，又能争到多少的光阴？在蜗牛触角般狭小的空间里你争我夺，又能夺到多大的世界？

【原文】

趋炎附势之祸，甚惨亦甚速；栖恬守逸之味，最淡亦最长。

【译文】

依附权势的人，所带来的祸害往往是最悲惨且最迅速的；保持恬静淡泊的生活态度，虽然很平淡，趣味却最悠久。

【原文】

千金难结一时之欢，一饭竟致终身之感。盖爱重反为仇，薄极反成喜也。

【译文】

有时候价值千金的恩惠也难以打动人心，换得一时之欢喜；有时候只一顿饭的恩惠却能使人终身感激。这是因为有时爱到极点反而反目成仇，而一点小小的恩惠反而容易讨人欢心。

【原文】

风来疏竹，风过而竹不留声；雁渡寒潭，雁去而潭不留影。故君子事来而心始现，事去而心随空。

【译文】

当风吹过，稀疏的竹林会发出沙沙的声响，风过之后，竹林又依然归于寂静，而不会将声响留下；当大雁飞过寒冷的潭水时，潭面映出大雁的身影，可是雁儿飞过之后，潭面依然晶莹一片，不会留下大雁的身影。所以君子临事之时才会显现出本来的心性，可是事情处理完

后，心中又恢复了平静。

【原文】

人解读有字书，不解读无字书；知弹有弦琴，不知弹无弦琴。以迹用，不以神用，何以得琴书之趣？

【译文】

一般人只会读懂用文字写成的书，却无法读懂宇宙这本无字的书；只知道弹奏有弦的琴，却不知道弹奏大自然这架无弦之琴。一味执着事物的形体，却不能领悟其神韵，这样怎么能懂得弹琴和读书的真正妙趣呢？

【原文】

岁月本长，而忙者自促；天地本宽，而鄙者自隘；风花雪月本闲，而劳攘者自冗。

【译文】

岁月本来是很漫长的，而那些忙碌的人自己觉得时间短暂；天地之间本来宽阔无垠，而那些心胸狭窄的人却感觉到局促；风花雪月本来是增加闲情逸致的，而那些庸庸碌碌的人自己却觉得多余。

——古今家训之祖

作者介绍

颜之推（531 ~约 595 年），字介，祖籍琅琊临沂（今山东临沂），出身于世代精于儒学的仕宦之家，梁中大通三年（531 年），颜之推出生在江陵。他青年时正好赶上侯景之乱，21 岁的颜之推被俘，囚送建康，第二年返回江陵，任元帝的散骑侍郎，奉命校书。两年以后，西魏讨伐梁，攻陷江陵，他又一次被俘，被遣送到关中。不久，颜之推冒着生命危险逃奔北齐，齐武平三年（572 年）任黄门侍郎，主持文林馆，修类书《御览》。北齐灭亡后，颜之推到达周，任御史上士。隋朝建立后，他被召为学士，受到尊重，约在开皇十年（590 年）后病逝。晚年为了用儒家思想教育子孙，鼓励子孙继承家业，扬名于世，写下《颜氏家训》20 篇。颜之推一生著述丰富，但流传下来的只有《颜氏家训》和《还冤志》二书。

经典概述

《颜氏家训》虽以儒家思想为正统，但也受到佛道两家思想的影响，是颜之推在乱世中退能安身立命、进能立身扬名的经验以及当时许多人士取祸杀身的教训的总结。书中用许多历史故事来论述问题，对颜氏子孙的教养起过颇大的作用。

《颜氏家训》共 20 篇，“序致”第一，是全书的自序，讲述撰写该书的目的，作者从亲身经历入手，告诫子孙好好做人；“教子”第二，讲如何教育子女；“兄弟”第三，讲兄弟之间如何相处；“后娶”第四，讲夫或妻死后，活着的该不该再婚等问题；“治家”第五，讲管家的问题；“风操”第六，讲当时做人的风度节操；“慕贤”第七，讲如何礼敬时贤；“勉学”第八，讲如何为学；“文章”第九，讲如何做文章；“名实”第十，讲做人的名与实；“涉务”第十一，强调多做实事；“省事”第十二，强调做事专精；“止足”第十三，强调知足的道理；“诫兵”第十四，作者从家世入手，讲弃武习文的道理；“养生”第十五，讲保养身体；“归心”第十六，讲归心于佛教；“书证”第十七，是本书中最长的一篇，为作者对经史文章所作的

▲“孝莫辞劳转眼即为人父母，善勿忘报回头但看汝儿孙”印及印文

▲ 贤母图　康涛

从此图的题款“临民听狱，以庄以公。哀矜勿喜，孝慈则忠”，可以推知此为贤母向即将离家仕任的儿子所作的教诲。画家以高超的笔法将贤母严肃训诫却又暗含离别伤感之态、儿媳恭顺侍立而又对丈夫依恋不舍之情、儿子恭敬聆听却踌躇难离之意，刻画得极其生动传神。

考证的汇集；“音辞”第十八，讲古今语音的变化；“杂艺”第十九，讲书法、绘画、射箭、算术、医学、弹琴及卜筮、六博、投壶、围棋等；“终制”第二十，讲死后的安排，反对厚葬等。

颜之推对于教育作用的看法，完全继承了孔子的“唯上智与下愚不移”的先验论观点，强调中人教育。即上智者有先天的才智，无须教育，下愚者教育无效，唯有中人非教不可，不教不正。

颜之推注重家庭教育，认为应该及早对子女进行教育，甚至主张胎教。把儒家的“少成若天性，习惯如自然”作为自己的指导思想，并针对父母易于溺爱孩子的情况，主张将爱子之情与教子之方结合起来，对孩子严格要求，勤于监督，爱得其所，爱得其法。同时，他很注意周围环境对子女的影响，要求审慎地看待子女左右的人，发挥教育习染的积极影响。

颜之推注重全面教育，要求把做人、为学、强身、杂艺相结合，在做人方面，主张虚心好学，不能妄自高大，不能凌忽长者，不能轻慢同列，倡导父慈子孝、夫义妇顺等儒家道德规范。

在为学方面，他主张求学，知行结合，反对空守章句和迂阔无所归趋的浅薄之风。主张博学，博涉经传，兼通文史。

在士大夫教育方面，对当时腐朽空泛之弊，进行了深刻地揭露和批判，主张进行培养国家实际有用的人才的“求实”教育，认为国家大约需要六种人才，即政治家、理论家和学者、军事家、地方官吏、外交官、管理者和工程技术专家。他指出一个人要对这六个方面都有所了解，但不必面面精通，可根据个人的差别专其一面。

关于学习态度和方法，他强调要珍惜时光，虚心学习，尤其要重视亲身观察获得的知识，反对那种“贵耳贱目”“以讹传讹”的学风，并提倡在师友之间共同研究切磋，相互启发。

颜之推注重子女教育，家风所被，后代人才辈出。

精华内容

【原文】

昔侯霸之子孙，称其祖父曰家公；陈思王称其父为家父，母为家母；潘尼称其祖曰

家祖：古人之所行，今人之所笑也。今南北风俗，言其祖及二亲，无云家者；田里猥人，方有此言耳。凡与人言，言己世父，以次第称之，不云“家”者，以尊于父，不敢“家”也。凡言姑姊妹女子子：已嫁，则以夫氏称之；在室，则以次第称之。言礼成他族，不得云“家”也。子孙不得称“家”者，轻略之也。蔡邕书集呼其姑姊为家姑、家姊，班固书集亦云家孙，今并不行也。

凡与人言，称彼祖父母、世父母、父母及长姑，皆加“尊”字，自叔父母以下，则加“贤”字，尊卑之差也。王羲之书，称彼之母与自称己母同，不云“尊”字，今所非也。

【译文】

过去侯霸的子孙，称他们的祖父叫家公；陈思王曹植称他的父亲叫家父，母亲叫家母；潘尼称他的祖叫家祖：这都是古人所做的，而为今人所笑的。如今南北风俗，讲到他的祖辈和父母双亲，没有说“家”的；乡间鄙俗的人，才会这样说。和别人谈话，讲到自己的伯父，用排行来称呼，不说“家”，是因为怕比父亲还尊，不敢称“家”。凡讲到姑、姊妹、女儿，已经出嫁的就用丈夫的姓来称呼，没有出嫁的就用排行来称呼，意思是成婚后就成为别的家族的人，不好称“家”。子孙不好称“家”，是对他们的轻视忽略。蔡邕文集里称呼他的姑、姊为家姑、家姊，班固文集里也说家孙，如今都不通行。

一般和人谈话，称对方的祖父母、伯父母、父母和长姑，都加个“尊”字，从叔父母以下，就加个“贤”字，以表示尊卑有别。王羲之写信，称呼别人的母亲和称呼自己的母亲相同，都不说“尊”字，这是如今所不取的。

【原文】

《礼》云：“欲不可纵，志不可满。”宇宙可臻其极，情性不知其穷，唯在少欲知足，为立涯限尔。先祖靖侯戒子侄曰：“汝家书生门户，世无富贵，自今仕宦不可过二千石，婚姻勿贪势家。”吾终身服膺，以为名言也。

天地鬼神之道，皆恶满盈。谦虚冲损，可以免害。人生衣趣以覆寒露，食趣以塞饥乏耳。形骸之内，尚不得奢靡，己身之外，而欲穷骄泰邪？周穆王、秦始皇、汉武帝，富有四海，贵为天子，不知纪极，犹自败累，况士庶乎？常以二十口家，奴婢盛多不可出二十人，良田十顷，堂室才蔽风雨，车马仅代杖策，蓄财数万，以拟吉凶急速。不啻此者，以义散之；不至此者，勿非道求之。

【译文】

《礼记》上说："欲不可以放纵，志不可以满盈。"宇宙还可到达边缘，情性则没有个尽头，重要的是少欲知足，立个限度。先祖靖侯教诫子侄说："你家是书生门第，世代不曾大富大贵，从今做官不可超过二千石，婚姻不能贪图权势之家。"我衷心信服并牢记在心，认为这是名言。

天地鬼神之道都厌恶满盈，谦虚贬损可以免害。人穿衣服的目的是避寒，吃东西的目的在填饱肚子。形体之内，尚且无从奢侈浪费，自身之外，还要极尽骄傲放肆吗？周穆王、秦始皇、汉武帝均富有四海，贵为天子，尚且因为不懂适可而止而最终败亡，何况士庶呢？常认为二十口之家，奴婢最多不可超出二十人，有十顷良田，堂室才能遮挡风雨，车马仅以代替扶杖。积蓄上几万钱财，用来准备婚丧急用。如果不止这些，要适当散掉；还不到这些，也切勿用不正当的方法来求取。

【原文】

阮籍无礼败俗，嵇康凌物凶终，傅玄忿斗免官，孙楚矜夸凌上，陆机犯顺履险，潘岳干没取危，颜延年负气摧黜，谢灵运空疏乱纪，王元长凶贼自诒，谢玄晖侮慢见及。凡此诸人，皆其翘秀者，不能悉记，大较如此。至于帝王，亦或未免。自昔天子而有才华者，唯汉武、魏太祖、文帝、明帝、宋孝武帝，皆负世议，非懿德之君也。自子游、子夏、荀况、孟轲、枚乘、贾谊、苏武、张衡、左思之俦，有盛名而免过患者，时复闻之，但其损败居多耳。每尝思之，原其所积，文章之体，标举兴会，发引性灵，使人矜伐，故忽于持操，果于进取。今世文士，此患弥切，一事惬当，一句清巧，神厉九霄，志凌

千载，自吟自赏，不觉更有傍人。加以砂砾所伤，惨于矛戟，讽刺之祸，速乎风尘。深宜防虑，以保元吉。

▲ **掷果盈车**

潘安人长得很美，驾车走在街上，连老妇人为之着迷，用水果往潘安的车里丢，都将车丢满了。

【译文】

阮籍因无礼败坏风俗；嵇康因欺物不得善终；傅玄因愤争而被免官；孙楚因夸耀而欺上；陆机因作乱而冒险；潘岳因侥幸取利而致危；颜延年因负气而被免职；谢灵运因空疏而作乱；王元长因凶逆而被杀；谢玄晖因侮慢而遇害。以上这些人物，都是文人中的翘楚，其他不能统统记起，大体如此。至于帝王，有的也未能避免这类毛病。自古天子有才华的，只有汉武帝、魏太祖、魏文帝、魏明帝、宋孝武帝，都被世人讥议，不算有美德的君王。从孔子的学生子游、子夏，到荀况、孟轲、枚乘、贾谊、苏武、张衡、左思等一流人物，享有盛名而免于祸患的，也时常听到，只是损丧败坏的会占多数。对此我常思考，寻找病根，当是由于文章这样的东西，要高超兴致，触发性灵，就会使人夸耀才能，从而忽视操守，追求名利。在现在文士身上，这种毛病更加深切，一个典故用得恰当，一个句子做得清巧，就会心神上达九霄，意气下凌千年，自我欣赏，不知道身边还有别人。砂砾般的伤人，会比矛戟伤人更狠毒；讽刺而招祸，会比风更迅速。实在应该认真思考防范，才能保有大福。

抱朴子

——道教丹学之宗

作者介绍

▲ 葛洪像

葛洪（283 ~ 363 年），字稚川，号抱朴子，丹阳句容（今属江苏省）人。他是晋代的名医，以炼丹术著称于世，特别是在养生术方面成就最高，他在后来人眼里几乎就是养生术的代名词。他出身于官宦之家，13 岁时父亲就去世，家道中落，日益贫寒，但是他仍然不废诵读。16 岁开始博览经史、老庄诸子之书，探求“神仙导养之法”以及“三元”“遁甲”之术。20 岁以后，曾任小官。石冰起义后，葛洪被推荐为将兵都尉，随军征伐。东晋王朝建立后，要追叙有功人员的军功，封葛洪为关内侯。此后朝廷一再封赐，但他志在炼丹求道，皆辞而不受。葛洪曾拜炼丹家郑隐、鲍玄为师，学得炼丹之术，晚年在罗浮山炼丹著述，成为当时金丹道的始祖，81 岁无疾而终。葛洪一生著述很多，《晋书》本传说他“博闻深洽，江左绝伦，著述篇章，富于班马”。认为他的著作比班固和司马迁还要多，这并不是虚言。据史志著录，他的著作约 70 余种，他在其《抱朴子·自序》中说：“凡著《内篇》二十卷，《外篇》五十卷，碑颂诗赋百卷，军书檄移章表笺记三十卷，又撰俗所不列者为《神仙传》十卷，又撰高尚不仕者为《隐逸传》十卷，又抄五经、七史、百家之言、兵事、方伎、短杂奇要三百一十卷，别有目录。”他的著作之多，由此可见一斑。

经典概述

在葛洪众多著述之中，《抱朴子》是其流传至今的代表作之一。该书由《内篇》20 卷、《外篇》50 卷两部分组成。《内篇》主要论述战国以来神仙家的理论、炼丹方法，阐释他自己关于长生术的见解和实践等，是我国现存年代较早而又比较完整的一部炼丹术著作。《外篇》则为政论性著作，表达的是葛洪的社会政治主张和思想。科学史界一般对《内篇》要更重视些。

一提到道家，我们便会想到长生不老，想到炼制丹药，到底服用丹药能不能长生不老，能不能成仙？葛洪在《抱朴子》中首次对长生成仙的可能性和现实性作了认真系统的“论证”。

他的论证当然不能成立，但透过他的论证，我们可以窥见道家在这一问题上的思维方式。另外，葛洪在论证过程中，记述了一些具体的炼丹方法，他对金银和丹药炼制的记述，集汉、魏以来炼丹术之大成。这些记述，对于我们了解当时人们所具有的化学知识，是十分有益的。《抱朴子》的这种论证，完全是从物质变化角度出发，认为人通过自己的后天努力，可以养身延命，进而达到长生。这一论证过程，没有为上帝留下位置。这一论证过程的内核是合理的，科学进步已经越来越证实了这一点。葛洪的错误在于对之作了无限外推，由人可以通过自己努力延长寿命推出了长生可得的结论，这就不能成立了。

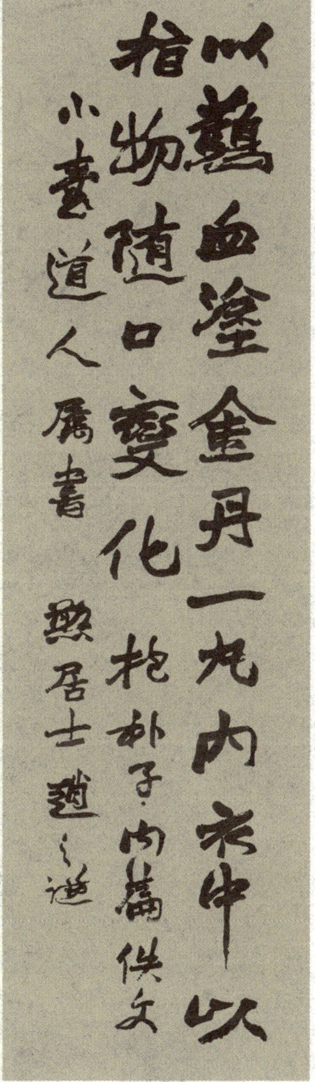

▲ 抱朴子帖　清　赵之谦

既然葛洪认为一个人能够成仙，能够长生不老，那又如何才能长生不老呢？按葛洪的说法是要“以药物养身，以术数延命”。问题的关键在于要服用什么样的药物，《抱朴子·内篇·金丹》指出，只有服食金丹、黄金才能成仙，达到长生不老之目的。原因在于：“夫金丹之为物，烧之愈久，变化愈妙。黄金入火，百炼不消，埋之毕天不朽。服此二物，炼人身体，故能令人不老不死。此盖假求于外物以自坚固。”这段话表明，葛洪长生术的理论依据可以归结为“物性转移”说。金丹在烧炼过程中会有变化，其特点是“烧之愈久，变化愈妙”，而黄金则性能稳定，“百炼不消”，与天地同寿。人如果服食这两种东西，吸取其精华，把它们的这些性能转移到自己身上，就能做到不老不死。这是炼丹家的基本思想。葛洪认为，要想长生，除了服食丹药以外，还要“以术数延命”。他在其《抱朴子·内篇·至理》卷中说：“服药虽为长生之本，若能兼行气者，其益甚速。若不能得药，但行气而尽其理者，亦得数百岁。然又宜知房中之术，所以尔者，不知阴阳之术，屡为劳损，则行气难得力也。”他把服食金丹、导引行气、房中之术列为长生之道的三大要素，只有具备这三要素，才有

相关链接

《抱朴子》的价值不仅仅在于它从理论上“论证”了长生术的可能性，它记载的炼丹术中所反映的化学知识，是中国化学史的重要研究对象。《抱朴子》还广泛涉及药物学和医学，记录了大量矿物、植物药，它对一些疾病成因和治疗的论述，也非常深刻。《抱朴子》对于研究葛洪的哲学思想、社会政治思想等，也都具有极为重要的参考价值。

◀ 葛稚川移居图　元　王蒙

此图表现葛洪携子侄徙家于罗浮山炼丹的故事。画中重山复岭，飞瀑流泉，以细笔勾皴，略带小斧劈；丹柯碧树，用双钩填色；人物虽小但勾描工中带拙，形神兼备。山石纯用水墨，仅树木、人物、屋宇处施以淡赭、花青和红色，是王蒙山水画又一风格之杰作。画右上自识“葛稚川移居图。蒙昔年与日章画此图，已数年矣。今重观之，始题其上。王叔明识。”

可能长生不老。

《抱朴子》的养生之道著称于世：“善养生者，先除六害，然后可以延驻于百年。何者是邪，一曰薄名利，二曰禁声色，三曰廉财货，四曰损滋味，五曰除佞妄，六曰去沮嫉，六者不除，休养之道徒设尔。”要实现上述目标，就需要做到“十二少”，即少思、少念、少笑、少言、少喜、少怒、少乐、少愁、少好、少恶、少事、少机。如果无法做到，那“六害”“伐人之生，甚于斤斧，损人之命，猛于豺狼”。此外，还要做到“四无”，即无久坐、无久行、无久视、无久听。在饮食和起居方面，抱朴子认为，主要应该做到“不饥勿强食，不渴勿强饮。体欲常劳，劳勿过极；食欲常少，少勿至饥。冬朝勿空心，夏夜勿饱食。早起不在鸡鸣前，晚起不在日出后”。抱朴子还劝告人们“从心澄则真神守其位，气内定则邪物去其身，行欺诈则神悲，行争竞则神沮，轻侮于人则减算，杀害于物则伤年”。总的看来，抱朴子的养生之术就是静心养气，以宽容豁达的心态来面对人世万物，这样，自然也就能长生了。

——中国古代数学名著

作者介绍

《九章算术》集先秦至西汉我国数学知识之大成“集大成”即含此意。根据刘徽的记载，《九章算术》是从先秦“九数”发展来的。暴秦焚书，经术散坏。西汉张苍（约前 256 ~ 前 152 年）、耿寿昌（前 1 世纪）收集遗文残稿，加以增补整理，编成《九章算术》。《九章算术》的成书年代各家说法不一，约在公元 50 年至 100 年间。书中系统地总结了战国、秦、汉以来的数学成就，共收集了 246 个数学的应用问题和各个问题的解法，列为九章。是中国古代数学著作中影响最大的一部。

经典概述

《九章算术》是一部经几代人整理、删补和修订而成的古代数学经典著作。现传本的成书大约是公元 1 世纪的下半叶。《九章算术》包括近百条一般性的抽象公式、解法，246 个应用问题，分属方田、粟米、衰分、少广、商功、均输、盈不足、方程、勾股九章，每道题有问（题目）、答（答案）、术（解题的步骤，但没有证明），有的是一题一术，有的是多题一术或一题多术。它涉及农业、商业、工程、测量，方程的解法以及直角三角形的性质，共九章。《九章算术》主要内容包括分数四则和比例算法，各种面积和体积的计算，关于勾股测量的计算等。在代数方面，《方程》章中所引入的负数概念及正负数加减法法则；书中关于线性方程（方程组）的解法和现在中学讲授的方法基本相同。

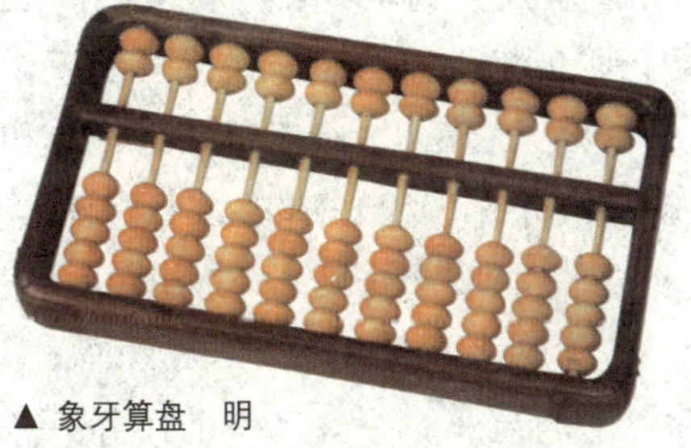

▲ 象牙算盘　明

中国古代的算筹到了后来被先进的运算工具——算盘所取代。有关算盘的兴起时间尚未定论，有人说元代已开始使用算盘，但至今尚未发现实物以验证。明万历年间程大位的《算法统综》已画出算盘形象，和现行算盘完全一致，并记载了运算口诀，可见当时在商业和统计中已广泛运用算盘。这件象牙算盘，制作精良，珠子灵活，至今仍然操作方便。

“算术”在西汉时期是数学书的代用名词，算字的原意是计算用的竹筹即小竹棍。“算术”本意是应用算筹计算的方法，这里的算术包含当时的全部数学知识与计算技能，这与现代算术的意义是不相同的。《九章算术》以计算为中心，在应用问题中把理论与实际相结合的特点，一直影响着中国数学的发展。它的一些成就如十进位制、今有术、盈不足术等还传到印度等国家，并通过这些国家传到欧洲，促进了世界数学的发展。

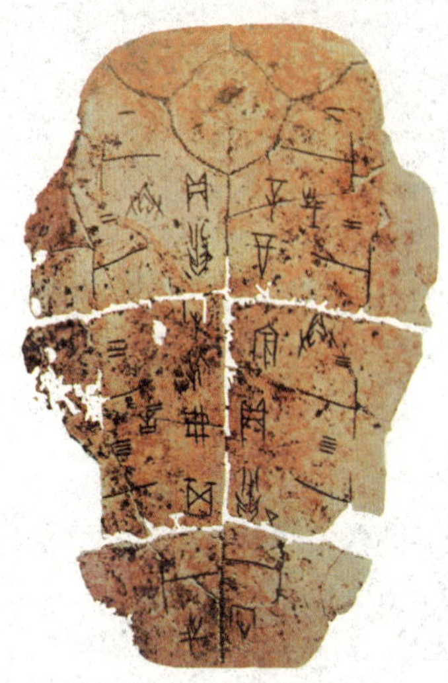
▲ 刻有数码的商代甲骨　商

方田章提出了各种多边形、圆、弓形等的面积公式；分数的通分、约分和加减乘除四则运算的完整法则。后者比欧洲早 1400 多年。

粟米章提出比例算法，称为今有术；衰分章提出比例分配法则，称为衰分术；商功章除给出了各种立体体积公式外，还有工程分配方法；均输章用衰分术解决赋役的合理负担问题。今有术、衰分术及其应用方法，构成了包括今天正反比例、比例分配、复比例、连锁比例在内的整套比例理论。西方直到 15 世纪末以后才形成类似的全套方法。

少广章介绍开平方、开立方的方法，其程序与现今程序基本一致。这是世界上最早的多位数和分数开方法则。它奠定了中国在高次方程数值解法方面长期领先世界的基础。

盈不足章提出了盈不足、盈适足和不足适足、两盈和两不足三种类型的盈亏问题，以及若干可以通过两次假设化为盈不足问题的一般问题的解法。这也是处于世界领先地位的成果，传到西方后，影响极大。

方程章采用分离系数的方法表示线性方程组，相当于现在的矩阵；解线性方程组时使用的直除法，与矩阵的初等变换一致。这是世界上最早的完整的线性方程组的解法。在西方，直到 17 世纪才由莱布尼兹提出完整的线性方程的解法法则。这一章还引进和使用了负数，并提出了正负术——正负数的加减法则，与现今代数的法则完全相同；解线性方程组时实际还施行了正负数的乘除法。这是世界数学史上一项重大的成就，第一次突破了正数的范围，扩展了数系。外国则到 7 世纪印度的婆罗摩及多才认识负数。

勾股章提出了勾股数问题的通解公式：若 a、b、c 分别是勾股形的勾、股、弦，则 a 的平方加上 b 的平方之和等于 c 的平方。

考工记

——世界第一部关于手工艺的科技专著

作者介绍

《考工记》是我国先秦时期的手工艺专著，据考证是春秋末年齐国的官书，作者不详。令人可惜的是，由于年代久远和社会动荡的原因，特别是秦朝统治者的“焚书”暴政，这部珍贵的科学文献一度散佚，直至西汉才重新问世。当时河间献王广征图书，开献书之路，有人献《周官》五篇，失《冬官》一篇，悬赏千金而不得，于是将《考工记》补入代替，所以《考工记》又叫《周礼·冬官考工记》。

经典概述

今见《考工记》一书是作为《周礼》的一个部分出现的。此书原无名称，《考工记》之名亦是汉代人所起。《考工记》全书记载的范围很广，涉及运输和生产工具、兵器、容器、乐器、玉器、皮革、染色、建筑等项目，每一项目又各自有更细的分工。《考工记》记述了三十项手工业生产的设计规范和制作工艺，并在记述各种经验技术知识的同时，力图阐述其中的科学道理。在书中记载手工艺技术的文字中包含了丰富的物理学知识，特别是关于力学、声学、热学的知识，堪称中国古代的物理学技术著作。

▲ 生熟铁冶炼图

《考工记》里提出了世界上最早的合金规律，并能根据火焰和烟气颜色来辨别熔炼进程。

《考工记》一书包括两个部分，第一部分约与总目、总论相当，主要述说“百工”的含义，它在古代社会生活中的地位，获得优良产品的自然的和技术的条件。第二部分分别述说“百工”中各工种的职能及其实际的“理想化”了的工艺规范。书中说国有六职，即王公、士大夫、百工、商旅、农夫、妇功。

在《考工记》的卷首，概述了当时工商业蓬勃兴起、手工业高度发展和分工日细的特征，这表明《考工记》的出现不是偶然的，它是春秋时期手工工业生产中各种工艺技术和操作

相关链接

春秋战国是我国古代社会大变革的重要阶段，农业、手工业、商业、科学技术此时都有了很大的发展。在手工业中，一方面是原有的操作工艺更为纯熟；另一方面又产生了许多新的工艺，而且分工更为精细，打破了春秋以前“工商食官”的格局，除了官府手工业外，还出现了许多私营的个体手工业。学术百家争鸣，许多士人都重视实践，关心社会的进步和生产技术的发展，涌现出鲁班、墨翟、李冰这样一些杰出的学者、技术发明家。

经验的总汇，是对中国自上古到战国初期的手工艺科技知识的总结，对了解我国古代的科技发展具有重要的意义。

本书的主要科技成就在于：

在金属冶铸方面。“攻金之工·六齐”条谈到了不同使用性能的器物应使用不同成分的合金，说：“六分其金而锡居一，谓之钟鼎之齐；五分其金而锡居一，谓之斧斤之齐……”这是世界上记载最早的合金规律。“㮚氏为量”条谈到了合金熔炼过程中，如何依据火焰和烟气颜色来辨别熔炼进程，这是世界上关于观察熔炼火候的最早记载。

在丝绸漂印染技术方面。“㡛氏湅丝”条谈到了“以楝为灰，渥淳其帛”，“昼暴诸日”等丝绸漂湅操作，这是我国古代关于灰水脱胶、日光脱胶漂白的最早记载。“钟氏染羽”条谈到了“三入为纁，五入为緅，七入为缁”的染色工艺，这是我国古代关于媒染剂染色的最早记载。这些记载在世界上也是较早的。

在标准化管理方面。“㮚氏为量”条说金属熔炼时，需“不耗然后权之，权之然后准之，准之然后量之”。这是对熔炼工艺的一种规范。又如“车有六等之数”条说：“兵车之轮六尺有六寸，田车之轮六尺有三寸，乘车之轮六尺有六寸。”这是对车轮尺寸的一种标准化管理。若依齐尺（每尺约合19.7厘米）推算，此兵车、乘车之轮直径应为1.30米；而经测量，河南辉县市琉璃阁战国墓出土的16号车轮直径正好为1.30米。

在力学方面的论述较多，在“轮人”“骑人”“弓人”“矢人”“匠人”等条都曾涉及，有古代关于滚动摩擦与轮径关系的最早记载，有以沉浮法来确定物体的质量分布，把箭羽作为负反馈控制装置的最早记载，对惯性现象也有明确的记载，书中指出“马力既竭，辀犹能取也。”意思是说，马拉车的时候，马虽然停止前进了，即对车不再施力了，但车还会前进一段距离。此外，《考工记》中还记载了一些其他的力学知识，如力的测量、斜面受力分析、材料强度和建筑施工中的一些力学知识等等。

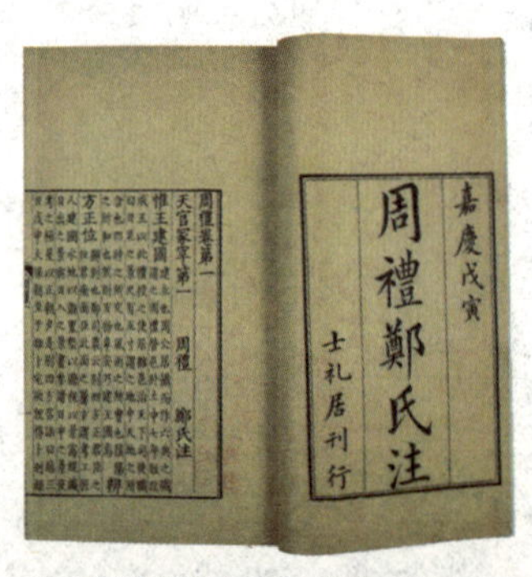

▲《周礼郑氏注》书影

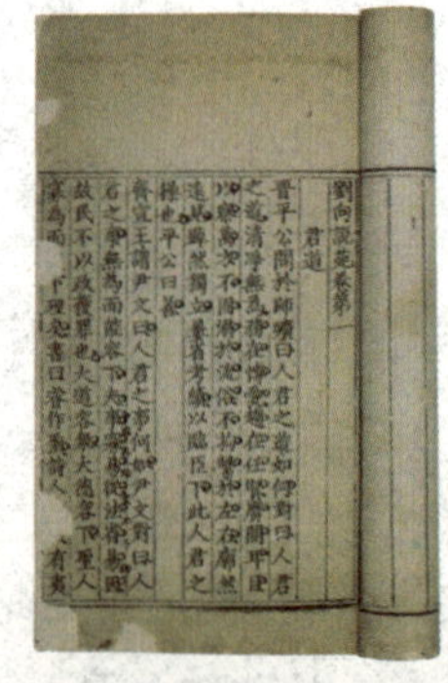
▲《考工记辑注》书影

在声学方面，中国古人就已经认识到了物体发声的高低与物体的振动之间的关系。《考工记》中记载：“凫氏为钟……薄厚之所震动，清浊之所由出。”意思是说薄钟和厚钟的振动是声音清浊的来源，这里清浊讲的是音调的高低。我们现在知道音调的高低由振动的次数决定，而振动情况与发声物体的厚薄有关。中国古代工匠在公元前 3 世纪就已经发现了这个道理，并应用于实践。《考工记》中记载：“磬人为磬，让则磨其旁，已下则磨其端。”意思是说，当石制的磬体发声太高，则磨磬体的两旁，使其变薄，振动次数减少，声音就正常了；反之就磨它的两端，使磬体相对变厚，因而提高振动次数，声音就正常了。此外从《考工记》记述制钟、制鼓的文字中可以看出中国古代工匠对声音的音品、响度等概念也有一定认识。

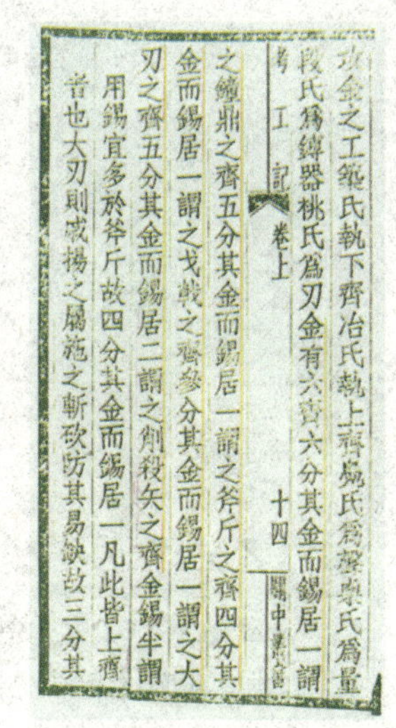
攻金之工築氏執下齊冶氏執上齊鳧氏爲聲㮚氏爲量
段氏爲鎛器桃氏爲刃金有六齊六分其金而錫居一謂
考工記　卷上　十四　關中叢書
之鍾鼎之齊五分其金而錫居一謂之斧斤之齊四分其
金而錫居一謂之戈戟之齊參分其金而錫居一謂之大
刃之齊五分其金而錫居二謂之削殺矢之齊金錫半謂
用錫宜多於斧斤故四分其金而錫居一凡此皆上齊
音也大刃則成揚之屬施之斬砍防其易缺故三分其

▲ 《考工记》内页

《考工记》中有关“六齐”之记载。即青铜合金的六种配比，是世界上最早的合金配比的经验性科学总结。

在实用数学方面。“车人之事”条、“筑氏为削”条、“辀人为辀”条、“轮人为轮”条、“矢人为矢”条、“㮚氏为量”条等，都包含有丰富的实用数学知识，并分别涉及分数、角度、嘉量容器的计算方法等问题，对后世产生过不同程度的影响。如“车人之事”条谈到了矩、宣、欘、柯、磬折，这是我国最早的一套角度概念。

在天文学方面。“辀人为辀”条谈到了二十八星和四象，且明确地提到了其中一些星的名称，一般认为，这是我国古代关于二十八星最早的较为明确的记载。《周礼·春官·冯相氏》《周礼·秋官·哲簇氏》虽也提到过二十八星，但都不曾明确地提到星名和四象。

《考工记》中对春秋时期，中国古人所掌握的测温知识也有记载。据《考工记·轮人篇》记载，当用火烧烤一根木条并希望把它弯成轮牙时，只有恰当地控制火候，才能使木条外不断绝，内不折裂，旁不弯曲。在论述熔铸青铜合金时，书中明确记载要先把铜熔化再加进锡料（含有锌、铅），并对冶炼过程中火候、合金颜色的变化进行了准确的描写。今天我们知道，在熔铸青铜过程中，温度的控制是至关重要的，特别要注意缩短液体合金在高温下停留的时间。因为组成青铜的几种原料铜、锡、锌等，铜的熔点最高（1083℃），锡、锌等熔点都远低于这个温度。所以现代冶炼青铜时，都总是先把铜熔化，然后加锡、锌等原料。中国古人在两千多年前就掌握了这个诀窍，实在难能可贵。

天工开物

——17世纪早期的重要工程技术著作

作者介绍

宋应星（1587 ~ 1663 年），字长庚，明南昌府奉新县北乡人。他出生在官宦之家，书香门第，自幼就聪明过人。宋应星的爱好兴趣十分广泛，对农业、手工业生产都比较注意观察和研究。万历四十三年（1615 年），28 岁的宋应星和他的哥哥一起在江西乡试时同时中举，一时间成为广为流传的佳话。明思宗崇祯七年（1634 年）即宋应星 47 岁时，出任江西分宜县教谕（管教育的官），动手编写《天工开物》，3 年后成书。以后在福建、安徽当过小官，但是他在科举场上屡次受到挫折，以致“六上公车而不第”之后，他就幡然醒悟。从此以后，宋应星一方面做官，另一方面著书立说。《天工开物》是宋应星任江西分宜教谕时（1634 ~ 1638 年）撰写成的，初版于崇祯十年（1637 年）。1644 年明朝灭亡后，宋应星便弃官回乡隐居。宋应星的著作还有《思怜诗》《画音归正》《卮言十种》等，但今已佚失。

经典概述

西方曾把《天工开物》以《中华帝国古今工业》为书名，翻译出版。这是一部有关农业和手工业生产技术的百科全书，总结了各个生产领域的知识。宋应星把天工开物分为三编，全书按照“贵五谷而贱金玉”的原则列为十八个类目，每类一卷，共十八卷。上编记载了谷物的栽种、蚕丝棉苎的纺织染色，以及制盐制糖的工艺。中编记载了砖瓦、陶艺的制作、车船的制造、金属的铸造、矿石的开采和烧炼以及制油造纸的方法等。下编记载了兵器的制造、颜料的生产、酿酒的技术，以及珠玉的采集和加工等。而当中更有附图一百余幅，是一部图文并茂的科技文献。书中详细地记载了有关炼锌技术，其中介绍了密封加热法，解决了锌极易氧化的问题。亦有记载铁矿石变成钢的生产过程，完全符合现代钢铁生产的原理。书中还介绍防治稻田八大灾害的方法，至今仍然在农村中广泛流传和应用。

《天工开物》中记载的冷浸田使用骨灰蘸秧根，是我国使用磷肥的最早记录；利用不同品种蚕蛾杂交而生出“嘉种”，是我国利用杂交技术改良蚕种的最早记录。书中记载的精巧复杂的提花机是当时世界上最先进的，记载的锌的冶炼技术在世界上是最早的。

《天工开物》在作物分类学上提出了一些新的方法和标准，且与今人之分类法十分接近。如它把古代农业归纳成了乃粒、乃服、彰施、粹精、甘嗜、膏液、曲蘖 7 个大类，这在先世或者同时代的其他农书以及本草类书中是不曾见过的。该书还把水稻排到五谷之首，稻下又分出了水稻、旱稻，麦下又分出了大麦、小麦，并指出了荞麦非麦。这些分类方法，给人一种眉目清晰之感。在水稻栽培技术上，较早地阐明了秧龄和早穗的关系，首次记述了再生秧技术，以及冷浆田中以骨灰、石灰包秧根的技术，还最先记述了旱稻在干旱条件下变异为旱稻的问题。在麦类栽培管理技术方面，最先指出了以砒霜拌豆麦种子的防虫杀虫之法，最先指出了荞麦的吸肥性。在养蚕技术上，最先记述了利用“早雄配晚雌”的杂交优势来培育新品种的方法，并指出家蚕“软化病”的传染性，提出“需急择而去之，勿使败群”的处理方法。在金属冶炼、铸造、加工方面，空前绝后地记述了串联式炒炼法，较好地记述了明代灌钢工艺的发展，首次记述了今俗称为“焖钢”的箱式渗碳制钢工艺，最早记述了火法炼锌的操作方法，最早以图文并茂的方式记述了大型器物的铸造工艺，较早图示了活塞式鼓风箱的使用情况。最早明确地记述了响铜的合金成分以及有关响器的成型工艺，最先记述了铁锚锻造工艺、钢铁拉拔工艺以及一种叫作生铁淋口的特殊化学热处理工艺，较早地详述了金属复合材料技术的基本操作。

▲ 天工开物·明代的手工工匠

在煤炭和化工技术方面，较早对煤进行了分类，较早记述了煤井排除瓦斯的方法。最早记述了银朱生产过程中的质量互变关系，可认为这是“化合物”观念和“质量守恒”观念的萌芽。

相关链接

明代是我国古代农业、手工业、商业都比较发达的阶段，由于商品经济的发展，明代中期以后，部分地区不少行业中还出现了资本主义萌芽。在农业方面，耕地面积扩大，农作物的品种得到改良和增加，粮食作物、经济作物的总产量和单位面积产量都有了明显的提高，有些地区出现了专业化经营。在手工业方面，种类众多，并且已经具备了一定的规模，特别是冶金、陶瓷、纺织等行业；明代的商业和交通也较为发达。农业、手工业和商业的发展，都有力地促进了科学技术的发展。在那个时代，人们重视实践，许多学术观点都带有启蒙思想的气息。这就为《天工开物》的产生创造了优越的条件。

《天工开物》从科学技术和生产实践出发，总结了工农业生产方面长期积累的经验和知识，成为中国古代科技史上一部里程碑式的名著，在世界科技史上也是一部珍贵的书籍。《天工开物》是保留我国科技史料最丰富的一部书，它更多地着眼于手工业，反映了我国明末出现资本主义萌芽时期的生产力状况。

精华内容

【原文】

凡纸质用楮树（一名榖树）皮与桑穰、芙蓉膜等诸物者为皮纸，用竹麻者为竹纸。精者极其洁白，供书文、印文、柬、启用；粗者为火纸、包裹纸。所谓“杀青”，以斩竹得名；“汗青”以煮沥得名；“简”即已成纸名，乃煮竹成简。后人遂疑削竹片以纪事，而又误疑“韦编”为皮条穿竹札也。秦火未经时，书籍繁甚，削竹能藏几何？如西番用贝树造成纸叶，中华又疑以贝叶书经典。不知树叶离根即焦，与削竹同一可哂也。

【译文】

用楮树（一名榖树）皮、桑树和木芙蓉的第二层皮等造的纸叫作皮纸，用竹麻造的纸叫作竹纸。精细的纸非常洁白，可以用来书写、印刷和制柬帖；粗糙的纸则用于制作火纸和包装纸。所谓“杀青”就是从斩竹去青而得到的名称，“汗青”则是以煮沥而得到的名称，“简”便是已经造成的纸。因为煮竹能成“简”和纸，后人于是就误认为削竹片可以记事，进而还错误地以为古代的书册都是用皮条穿编竹简而成的。在秦始皇焚书以前，已经有很多书籍，如果纯用竹简，又能写下几个字呢？西域一带的人用贝树造成纸页，而我国中土的人士进而误传他们可以用贝树叶来书写经文（即贝叶经）。他们

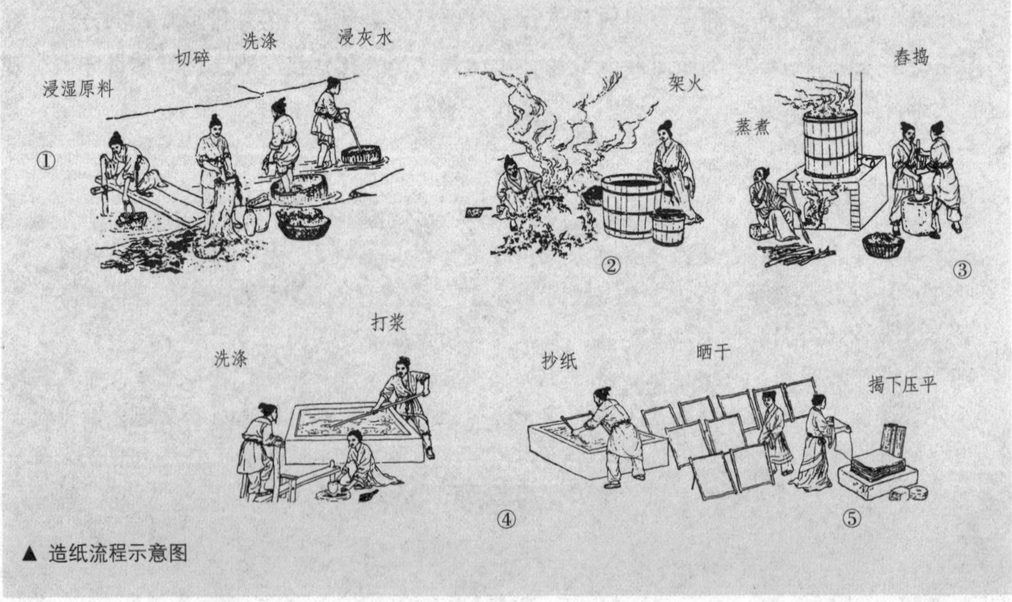

▲ 造纸流程示意图

不懂得树叶离根就会焦枯的道理，这跟削竹记事的说法是同样可笑的。

【原文】

凡黄金为五金之长，熔化成形之后，住世永无变更。白银入洪炉虽无折耗，但火候足时，鼓鞲而金花闪烁，一现即没，再鼓则沉而不现。惟黄金则竭力鼓鞲，一扇一花，愈烈愈现，其质所以贵也。凡中国产金之区，大约百余处，难以枚举。山石中所出，大者名马蹄金，中者名橄榄金、带胯金，小者名瓜子金。水沙中所出，大者名狗头金，小者名麸麦金、糠金。平地掘井得者，名面沙金，大者名豆粒金。皆待先淘洗后冶炼而成颗块。

▲ 天工开物・开采银矿图

【译文】

黄金是五金中最贵重的，一旦熔化成形，永远不会发生变化。白银入烘炉熔化虽然不会有损耗，但当温度够高时，用风箱鼓风引起金花闪烁，出现一次就没有了，再鼓风也不再出现金花。只有黄金，用力鼓风时，鼓一次金花就闪烁一次，火越猛金花出现越多，这是黄金之所以珍贵的原因。中国的产金地区约有一百多处，难以列举。山石中所出产的，大的叫马蹄金，中的叫橄榄金或带胯金，小的叫瓜子金。在水沙中所出产的，大的叫狗头金，小的叫麦麸金、糠金。在平地挖井得到的叫面沙金，大的叫豆粒金。这些都要先经淘洗然后进行冶炼，才成为整颗整块的金子。

【原文】

凡宝石皆出井中，西番诸域最盛，中国惟出云南金齿卫与丽江两处。凡宝石自大至小，皆有石床包其外，如玉之有璞。金银必积土其上，韫结乃成，而宝则不然，从井底直透上空，取日精月华之气而就，故生质有光明。如玉产峻湍，珠孕水底，其义一也。

【译文】

宝石都产自矿井中，其产地以我国西部地区新疆一带为最多。中原地区就只有云南金齿卫（澜沧江到保山一带）和丽江两个地方出产宝石。宝石不论大小，外面都有石床包裹，就像玉被璞石包住一样。金银都是在土层底下经过恒久的变化而形成的。但宝石却不是这样，它是从井底直接面对天空，吸取日月的精华而形成的，因此能够闪烁光彩。这跟玉产自湍流之中，珠孕育在深渊水底的道理是相同的。

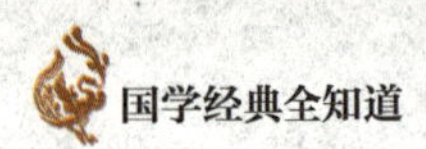

齐民要术

——世界上最早最系统的农业科学名著

作者介绍

贾思勰，青州齐郡益都（今山东寿平）人，是我国南北朝时期杰出的农业科学家。生平不详。贾思勰出生在一个世代务农的书香门第，历代都很喜欢读书，尤其重视对农业生产技术知识的学习和研究。贾思勰的家境虽然不很富裕，但拥有大量藏书，使得年幼的贾思勰就有机会博览群书。成年以后，走上了仕途，到过山东、河南、河北等地，做过高阳郡（今山东淄博）太守等官职。他走到哪儿，都非常重视农业生产，认真考察和研究当地的农业生产技术，认真向具有丰富经验的老农请教。中年以后，回到自己的家乡，开始经营农牧业，亲自参加农业生产劳动和放牧活动，对农业生产有亲身体验。约在 6 世纪 30 年代至 40 年代间写成农业科学技术巨著《齐民要术》，将自己积累的许多古书上的农业技术资料，询问老农获得的丰富经验，以及他自己的亲身实践加以分析、整理和总结。

经典概述

《齐民要术》系统地记述了黄河流域中下游地区，即今山西东南部、河北中南部、河南东北部和山东中北部的农业生产，包括了农、林、牧、渔、副等部门的生产技术知识，堪称我国古代的一部农业百科全书。《齐民要术》分为 10 卷，共 92 篇，约 11 万字，其中正文约 7 万字，注释约 4 万字。书前还有“自序”和“杂说”各一篇。“序”中反复强调“食为政首”的重农思想，通过援引圣君贤相、有识之士重视农业的事例，来强调“治国之本，在于安民；安民之本，在于足用”。把农业生产提到治国安民的高度。

▲ 贾思勰像

全书的结构体例相当严密，每篇由篇题、正文和经传文献组成。根据不同的作物，所述详略不一。篇题下有注文，相当于“释名”“集解”，包括异名、别名、品种、地方名产、引种来源及其性状特征；正文则为实际调查和亲身体验，这是各篇的主体；篇末则援引文献以补充论证正文，包括重农思想、经营管理、生产技术、农业季节、农业地理、农业品贮存与加工。

相关链接

北魏末期，孝文帝实行“文治”，进行汉化运动，提倡农业，朝廷议政都以农事为首。太和九年（485年）又实行均田制，解决人民温饱问题。黄河流域是我国农业发源地之一，旱地农业生产一直居于领先地位，农业生产工具的改进和生产技术的提高，一直都在进行中。比如耕作工具，魏晋时出现了“铁齿”（人字耙）和耱（无齿耙）。到北魏时又积累了一整套耕作经验，形成了完整的耕作体系。

《齐民要术》的内容极为丰富。卷一，耕作、收种、种谷各1篇；卷二，谷类、豆、麦、麻、稻、瓜、瓠、芋等粮食作物栽培论13篇；卷三，种葵、蔓菁等各论12篇；卷四，园篇、栽树各1篇，枣、桃、李等果树栽培12篇；卷五，栽桑养蚕1篇，榆、白杨、竹以及染料作物10篇，伐木1篇；卷六，畜、禽及养鱼6篇；卷七，货殖、涂瓮各1篇，酿酒4篇；卷八、卷九，酿造酱、醋、乳酪、食品烹调和储存22篇，煮胶、制墨各1篇；卷十，“五谷果蔬菜茹非中国物产者”1篇，记温带、亚热带植物100余种，野生可食植物60余种。总括了农艺、园艺、造林、蚕桑、畜牧、兽医、选种育种、酿造、烹饪、农产品加工储存，以及备荒、救荒等，基本上属于广义的农业范畴，反映了当时农、林、牧、渔、副多种经营方式亦具备了较为完整的规模。

《齐民要术》全面、系统地总结了以耕—耙—耱为主体，以防旱保墒为中心的旱地耕作技术体系，以增进地力为中心的轮作倒茬、种植绿肥等耕作制度，以及良种选育等项措施；并且首次系统地总结了园、林经验，林木的压条、嫁接等繁育技术；畜禽的饲养管理、外形鉴定和良种选育；农副产品加工和微生物利用以及救荒备荒的措施。

▲ 滤醋图　三国

农业的发达使各种小手工业也兴盛起来，酒和醋的酿造水平越来越高。

《齐民要术》规模之庞大，内容之丰富，结构之严谨，都远远超过前代。它是在前代农学的基础上，全面、系统地总结了魏晋以来40年间黄河流域旱地农业生产的新经验和新成就，引起历代政府之重视。其中，《农桑辑要》《王祯农书》《授时通考》均受其影响。《齐民要术》在国外也具有深远的影响，达尔文曾参阅过，并援引有关事例作为他的学说的佐证。在当今面临农业困境，《齐民要术》更是引起欧美学者的极大关注和研究。

▲ 耙地图　南北朝

精华内容

【原文】

齐民者，若今言平民也，盖神农为耒耜，以利天下。殷周之盛，《诗》《书》所述，要在安民，富而教之。晁错曰："圣王在上而民不冻不饥者，非能耕而食之，织而衣之，力开其资财之道也。夫寒之于衣，不待轻暖；饥之于食，不待甘旨。饥寒至身，不顾廉耻。一日不再食则饥，终岁不制衣则寒。夫腹饥不得食，体寒不得衣，慈母不能保其子，君亦安能以有民？"

【译文】

"齐民"的意思，就是今天所说的一般百姓。神农发明耒耜一类的农具，是让天下的百姓得到好处。殷商、周代的强大，按照《诗》《书》的记述，关键是在让老百姓安乐，老百姓富有了以后就可以进行教化。晁错说："圣明的君王在位之上，而老百姓有不受冻挨饿的原因，并不是国君自己能耕种而使老百姓能有饭吃，国君自己能织布而使百姓能有衣服穿，关键是能为他们开辟获取财富的方法。人们在受寒时对于衣服的需求，不是非又轻又暖的皮裘丝绵之类的衣服不穿；饥饿的时候对于食物的需求，也不是非甜美的食品不吃；饥寒来到身上，就顾不得廉耻了。人的通常情况是一天不吃两餐就饥饿，整年不做衣服就寒冷。肚子饿了没吃的，肌肤受寒没衣穿，即使慈爱的母亲也不能养育她的儿子，君主又怎能拥有他的百姓呢？"

【原文】

李衡于武陵龙阳汜洲上作宅，种柑橘千树。临卒，敕儿曰："吾州里有千头木奴，不责汝衣食，岁上一匹绢，亦可足用矣。"后柑橘成，岁得绢数千匹。樊重欲作器物，先种梓、漆，时人嗤之。然积以岁月，皆得其用。向之笑者，咸求假焉。此种植之不可

已已也。谚曰：“一年之计，莫如种谷；十年之计，莫如树木。”此之谓也。孔子曰：“居家理，治可移于官。”然则家犹国，国犹家，其义一也。

【译文】

李衡在武陵龙阳氾洲上建了座房子，种植了几千棵柑橘，临死前，嘱咐儿子说：“我在这州上有几千棵柑橘树，不会向你求取衣食，每年又能上交绢一匹，应当能满足家用。”后来柑橘树结果，每年收入价值数千匹绢。樊重想制作家用的器物，就先种植梓树、漆树，当时人们讥笑他。然而岁月久了，所种树木都派上了用场。先前嘲笑他的人都来向他请教。这种种植是不能停止的。谚语说：“一年之计，不如种粮食；十年之计，不如栽树木。”说的就这个意思。孔子说：“在家之中能处理好家政，据治家之理可以用于治理国家。”这样，那么家政就如国政，国政就像家政，它们的义理是一致的。

农政全书

——17世纪的中国农业百科全书

作者介绍

▲ 徐光启像

徐光启（1562～1633年），字子先，号元扈，上海人，明末天主教徒，天文学家、农业科学家，中西文化交流的先驱之一。明万历二十四年（1596年）在广东韶州结识西方传教士，初步闻知天主教教义及西方科学知识；后又读到利玛窦的《山海舆地图》。次年中举。二十八年（1600年）春赴北京应试，途经南京，往访利玛窦，对西方科学知识发生兴趣。三十一年（1603年）在南京聆听了葡萄牙耶稣会士罗如望的宣道，阅读了利玛窦的《天学实义》。他接受了“天学”，受洗入教，取教名保禄。万历三十二年（1604年）中进士，考选为翰林院庶吉士。从政之余随利玛窦问学，并与之合译《几何原本》前六卷。三十五年（1607年）丁忧，回籍守制。次年邀意大利耶稣会士郭居静到上海传教，在家中设立教堂，并在其亲友、佃户中发展教徒，是为天主教传入上海之始。守制期间，将《测量法仪》参以《周髀算经》《九章算术》，中西会通，加以整理，并撰成《测量异同》，《勾股义》。三年后回京任翰林院检讨。适值钦天监推算日食不准，遂和传教士合作研究天文仪器。主张翻译学习西方天文学说。因皇帝不予重视，其事遂寝。四十年（1612年），从意大利耶稣会士熊三拔学习西方水利。崇祯元年（1628年）复任礼部侍郎。此时农书写作已初具规模，但由于上任后忙于负责修订历书，农书的最后定稿工作无暇顾及，直到死于任上。以后这部农书便由他的门人陈子龙等人修订，于崇祯十二年（1639年），亦即徐光启死后第六年，刻板付印，并定名为《农政全书》。徐光启一生著作颇丰：译著有《几何原本》《测量法义》《测量异同》和《勾股义》等。历法方面主持编译《崇祯历书》，著有《徐氏庖言》《兵事或问》《选练百字括》《选练条格》《屯盐疏》《种竹图说》《宜垦令》《农政全书》等，以《农政全书》影响最大。

经典概述

整理之后的《农政全书》，“大约删者十之三，增者十之二”，全书分为12目，共60卷，50余万字。12目中包括：农本3卷；田制2卷；农事6卷；水利9卷；农器4卷；树艺6卷；

蚕桑 4 卷；蚕桑广类 2 卷；种植 4 卷；牧养 1 卷；制造 1 卷；荒政 18 卷。

《农政全书》按内容大致上可分为农政措施和农业技术两部分。前者是全书的纲，后者是实现纲领的技术措施。在书中看到了开垦、水利、荒政这样不同寻常的内容，并且占了全书将近一半的篇幅，这是前代农书所鲜见的。《农政全书》中，“荒政”作为一目，且有 18 卷之多，为全书 12 目之冠。目中对历代备荒的议论、政策作了综述，水旱虫灾作了统计，救灾措施及其利弊作了分析，最后附草木野菜可资充饥的植物 414 种。水利作为一目，亦有 9 卷，位居全书第二。徐光启认为，水利为农之本，无水则无田。当时的情况是，一方面西北方有着广阔的荒地弃而不耕；另一方面京师和军队需要的大量粮食要从长江下游启运，耗费惊人。为了解决这一矛盾，他提出在北方实行屯垦，屯垦需要水利。他在天津所做的垦殖试验，就是为了探索扭转南粮北调的可行性问题，以借以巩固国防，安定人民生活。这正是《农政全书》中专门讨论开垦和水利问题的出发点，从某种意义上来说，这也就是徐光启写作《农政全书》的宗旨。他还根据自己多年从事农事试验的经验，极大地丰富了古农书中的农业技术内容。例如，对棉花栽培技术的总结。

从农政思想出发，徐光启非常热衷于新作物的试验与推广。例如当他听到闽越一带有甘薯的消息后，便从莆田引来薯种试种，并取得成功。随后便根据自己的经验，写下了详细的生产指导书《甘薯疏》，用以推广甘薯种植。后经过整理，收入《农政全书》。对于其他一切新引入、新驯化栽培的作物也都详尽地搜集了栽种、加工技术知识，这就使得《农政全书》成了一部名副其实的农业百科全书。

《农政全书》基本上囊括了古代农业生产和人民生活的各个方面，而其中又贯穿着一个基本思想，即徐光启的治国治民的“农政”思想。贯彻这一思想正是本书不同于前代大型农书的特色所在。

通观全书不难发现《农政全书》是在对前人的农书和有关农业的文献进行系统摘编译述的基础上，加上自己的研究成果和心得体会撰写而成的。徐光启十分重视农业文献的研究，“大而经纶康济之书，小而农桑琐屑之务，目不停览，手不停笔”。据统计，全书征引的文献就有 225 种之多，真可谓是“杂采众家”。徐光启在大量摘引前人文献的同时，结合自己的实践经验和数理知识，提出独到的见解。例如，在书中徐光启用大量的事实对“唯风土论”进行了尖锐的批判，提出了有风土论，不唯风土论，重在发挥人的主观能动性的正确观点。对引进新作物，推广新品种，产生了重大的影响，起了很大的推动作用。

梦溪笔谈

——中国科学史上的坐标

作者介绍

▲ 沈括像

沈括（1031～1095年），字存中，钱塘（今杭州）人，北宋治平元年（1064年）进士，曾经担任负责天文、立法的提举司天监，负责兵器制造的判军器监，负责全国政权的权三司使等，曾参与王安石变法运动，又曾出使辽国，驳斥契丹的争地要求，并曾多次巡查地方政务，相度农田水利，并主持修订《奉元历》，改制浑仪、浮漏、影表。宋神宗元丰三年(1080年)任鄜延路经略安抚使时，整顿军备，防御西夏入侵。一生勤奋好学，于天文、方志、律历、音乐、医药、卜算无所不通。后因边事获罪被贬。他博学多才，为一代学问大家，著述达35种，大多散失。《梦溪笔谈》集其一生研究和见闻的精华，涉及天文、数学、历法、地理、地质、水利、物理、生物、医药、军事、文学、史学、考古及音乐。

经典概述

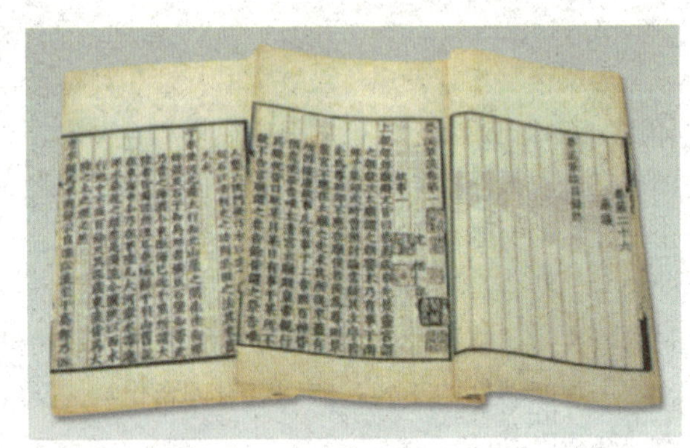
▲ 清刊本《梦溪笔谈》书影

《梦溪笔谈》是用笔记文学体裁写成的，共26卷，再加上《补笔谈》三卷和《续笔谈》，共列有条文609条，遍及天文、数学、物理、化学、地学、生物以及冶金、机械、营造、造纸技术等各个方面，共分30卷，属自然科学的条文有200多条，约占三分之一，其余皆为社会科学。全书分17类，计有：故事、神奇、异事、谚谑、杂志、人事、辩证、乐律、象数、官政、权智、艺文、书画、技艺、器用、药议，涉及典章制度、财政、军事、外交、历史、考古、文学、艺术，以及科学技术等广阔的领域，包罗万象，应有尽有。

《梦溪笔谈》尤以科学技术价值著称。全书论及科学技术的内容非常广泛。根据英国科技史专家李约瑟的统计，书中关于科学技术的条文有207条，占全书三分之一，内容包

括天文、历法、数学、地质、地理、地图、气象、物理、化学、生物、农学、医药学、印刷、机械、水利、建筑、矿冶等各个分支。

《梦溪笔谈》中涉及物理学方面的内容主要有声学、光学和磁学等各方面，特别是在磁学方面的研究成就卓著。

在磁学上，书中谈及指南针的偏向问题，这是世界上有关地磁偏角的最早记录，他指出指南针是由人工磁化而成，并讨论了指南针的四种装置法；在光学上，沈括透过观察实验，对小孔成像，面镜、面镜成像，及镜的放大和缩小规律作出了具体的说明，他对西汉透光镜的原理，也作过一番科学研究，沈括在《梦溪笔谈》中留下了历史上对指南针的最早记载。他在书卷二十四《杂志一》中记载："方家以磁石磨针锋，则能指南，然常偏东，不全南也。"这是世界上关于地磁偏角的最早记载。

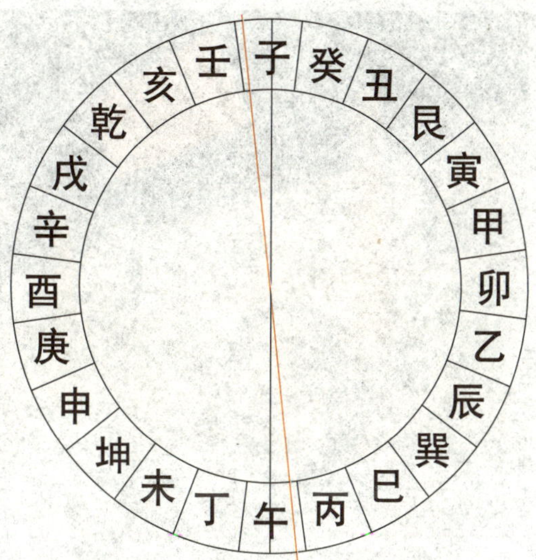

▲ 地磁偏角示意图

沈括以缕悬法指南针做试验时，观察到磁针的指向并不是正南正北，而是南端微微偏东，从而在世界上首先发现了地磁偏角。

在声学上，沈括在《梦溪笔谈》中精心设计了一个声学共振实验。他剪了一个纸人，把它固定在一根弦上，弹动和该弦频率成简单整数比的弦时，它就振动使纸人跳跃，而弹其他弦时，纸人则不动。沈括把这种现象叫作"应声"。用这种方法显示共振是沈括的创见。

在化学方面，他研究鄜延境内的石油矿藏和用途，注意到石油资源丰富，而"石油"一词更是他首先使用的。

在光学方面，《梦溪笔谈》中记载的知识也极为丰富。关于光的直线传播，沈括在前人的基础上，有更加深刻的理解。为说明光是沿直线传播的这一性质。他在纸窗上开了一个小孔，使窗外的飞鸟和楼塔的影子成像于室内的纸屏上面进行实验。根据实验结果，他生动地指出了物、孔、像三者之间的直线关系。此外，沈括还运用光的直线传播原理形象地说明了月相的变化规律和日月食的成因。在《梦溪笔谈》中，沈括还对凹面镜成像、凹凸镜的放大和缩小作用做了通俗生动的论述。

在天文方面，记述有作者改进浑仪、浮漏、圭表河，开宋元时代天文仪器改革之先河。在历法方面，记述了作者主持编订《奉元历》的始末，民间天文学家卫朴的成就和在改历中的贡献。又论及历代历法的疏密，以及历法推步的方法。

在数学方面，记述有作者首创之隙积术和会圆术。隙积术是一种求解垛积问题的方法，会圆术是一种已知弓形圆径和矢高求弧长的方法。

在地质、地理、地图方面，记述有浙江雁荡山"峭拔险怪，上耸千尺，穹崖巨谷"，

▲ 梦溪园内沈括纪念馆

西部黄土地区“立土动及百尺，迥然耸立”等地貌特征，指出此乃流水之侵蚀作用所造成。

在化学和矿冶方面，记载有利用铜铁离子置换反应而发明的湿法冶铜“胆铜法”，以及古代最先进的炼钢方法灌钢法，还记述了井盐、池盐，以及羌族的冷锻铁甲法。

在农学、生物学方面，记述有不少作物和动、植物的地理分布、生态特征和分类，并对一些古生物进行了考证。在水利方面，记述有作者在汴河分段筑堰，逐段进行测量的过程。在印刷技术方面，记述有庆历年间布衣毕昇发明泥活字印刷术，以及活字印刷的工艺过程。

在建筑学方面，记述有著名匠师喻皓加固杭州梵天寺木塔的事迹，以及其所著建筑学专著《木经》的片段。

在医学方面，记述有人体解剖生理学，并阐述了食物、药物、空气进入人体后的运转过程，以及人体新陈代谢的原理。

除了记述科学技术之外，还有极其丰富的内容：如叙典章制度，有官制、礼制、兵制、舆服、仪卫、文牍、掌故；叙外交，有作者熙宁八年（1075年）受命使辽，与辽方谈判边界争议的记述；叙财政，有茶法、盐法、均输法，以及北宋历朝铸造铜钱之情况；叙军事，有阵法、兵器、筑城、屯边、战守、粮运、谋略。关于史学，除全书所记述大多为可靠史实外，还有很多记述，为其他史籍所无，或较其他史籍记载翔实；关于考古，对各种出土文物之时代、形状、花纹、文字等，均有细致的考证；关于文学，除文字流畅、洗练，描述条理清晰，层次分明，本身就是一部笔记体文学佳作外，也表现了自己的文艺思想，如于诗、词强调把形式、内涵、情感、技巧融为一体。

精华内容

【原文】

治平元年，常州日禺时，天有大声如雷，乃一大星，几如月，见于东南。少时而又震一声，移著西南。又一震而坠在宜兴县民许氏园中。远近皆见，火光赫然照天，许氏藩篱皆为所焚。是时火息，视地中有一窍如杯大，极深。下视之，星在其中，荧荧然。

良久渐暗，尚热不可近。又久之，发其窍，深三尺余，乃得一圆石，犹热，其大如拳，一头微锐，色如铁，重亦如之。州守郑伸得之，送润州金山寺，至今匣藏，游人到则发视。王无咎为之传甚详。

【译文】

治平元年（1064 年）间，常州有一天傍晚时分，天空响起雷鸣一般的声音，原来是一颗大星，差不多像月亮那么大，出现在天空的东南方。过了不多久又发出一声震响，大星移到了西南方，接着又震了一下便坠落到了宜兴县一个姓许人家的园子里。远近的人们都看到了，熊熊火光照亮天空，许家园子的篱笆都被火烧毁了。这时火光熄灭了，看到地里有一个像杯口大小的洞，非常深。往下看去，落下的星在里面还荧荧地发着光亮。很长时间才慢慢暗下来，不过还是热得无法接近。又过了很长时间，挖开那个洞三尺多深，于是得到一块圆形的石头，还是热的，像拳头般大小，一头略微有点尖，颜色像铁，分量也像铁。知州郑伸得到了这块陨石，把它送到了润州的金山寺，直到现在还用匣子收藏着，有游客来了就打开匣子让人观赏。王无咎对这件事作了很详细的记载。

【原文】

《名画录》："吴道子尝画佛，留其圆光，当大会中，对万众举手一挥，圆中运规，观者莫不惊呼。"画家为之自有法，但以肩倚壁，尽臂挥之，自然中规。其笔画之粗细，则以一指拒壁以为准，自然均匀。此无足奇。道子妙处，不在于此，徒惊俗眼耳。

【译文】

《名画录》记载："吴道子曾经绘制佛像，留下一圈佛光不画，等到举行盛典的时候，当着成千上万人的面，举起手来一挥而就，佛光就像用圆规所画一般，众人无不惊叹。"画家画圆自有办法，只要将肩头靠近墙壁，尽量伸长臂膀挥手画圆，自然像用圆规画出的一样。画家控制笔画粗细的方法，就是由握笔之手的一个手指抵住墙壁作为保持距离

▲《天王送子图》局部之净饭王抱着初生的释迦　唐　吴道子

▲ 秋山问道图　五代　巨然
此图绘山峦重重叠起，其下溪流清澈见底，山中有小路曲折蜿蜒。有茅舍数间，掩映于山坳深处。整幅画面意境闲雅，布局精密。

的标准，画出的线条自然均匀。这些都不足为奇。吴道子绘画的高妙之处并不在于此，只不过令俗人之眼感到惊异罢了。

【原文】

江南中主时，有北苑使董源善画，尤工秋岚远景，多写江南真山，不为奇峭之笔。其后建业僧巨然，祖述源法，皆臻妙理。大体源及巨然画笔，皆宜远观。其用笔甚草草，近视之，几不类物象；远观则景物粲然，幽情远思，如睹异境。如源画《落照图》，近视无功；远观村落杳然深远，悉是晚景；远峰之顶，宛有反照之色。此妙处也。

【译文】

南唐中主在位时，北苑使董源擅长绘画，尤其擅长秋岚远景，多描绘江南的真山真水，而不用奇特峻峭的笔法。后来，建业僧人巨然继承董源的画法，达到出神入化的境界。董源和巨然的水墨画作大都应该远观，他们的用笔甚为潦草，近看几乎不似物类形象，远看则景物粲然呈现，寄托幽远的情思，使人如目睹胜境奇观。如董源所画的《落照图》，近看不见有什么功夫，远观则村落邈然，深邃悠远，一派日落远山时的晚景，远方的峰顶宛然有落日返照的霞光，这正是他的画作的奇妙之处。

本草纲目

——东方医学巨典

作者介绍

李时珍（1518 ~ 1593 年），字东璧，湖北蕲州（今湖北蕲春）人，出生于医学世家，祖父和父亲都是医生。他自幼受到医药知识的熏陶，喜爱研究医药，立下了治病救人的志愿。李时珍14 岁考取秀才，但是 17 岁、20 岁、23 岁三次参加乡试都没有考中举人，于是他便决心放弃科举途径，专心研究医药学。他拜名医顾日岩为师，苦读 10 年，以后也开始给人看病。34 岁时，他被楚王府聘为奉祠，掌管良医所的事，得以饱览藏书，以后曾被推荐到京城太医院任职，不及一年便辞官回乡，一面行医，一面开始编写《本草纲目》（1552 年）。李时珍“搜罗百氏，访采四方”，一面“渔猎群书”，一面实地考察访问。“步历三十稔，书考 800 余家，稿凡三易。”可见付出了多么大的艰苦劳动。1578 年在李时珍 61 岁的时候，书稿完成，共 52 卷，但 1590 年才开始由南京刻书家胡承龙出钱刻印，直到 1596 年首次出版。而李时珍已经于三年前去世，未能亲眼看到了。除医药学外，李时珍对生物、矿物、化学、地学、天文等也有研究。传世著作还有《濒湖脉学》和《奇经八脉考》。

经典概述

《本草纲目》共收录了中药 1892 种，共 52 卷。卷一至四是全书的附录，收入序言、凡例、目录、附图、引用书目、资料及一些医药基础理论等等。卷五以后是全书的主体部分，李时珍把所有药物分为 16 部：水部、火部、十部、金石部、草部、谷部、菜部、果部、木部、服器部、虫部、鳞部、介部、禽部、兽部、人部。每一部又分为若干类，共计 62 类。其中植物 1195 种，动物 340 种，矿石 357 种。

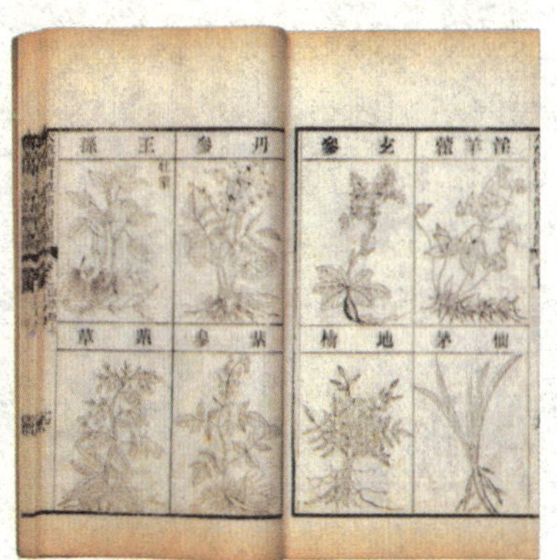

▲《本草纲目》书影　明万历年间

书中更有历代医家临床验方 11096 种，其中 8100 多个为新增，另附各种矿植物插图 1127 幅。

在药物解说方面，本草纲目包括八个部分：第一，释名，罗列典籍中药物的异名，并解说诸名的由来；第二，集解，集录诸家对该药产地、形态、栽培、采集等的论述；第三，修治，介绍该药的炮制法和保存法；第四，气味，介绍该药的药性；第五，主治，列举该药所能治的主要病症；第六，发明，阐明药理或记录前人和自己的心得体会；第七，正误，纠正过去本草书中的错误；第八，附方，介绍以药为主的各种验方及其主治。

《本草纲目》的分类是先无机物而后有机物，先植物而后动物。

在植物类药物中，则先草、谷、菜而后果、木；在动物类药物中，则先虫、鳞、介而后禽、兽，最后则叙述人类药。该书首先是对矿物药之科学分类，这在无机化学方面也已具备一定的水平。李氏记述的每一物质，均评论其来源、鉴别与化学性质。该书以单体元素为纲，对各化合物作了比较全面的论述和分类，大体上对前代所存在的混乱作了澄清。

▲ 李时珍采药图

在生物药的分类方面，可以说是划时代的，基本上采用了“双名法”。其法虽不能达到现代所应用的拉丁系统双名法那么科学精确，但在明代却是世界上最为先进的。其次在关于动物药之分类方面，基本上有以下之特点，例如书中的虫类相当于无脊椎动物，鳞类相当于鱼类和部分爬行类，介类则相当于两栖类和少数软体动物类，禽类则为鸟类，兽类系哺乳类动物。其分类方法富有科学性，代表了当时的先进水平，近代中外学者称赞其有着生物进化论思想，为把人为分类法推向自然分类法作出了重要贡献。

在药物学发展方面，也做出了卓越的贡献。不但考订了前人 1518 种药物，并以自己的亲身实践，调查研究，搜询访验，为中国医药宝库增加新药 374 种。

在药物鉴别方面，《本草纲目》纠正了明代之前《本草》中的许多错误和非科学内容。关于水银的记述，更能说明李时珍严肃认真求实的科学态度和无畏精神；他的认识在当时达到科学发展的最新水平，对彻底根除服水银以求长生的荒谬做法产生了积极的作用。

关于生物对生活环境的适应，《本草纲目》也有独到见解。以动物药的描述为例，《纲目》对每一动物药的动物都有概括性的定义，多能抓住各类动物的生物学属性特征。《本草纲目》在有关药物的论述上，还强调了生物受到人工方法的干预而在生活习性方面发生改变的特性。

在制药化学和实验研究方面，《本草纲目》所载制药化学包括蒸馏、蒸发、升华、重结晶、风化、沉淀、干燥、烧灼、倾泻等许多的方法，较之以前也有着突出的发展。

农桑衣食撮要

——元代农书的代表作

作者介绍

鲁明善，以父字为姓，名铁柱，字明善，高昌（今新疆吐鲁番东）人，生卒年不详，生活于元代后期。父亲伽鲁纳答思，是元代著名的翻译家、外交家和学者，通晓印度、中亚、汉、藏等多种语言文字，曾经作为外交使者到过许多国家，也接待过许多外国使臣。待人接物处处表现出宽厚、机智、廉洁的作风。元世祖时，他由西域进入大都（今北京）从事翻译佛经的工作，并担任过皇太子的师傅。他历事世祖、成宗、武宗、仁宗四朝，做过禁卫领行人，官至开府仪同三司大司徒。地位显赫，深得朝廷器重。鲁明善长期跟随父亲居住在汉族地区，深受汉族文化的影响，治过圣贤之学；取鲁明善为姓名，亦足见受儒家文化影响之深。鲁明善受父辈的恩荫，曾在朝廷里为皇帝主持文史工作。后来又以奉议大夫的名义被派到江西行省辅佐狱讼之事。延祐元年（1314 年）被任命为中顺大夫、安丰路（今安徽寿县）达鲁花赤。第二年(1315 年）改授亚中大夫、太平路总管。后又在池州府、衡阳、桂阳、靖州等地任职。虽然每次任期都不长，但政绩显赫，声振朝野。他重视抓农业生产，每到一处或“讲学劝农”，或“复葺农桑为书以教人”，或“修农书，亲劝耕稼”。所管辖的人民对他深表怀念，为之树碑立传，《农桑衣食撮要》就是在延祐元年他出监安丰路时撰写并刊刻的，以后又在至顺元年（1330 年）再刊于学宫。鲁明善为人慈祥，为官清廉。平日喜抚琴作书，除《农桑衣食撮要》外，还撰有《琴谱》8 卷。

经典概述

《农桑衣食撮要》又称为《农桑撮要》，分上、下两卷，是一部按“月令”体裁撰写的农书，列有农事 208 条，约 15000 字。该书体例略同东汉崔瑗的《四民月令》和晚唐韩鄂的《四时纂要》，按一年十二个月，分别把每月的农事简明地列举出来。资料主要采自元初官颁的《农桑辑要》，并增选了一些新材料编成。内容丰富，包括农作物、蔬菜、果树、竹木等的栽培，家禽、家畜、蜂、蚕等的饲养，农产品的加工、贮藏和酿造等，记述详细。在此书中，鲁明善强调建立和巩固农桑为本的思想，提出政府在发展农桑生产上加强技术指导，反对当时废农为牧的错误主张。强调正确利用天时地利之宜，不

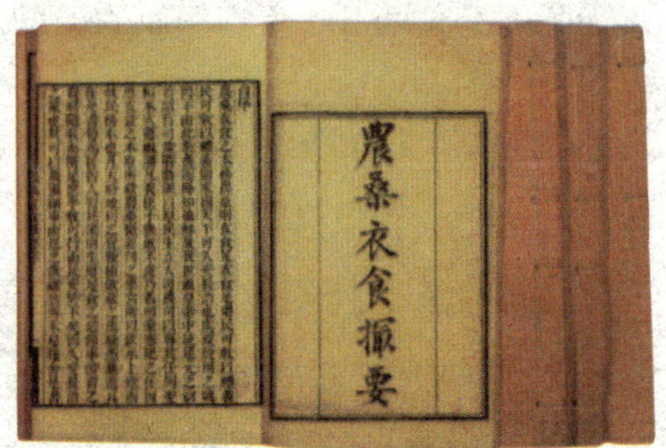

▲《农桑衣食撮要》书影

误农时，实行多种经营，以取得更大的经济效益。要求既要取得地利，也要保持水土，增加土地肥力，切不可破坏性和掠夺性地使用土地。他还提出在发展生产和实行多种经营的基础上，力争兼收“货卖”之利，主张发展城乡间的商品交换，这是取得更大经济效益的一个重要途径。

《农桑衣食撮要》从书名和内容看，都与司农司撰写的《农桑辑要》有相同之处。首先，这两部农书都继承了《齐民要术》的传统，皆为百科性、综合性农书，内容涉及农业生产和农村生活的方方面面。主要内容包括气象、物候、农田、水利、作物栽培（如谷物、块根作物、油料作物、纤维作物、绿肥作物、药材、染料作物、香料作物、饮料作物等）、蔬菜栽培、瓜类栽培、果树栽培、竹木栽培、栽桑养蚕、畜禽饲养、养蜂采蜜、贮藏、加工等。其次，这两本书中蚕桑都占有相当重要的地位。《农桑辑要》中栽桑、养蚕各占一卷，篇幅和条数上几乎占全书的三分之一。《农桑撮要》中蚕桑也占有五分之一的条数，两书名中“桑”与“农”并列，也反映了对蚕桑的重视，体现了元代农书的特色。第三，《农桑辑要》中一些新添的内容在《农桑撮要》中也有反映。《辑要》添加的一些新的内容，大多被改编收入《撮要》之中，如种苎麻、木棉、西瓜、萝卜、菠菜、银杏、松、桧、皂荚、栀子，以及取漆、养蜂等。

两者也有许多不同之处。首先，在体裁上《农桑衣食撮要》采用了古已有之的“月令”体，书中“考种艺敛藏之节，集岁时伏腊之需，以事系月，编类成帙”，因此，明代有人将此书改名为《养民月宜》。虽然《农桑辑要》之后所附“岁用杂事”一节亦属月令体，但内容十分简略，仅相当于《撮要》的目录，而《撮要》不仅列出每月该做的事，而且在每件事下面还写明该怎么做，语言通俗易懂，切实可行，使读者能够“一览了然”。其次，《撮要》较《辑要》在内容上也有新的增加。如关于小麦的播种期、播种量，《齐民要术》等农书中虽有记载，但时过境迁已不实用，而当时的《农桑辑要》中也记载。鲁明善便在书中补上了这条，他在“八月，种大麦小麦”中写道：“白露节后逢上戊日，每亩种子三升；中戊日，每亩种子五升；下戊日，每亩种子七升。”把播种量与播种期联系起来，播种期越早，播种量越小。值得注意的是鲁明善作为少数民族的农学家，还介绍了一些少数民族的生产技术和经验，如种葡萄技术，制造酪、酥油、干酪的方法等。同时增加了南方农业方面的内容，一些南方特产，如鸡头（即芡实）、菱、藕、茭笋（白）、茈菰（慈菇）、竹笋、鳜鱼等，均在书中有所介绍。

除了增加新内容外，还删除了一些旧内容。作为月令体农书，全书没有任何商业行为的叙述，其中有关教育的条文，也仅仅是以农民为对象，这就使得全书的内容更加精炼集中，也体现了作者“农桑，衣食之本”的思想。

相关链接

在中原和江南地区先进农业经济的影响下，元代统治者不得不放弃其落后的游牧经济和剥削方式，而采用“以农桑为急务”的政策。1261 年，忽必烈就设立劝农司，派出许多劝农使分赴各地整顿农桑，1270 年又成立司农司，下设四道巡行劝农司，同年改司农司为大司农司，添设巡行劝农使、副使各四员。由劝农司到大司农司反映出元朝对农业的逐渐重视。由于政府对农业的重视，私人撰写农书的风气也随之兴起，在元王朝不到百年的统治期内，见于后人著录的农书就有十几种之多，《农桑衣食撮要》即其一。

闲情偶寄

——中国人生活艺术的袖珍指南

作者介绍

《闲情偶寄》的作者李渔（1611 ~约 1679 年）是明末清初戏曲作家、戏曲理论家，字笠鸿，号湖上笠翁，生于雉皋（今江苏如皋）。出身富有之家，在明代考取过秀才，清兵南下后，家道衰落，遂移居杭州，又迁南京，入清后不曾应试做官。开芥子园书铺，刻售图书，并从事著述。他又组织剧团，以自己的姬妾为主要演员，行遍大江南北，在达官贵人府邸演出自编的戏曲。著有剧本《笠翁十种曲》，即《奈何天》《比目鱼》《蜃中楼》《怜香伴》《风筝误》《慎鸾交》《巧团圆》《凤求凰》《意中缘》《玉搔头》；小说《无声戏》《十二楼》等；杂著《闲情偶寄》和诗文集《笠翁一家言》等。

李渔的戏曲创作数量虽多，但大都为滑稽剧和风情剧，且多情趣低下，甚至流于猥亵之病。就思想内容言，《十种曲》中只有《比目鱼》和《蜃中楼》较为可取。前者写谭楚玉和刘藐姑的爱情故事，刻画出他们对爱情的忠贞；后者把柳毅传书和张羽煮海两个故事糅合在一起，歌颂了男女主角为了维护爱情的反抗精神和行为。但自清代以来，通常认为《风筝误》是李渔的代表作，此剧写韩世勋与詹淑娟的婚姻故事，情节曲折，误会丛生。论者认为它关目布置很工，宾白言谈得当，曲词本色平易，但也批评它有堕入恶趣的严重缺点。

▲ 李渔像

经典概述

《闲情偶寄》是李渔的一部杂著，内容包含戏曲理论、饮食、营造、园艺、养生等，在中国传统雅文化中享有很高声誉，被誉为古代生活艺术大全，名列“中国名士八大奇著”之首。下面选取两部分内容加以介绍。

《闲情偶寄》中的《饮馔部》，是李渔讲求饮食之道的专著。他主张在俭约中求饮食的精美，在平淡处寻生活的乐趣。他的饮食原则可以概括为二十四字诀，即：重蔬食，崇俭约，尚真味，主清淡，忌油腻，讲洁美，慎杀生，求食益。这正表现了中国传统文化对饮食的美的追求。

▲《打龙袍》戏画

《闲情偶寄》的《词曲部》《演习部》实际上是戏曲理论专著。曾有人抽出单独印刷，取名《李笠翁曲话》或《笠翁剧论》。《词曲部》论戏曲创作，包含结构、词采、音律、宾白、科诨、格局六项；《演习部》论戏曲表演，李渔在编剧技巧方面作了系统、丰富而精到的论述。他十分重视戏曲作为一种舞台表演艺术的特征，强调“填词之设，专为登场”，要求编剧之时，“手则握笔，口却登场，全以身代梨园，复以神魂四绕，考其关目，试其声音，好则直书，否则搁笔”。他认识到戏剧结构在剧本创作中的重要性，声称“填词首重音律，而予独先结构”，并就结构问题提出了“立主脑”“密针线”“减头绪”等具体方法。他强调宾白的个性化，即所谓“语求肖似”，“欲代此一人立言，先以代此一人立心”，“务使心曲隐微，随口唾出，说一人，肖一人，勿使雷同，弗使浮泛”。他又提出戏曲的格局要求“小收煞”处，须“令人揣摩下文，不知此事如何结果”，最后的“大收煞”既要使重要角色“大团圆”，又要“自然而然，水到渠成”，“最忌无因而至、突如其来，与勉强生情、拉成一处”。他要求戏曲语言应浅显，他说：“传奇不比文章，文章做与读书人看，故不怪其深；戏文做与读书人与不读书人同看，故贵浅而不贵深。”并且认为“自古来圣贤所传之经传亦只浅而不深”，“能从浅处见才，方是文章高手”。他反对语言的“迂腐”“艰深”“隐晦”“粗俗”“填塞”，要求语言“尖新”“洁净”和有“机趣”，主张少用方言。在音律方面，他主张“恪守词韵”“凛遵曲谱”。他说：“只求文字好，音律正，即牌名旧杀，终觉新奇可喜；如以极新极美之名，而填以庸腐乖张之曲，谁其好之。善恶在实，不在名也。”关于科诨，他提出“戒淫亵”“忌俗恶”“重关系”“贵自然”，主张科诨合于生旦净丑的身份，自然包孕事理之中。诸如此类，都堪称卓识。

《闲情偶寄》不仅熏陶、影响了周作人、梁实秋、林语堂等一大批现代散文大师，开现代生活美文之先河，而且对我们今天提高生活品位、营造艺术的人生氛围仍有借鉴价值。

精华内容

【原文】

武人之刀，文士之笔，皆杀人之具也。刀能杀人，人尽知之；笔能杀人，人则未尽知也。然笔能杀人，犹有或知之者；至笔之杀人较刀之杀人，其快其凶更加百倍，则未有能知之而明言以戒世者。予请深言其故。

何以知之？知之于刑人之际。杀之与剐，同是一死，而轻重别焉者。以杀只一刀，为时不久，头落而事毕矣；剐必数十百刀，为时必经数刻，死而不死，痛而复痛，求为头落事毕而不可得者，只在久与暂之分耳。然则笔之杀人，其为痛也，岂止数刻而已哉！窃怪传奇一书，昔人以代木铎，因愚夫愚妇识字知书者少，劝使为善，诫使勿恶，其道无由，故设此种文词，借优人说法，与大众齐听。谓善由如此收场，不善者如此结果，使人知所趋避，是药人寿世之方，救苦弭灾之具也。后世刻薄之流，以此意倒行逆施，借此文报仇泄怨。心之所喜者，处以生旦之位，意之所怒者，变以净丑之形，且举千百年未闻之丑行，幻设而加于一人之身，使梨园习而传之，几为定案，虽有孝子慈孙，不能改也。

噫，岂千古文章，止为杀人而设？一生诵读，徒备行凶造孽之需乎？苍颉造字而鬼夜哭，造物之心，未必非逆料至此也。凡作传奇者，先要涤去此种肺肠，务存忠厚之心，勿为残毒之事。以之报恩则可，以之报怨则不可；以之劝善惩恶则可，以之欺善作恶则不可。人谓《琵琶》一书，为讥王四而设。因其不孝于亲，故加以入赘豪门，致亲饿死之事。何以知之？因“琵琶”二字，有四“王”字冒于其上，则其寓意可知也。噫，此非君子之言，齐东野人之语也。

【译文】

武士的刀，文人的笔，都是杀人的工具。刀能杀人人们都知道，笔能杀人就并非人人都知道了。笔能杀人有些人虽然也知道，但是说到笔杀人比刀杀人更快、更凶猛百倍，就没有人能知道并明确指出来告诫世人。请让我深入解释其中的原因。

我是如何知道这些的呢？是从处决犯人的过程中领悟的。砍头和刀剐，都是一死，但轻重却是不同的。砍头只用一刀，时间很短，人头落地事情便会结束；刀剐则必定用几十几百刀，用时必定经过几刻钟。想快点死却死不成，疼痛接连不断。想要人头落地了事儿却办不到，只是由于时间的长短的差别。然而用笔杀人，带来的痛楚何止几刻钟？我奇怪戏曲传奇被前人当作宣扬政教的木铃，因为普通百姓识文断字的人很少，要劝导世人行善，告诫人们不要作恶，没有别的办法。因此借用这种文学形式，通过演员现身说法，传入大众的耳朵里。告诉人们好人是这样的结局，坏人是那样的下场，让人们知道该做什么不该做什么，这是救人救世的良方，救苦消灾的工具。后世尖酸刻薄之流却用这个方式来倒行逆施，借此来报仇、泄愤。将心中喜爱的人放在生角和旦角的位置；心中不满的人，便虚

▲《琵琶记》书影

构成净角和丑角的样子，并杜撰出千百年闻所未闻的丑陋行径，虚构在这一个人身上，让艺人演练并传播，几乎成为定论，即使此人有孝顺的后代，也没办法改变。

唉！难道千百年来的文章只是为了杀人作的吗？一生读书难道只为行凶造孽作准备吗？苍颉造字时有鬼在夜里哭，造物之人当初未必没有料到这点。凡是从事戏曲创作的人，首先要把这种邪念去除干净，务必保存忠厚之心，不要做残酷狠毒之事。可以用文章报恩，用来发泄怨气就不行；可以用来劝善惩恶，用来欺善作恶就不行。有人说《琵琶记》这本书是为讽刺王四而作。因为他对双亲不孝，所以书中加上了入赘豪门，致使双亲饿死的情节。如何知道的呢？因为“琵琶”两字四个“王”字在上面，其寓意由此可知。唉！这并非君子该说的话，而应该是山野村夫的话。

【原文】

昔人教女子以歌舞，非教歌舞，习声容也。欲其声音婉转，则必使之学歌；学歌既成，则随口发声，皆有燕语莺啼之致，不必歌而歌在其中矣。欲其体态轻盈，则必使之学舞；学舞既熟，则回身举步，悉带柳翻花笑之容，不必舞而舞在其中矣。

古人立法，常有事在此而意在彼者。如良弓之子先学为箕，良冶之子先学为裘。妇人之学歌舞，即弓冶之学箕裘也。后人不知，尽以声容二字属之歌舞，是歌外不复有声，而征容必须试舞，凡为女子者，即有飞燕之轻盈，夷光之妩媚，舍作乐无所见长。然则一日之中，其为清歌妙舞者有几时哉？若使声容二字，单为歌舞而设，则其教习声容，犹在可疏可密之间。若知歌舞二事，原为声容而设，则其讲究歌舞，有不可苟且塞责者矣。但观歌舞不精，则其贴近主人之身，而为殢雨尤云之事者，其无娇音媚态可知也。

女子学歌舞，有燕语莺啼之致。

【译文】

过去人们教女子学习歌舞，不是为了教歌舞，是为让她们练习声音和仪容。想让她们声音婉转，就必须学习唱歌。学会唱歌后，那么随口发出的声音，就都有了莺歌燕语的韵致，不用唱歌而歌的韵味已经在说话中了。想要使其体态轻盈，就必须学习跳舞。学会跳舞后，那么举手投足，就都带着柳枝翻飘、鲜花含笑的仪容，不用跳舞而舞蹈的韵味已经在一举一动中了。

古人设立规矩，经常是事在此意在彼。比如擅做弓箭的工匠的儿子，学习做弓之前先学习做簸箕；

擅冶金属的铁匠的儿子，学习炼金之前要先学做皮衣。女子学习歌舞，就像造弓、冶金要先学习做簸箕、皮衣一样。后人不知道这个道理，只将声音姿容用于歌舞当中。认为唱歌之外不再有声音，而挑选姿容就必须要跳舞。凡是女子，即使有赵飞燕的轻盈，西施的妩媚，除了歌舞以外别无所长。然而一天当中，轻歌曼舞的时间有多长？如果“声容”二字只是为歌舞而创设，那么教习声容的事就可急可缓了。如果知道唱歌跳舞原本是为声音、姿容而设，那么教习歌舞的人就不可以敷衍搪塞了。只要看到女子的歌舞不精湛，那么就知道她靠近主人，与主人亲热时，不会有娇声与媚态。

【原文】

屋以面南为正向。然不可必得，则面北者宜虚其后，以受南薰；面东者虚右，面西者虚左，亦犹是也。如东、西、北皆无余地，则开窗借天以补之。牖之大者，可抵小门二扇；穴之高者，可敌低窗二扇，不可不知也。

【译文】

房屋以面朝南为正向。然而不可能都办到，所以面朝北的应该留些空地在后面，以接受南风熏染；面朝东的要留空地在右边；面朝西的要留空地在左边，也是这个道理。如果东、西、北面都没有空地，就要开窗借天力来补救。窗户大的可以抵得上两扇小门；窗户开得高，可以抵得上两扇窗户，这些不能不知道。

房屋以面朝南为正向。

【原文】

圣叹之评《西厢》，其长在密，其短在拘，拘即密之已甚者也。无一句一字不逆溯其源，而求命意之所在，是则密矣，然亦知作者于此，有出于有心，有不必尽出于有心者乎？心之所至，笔亦至焉，是人之所能为也；若夫笔之所至，心亦至焉，则人不能尽主之矣。且有心不欲然，而笔使之然，若有鬼物主持其间者，此等文字，尚可谓之有意乎哉？文章一道，实实通神，非欺人语。千古奇文，非人为之，神为之、鬼为之也，人则鬼神所附者耳。

【译文】

金圣叹点评《西厢记》，其长处在于细致，短处在于拘谨。拘谨就是太细致造成的。没有一字一句不是追根溯源，探求本意的所在，这样确实是细致，然而也要知道作者在这里，有的是出于有心，有的则未必是出于有心。心里想到哪儿，笔就写到哪儿，这是每个人都能做到的；至于笔写到哪儿，心也就想到哪儿，那么就不是每个人能做到的了。况且还有心里本来不想这样，但落笔却促使他写成这样，就像鬼使神差。像这样的文字，还可以说是作者有意写的吗？文学创作，实在是通晓神明的，这不是骗人的话。千古的奇文，不是人写出来的，而是鬼神写出来的，人不过是被鬼神附身罢了。

【原文】

洒扫二事，势必相因，缺一不可，然亦有时以孤行为妙，是又不可不知。先洒后扫，言其常也，若旦旦如是，则土胶于水，积而不去，日厚一日，砖板受其虚名，而有土阶之实矣。故洒过数日，必留一日勿洒，止令童子轻轻用帚，不致扬尘，是数日所积者一朝去之，则水土交相为用，而不交相为害矣。

洒扫有学问，非僮仆所能知。

【译文】

洒水和扫地这两件事，相辅相成，缺一不可，然而有时只做一件事更妙，这又是不能不知道的。先洒水后扫地，说的是一般情况，如果每天都如此，就会使土与水胶合起来，沉积在地上扫不去，一天比一天厚，使砖、木板徒有其名，实际却成了土阶。所以洒过几天水之后，一定留一天不洒，只要让童仆轻轻地扫，不至于扬起灰尘。这样，几天积在地上的尘土，一早上就除去了，那么水与土交相为我所用，而不会交相来害我了。

【原文】

读书，最乐之事，而懒人常以为苦；清闲，最乐之事，而有人病其寂寞。就乐去苦，避寂寞而享安闲，莫若与高士盘桓，文人讲论。何也？“与君一夕话，胜读十年书。”既受一夕之乐，又省十年之苦，便宜不亦多乎？“因过竹院逢僧话，又得浮生半日闲。”

既得半日之闲，又免多时之寂，快乐可胜道乎？善养生者，不可不交有道之士；而有道之士，多有不善谈者。有道而善谈者，人生希觏，是当时就日招，以备开聋启聩之用者也。即云我能挥麈，无假于人，亦须借朋济起发，岂能若西域之钟虡，不叩自鸣者哉？

▲ 关公秉烛夜读图

【译文】

读书是最快乐的事，然而懒人却常常觉得辛苦；清闲也是最快乐的事，有人却认为寂寞。选择快乐远离痛苦，逃避寂寞而享受清闲，这些事情都不如与隐士文人交往谈论，为什么呢？“与君一夕话，胜读十年书。”既能享受一天的快乐，又省去十年的辛苦，这不是太便宜了吗？“因过竹院逢僧话，又得浮生半日闲。”既能得到半日的清闲，又能免去长时间的寂寞，这种快乐可以讲得完吗？善于养生的人，不能不结交有道德修养的人，这些人，大都不善言谈。有道德修养又善于交谈的人，生活中很难遇到，对于这种人应该经常接近他们，通过他们启发自己的聪明才智。即使我也能讲玄妙的道理，不需要凭借别人的帮助，也必须通过朋友的启发。难道能像西域的自鸣钟，不敲就自己响起来吗？

传习录

——王阳明心学梗概

作者介绍

▲ 王阳明像

王阳明（1472 ~ 1529 年）是明代著名的思想家，本名王守仁，字伯安，世称阳明先生，谥文成，后人称王文成公。他出身官僚地主家庭，从小接受儒家正统教育，“才兼文武”，有“奇智大能”，28 岁中进士，第二年步入仕途。

年轻的时候，他是程朱理学的追随者。为了实践朱熹“格物穷理”的理论，他曾“格竹子”七天七夜，试图从中领悟出永恒不变的真理，最终不但一无所获，人也因思虑过度累病了。他在极大的失望中，不得不放弃这种尝试，并对程朱理学产生了怀疑和动摇。在以后的生活中，他利用一切可以利用的时间和条件，游历高山名川，交游道士，苦苦思索哲学理论。1506 年，他因为上书请求“去奸臣”，得罪了专权的刘瑾，被贬官到龙场（今贵州修文县治）驿丞。在那里，他日夜静坐沉思。一日深夜，他突然悟出“心即理”，明白了“真理就在自己心中，根本不用向外求”的道理。他在这里得“道”，被后人称为“龙场悟道”。从此，王阳明的思想由客观唯心主义转变为主观唯心主义，并在不断的思考和探索中，建立起完整的理论体系。

经典概述

《传习录》是中国明代哲学家、宋明道学中心学派的代表人物王阳明的语录和论学书信，是他和弟子在教与学的过程中一起编写的一部书籍。“传习”一词源自《论语》中“传不习乎”一语。问答《传习录》包含了王阳明的主要哲学思想，是研究王阳明思想及心学发展的重要资料。《传习录》分上、中、下三卷，载于《王文成公全书》，为一至三卷，亦有单行本。上卷是王阳明讲学的语录，内容包括他早期讲学时主要讨论的“格物论”“心即理”，以及有关经学本质与心性问题。中卷主要是王阳明写给时人及门生的七封信，实际上是七封论学书，此外还有《社会教条》等。在中卷最有影响的是《答顾东桥书》（又名《答人论学书》）和《训蒙大意示教读刘伯颂等》，着重阐述了“知行合一”和“致良知”理论。

下卷一部分是讲学语录，另一部分是《朱子晚年定论》。《朱子晚年定论》包括王阳明写的序和由他辑录的朱熹遗文中三十四条“大悟旧说之非”的自责文字，旨在让朱熹作自我批评与自我否定，证明朱熹晚年确有“返本求真”的“心学”倾向。下卷收录的王阳明讲学语录主要是讨论“良知”与“致良知”的。

《传习录》是由王门弟子徐爱和钱德洪等编辑的，它包括了王阳明学说的主要观点，历来被视作阳明学派的“教典”，是研究王阳明教育思想的重要资料。其中的语录是王门弟子分别记录的，编辑者只作了汇编工作，注明哪些条是由谁记录的，未作进一步地整理，因此各条之间没有内在的逻辑联系。7封书信出自王阳明的手笔，是王阳明论学书的代表作，但阅读这些书信时，如果与其他有关论学书信联系起来看，它们更多地反映了王阳明晚年比较成熟的教育思想，但由于编者的取舍，如《稽山书院尊经阁记》《大学问》等重要著作未予收录其中，它对于了解和研究王阳明的教育思想，明显有不足之感。所以在评介《传习录》一书时，有必要联系全书中的其他篇章。

王阳明继承了程颢和陆九渊的心学传统，并在陆九渊的基础上进一步批判了朱熹的理学。《传习录》中的思想明显地表现了这些立场和观点。

“心即理”本来是陆九渊的命题，《传习录》对此作了发挥。王阳明批评朱熹的修养方法是去心外求理、求外事外物之合天理与至善。王阳明认为“至善是心之本体”，“心即理也，此心无私欲之蔽，即是天理，不须外面添一分。”他这样说是强调社会上的伦理规范之基础在于人心之至善。从这个原则出发，他对《大学》的解释与朱熹迥异。朱子认为《大学》之“格物致知”是要求学子通过认识外物最终明了人心之“全体大用”。王阳明认为“格物”之“格”是“去其心之不正，以全其本体之正”。“意之本体便是知，意之所在便是物。”“知”是人心本有的，不是认识了外物才有的。这个知是“良知”。他说：“所谓致知格物者，致吾心之良知于事事物物也。吾心之良知即所谓天理也。致吾心良知之天理于事事物物，则事事物物皆得其理矣。致吾心之良知者，致知也。”

知行问题是《传习录》中讨论的重要问题，也反映了王阳明对朱熹以来宋明道学关于这个问题讨论的进一步研究。

朱子主张知先行后、行重知轻。王阳明提出的“知行合一”虽然继续了朱子重行的传统，

▲ 从左依次为程颢、程颐、朱熹、王守仁

但是批判了朱子割裂知行。王阳明主张知行合一乃是由心即理立基，批评朱子也是指出他根本上是析心与理为二。

王阳明的“心即理”“致良知”“知行合一”都是要强调道德的自觉和主宰性。他说：“知是理之灵处，就其主宰处说便谓之心，就其禀赋处说便谓之性。”人心能够知晓行为的善恶，也能自觉地去为善，这就是本心的“明觉”，这是对程颢思想的发展。《传习录》中对人心的“虚灵明觉”有很多讨论。若要全面正确地把握王阳明“心外无理”及其他学说，深入地研究他的这些讨论是十分必要的。

精华内容

【原文】

爱问：“至善只求诸心，恐于天下事理有不能尽？”

先生曰：“心即理也，天下又有心外之事、心外之理乎？”

爱曰：“如事父之孝，事君之忠，交友之信，治民之仁，其间有许多理在。恐亦不可不察。”

先生叹曰：“此说之蔽久矣。岂一语所能悟？今姑就所问者言之。且如事父，不成去父上求个孝的理；事君，不成去君上求个忠的理；交友、治民，不成去友上、民上求个信与仁的理。都只在此心，心即理也。此心无私欲之蔽，即是天理，不须外面添一分。以此纯乎天理之心，发之事父便是孝，发之事君便是忠，发之交友治民便是信与仁。只在此心去人欲、存天理上用功便是。”

【译文】

徐爱问：“世上有万事万物的道理，而只在心里去追求至善的境界，恐怕难以去探究完吧？”

先生说：“心就是理，难道天下有什么事物和道理是在人心之外的吗？”

徐爱说：“比如侍奉父亲的孝道，辅佐君王的忠心，结交朋友的诚信，治理百姓的仁义等等，这当中有很多的道理存在，恐怕也不能不去考察的。”

先生慨叹说：“这不是一句话就能解释清楚的，因为此种说法蒙蔽人们很长时间了。姑且就你问的这些来说，侍奉父亲，不

能从你父亲身上找个孝的理；辅助君王，不能从君主身上找个忠的理；结交朋友、治理百姓，也不能从朋友或者百姓的身体上探寻到信和仁的道理。这些孝、忠、信、仁的道理都只存在于人的心中，所以说心就是理。当人心还没有被个人私欲所蒙蔽，那不需要从外面添加一丝一毫，人的内心就是天理。凭着这种合乎天理的心，用心侍奉父亲便是孝，用心辅佐君王便是忠，用心交友、治民便是信和仁。只需要用功去除心中的私欲、存养天理就行了。"

【原文】

问格物。

先生曰："格者，正也，正其不正以归于正也。"

问："'知止'者，知至善只在吾心，元不在外也，而后志定。"

曰："然。"

【译文】

陆澄请教有关格物的学说。

先生说："格，就是纠正。纠正不正确的使它归于正确。"

陆澄问："'知止'，就是明白至善原本不在心之外，而只存在于我们心中，而后志向才能安定。"

先生说："是的。"

【原文】

"自'格物'、'致知'至'平天下'，只是一个'明明德'。虽'亲民'亦'明德'事也。'明德'是此心之德，即是仁。'仁者以天地万物为 体'，使有一物失所，便是吾仁有未尽处。"

▲ 王士祯幽篁坐啸图　清　禹之鼎

【译文】

先生说："从'格物'、'致知'到'平天下'，都是'明明德'。'亲民'也是'明明德'的事情。'明德'也就是本心的善，就是仁爱。'仁者以天地万物为一体'，假使对一件事物感觉到失去，也就说明心中的仁德还有不完善的地方。"

【原文】

萧惠问死生之道。

先生曰："知昼夜即知死生。"

问昼夜之道。

曰："知昼则知夜。"

曰："昼亦有所不知乎？"

先生曰："汝能知昼？懵懵而兴，蠢蠢而食，行不着，习不察，终日昏昏，只是梦昼。惟'息有养，瞬有存'，此心惺惺明明，天理无一息间断，才是能知昼。这便是天德，便是通乎昼夜之道而知，更有甚么死生？"

【译文】

萧惠向先生请教生死的道理。

先生说："知道昼夜，就知道了生死。"

萧惠又请教昼夜的道理。

先生说："懂得了白天，就懂得了黑夜。"

萧惠说："还有人会不懂得白天吗？"

先生说："你能知道白昼吗？迷迷糊糊地起床，傻傻地吃饭，不明白为什么开始，习惯后也不知道为什么会是这样，全天的昏昏沉沉，只是像在做白日梦。只有时时不忘存养的功夫，使心变得清醒明白，天理也没有片刻的中断，才能算是知道白天了。这就是天理，就是通晓了白天夜晚的道理，还会有什么生死之事弄不明白的呢？"

【原文】

又问："用功收心时，有声、色在前，如常闻见，恐不是专一。"

曰："如何欲不闻见？除是槁木死灰，耳聋目盲则可。只是虽闻见而不流去便是。"

曰："昔有人静坐，其子隔壁读书，不知其勤惰。程子称其甚敬。何如？"

曰："伊川恐亦是讥他。"

【译文】

九川问："专心用功的时候，声、色在眼前出现，如果还像往常那样去看去听，恐怕就不能专一了。"

先生说："怎么能不想去听不想去看呢？除非是槁木死灰的人或者耳聋眼瞎的人。只是虽然听见或看见了，心却不跟着它分散了也就是了。"

九川说："从前有人静坐，他的儿子在隔壁读书，他都不知道儿子是勤劳或懒惰。程颐称赞他很能持静。这又是为何呢？"

先生说："程颐先生恐怕也是在讽刺他罢了。"

【原文】

问："先生尝谓'善恶只是一物'。善恶两端，如冰炭相反，如同谓只一物？"

先生曰："至善者，心之本体。本体上才过当些子，便是恶了。不是有一个善，却又有一个恶来相对也。故善恶只是一物。"

直因闻先生之说，则知程子所谓"善固性也，恶亦不可不谓之性"。又曰："善恶皆天理，谓之恶者本非恶，但于本性上过与不及之间耳。"其说皆无可疑。

【译文】

黄直问："先生曾说'善恶只是一个事物'。善和恶，就像冰和炭一样互相对立，怎么能把它们一同说成是一个事物呢？"

先生说："最高境界的善，就是心的本体。本体上刚有一点过错，便成了恶了。而并非有了一个善，又还有一个恶来和它相对应，所以善恶是一个事物。"

因为听了先生的学说，黄直终于明白了程颢先生所说："善固性也，恶亦不可不谓之性。""善恶皆天理，谓之恶者本非恶，但于本性上过与不及之间耳。"之后黄直对这些话就不再有疑惑了。

【原文】

先生游南镇，一友指岩中花树问曰："天下无心外之物。如此花树，在深山中自开自落，于我心亦何相关？"

先生曰："你未看此花时，此花与汝心同归于寂。你来看此花时，则此花颜色一时明白起来。便知此花不在你的心外。"

【译文】

先生游览南镇的时候，一个朋友指着岩石里的花树问先生："天下没有心外之物，那么，就像这棵花树，它在深山中自己盛开自己凋零，跟我们的心又有什么关系呢？"

先生说："你没有看到这树花的时候，它是与你的心一同归于寂静的。而你来看这树花的时候，这花的颜色一下子就明白起来了。由此可知，这树花并非存在在你的心外。"

【原文】

先生曰："人生大病，只是一'傲'字。为子而傲必不孝，为臣而傲必不忠，为父而傲必不慈，为友而傲必不信。故象与丹朱俱不肖，亦只一'傲'字，便结果了此生。诸君常要体此。人心本是天然之理，精精明明，无纤介染着，只是一'无我'而已。胸中切不可'有'，'有'即傲也。古先圣人许多好处，也只是'无我'而已。'无我'自能谦，谦者众善之基，傲者众恶之魁。"

【译文】

先生说："人生最大的毛病就是这个傲慢。子女傲慢就必然会不孝；臣子们傲慢就必然会不忠诚；父母傲慢就必然不会慈爱；朋友傲慢就必然不守信。所以，象与丹朱都不贤明，也只是因为这个傲慢，而让他们了结了自己的一生。你们各位要常常体会这个，人心原本就是天然的理，精明纯净的，没有丝毫沾染，只是有一个'无我'罢了。心里万万不能'有我'，有了便是傲慢了。古代圣贤有许多长处，也只是'无我'罢了。'无我'自然能做到谦谨。谦谨就是众善的基础，傲慢则是众恶的源泉。"

日知录

——中国思想启蒙的先驱

作者介绍

顾炎武（1613 ~ 1682 年）与黄宗羲、王夫之在二十世纪初被并称为明末清初“三大家”。原名忠清，学名绛，字宁人，号亭林，人称亭林先生，又曾署名蒋山傭，江苏昆山人，出生于“乡宦豪绅”家庭，到他祖父、父亲时，家道中落，但藏书还是很多。他的祖父是一个很留心时事的人，顾炎武从小就受到祖父和母亲的严格教育，六岁时母亲就教他读《大学》，七岁跟老师学《四书》，九岁读《周易》，十一岁读《资治通鉴》。顾炎武自 14 岁入昆山县（江苏省苏州市昆山市）学习、自修 18 年，在这期间，他在祖父的指导培养下，打造了有关传统文化典籍及当时政治、经济构架的深厚与坚实的基础。自清顺治元年至十三年（1645 ~ 1656 年）他在江南地区对清军入主中原的统治，作了旗帜鲜明以及秘密串联的反抗活动。自清顺治十四年至康熙二十一年（1675 ~ 1682 年），他离开江南，到北方的齐、燕、鲁、赵以及秦、晋等地，做了许多带政治性的学术活动和人际活动，进行了若干调查研究工作，写出了大量具有很高价值的专著和诗文。顾炎武还有许多经济活动，如开垦荒地，兴办水利，创办票号等，顾炎武一生著作甚多，其中有代表性的是《音学五书》《日知录》和《天下郡国利病书》。

经典概述

《日知录》书名取之于《论语·子张篇》，含有深刻的寓意：要每天学习自己未知的新知识，每月复习它们，就算得上好学了。顾氏于初刻本卷首对此有说明，以示其笃学之志。在顾炎武生前，《日知录》只有八卷本行世，是康熙九年（1670 年）在江苏淮安付刻的，称为符山堂本。顾炎武去世后，潘耒从其家取出书稿，稍事整理，删改了触犯时忌的字眼，于康熙三十四年在福建建阳刊刻，三十二卷，是为遂初堂本。

▲《日知录》书影

《日知录》内容宏富，贯通古今。三十二卷本《日知录》有条目 1019 条（不包括黄侃《校记》增加的 2 条），长短不拘，最长者《苏淞二府田赋之重》有 5000 多字；最短者《召杀》仅有 9 字。这与作者立志学术创新有密切的联系。潘耒把《日知录》的内容大体划为八类，即经义、史学、官方、吏治、财赋、典礼、舆地、艺文。《四库全书总目》则分作十五类，即经义、政事、世风、礼制、科举、艺文、名义、古事真妄、史法、注书、杂事、兵及外国事、天象术数、地理、杂考证。这两种划分都有其价值。前者重视了《日知录》的经世意义，抓住了其主要的方面，并说这书只有宋元时期的名儒能做出来，明朝三百年来没有这样的书，将来治国者采用其说，会大有益于“世道人心”，如果仅叹服其考据的精辟、文辞的博辨，那不是作者著书的本意。后者则偏重其学术意义，划分虽更为细致却不免得其体而遗其神，评价也与前者相左，盛称顾氏考据之学而贬低其经世思想，认为“其说或迂而难行，或愎而过锐”。关于写作此书的目的，顾炎武本人说得很明白，他说：“别著《日知录》，上篇经术，中篇治道，下篇博闻，共三十余卷。有王者起，将以见诸行事，以跻斯世于治古之隆。”撰写《日知录》，“意在拨乱涤污，法古用夏，启多闻于来学，待一治于后王”。这说明，《日知录》是寄托作者经世思想的一部书，内容大体分为三类：经术、治道、博闻，而核心则是“治道”。

▲ 顾炎武像

《日知录》中的经世思想丰富。顾氏提出社会风气的好坏决定社会兴衰的观点，说：“目击世趋，方知治乱之关，必在人心风俗。”他认为“风俗衰”是乱之源，并列举大量事例，说明奢靡浮华的社会风气，是导致国家衰亡的重要原因。他说评价君主的功绩首先要看社会风气：“论世而不考其风俗，无以明人主之功。”他不但从政治上提出了整顿“人心风俗”的具体措施，如重流品、崇厚抑浮、贵廉、提倡耿介和俭约等，还从经济上分析了“人心风俗”败坏的原因，认为要使风俗变好，必须有让百姓安居乐业的物质条件：“今将静百姓之心而改其行，必在治民之产，使之甘其食，美其服，而后教化可行，风俗可善乎！”除正面倡导培养人心风俗、加强礼治，他还强调法制，主张严惩败坏世风的贪官奸臣，说：“法不立，诛不必，而欲为吏者之勿贪，不可得也。”

顾炎武看到了“势”在事物发展过程中的作用，主张进行社会变革，提出要顺势而行，“物来而顺应”的变革思想。对于君主的地位，君主与臣下的关系，顾炎武也作了新的解释。在《周室班爵禄》条中，他说，天子、公、侯、伯、子、男，并不是天生的尊贵，他们管理国家事务，与老百姓一样，也是靠劳动吃饭。“禄”是他们为老百姓工作，取之于百姓的报酬。所以，君主不应该肆虐于上以自尊，不应该厚取于民以自奉。他列举出大量的历史上“称臣下为父母”“人臣称人君”“人臣称万岁”的例子，以淡化至高无上的君权，为建立新型的君臣关系提供历史根据，表现出初步的民主思想。

三字经

——使用最广的蒙学读物

作者介绍

有关《三字经》作者归属，一直是个历史“公案”。比如《辞源》释词为“相传为南宋王应麟编”，又有说是“宋末区适子撰”“明人黎贞撰”。《三字经》诞生于元初，直到明代才广为流传，明清人多认定作者是王应麟。王应麟 (1223 ~ 1296 年)，字伯厚，南宋鄞县(今浙江省宁波市鄞州区)人。他少年时通《六经》，淳祐元年 (1241 年) 中进士，历任过秘书监、吏部侍郎等诸多官职，博学多闻，长于考证，著述丰厚。而据王重光介绍，王应麟的文集未见载有《三字经》。王应麟呕心沥血写就的鸿篇著述并未得到广泛传播，反而是这本未收入正集的小册子却家喻户晓，流传数百年。有的研究者认为有 3 点理由可界定作者是王应麟：其一，《三字经》非博学多闻的大手笔不能作；其二，《三字经》仅为儿童上学的启蒙教材，非热爱儿童教育者不愿撰；其三，《三字经》叙写历史文化原来只到唐宋为止。不过也有一件由清朝咸丰探花、顺德人李文田编辑的《三字经句释》，其封面上“区适子手著”5 个大字佐证《三字经》出自顺德。据明清之际的屈大均在《广东新语》卷 11 中记载：“童蒙所诵《三字经》乃宋末区适子所撰。”另一位广东学者凌扬藻在《蠡勺编》中，也认为《三字经》是区适子所撰。此外他们认为《三字经》在叙述史实时有多处错误，少数地方行文不严密，这与相传另一位作者干应麟博学严谨的学风完全不合。

经典概述

《三字经》涉及自然现象、社会生活和历史文化，内容广泛实用。课文全用三言韵语，句子短，韵脚出现的频率高，节奏性特别强，好读易记，尤其适合于年幼的初学儿童。作者在语言上下了很多功夫，课文不但流畅明白，而且有许多提炼精辟的警句。这篇教材选用历史名人的事例，加入许多生动的形象，并使儿童在识字过程中学到一些典故。今天所见到的清初本子是 1140 字，后来比较通行的本子总共 1248 字，内容大致包含五个部分。

首先，讲教育和学习的重要性，84 字。如：“人之初，性本善。性相近，习相远。苟不教，性乃迁。教之道，贵以专。昔孟母，择邻处，子不学，断机杼。窦燕山，有义方。教五子，名俱扬。养不教，父之过。教不严，师之惰。子不学，非所宜。幼不学，老何为！玉不琢、不成器；人不学，不知义。”

其次，讲些封建伦常，114 字。再就介绍数目、四时、五行、六谷、六畜这些基本名物，

▲ 孟母三迁

96字。如："一而十，十而百，百而千，千而万。三才者，天地人。三光者，日月星……曰春夏，曰秋冬，此四时，运不穷。曰南北，曰西东，此四方，应乎中。曰水火，木金土，此五行，本乎数……稻粱菽，麦黍稷，此六谷，人所食。马牛羊，鸡犬豕，此六畜，人所饲。"

然后介绍"小学""四书""六经"和"五子"这些当时的基本知识，246字。如："论语者，二十篇，群弟子，记善言。孟子者，七篇止，讲道德，说仁义。作中庸，子思笔，中不偏，庸不易。作大学，乃曾子，自修齐，至平治。"

接着讲述历史，468字，如："汉祖兴，汉业建，至孝平，王莽篡。光武兴，为东汉，四百年，终于献。蜀魏吴，争当鼎，号三国，迄两晋。"

最后讲了一大串历史上发愤勤学的故事，勉励儿童努力学习，做有用的人。

通过上面粗略的分析，我们可以看出，无论是从内容或是从语言，《三字经》作为封建社会的一部识字、启蒙兼常识教材，的确是编得比较高明的。在极短的篇幅内，包含如此丰富的内容，而且非常系统、准确，实在是罕见的。后来仿照《三字经》体例编写的蒙学教材多种。如李塨的《小学四字韵语》和《小学稽业》，清人李毓秀的《弟子规》，还有众多的四言、五言、六言、七言的杂字书，多包括日用常识，内容丰富多彩。元明以后陆续出现过多种增改、章太炎的《重订三字经》、余懋勋的《三字鉴》等等，但这些新编和改编都未能较广、较久地流传。

精华内容

【原文】

人之初，性本善。性相近，习相远。

【译文】

每个人在刚出生的时候，本性都是善良纯洁的。但由于后天所处的环境和所受的教育不同，每个人的性格和行为习惯便出现了差别。

【原文】

苟不教，性乃迁。教之道，贵以专。

【译文】

一个人如果没有接受良好的教育和恰当的引导，那么，他就会因为外界的各种不良诱惑迷失本性。教育的根本法则就是“专心致志”，全心全意地教诲，一心一意地学习，可以让人真诚善良。

【原文】

昔孟母，择邻处。子不学，断机杼。

【译文】

孟子的母亲为了挑选到适合孟子学习的居住环境，曾多次搬家。孟子一开始贪玩不爱学习。母亲非常痛心，把织布机上的梭子折断了，严厉地训诫孟子：“不能认真有恒心地学习，就像这梭子一样，这样半途而废是不可能成为有用的人的。”

【原文】

窦燕山，有义方。教五子，名俱扬。

【译文】

五代时的窦燕山很重视对孩子的教育，不仅采用恰当、良好的教育方式，并且总是以身作则。窦燕山有五个儿子，在他的严格教育下，都成了品学兼优的人才，每个人都很有成就，声名传播四方。

【原文】

父子恩，夫妇从。兄则友，弟则恭。长幼序，友与朋。君则敬，臣则忠。此十义，人所同。

【译文】

父母对子女要慈爱，子女对父母要孝顺，丈夫和妻子要和睦相处，兄弟姐妹之间要团结友爱，哥哥姐姐要爱护弟弟妹妹，弟弟妹妹则要尊敬哥哥姐姐。长幼有序，朋友往来要讲信用，真诚相待。身为君主，要懂得尊重、体恤臣民百姓；身为臣子要忠于职守，尽心竭力地做事。古人认为上面提到的十种人伦关系是每个人都必须遵从的美德，于是称之为“十义”。

▲ 窦燕山教子图轴　清　任薰

窦燕山，本名窦禹钧，五代时后周渔阳人，后居幽州，因其地属燕山，故名窦燕山。以词学闻名。持家克俭，乐善好施，高义笃行，曾建书院四十间，聚书数千卷，请名儒执教，并供给衣食。《三字经》有“窦燕山，有义方”句。其五子相继连科及第，皆成人才，时号燕山窦氏五龙。画面中屏风肖然，窦燕山捧卷斜坐榻上，身着便服，慈眉善目，方颐阔耳，须髯飘逸，儒雅之风充溢画端。此时，他正教导身前幼子背诵诗书。幼子踌躇满志，斜视旁边专心读书论诗的兄长，羡慕之余，暗握拳头，发誓紧追兄长，成就大业。窦燕山身边书卷堆砌，身后仆人抱书而立。旁边女仆袖手而立，望着主人，现喜色。本画用笔细劲，人物神情刻画惟妙惟肖，衣纹运笔多以钉头鼠尾描，转折处劲健有力。设色古朴，构图疏密得体。

▲ “三纲”
此长卷形象地展示了“三纲”的内涵。①君为臣纲。②夫为妻纲。③父为子纲。

【原文】

昔仲尼，师项橐。古圣贤，尚勤学。赵中令，读鲁论。彼既仕，学且勤。

【译文】

鲁国有个叫项橐的小孩，他只有七岁，但小小年纪便已十分聪明，很有主见，孔子并不因为自己是公认的大学问家，而对方比自己年纪小，就觉得向他学习是丢脸的事，仍然把他当作老师一样虚心请教。像孔子这样伟大的圣贤，尚且不耻下问、勤奋好学，我们普通人应该更加努力才对。宋太宗时的中书令赵普虽然做了大官，十分忙碌，仍然没有放弃学习。在所有书籍中，赵普最爱读《论语》，一有机会就捧在手中反复品味，于是就有了“半部《论语》治天下”的典故。

▲ 雪夜访赵普图　明　刘俊
据罗大经《鹤林玉露》卷七：宋初宰相赵普，人言所读仅只《论语》而已。

【原文】

披蒲编，削竹简。彼无书，且知勉。头悬梁，锥刺股。彼不教，自勤苦。

【译文】

西汉路温舒家里很穷，买不起书，一心上进的他，把向别人借来的书抄在编起来的蒲草上阅读。西汉还有个名叫公孙弘的人，把竹子削成薄片，再把文字一个个刻在竹片上，编成书册，供自己平时苦读。汉朝的孙敬为了防止自己读书时打瞌睡，于是用绳子绑住头发，再把绳子悬挂在屋梁上，这样，只要打瞌睡时低下头，绳子就会拉扯头发，然后痛醒过来，抖擞精神接着读书。

战国时的苏秦，只要读书时累得快睡着，就拿锥子刺自己的大腿，用疼痛战胜疲倦，强迫自己打起精神继续读书。孙敬和苏秦两个人，没有人督促和教导他们学习，全靠自己勤奋刻苦。

【原文】

如囊萤，如映雪。家虽贫，学不辍。如负薪，如挂角。身虽劳，犹苦卓。

【译文】

晋朝的车胤，把萤火虫装进用纱布做成的袋子里，借着它们发出的微弱亮光来读书。晋朝的孙康，不顾冬夜的寒冷，借着屋外雪地反射出的亮光读书。西汉的朱买臣出身贫寒，靠砍柴卖钱勉强维持生计。他总是把书挂在担子前，在挑柴去卖的途中一边走路一边看书。隋朝的李密，从小帮人放牛，他就把书挂在牛角上，一边放牛一边看书。朱买臣和李密两个人，虽然天天都要干活，身体上非常劳累，但是依然用心学习。

▲ 李密牛角挂书

【原文】

蔡文姬，能辨琴。谢道韫，能咏吟。彼女子，且聪敏。尔男子，当自警。

【译文】

蔡文姬能准确分辨琴声好坏，甚至能听出弹奏者的感情。谢道韫她文思敏捷，很小的时候就会吟诗作对。蔡文姬与谢道韫都是女孩子，尚且如此聪明，有才华，身为男子更应当时刻自我警醒，以她们为榜样，珍惜时光，不断充实自己。

【原文】

犬守夜，鸡司晨。苟不学，曷为人。蚕吐丝，蜂酿蜜。人不学，不如物。

【译文】

狗会在晚上充当警卫，看守门户，保护主人的安全；公鸡每天清晨都会高声打鸣报晓，催促人们按时起床。狗和鸡尚且能尽责工作，身为万物之灵的我们如果整天懒惰贪玩，不肯认真学习有用的本领，还怎么做人呢？蚕会吐丝结茧，蜜蜂会采集花粉，如果我们不懂得自己应尽的责任，不勤奋读书学习实现自己的价值，岂不是连这些动物都比不上吗？

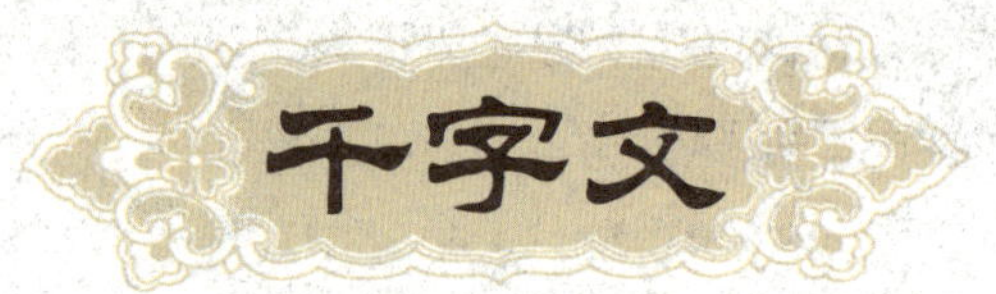

千字文

——中国最早的蒙学读物

作者介绍

自南朝流传至今的《千字文》为南朝梁周兴嗣所编写。周兴嗣《梁书》四十九卷有传。他仕梁，颇得梁武帝萧衍的赏识和称誉，多以文笔之事见用。他的《次韵王羲之书千字》在《隋书》《旧唐书》的《经籍志》，以及《新唐书》《宋史》的《艺文志》等史志目录中都有著录，在敦煌文献中也有周本《千字文》。关于他何以要编写《千字文》，我们可以从唐李绰《尚书故实》和韦绚《刘宾客嘉话录》等书中寻得解答。原来是当年梁武帝令殷铁石在王羲之书写的碑文中拓下不重复的一千个字，供皇子们学书用的。但由于字字孤立，互不联属，所以他又召来周兴嗣嘱道："卿有才思，为我韵之。"周兴嗣只用了一个晚上就编好进呈武帝。这便是传至今日的《千字文》。

经典概述

谈到魏晋南北朝时期的常识教学内容，不能不提到《千字文》，它在常识教学的发展方面，起了承先启后的作用。《千字文》汲取了前人编写识字教材的经验，有所发展提高。这部识字兼常识课本编成于南朝梁武帝大同（535 ~ 546 年）年间，是周兴嗣执行梁武帝的命令编选而成的。

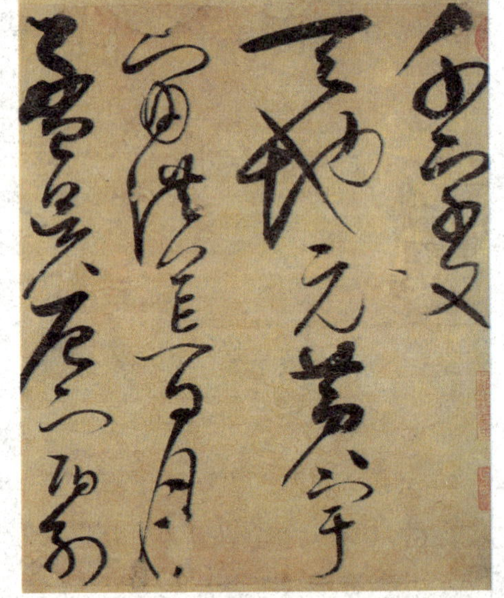

▲ 草书千字文　宋徽宗

宋徽宗疏于国事却擅长书法绘画，是历史上有名的文人皇帝。他的草书千字文在历代名人所书千字文中也堪称精品。

《千字文》全书只有 1000 字（仅个别字重复），组成连贯通顺的四字句，押韵，便于儿童朗读背诵。内容从天象、地理、历史典章、为人处世等，到务农、读书、饮食、居处、园林、祭祀等各个方面，其中有不少劝诫之言和具体的景物描写。所采多为古籍常用字，用典也不深，故流传甚久。

《千字文》虽然只用了有限的字，却并不是 1000 个单字的堆砌，而是组织成通俗的能够表达一定意义的若干句子，这些句子的安排又大致前后连贯，相当有条理。开头一部分从"天

地玄黄，宇宙洪荒”说起，接着就分别说“天”的一些现象。如：“日月盈昃，辰宿列张。寒来暑往，秋收冬藏。云腾致雨，露结为霜。”再说“地”的一些现象。如：“金生丽水，玉出昆冈。剑号巨阙，珠称夜光。海河咸淡，鳞潜羽翔。”这样就介绍了一些有关自然界的名物，然后叙述上古之世，介绍一些有关历史的知识，如：“推位让国，有虞陶唐，吊民伐罪，周发殷汤，坐朝问道，垂拱平章。”以下说到君子修身之道，并推类而及君臣、父子、兄弟、夫妇、朋友之伦，也不无可取的劝诫。还有一些优美的景物描写，如：“渠荷的历，园莽抽条。枇杷晚翠，梧桐蚤凋。陈根委翳，落叶飘摇。游鹍独运，凌摩绛霄。”

只用了1000个字而能写出这么丰富的内容，并且大多数的句子通畅可读，没有多少牵强硬凑的痕迹，这确是很不容易的。《千字文》编成后，很快就成了流行各地的通俗的识字、常识课本。《唐摭言》记载：“顾蒙，宛陵人，博览经史，慕燕许刀尺，亦一时之杰……甲辰淮浙荒乱，避地至广州，人不能知，困于旅食，以至书《千字文》授于聋俗，以换斗筲之资。”《千字文》的语句当时在社会上也广泛流行。《太平广记》引《启颜录》（唐人侯白作）的记载，有人用《千字文》里的话戏作乞社：“若不云腾致雨，何以税熟贡新。”甚至某些商人账册的编号，考场试卷的编号，以至大部头书的卷册编号，常用《千字文》里的字序作线索，编成“天字某号”“地字某号”。

后世仿效《千字文》的层见叠出，如《续千文》《重续千字文》《叙古千文》《稽古千文》《广易千文》《正字千文》《增寿千字文》《训蒙千字文》《梵语千字文》《千字文释义》《百体千字文》等。《千字文》的种种续编、改编本中均包括自然、社会及历史等方面的常识内容。如《续千文》开头的几句是：“混沌初开，乾坤刚柔，震兑巽坎，角亢奎娄。”宋胡寅编的《续古千文》第七节讲西汉的几句：“炎汉开创，规模广延。勃诛禄产，光拥昭宣。董相仲舒，儒术穷研。请罢辟邪，乃绩巍焉。”清李崇忠重编的《千字文》开头几句是：“天地定位，造化生成。曦晖月朗，闰积阶平。俯察川岳，仰眺星辰。藏图出洛，翔鸟跃鳞。”唐代三藏法师义净撰的《梵语千字文》开头几句是：“天地日月，阴阳圆矩，昼夜明暗，雷电风雨。”这些续编本和改编本，曾在一时一地流行过，然而都不久远。其重要原因在于内容艰深，不符合儿童的接受能力，不符合初步识字及学习常识的需要。

精华内容

【原文】

天地玄黄，宇宙洪荒。日月盈昃，辰宿列张。寒来暑往，秋收冬藏。闰余成岁，律吕调阳。

【译文】

开天辟地，宇宙诞生。天是黑色的，高远苍茫；地是黄色的，深邃宽广。宇宙辽阔无垠、混沌蒙昧。日月在宇宙中运转，日出日落，月圆月缺，周而复始，无数星辰陈列散布，闪闪发光。四季气候总是冬夏交替，农事活动总是春生夏长、秋收冬藏。历法上的一年与地球实际上绕太阳运行一周的时间出现误差，就设置闰月和闰年来解决；历法节气上产生偏差，则根据律管和吕管对地下阴阳二气进行勘测的结果进行调整。

【原文】

龙师火帝，鸟官人皇。始制文字，乃服衣裳。推位让国，有虞陶唐。吊民伐罪，周发殷汤。

【译文】

上古时期，伏羲氏以龙来命名百官，被称为“龙师”；神农氏以火来命名百官，被称为“火帝”；少昊氏以鸟来命名百官，被称为“鸟官”。还有传说中远古部落首领人皇，与天皇、地皇合称三皇。黄帝时仓颉创造了文字，百姓穿上了衣服。贤明的上古君王尧和舜，无私地把帝位让给德才兼备的人。商汤率军讨伐残暴的夏桀，而周武王又率军讨伐残暴的商纣王。

▲ 葛天氏用葛做衣

【原文】

学优登仕，摄职从政。存以甘棠，去而益咏。

【译文】

学问好的人就可以去做官，行使职权、处理政事。周人怀念召伯的德政，不忍砍伐他休息过的甘棠树，召伯虽然离去了，但百姓却作诗歌怀念他。

【原文】

乐殊贵贱，礼别尊卑。上和下睦，夫唱妇随。

【译文】

要根据身份贵贱选用不同音乐，要依据地位高低区别使用礼仪。不管地位高低，还是辈分大小，都要和睦相处，丈夫倡导的，妻子要顺从。

【原文】

宫殿盘郁，楼观飞惊。图写禽兽，画彩仙灵。丙舍傍启，甲帐对楹。肆筵设席，鼓瑟吹笙。

【译文】

雄伟的宫殿曲折盘旋，重叠幽深；高大的亭台楼阁凌空欲飞，触目惊心。宫殿里画着各种各样的飞禽走兽，还有彩绘的天仙神灵。正殿两旁的偏殿从侧面开启，豪华的幔帐对着高大的楹柱。宫殿里大摆筵席，弹瑟吹笙，一片歌舞升平的欢腾景象。

【原文】

府罗将相，路侠槐卿。户封八县，家给千兵。高冠陪辇，驱毂振缨。世禄侈富，车驾肥轻。策功茂实，勒碑刻铭。磻溪伊尹，佐时阿衡。

【译文】

朝廷内聚集着将相百官，宫廷外分列着三公九卿。皇帝给每家都赏赐了八个县之广的封地，还供给他们上千名士兵。大臣们戴着高高的官帽，陪伴皇家的车辇出行，车轮飞驰，缨带飘扬。子孙世代享受优厚的俸禄，过着奢侈豪华的生活，乘高大肥壮的马，穿轻巧暖和的皮衣。这些将相大臣的文治武功卓越而真实，他们的丰功伟绩不但被载入史册，还被刻在金石上流传后世。周文王在磻溪寻访到了姜太公，尊他为太公望，周朝在他的辅佐下消灭商朝统一天下；伊尹辅佐成汤推翻夏朝建立商朝，成汤封他为阿衡，他们都是应时而生辅佐当朝君王成就大业的功臣。

【原文】

绮回汉惠，说感武丁。俊乂密勿，多士寔宁。晋楚更霸，赵魏困横。假途灭虢，践土会盟。何遵约法，韩弊烦刑。起翦颇牧，用军最精。

◀商山四皓图
因为刘邦慢侮士人，所以几次征召，“商山四皓”都不应。后来吕后采用张良计策，使皇太子卑辞厚礼，安车迎往，4人就成为太子辅翼，为太子出谋划策。

【译文】

汉惠帝靠商山四皓才挽回了当时的太子地位，武丁通过梦境感应得到了贤相傅说使商朝兴盛。这些贤人们才能出众、勤勉努力，正是依靠了这些众多的贤士，天下才得以太平安宁。春秋时，晋文公和楚庄王等轮流称霸；战国时，赵、魏两国首先被“连横”政策所困扰。晋国向虞国借路出兵攻打虢国，得胜回来把虞国也一起消灭了。晋文公在践土会盟诸侯，成为新的霸主。萧何遵从“约法三章”制定了汉朝法律九章，韩非却死于自己所主张的严刑峻法之下。白起、王翦、廉颇、李牧，是战国时最精通用兵打仗的著名将领。

集篇

楚辞

——神奇而瑰丽的骚体之祖

作者介绍

《楚辞》是我国古代又一部重要的诗歌集，它编纂于西汉末年。编纂者是著名的文学家、目录学家刘向。《楚辞》的主要作者是屈原和宋玉。

屈原，名平，字原，战国时楚国秭县（今湖北省秭归县）人，约生于公元前340年，卒于公元前278年。出身贵族，是楚武王后裔，曾任左徒、三闾大夫。怀王时，主张联齐抗秦，选用贤能，但受其他贵族排挤而不见用。遭靳尚与上官大夫等人毁谤，先被放逐到汉北，又被流放至江南，终因不忍见国家沦亡，怀石自沉汨罗江而死。传说，屈原投汨罗江这天，正是农历五月初五，村民得知他投江，赶紧划着船，在江上打捞。江水茫茫，已经无法寻找了。村民们怕鱼儿咬伤屈原的尸体，用竹叶包了米饭，撒在江中喂鱼，就算是对屈原的祭奠。从此以后，每年的这一天，人们为了怀念屈原，都要划龙舟、包粽子。这一习俗流传下来，就成了我们现在的端午节。

▲ 屈原像

宋玉的生平，古书中记载很少。传说他是屈原的学生，更详细的情况我们现在已经无法知道了。

经典概述

《楚辞》一书中选编了屈原的《离骚》《九歌》《天问》《九章》《远游》《卜居》《渔父》及宋玉的《九辩》《招魂》等名篇。

《离骚》是屈原最重要的代表作。全诗三百七十二句，两千四百余字，是中国古代最宏伟的抒情诗。他的写作年代，是在屈原被放逐之后。

《离骚》的题旨，司马迁解释为“离忧”，班固把“离骚”解释为“遭忧作辞”；王逸则把“离骚”解释为“离别的忧愁”。这三种说法都有一定的道理。总之，这是屈原在政治上受到严重挫折之后，面临个人和国家的厄运，对于过去和未来的思考，是一个崇高而痛苦的灵魂的自传。

《离骚》从第一句“帝高阳之苗裔兮”开始，诗人用大量笔墨，从多方面描述自我的美好而崇高的人格。他自豪地叙述他是楚王的同姓，记叙自己降生在一个吉祥的时辰（寅年寅月寅日），被赐以美好的名字，又强调自己禀赋卓异不凡，并且叙述自己及时修身，培养高尚的品德，锻炼出众的才干，迫切地希望献身君国，令楚国振兴。诗人自我的形象，代表着美好和正义。“党人”是同诗人敌对的，代表着邪恶。他们只顾苟且偷安，使楚国的前景变得危险而狭隘，还“内恕己以量人，各兴心而嫉妒”，“谓余以善淫”，诬蔑诗人是淫邪之人。诗人受到沉重的打击，却更激起了诗人的高傲和自信。他反复用各种象征手段表现自己高洁的品德。同时，再三坚定地表示：他决不放弃自己的理想而妥协从俗，宁死也不肯丝毫改变自己的人格。而后诗人在想象中驱使众神，上下求索。他来到天界，然而帝阍——天帝的守门人却拒绝为他通报。他又降临地上“求女”，但那些神话和历史传说中的美女，或“无礼”而“骄傲”，或无媒以相通。诗人转而请巫者灵氛占卜、巫咸降神，给予指点。灵氛认为楚国已毫无希望，劝他离国出走；巫咸劝他留下，等待君臣遇合的机会。于是，诗人驾飞龙，乘瑶车，扬云霓，鸣玉鸾，自由遨游在一片广大而明丽的天空中。在幻想中，正当诗人“高驰邈邈”的时候，“忽临睨夫旧乡。仆夫悲余马怀兮，蜷局顾而不行”。他发现自己根本无法离开故土，既不能改变自己，又不能改变楚国，那么，除了以身殉自己的理想，以死完成自己的人格外，也就别无选择。《离骚》闪耀着理想主义的光辉异彩。诗人以炽烈的情感、坚定的意志，追求真理，追求完美的政治，追求崇高的人格，至死不渝，具有巨大的艺术感染力。

▲ 痛饮读骚图　明　陈洪绶

《九章》由九篇作品组成：《惜诵》《涉江》《哀郢》《抽思》《怀沙》《思美人》《惜往日》《橘颂》《悲回风》。《九章》的内容都与屈原的身世有关，这与《离骚》相似。在《九章》中，

相关链接

《楚辞》之外的楚辞：有些楚辞名作没有被刘向收入《楚辞》一书中。比如有宋玉的《风赋》《高唐赋》《神女赋》《登徒子好色赋》《对楚王问》等五篇作品。我们可以在萧统编的《文选》找到这些作品。

楚歌：楚地的民歌。这种民歌的特点是句式长短不一，歌中常用语气词“兮”。这种歌谣到秦汉时还十分流行，流传下来的有刘邦的《大风歌》、项羽的《垓下歌》等，《史记·留侯世家》也记载了戚夫人唱的一首楚歌。

▲ 临李龙眠九歌图（局部）

《橘颂》的内容和风格都比较特殊。作品用拟人化的手法，细致描绘橘树的灿烂夺目的外表和“深固难徙”的品质，以表现自我优异的才华、高尚的品格和眷恋故土、热爱祖国的情怀。在描写过程中，诗人既不黏滞于作为象征物的橘树本身，又没有脱离其基本特征，从而为后世咏物诗的创作开辟了一条宽广的道路。其他篇章，多为屈原在放逐期间所作。《涉江》是屈原在江南长期放逐中写的一首纪行诗。诗中叙写作者南渡长江，又溯沅水西上，独处深山的情景。其中的风光描写最为人称道。楚辞中这类风光描写，成了后代山水诗的滥觞，屈原也被推为我国山水文学的鼻祖。《哀郢》作于秦将白起攻陷楚都以后。屈原在流亡中，目睹了祖国和人民遭受的苦难，心情沉痛，写下这首诗，哀叹郢都的失陷。《怀沙》是屈原临死前的绝笔。诗人一面再次申说自己志不可改，一面更为愤慨地指斥楚国政治的昏乱，表现出对俗世庸众的极度蔑视。诗人希望世人能够从自己的自杀中，看到为人的准则。《九章》的大部分都反映了屈原流放生活的经历，这些诗篇善于把纪实、写景与抒情相结合，以华美而富于表现力的语言，写出复杂的、激烈冲突的内心状态。

《天问》是一篇奇文。它就自然、历史、社会以及神话传说，一口气提出一百七十二个问题。这些问题，有些是在当时已经有公认答案的，但诗人并不满足，还是严厉地追问，想找到新的答案。比如尧舜，在当时已被儒家奉为偶像，在《离骚》《九章》中也被反复当作理想政治的化身来歌颂，但在《天问》中，他们仍然不能逃脱深刻的怀疑。

《九辩》是宋玉的代表作，它明显受到屈原的影响。《九辩》中袭用或化用《离骚》《哀郢》等作品中现成语句的地方共有十余处。《九辩》借悲秋抒发“贫士失职而志不平”的感慨，塑造出一个坎坷不遇、憔悴自怜的才士形象。《九辩》的哀愁，主要是一种狭小的、压抑的哀愁，基调是“惆怅兮而私自怜”。宋玉的文才，他的怀才不遇的遭遇，他的见秋景而生哀的抒情模式，都影响了后世标榜清高而自惜自怜的文人，写出许多伤春悲秋的诗文。

精华内容

【原文】

帝高阳之苗裔兮，朕皇考曰伯庸。摄提贞于孟陬兮，惟庚寅吾以降。

皇览揆余初度兮，肇锡余以嘉名。名余曰正则兮，字余曰灵均。

纷吾既有此内美兮，又重之以修能。扈江离与辟芷兮，纫秋兰以为佩。汩余若将不及兮，恐年岁之不吾与。朝搴阰之木兰兮，夕揽洲之宿莽。日月忽其不淹兮，春与秋其代序。惟草木之零落兮，恐美人之迟暮。不抚壮而弃秽兮，何不改乎此度？

乘骐骥以驰骋兮，来吾道夫先路！

昔三后之纯粹兮，固众芳之所在。杂申椒与菌桂兮,岂维纫夫蕙茝！彼尧舜之耿介兮，既遵道而得路。何桀纣之猖披兮，夫唯捷径以窘步。惟夫党人之偷乐兮，路幽昧以险隘。岂余身之惮殃兮，恐皇舆之败绩！忽奔走以先后兮，及前王之踵武。荃不察余之中情兮，反信谗而齌怒。余固知謇謇之为患兮，忍而不能舍也。指九天以为正兮，夫唯灵修之故也。曰黄昏以为期兮，羌中道而改路。初既与余成言兮，后悔遁而有他。余既不难夫离别兮，伤灵修之数化。

余既滋兰之九畹兮，又树蕙之百亩。畦留夷与揭车兮，杂杜衡与芳芷。冀枝叶之峻

茂兮，愿俟时乎吾将刈。虽萎绝其亦何伤兮，哀众芳之芜秽。众皆竞进以贪婪兮，凭不厌乎求索。羌内恕己以量人兮，各兴心而嫉妒。忽驰骛以追逐兮，非余心之所急。老冉冉其将至兮，恐修名之不立。

朝饮木兰之坠露兮，夕餐秋菊之落英。苟余情其信姱以练要兮，长顑颔亦何伤。揽木根以结茝兮，贯薜荔之落蕊。矫菌桂以纫蕙兮，索胡绳之𫄧𫄧。謇吾法夫前修兮，非世俗之所服。虽不周于今之人兮，愿依彭咸之遗则。长太息以掩涕兮，哀民生之多艰。余虽好修姱以鞿羁兮，謇朝谇而夕替。既替余以蕙纕兮，又申之以揽茝。亦余心之所善兮，虽九死其犹未悔！

【译文】

我原本是上古帝王高阳氏的后裔啊，我那已经死去的父亲就名叫伯庸。正当寅年又是寅月啊，就在庚寅之日我降生。

父亲看了我初生的器宇啊，依卦兆赐予我佳名。给我取的大名就叫作正则，给我取的表字叫灵均。

我本来就拥有那么多美好的禀赋啊，又加上自己美好的德能。披上芬芳的江离和幽香的白芷啊，戴上编制的兰草作为饰佩。时光如流我总是追赶不上啊，唯恐年岁匆匆流逝不再将我等。清晨里我拔取了山南那去皮不死的木兰啊，傍晚时分我揽取沙洲的经冬不枯的宿莽。日月飞驰从未久留啊，春去秋来亘古不变。想到草木难免凋谢零落啊，担心美人终归也会迟暮。何不趁年壮抛弃污秽啊，何不改变如此陈旧的法度？

乘上骏马迅速疾驰啊，来吧！我会在前面给你引路！

过往的三代里君德皆纯美无瑕啊，本来就有群芳的环绕辅佐。三代圣君杂用众贤才，并非独取“蕙茝”。那唐尧虞舜的光明正直啊，遵循正道就步入坦途。夏桀商纣何等狂乱放纵啊，因误入歧途而寸步难行。结党的人苟且偷生贪求安乐啊，国家的前途暗淡而就要倾覆了。我哪里是害怕自己遭到祸殃啊，我所担心的是国家就要倾覆。匆匆奔走在君王的前后啊，就是想使您跟上前代

圣君的脚步。君王您不体察我的苦心啊，相反听信了那些谗言而对我暴怒。我诚然明白耿直进言会招来祸患啊，纵使心中想忍却也一定要说。上指苍天来作证啊，那是为了君主的缘故。当初以黄昏作为约期啊，可是中途就改变了主意。那时候与我有过真诚的约定啊，到后来却反悔有了其他的企图。原本我并不怕与你离别啊，可是我痛惜君王你反复无常意志不坚。

我已经种植了兰花九畹啊，又培育了蕙草百亩。分垄栽种了留夷和揭车啊，还间杂种植着杜衡与芳芷。多么希望它们叶茂而枝盛，等到成熟的季节我就收割。纵然是枯萎凋零又何必悲伤啊，伤心的是众芬芳污秽变质。众人都竞相钻营贪求财物啊，贪得无厌地追逐从不满足。为什么总是用自己卑鄙的心理去估量别人啊，各怀鬼胎相互嫉妒。匆匆奔走追名逐利啊，那不是我心志追求所急。衰老渐渐地就要来临啊，担心的是修洁的美名无法得到确立。

清晨啜木兰花上欲坠的香露啊，傍晚采食秋菊初绽的花瓣。只要我的内心诚然美好专一啊，纵使吃不饱而肌瘦憔悴又有什么关系？采撷木兰根来编结白芷啊，再穿结上香草薜荔落下的花蕊。举起香木菌桂来缀上蕙草啊，胡绳编结的绳索美好且又整齐。我一心效法前代的修洁圣贤啊，这不是世俗之人认可的衣冠。虽与当今之人做人的口味不相符合，我顺从于彭咸留下的典范。长叹息，擦干洒下的热泪啊，哀伤人生的道路是这样的艰险。我虽然喜好修洁却被其连累啊，早晨进谏晚上就遭贬。我虽把蕙草的香囊抛弃啊，我又揽取芳芷当作我的佩帏。只要我的内心是美善的啊，就是为这死上九回也肯定不后悔。

【原文】

与女游兮九河，冲风起兮横波。乘水车兮荷盖，驾两龙兮骖螭。登昆仑兮四望，心飞扬兮浩荡。日将暮兮怅忘归，惟极浦兮寤怀。鱼鳞屋兮龙堂，紫贝阙兮朱宫。灵何为兮水中？乘白鼋兮逐文鱼，与女游兮河之渚，流澌纷兮将来下。子交手兮东行，送美人兮南浦。波滔滔兮来迎，鱼隣隣兮媵予。

【译文】

要与河神一同游九河，暴风掀起了层层浪波。以水做车以荷叶为车盖，两龙驾辕啊螭龙奔跑在两侧。攀登上昆仑我放眼四望，任心神飞扬好不舒畅。日将西沉，忘却归去心惆怅。遥远的河边让我顾恋感伤。鱼鳞饰屋，雕龙嵌堂，紫贝搭阙门，明珠镶卧房。神灵你为何久居在水乡？乘坐白鼋追逐游鱼，和你同游在那河渚，融化的流水急骤直下。你拱手辞别往东行，送别美人啊直到南岸口。波浪滔滔都来迎接我，成群的游鱼为我送行。

▲ 冰夷河伯

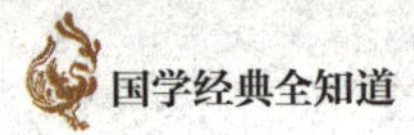

文选

——中国最早的诗文选集

作者介绍

我国古代的帝王贵胄中出过几位大文人，前面我们曾经提到过曹氏父子，这里我们要介绍另外一位：《文选》的编选者萧统。萧统是梁武帝萧衍的长子，萧衍称帝后被立为太子。《梁书》记载他性情敦厚，宽和容众，被立为皇太子后，萧衍让他代理朝政，他明于庶事，纤毫必睹，精于政务。萧统一生勤奋读书，在东宫收集图书三万卷，他还在东宫招纳了一批有学问的人，包括《文心雕龙》的作者刘勰及刘孝绰、王筠、殷芸、陆倕、到洽等人。这些人可能都参加了编选《文选》的工作。然而天妒英才，萧统 31 岁时不幸病死，死后谥号昭明，世称昭明太子，他所编选的《文选》也因此被称为《昭明文选》

经典概述

由魏、晋到齐、梁，是中国文学史上各种文学形式发展并趋于定型成熟的时期，作家和作品数量之多远远超过前代。南北朝时期，文学已经成为社会上层人物必备的修养，社会对文学也更加重视。南方的乐府机构收集保存了南北朝的民歌，现存五百多首。在诗体方面，南北朝民歌开创了五、七言绝句体，经过文人创作加以提高，后来成为唐诗的主要形式之一。魏晋南北朝的文章较以史传、政论为主的两汉散文，更为丰富多样。檄、碑、诔、序、记、书信等各体文章，普遍都注意辞采，追求艺术性的美，特别是书信，出现了不少富有抒情色彩、语言精美的作品。在表现形式方面，文也与诗歌同步，多运用骈偶手段，除了史书和一些专门著作外，大多数文章都是骈体文，甚至像《文心雕龙》这样的文学理论著作，都是用骈体文写成的。魏晋南北朝的辞赋也有重要的发展。虽然还出现过左思的《三都赋》，但汉代兴盛一时的大赋这时没落了，占主导地位的是抒情小赋。辞赋在艺术形式上比一般骈体文更为讲究，藻饰、声律、骈偶、用典这四种修辞手段被大量地使用，语言也特别工整精丽。总之，魏晋南北朝是中国文学史上第一个具有文学的自觉意识、在各方面富于创新精神的时代。与之相适应，从文艺理论角度对文学概念的探讨和文学体制的辨析日益精密。这一时期出现了《典论·论文》《文赋》《文心雕龙》《诗品》等文艺理论著作。

▲ 清刊本《文选》书影

相关链接

《文选》的注本著名的有李善的《文选注》。李善是一位知识渊博的学者，号称“书簏”。他付出了大量的精力来注释《文选》，注释中引用古书近一千七百种，被历来的学者推崇为“淹贯古今”。李善注偏重在说明语源和典故，体例谨严，引证赅博，但对文义的疏通则不免有所忽略。今天来看，李善注的重要性还在于他所引用的大量古籍已经亡佚，后世的学者要做考证或辑佚工作，此书就成了取资的渊薮。

文学作品的数量众多，对它们进行品鉴别裁、芟繁剪芜，就成为广大阅读者的需要，选录优秀作品的文学总集《文选》于是应运而生。

我国浩如烟海的古籍之中，除了几部儒家经典以外，以一部书为学者们所研究而能成为一门学问的，只有两种：一种是“红学”，它的研究对象是《红楼梦》；一种是“选学”，它的研究对象就是《文选》。

《文选》是我国现存最早的诗文选集。《文选》三十卷，共收录上起子夏、屈原，下至当时的作家共一百三十人的作品五百一十三篇。《文选》编排的标准是“凡次文之体，各以汇聚。诗赋体既不一，又以类分。类分之中，各以时代相次”，按文体分为赋，诗，骚，七，诏，册，令，教，表，上书，启，弹事，笺，奏记，书，檄，对问，设论，辞，序，颂，赞，符命，史论，史述，赞，论，连珠，箴，铭，诔，哀，碑文，墓志，行状，吊文，祭文等三十八类。各类中以诗、赋两类所收作品为最多，约占全书篇幅的一半，又按内容把赋分为京都、郊祀、耕籍等 15 门，把诗分为补亡、述德、劝励等 23 门。

《文选》选录的范围，据萧统在《文选序》中的说明，凡属经书、诸子、历史传记等一律不选，但是历史传记中的赞、论、序、述却可以选录，因为“赞、论之综辑辞采，序、述之错比文华，事出于沉思，义归乎翰藻”。这“事出于沉思，义归乎翰藻”两句，就是《文选》的选录标准。所谓“事”，是指文章所用的典故或者题材，“沉思”指深刻的艺术构思；“义”指文章的思想内容，“翰藻”则指有文采的辞藻。这反映出六朝的绮靡文风在他身上有明显的影响。然而他对文学创作的思想内容和艺术形式的关系，却持折中态度，内容要求典雅，形式可以华丽，认为艺术的发展必然是“踵其事而增华，变其本而加厉”；同时，他认为“夫文典则累野，丽亦伤浮”，要求丽而不浮，典而不野，“文质彬彬，有君子之致”。所以《文选》所选的作品，其实并没有过分忽视内容。除了选录当时不被人重视的陶渊明的 8 首诗以外，还选录了《古诗十九首》和鲍照的作品 18 篇。同时，摒弃了那些故作高深的玄言诗和放荡、空虚的艳体诗和咏物诗。这是这部书的优点。

由于《文选》本身的优点，它比起同类型的其他诗文总集的影响更深远。唐代以诗赋取士，唐代文学和六朝文学又有密切的继承关系，因而《文选》就成为士人学习诗赋的范本。宋初亦以诗赋取士，《文选》仍然是士人的必读书，甚至有“《文选》烂，秀才半”的谚语。隋、唐以来，文人学者从各种角度对《文选》作了研究，研究《文选》已成为一种专门的学问，以至于有了“选学”这一名称。

乐府诗集

——总括古代乐府歌辞的诗歌总集

作者介绍

郭茂倩（1041~1099 年），字德粲（《宋诗纪事补遗》卷二四），宋代郓州须城（今山东东平）人（《宋史》卷二九七《郭劝传》），为莱州通判郭劝之孙，太常博士郭源明之子。神宗元丰七年（1084 年）时为河南府法曹参军（《苏魏公集》卷五九《郭君墓志铭》）。编有《乐府诗集》百卷传世，以解题考据精博，为学术界所重视。

经典概述

“乐府”本是掌管音乐的机关名称，最早设立于汉武帝时，南北朝也有乐府机关。其具体任务是制作乐谱，收集歌词和训练音乐人才。后来，人们将乐府机关采集的诗篇称为乐府，或称乐府诗、乐府歌词，于是乐府便由官府名称变成了诗体名称。《乐府诗集》把乐府诗分为郊庙歌辞、燕射歌辞、鼓吹曲辞、横吹曲辞、相和歌辞、清商曲辞、舞曲歌辞、琴曲歌辞、杂曲歌辞、近代曲辞、杂歌谣辞和新乐府辞等 12 大类；其中又分若干小类，如《横吹曲辞》又分汉横吹曲、梁鼓角横吹曲等类；相和歌辞又分为相和六引、相和曲、吟叹曲、平调曲、清调曲、瑟调曲、楚调曲和大曲等类；清商曲辞中又分为吴声歌与西曲歌等类。在这些不同的乐曲中，郊庙歌辞和燕射歌辞属于朝廷所用的乐章，思想内容和艺术技巧都较少可取成分。鼓吹曲辞和舞曲歌辞中也有一部分作品艺术价值较差。但总的来说，它所收诗歌，多数是优秀的民歌和文人用乐府旧题所作的诗歌。在现存的诗歌总集中，《乐府诗集》是成书较早，收集历代各种乐府诗最为完备的一部重要总籍。

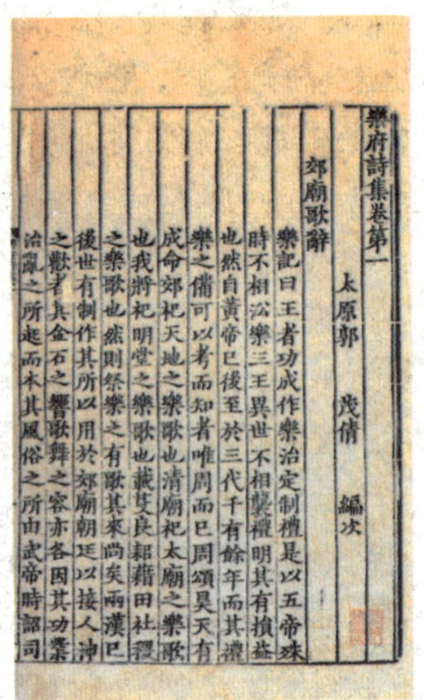
樂府詩集卷第一
太原郭　茂倩　編次
郊廟歌辭
樂記曰王者功成作樂治定制禮是以五帝殊
時不相沿樂三王異世不相襲禮明其有損益
也然自黃帝已後至於三代千有餘年而其禮
樂之備可以考而知者唯周而已周頌昊天有
成命郊祀天地之樂歌也清廟祀太廟之樂歌
也我將祀明堂之樂歌也載芟良耜藉田社稷
之樂歌也然則祭樂之有歌其來尚矣兩漢已
後世有制作其所以用於郊廟朝廷以接人神
之歡者其金石之響歌舞之容亦各因其功業
治亂之所起而本其風俗之所由武帝時詔司

▲《乐府诗集》书影

《乐府诗集》以音乐曲调分类著录诗歌，对一些古辞业已亡佚，而其曲调对后人有过影响的乐曲，都作了说明。另外，《乐府诗集》对各类乐曲的起源、性质及演唱时所使用的乐器等都作了较详的介绍和说明。书中这些说明征引了许多业已散佚的著作，这对文学史和音乐史的研究都有极重要的价值。

精华内容

陌上桑

【原文】

日出东南隅，照我秦氏楼。秦氏有好女，自名为罗敷。罗敷善蚕桑，采桑城南隅。青丝为笼系，桂枝为笼钩。头上倭堕髻，耳中明月珠。缃绮为下裙，紫绮为上襦。行者见罗敷，下担捋髭须。少年见罗敷，脱帽著帩头。耕者忘其犁，锄者忘其锄。来归相怨怒，但坐观罗敷。使君从南来，五马立踟蹰。使君遣吏往，问是谁家姝？“秦氏有好女，自名为罗敷。”“罗敷年几何？”“二十尚不足，十五颇有余。”使君谢罗敷：“宁可共载不？”罗敷前致辞：“使君一何愚！使君自有妇，罗敷自有夫。”

“东方千余骑，夫婿居上头。何用识夫婿？白马从骊驹；青丝系马尾，黄金络马头；腰中鹿卢剑，可值千万余。十五府小吏，二十朝大夫，三十侍中郎，四十专城居。为人洁白皙，鬑鬑颇有须。盈盈公府步，冉冉府中趋。坐中数千人，皆言夫婿殊。”

孔雀东南飞

【原文】

序曰：汉末建安中，庐江府小吏焦仲卿妻刘氏，为仲卿母所遣，自誓不嫁。其家逼之，乃投水而死。仲卿闻之，亦自缢于庭树。时人伤之，为诗云尔。

孔雀东南飞，五里一徘徊。

“十三能织素，十四学裁衣，十五弹箜篌，十六诵诗书。十七为君妇，心中常苦悲。君既为府吏，守节情不移，贱妾留空房，相见常日稀。鸡鸣入机织，夜夜不得息。三日断五匹，大人故嫌迟。非为织作迟，君家妇难为！妾不堪驱使，徒留无所施，便可白公姥，及时相遣归。”

府吏得闻之，堂上启阿母：“儿已薄禄相，幸复得此妇，结发同枕席，黄泉共为友。共事二三年，始尔未为久，女行无偏斜，何意致不厚？”

阿母谓府吏：“何乃太区区！此妇无礼节，举动自专由。吾意久怀忿，汝岂得自由！东家有贤女，自名秦罗敷，可怜体无比，阿母为汝求。便可速遣之，遣去慎莫留！”

府吏长跪告：“伏惟启阿母，今若遣此妇，终老不复取！”

阿母得闻之，槌床便大怒：“小子无所畏，何敢助妇语！吾已失恩义，会不相从许！”

▲《孔雀东南飞》图

府吏默无声，再拜还入户，举言谓新妇，哽咽不能语："我自不驱卿，逼迫有阿母。卿但暂还家，吾今且报府。不久当归还，还必相迎取。以此下心意，慎勿违吾语。"

新妇谓府吏："勿复重纷纭。往昔初阳岁，谢家来贵门。奉事循公姥，进止敢自专？昼夜勤作息，伶俜萦苦辛。谓言无罪过，供养卒大恩；仍更被驱遣，何言复来还！妾有绣腰襦，葳蕤自生光；红罗复斗帐，四角垂香囊；箱帘六七十，绿碧青丝绳，物物各自异，种种在其中。人贱物亦鄙，不足迎后人，留待作遗施，于今无会因。时时为安慰，久久莫相忘！"

鸡鸣外欲曙，新妇起严妆。著我绣夹裙，事事四五通。足下蹑丝履，头上玳瑁光。腰束流纨素，耳著明月珰。指如削葱根，口如含朱丹。纤纤作细步，精妙世无双。

上堂拜阿母，阿母怒不止。"昔作女儿时，生小出野里。本自无教训，兼愧贵家子。受母钱帛多，不堪母驱使。今日还家去，念母劳家里。"却与小姑别，泪落连珠子。"新妇初来时，小姑始扶床；今日被驱遣，小姑如我长。勤心养公姥，好自相扶将。初七及下九，嬉戏莫相忘。"出门登车去，涕落百余行。

府吏马在前，新妇车在后。隐隐何甸甸，俱会大道口。下马入车中，低头共耳语："誓不相隔卿，且暂还家去；吾今且赴府，不久当还归。誓天不相负！"

新妇谓府吏："感君区区怀！君既若见录，不久望君来。君当作磐石，妾当作蒲苇，蒲苇纫如丝，磐石无转移。我有亲父兄，性行暴如雷，恐不任我意，逆以煎我怀。"举手长劳劳，二情同依依。

入门上家堂，进退无颜仪。阿母大拊掌，不图子自归："十三教汝织，十四能裁衣，十五弹箜篌，十六知礼仪，十七遣汝嫁，谓言无誓违。汝今何罪过，不迎而自归？"兰芝惭阿母："儿实无罪过。"阿母大悲摧。

还家十余日，县令遣媒来。云有第三郎，窈窕世无双。年始十八九，便言多令才。

阿母谓阿女："汝可去应之。"

阿女含泪答："兰芝初还时，府吏见丁宁，结誓不别离。今日违情义，恐此事非奇。自可断来信，徐徐更谓之。"

阿母白媒人："贫贱有此女，始适还家门。不堪吏人妇，岂合令郎君？幸可广问讯，不得便相许。"媒人去数日，寻遣丞请还，说有兰家女，承籍有宦官。云有第五郎，娇逸未有婚。遣丞为媒人，主簿通语言。直说太守家，有此令郎君，既欲结大义，故遣来贵门。

阿母谢媒人："女子先有誓，老姥岂敢言！"

阿兄得闻之，怅然心中烦。举言谓阿妹："作计何不量！先嫁得府吏，后嫁得郎君，否泰如天地，足以荣汝身。不嫁义郎体，其往欲何云？"

兰芝仰头答："理实如兄言。谢家事夫婿，中道还兄门。处分适兄意，那得自任专！虽与府吏要，渠会永无缘。登即相许和，便可作婚姻。"

媒人下床去，诺诺复尔尔。还部白府君："下官奉使命，言谈大有缘。"府君得闻之，心中大欢喜。视历复开书，便利此月内，六合正相应。良吉三十日，今已二十七，卿可去成婚。交语速装束，络绎如浮云。青雀白鹄舫，四角龙子幡。婀娜随风转，金车玉作轮。踯躅青骢马，流苏金镂鞍。赍钱三百万，皆用青丝穿。杂彩三百匹，交广市鲑珍。从人四五百，郁郁登郡门。

阿母谓阿女："适得府君书，明日来迎汝。何不作衣裳？莫令事不举！"

阿女默无声，手巾掩口啼，泪落便如泻。移我琉璃榻，出置前窗下。左手持刀尺，右手执绫罗。朝成绣夹裙，晚成单罗衫。晻晻日欲暝，愁思出门啼。

府吏闻此变，因求假暂归。未至二三里，摧藏马悲哀。新妇识马声，蹑履相逢迎。怅然遥相望，知是故人来。举手拍马鞍，嗟叹使心伤："自君别我后，人事不可量。果不如先愿，又非君所详。我有亲父母，逼迫兼弟兄。以我应他人，君还何所望！"

府吏谓新妇："贺卿得高迁！磐石方且厚，可以卒千年；蒲苇一时纫，便作旦夕间。卿当日胜贵，吾独向黄泉！"

新妇谓府吏："何意出此言！同是被逼迫，君尔妾亦然。黄泉下相见，勿违今日言！"执手分道去，各各还家门。生人作死别，恨恨那可论？念与世间辞，千万不复全！

府吏还家去，上堂拜阿母："今日大风寒，寒风摧树木，严霜结庭兰。儿今日冥冥，令母在后单。故作不良计，勿复怨鬼神！命如南山石，四体康且直！"

阿母得闻之，零泪应声落："汝是大家子，仕宦于台阁。慎勿为妇死，贵贱情何薄！东家有贤女，窈窕艳城郭，阿母为汝求，便复在旦夕。"

府吏再拜还，长叹空房中，作计乃尔立。转头向户里，渐见愁煎迫。

其日牛马嘶，新妇入青庐。奄奄黄昏后，寂寂人定初。我命绝今日，魂去尸长留！揽裙脱丝履，举身赴清池。

府吏闻此事，心知长别离。徘徊庭树下，自挂东南枝。

两家求合葬，合葬华山傍。东西植松柏，左右种梧桐。枝枝相覆盖，叶叶相交通。中有双飞鸟，自名为鸳鸯。仰头相向鸣，夜夜达五更。行人驻足听，寡妇起彷徨。多谢后世人，戒之慎勿忘。

唐诗三百首

——熟读唐诗三百首，不会作诗也会吟

作者介绍

孙洙，字临西，一字苓西，号蘅塘，晚号退士，世称蘅塘退士，江苏无锡人。早年入京师国子监学习，乾隆九年（1744 年）中举，乾隆十一年（1746 年）出任江苏上元县学教谕。乾隆十六年（1751 年）中进士，以后历任顺天府大城县知县、直隶卢龙县知县、山东邹平县知县、江宁府学教授等职。在任知县期间，孙洙深入民间访问疾苦，视百姓如家人父子，每当卸任之时，百姓攀辕哭泣，为他送行。直至告老还乡，仍两袖清风。

孙洙鉴于当时通行诗歌选本《千家诗》“工拙莫辨”，因此决定编辑一部唐诗选集取而代之。在继室徐兰英的协助下，于乾隆二十九年（1764 年）编成《唐诗三百首》，以“蘅塘退士”署名。

经典概述

唐朝承接隋朝，历经将近三百年，无论文治武功，还是社会经济、文化等各个方面，都可以说是中国数千年封建社会的巅峰，曾出现过“贞观之治”“开元盛世”的封建社会最鼎盛时期，也曾有“安史之乱”“泾原兵变”等民不聊生的悲惨境况。单从文学而言，中国是诗的国度，唐朝是中国诗歌的巅峰，是中国诗歌发展的黄金时代，云蒸霞蔚，名家辈出。诗歌是当时文学的最高代表，成为中国传统文学坚实的重要组成部分，也是中华文明靓丽的风景线。唐诗与宋词、元曲并称，题材宽泛，众体兼备，格调高雅，是中国诗歌发展史上的奇迹，对中国文学的影响极为深远。历朝历代的文人都视唐诗为圭臬，奉唐人为典范。

早在唐代，流传的唐诗选本就已有了不少品种，宋、元、明、清各代也出现了各种不同类型和版本的唐诗选本，众多选本中，以孙洙的《唐诗三百首》流传最广、影响最大，风行海内，老幼皆宜，雅俗共赏。

唐诗数量极多，清代康熙年间编订的《全唐诗》，收录诗四万八千九百多首，而此书中仍有不少遗漏。自然如此巨量的诗句，常人难以全读。此后，沈德潜以《全唐诗》为蓝本，编选《唐诗别裁》，收录诗一千九百二十八首，普通人也难以全读。孙琴安《唐诗选本六百种提要·自序》指出：“唐诗选本经大量散佚，至今尚存三百余种。当中最流行而家喻户晓的，要算《唐诗三百首》。”

孙洙以《唐诗别裁》为蓝本，编选《唐诗三百首》收录诗三百一十首，成为流传最广、

影响最大的唐诗普及读本。《唐诗三百首》共选入唐代诗人七十七位，总计三百一十一首诗，包括五言古诗、乐府、七言古诗、七言律诗、五言绝、七言绝句等。诗人选择上，初唐、盛唐、中唐和晚唐都有入选，体现了唐诗各个时期的精髓之作。

《唐诗三百首》以成功务实的编法、简易适中的篇幅、通俗大众的观点、入选的精美诗歌打动着读者，成为儿童最成功的启蒙教材、了解中国文化的模范读本。

精华内容

代悲白头翁

【原文】

洛阳城东桃李花，飞来飞去落谁家？
洛阳女儿惜颜色，行逢落花长叹息。
今年落花颜色改，明年花开复谁在？
已见松柏摧为薪，更闻桑田变成海。
古人无复洛城东，今人还对落花风。
年年岁岁花相似，岁岁年年人不同。
寄言全盛红颜子，应怜半死白头翁。
此翁白头真可怜，伊昔红颜美少年。
公子王孙芳树下，清歌妙舞落花前。
光禄池台文锦绣，将军楼阁画神仙。
一朝卧病无相识，三春行乐在谁边？
宛转蛾眉能几时，须臾鹤发乱如丝。
但看古来歌舞地，惟有黄昏鸟雀悲。

【译文】

洛阳城东盛开着桃花和李花，花瓣纷飞，会飘落在谁家庭院呢？洛阳城中的女儿爱惜容颜，路过见到凋零的落花不禁长叹息。今年花落红颜褪，明年花开的时候还会有谁在呢？已经见过松柏被折断作柴火，更是听闻过桑田变成沧海。古人不复在洛阳城东了，今人却还迎着吹落桃李花的东风。年年岁岁开的花都是相似的，岁岁年年人却不同了。劝告风华正茂的年轻人，应该怜悯接近半死的白头老翁。这个老翁白发苍苍真可怜，他当年也曾是翩翩美少年。公子王孙在芳香的树下聚会，在落花前欣赏着清歌妙舞。显赫的宅第装饰得锦绣辉煌，将军的楼阁上绘着神仙图像。一朝卧病就再无相识的人了，三春时节的行

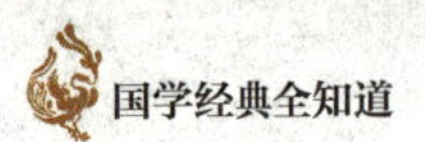

乐到了谁那边？娇美的容颜能有几时，须臾之间就白发乱糟糟了。看看古来的歌舞地，黄昏时分只有鸟雀在悲鸣。

登幽州台歌

【原文】

前不见古人，后不见来者。

念天地之悠悠，独怆然而涕下。

▲ 春江花月夜图　现当代　任率英

《春江花月夜》是乐府《清商曲辞·吴声歌曲》的一个旧题，始创者是陈后主，发展于隋炀帝，成名于张若虚。明代李攀龙《唐诗选》评张若虚的这一诗作道：“绮回曲折，转入闺思，言愈委婉轻妙，极得趣者。”

【译文】

先代的圣君，我见也没见到；后代的明主，我也见不到了。

想到天地无限渺远，我深感人生短暂，独自凭吊，涕泪纵横，凄恻悲愁！

春江花月夜

【原文】

春江潮水连海平，海上明月共潮生。滟滟随波千万里，何处春江无月明。江流宛转绕芳甸，月照花林皆似霰。空里流霜不觉飞，汀上白沙看不见。江天一色无纤尘，皎皎空中孤月轮。江畔何人初见月？江月何年初照人？人生代代无穷已，江月年年只相似。不知江月待何人，但见长江送流水。白云一片去悠悠，青枫浦上不胜愁。谁家今夜扁舟子？何处相思明月楼？可怜楼上月徘徊，应照离人妆镜台。玉户帘中卷不去，捣衣砧上拂还来。此时相望不相闻，愿逐月华流照君。鸿雁长飞光不度，鱼龙潜跃水成文。昨夜闲潭梦落花，可怜春半不还家。江水流春去欲尽，江潭落月复西斜。斜月沉沉藏海雾，碣石潇湘无限路。不知乘月几人归，落月摇情满江树。

【译文】

春天浩荡的江潮水和大海连成一片，一轮明月从海上升起，仿佛是随着潮水一起涌现出来。

月光照耀着春江，滟滟的光华随着万里的水波闪动，奔流的江水都无不闪耀着明亮的月光。江流弯弯曲曲地绕着长满花草的原野，月光照耀着无边的花草林木，好像着了一层细密的雪珠。在如水的月空下无从觉察到霜飞，小洲上白沙和月色融合在一起，让人看不分明。江水和天空成了一个颜色，纤尘未染一般纯净，皎洁的天空中一轮孤月高悬着。江畔是何人最初看见明月，江月又是何年最初照耀着世人？人生世世代代没有个穷尽，只有江月年复一年地总是相似。不知江月在等待着何人，只见长江日日夜夜不停地滚滚东流。离去的一片白云悠悠飘荡，青枫浦上送别的人不胜忧愁。谁家的游子在今夜春江上划着一叶小舟？何处有人在明月楼上升起相思？可怜明月在楼上徘徊不去，应该会照到那处于离别中的人儿的梳妆镜台。月光照进思妇的门帘，卷帘亦不走，照在捣衣砧上，拂去又还来。此时彼此共望同一轮月却无法听到对方的声音，愿随着多情的月光流走来照耀君子你啊。鸿雁长久不停地飞翔也飞不出这无边的月光世界，月光下水中的鱼龙跳跃，泛起阵阵波纹。昨夜梦见繁花落在幽静的水潭上，可怜春天已经过去了一半，人还未归还家乡。江水带着春光流走，将到尽头了，江潭上的月亮又复将西落。西斜的月亮渐渐下沉，藏在茫茫的海雾里，渤海的碣石和潇湘之间隔着无限遥远的路程。不知有几人能乘着月光归还，落月摇荡着离情，洒满了江边的树林。

春晓

【原文】

春眠不觉晓，处处闻啼鸟。

夜来风雨声，花落知多少。

【译文】

春夜睡得香甜，没察觉已经天亮，醒来到处都听到鸟叫。昨夜似有风雨之声，那春花不知被吹落了多少。

山居秋暝

【原文】

空山新雨后，天气晚来秋。

明月松间照，清泉石上流。

竹喧归浣女，莲动下渔舟。

随意春芳歇，王孙自可留。

【译文】

空寂的山峦，雨后格外清新；秋天的傍晚，天气异常清凉。明月，照在如盖的青松间；

泉水，在石头上静静流淌。竹林喧哗，原来是洗衣女子归来；莲叶摆动，只因下面有渔舟。任凭春日繁华消尽，避世的王孙啊，这秋色值得留恋。

将进酒

【原文】

君不见黄河之水天上来，奔流到海不复回。君不见高堂明镜悲白发，朝如青丝暮成雪。人生得意须尽欢，莫使金樽空对月。天生我材必有用，千金散尽还复来。烹羊宰牛且为乐，会须一饮三百杯。岑夫子，丹丘生，将进酒，君莫停。与君歌一曲，请君为我倾耳听。钟鼓馔玉何足贵，但愿长醉不愿醒。古来圣贤皆寂寞，唯有饮者留其名。陈王昔时宴平乐，斗酒十千恣欢谑。主人何为言少钱，径须沽取对君酌。五花马，千金裘。呼儿将出换美酒，与尔同销万古愁。

【译文】

你没看见吗，黄河的水是从天上流泻下来的，奔流到大海，就再不回还。你没看见吗，人们正在铜镜前，悲叹白发暗生，早上还是乌黑青丝，晚上就变得满头雪白。人生得意时就该尽情欢乐，不要让金杯空自对着明月。上天造就我的才干，必然会有用处，银钱散尽，还能重新回来。让我们宰牛杀羊，暂且尽情作乐，一口气喝它三百杯。岑勋先生啊，丹丘先生，快喝完这酒，不要让酒杯暂停。我为你们唱一曲，请你们为我倾耳细听。钟鼓和美食，都不值得珍贵，只愿与你们长醉不再醒。自古以来，圣德贤人怕都默默无闻，只有寄情美酒的人，才会永远留下姓名。陈王曹植，当年曾在平乐观宴饮，尽管一斗酒十千钱，仍旧恣意寻欢。主人家，你为什么说少银钱？只管出去买酒，让我与你对饮。五花马，千金裘，叫一声小儿，快拿出去换美酒，让我与你们，一同遣消忧愁。

▲ 黄鹤楼图　明

日暮乡关何处是？烟波江上使人愁。

黄鹤楼

【原文】

昔人已乘黄鹤去，此地空余黄鹤楼。
黄鹤一去不复返，白云千载空悠悠。
晴川历历汉阳树，芳草萋萋鹦鹉洲。
日暮乡关何处是，烟波江上使人愁。

【译文】

传说中的仙人，已乘着黄鹤飞走了，这里只留下空荡的黄鹤楼。黄鹤飞走后，再也没有回来，只有白云千年在此，伴它依旧。天气晴朗，汉阳的绿树清晰可见，芳草凄迷如烟，长满鹦鹉洲。眺望夕阳，何处是我家乡，江水烟波浩渺，使我忧愁。

饮中八仙歌

【原文】

知章骑马似乘船，眼花落井水底眠。
汝阳三斗始朝天，道逢曲车口流涎，
恨不移封向酒泉。左相日兴费万钱，
饮如长鲸吸百川，衔杯乐圣称避贤。
宗之潇洒美少年，举觞白眼望青天，
皎如玉树临风前。苏晋长斋绣佛前，
醉中往往爱逃禅。李白一斗诗百篇，
长安市上酒家眠，天子呼来不上船，
自称臣是酒中仙。张旭三杯草圣传，
脱帽露顶王公前，挥毫落纸如云烟。
焦遂五斗方卓然，高谈雄辩惊四筵。

▲ 太白醉酒图　清　改琦

唐代大诗人杜甫于唐玄宗天宝五年（公元 746 年）初至长安，分咏当时八位著名酒徒的个人性情和艺术成就。其中有这样的诗句“李白斗酒诗百篇，长安市上酒家眠。天子呼来不上船，自称臣是酒中仙”，淋漓尽致地描绘了李白作为“诗仙”的狂傲和放逸不拘。此图是清代著名画家改琦为这一诗句所作的人物画，再现了李白的洒脱和轻狂。

【译文】

知章酒醉后骑在马上像是在乘船，醉眼昏花掉落井中，就在水底睡眠。汝阳王李琎饮了三斗酒才去朝见天子，路上碰见载酒车仍是馋口流涎，恨不能把封地移到酒泉。左相每日花费万钱以尽酒兴，畅饮有如长鲸吞吸百川之水，衔着酒杯乐饮清酒称罢相是为贤人让路。宗之是个潇洒的美少年，举杯饮酒时，翻着白眼望青天，皎皎如玉树临风。苏晋长在佛祖绣像前持斋念经，酒醉之后就把佛门戒律丢到一边。李白饮一斗酒就能立即赋诗百篇，常常醉眠于长安街市的酒肆，天子呼他上船作诗他不情愿，自称是酒中的活神仙。张旭流传着“三杯草圣”的美名，在王公贵戚面前脱帽露顶，挥毫疾书，有如云烟落在纸张上。焦遂五斗酒下肚后方才神采焕发，高谈雄辩震惊四座。

长恨歌

【原文】

汉皇重色思倾国，御宇多年求不得。杨家有女初长成，养在深闺人未识。天生丽质难自弃，一朝选在君王侧。回眸一笑百媚生，六宫粉黛无颜色。春寒赐浴华清池，温泉水滑洗凝脂。侍儿扶起娇无力，始是新承恩泽时。云鬓花颜金步摇，芙蓉帐暖度春宵。春宵苦短日高起，从此君王不早朝。承欢侍宴无闲暇，春从春游夜专夜。后宫佳丽三千人，三千宠爱在一身。金屋妆成娇侍夜，玉楼宴罢醉和春。姊妹弟兄皆列土，可怜光彩生门户。遂令天下父母心，不重生男重生女。骊宫高处入青云，仙乐风飘处处闻。缓歌慢舞凝丝竹，尽日君王看不足。渔阳鼙鼓动地来，惊破霓裳羽衣曲。九重城阙烟尘生，千乘万骑西南行。翠华摇摇行复止，西出都门百余里。六军不发无奈何，宛转蛾眉马前死。花钿委地无人收，翠翘金雀玉搔头。君王掩面救不得，回看血泪相和流。黄埃散漫风萧索，云栈萦纡登剑阁。峨嵋山下少人行，旌旗无光日色薄。蜀江水碧蜀山青，圣主朝朝暮暮情。行宫见月伤心色，夜雨闻铃肠断声。天旋地转回龙驭，到此踌躇不能去。马嵬坡下泥土中，不见玉颜空死处。君臣相顾尽沾衣，东望都门信马归。归来池苑皆依旧，太液芙蓉未央柳。芙蓉如面柳如眉，对此如何不泪垂。春风桃李花开日，秋雨梧桐叶落时。西宫南内多秋草，落叶满阶红不扫。梨园弟子白发新，椒房阿监青娥老。夕殿萤飞思悄然，孤灯挑尽未成眠。迟迟钟鼓初长夜，耿耿星河欲曙天。鸳鸯瓦冷霜华重，翡翠衾寒谁与共。悠悠生死别经年，魂魄不曾来入梦。临邛道士鸿都客，能以精诚致魂魄。为感君王展转思，遂教方士殷勤觅。排空驭气奔如电，升天入地求之遍。上穷碧落下黄泉，两处茫茫皆不见。忽闻海上有仙山，山在虚无缥缈间。楼阁玲珑五云起，其中绰约多仙子。中有一人字太真，雪肤花貌参差是。金阙西厢叩玉扃，转教小玉报双成。闻道汉家天子使，九华帐里梦魂惊。揽衣推枕起徘徊，珠箔银屏迤逦开。云鬓半偏新睡觉，花冠不整下堂来。风吹仙袂飘飖举，犹似霓裳羽衣舞。玉容寂寞泪阑干，梨花一枝春带雨。含情凝睇谢君王，一别音容两渺茫。昭阳殿里恩爱绝，蓬莱宫中日月长。回头下望人寰处，不见长安见尘雾。唯将旧物表深情，钿合金钗寄将去。钗留一股合一扇，钗擘黄金合分钿。但教心似金钿坚，天上人间会相见。临别殷勤重寄词，

▲ 杨贵妃像

杨贵妃（公元 719 ~ 756 年），蒲州永乐（今山西永济）人，小名玉环，自幼丧父，在叔父家长大，后入选寿王府，被封为寿王妃。天宝四年（745 年）八月，唐玄宗册封杨玉环为贵妃，从此恩宠十余年，杨门也随之显贵。

词中有誓两心知。七月七日长生殿，夜半无人私语时。在天愿作比翼鸟，在地愿为连理枝。天长地久有时尽，此恨绵绵无绝期。

【译文】

汉皇爱美色，想要一容貌倾国的女子，他在位多年，都没有找到。杨家有个女孩刚长大，养在深深的闺阁中，外人不认识。天生的美丽资质，难以被长久埋没，果然有一天，被选在君王的身边。眼波流转一笑生出百媚千娇，六宫粉黛顿时相形见绌。春寒料峭，赐她华清池温泉中沐浴，泉水滑润，洗得肌肤柔滑白嫩。侍女扶起时，娇娇弱弱没有力气，这是她刚得到宠幸之时。鬓发如云，容颜如花，插着金步摇；芙蓉暖帐中，度过春宵。深恨春宵太短，一觉睡到日高起，从这时开始，君王再也不上早朝。承受欢宠，侍奉饮宴，没有片刻闲暇，春天随君主春游，夜夜由她陪伴。后宫中，有美人三千，君王将对三千美人的宠爱，集于她一身。金屋妆毕，娇媚动人来侍寝；玉楼上，宴罢的醉态像春天般迷人。姊妹弟兄都享受高官厚禄，灼灼光彩，笼罩杨家门户。于是天下父母都改变心愿，不重视生男孩，而希望生女孩。骊山宫殿，高耸入云，仙乐随风飘散，到处都能听见。缓歌慢舞，应和着音乐的旋律，君王整天都看不够。渔阳战鼓隆隆，传来动地杀声，惊乱了霓裳羽衣曲的舞步和弦音。九重宫阙，烟尘滚滚，君王带着千乘万骑，向西南逃奔。车驾龙旗飘摇，队伍走走停停，西出城门，才走了百余里路程。将士们不肯前进，君王也无可奈何，只得将温婉委屈的爱妃逼死马前。贵妃的珠花掉地，无人收起，还有绿的翠翘，金的凤钗和玉簪子。君王掩面痛哭，却无法相救，回头再看，血与泪珠交相而流。寒风萧瑟，卷起尘土漫天飞扬；栈道曲折，攀上高耸的剑阁。峨眉险峻，少有人的踪迹；日光惨淡，照着黯淡的旌旗。蜀江水碧绿，蜀山郁郁青青，撩动圣主朝朝暮暮思恋之情。回到行宫，月亮也是令人伤心的颜色；夜雨中，听到铃响，那也是肝肠寸断之声。时局好转，君王摆驾回京，到了贵妃玉殒地，徘徊辗转不忍离去。马嵬坡下，依旧是昏黄的泥土，却不见昔日玉颜，只留惨死之处。君臣相望，不禁泪水沾湿衣襟，向东朝着京城，由着马行进。回来看，池苑都还是旧时模样，太液池的荷花，映着未央宫的垂柳。荷花像她的脸庞，柳叶像她的眉毛，面对这一切，怎么能不让人泪流。春风轻拂，桃李盛开的日子，人伤悲；秋雨漫洒，梧桐叶落之时，

▲ 明皇幸蜀图　唐　李昭道

此图描绘唐玄宗为避安史之乱而行于蜀中的情景，画中山石峻立，着唐装的人物艰难行于途中。

▲ “七月七日长生殿，夜半无人私语时”诗意图　清　袁江

更觉凄惨。西宫和南内长满秋草，秋叶变红，落满石阶也无人打扫。当年的梨园弟子，新添了白发，后宫的女官也慢慢衰老。晚上，殿中流萤飞舞，愁思漫延，孤灯油尽，挑尽了芯草，仍不能入睡。钟鼓声缓缓响起，长夜才刚刚开始；银河明朗，说明天就快要亮了。冷冰冰的鸳鸯瓦，夜里寒霜凝重；寒凉的翡翠衾，君王与谁共用。一生一死，不知不觉分离已有一年，贵妃魂魄，却从不曾到君王梦里来。有个四川临邛的道士寓居京城，能够用虔诚之心，招致魂灵。被君王的苦苦思念感动，便请道士施展方术，努力找寻。驾着云气横跃天空，快得就像闪电，升入天上，深入地底，到处找遍。找了整个碧空，又翻了整个黄泉，却都没有寻见。忽然听人说，海上有一座仙山，仙山耸立在缥缈的水云之间。亭台楼阁姿态玲珑，五色祥云缭绕，有许多身姿柔美轻盈的仙子。其中有一位仙子，名叫太真，如雪的肌肤、似花的容貌与她相仿。金碧辉煌的宫阙，西边的玉门轻叩，托付侍女小玉，转告双成通报太真。猛听得汉家天子派使者前来，百花帷帐中，她竟惊动了梦魂。披上外衣，推开睡枕，出了床帏。珠制帘子，银制屏风，一路层层敞开。半偏着如云发髻，刚刚睡醒，不及整理衣冠，匆匆忙忙走下庭堂。仙风吹拂，衣袖款款，轻轻飘举，像是又跳起了霓裳羽衣舞。寂寞玉容，不禁泪珠儿纵横，犹如一枝雪白的梨花，沾带着春雨。含情脉脉凝视使臣，请他致谢君王，自从分别，便音容两隔渺渺茫茫。昭阳殿里，恩爱情深早已断绝，蓬莱宫中日日月月，时光漫长。回头向下看去，遥望悠远人间，看不到长安，却只能看到尘雾。只能把昔日旧物拿出来表达深情，把镶宝的钿盒和金钗寄交给君王。金钗留下一股，镶宝钿盒留下一扇，金钗劈开，黄金钿盒也分作两半。只愿心像金钗和钿盒一样坚贞，无论天上人间总会相见。临别时重复着要捎去的话，寄词中的誓言，他们两个人知晓。七月七日的晚上，他们曾在长生殿，夜深人静时，两人私下订立了誓言：在天上，愿作双宿双飞的鸟；在地下，愿为连根并蒂的枝条。天长地久，也总有穷尽的时候，缠绵的情爱和遗恨，却无了时。

宋词三百首

——一代文学

作者介绍

朱祖谋（1857~1931 年），原名孝臧，字古微，自号上彊邨民，又号沤尹。光绪九年（1883 年）进士，授编修，光绪二十年（1894 年），迁侍讲。辛亥革命后，他隐居沪上，专心研究词学，其词作精雅俏丽，音律缜密，风格略似姜白石、吴文英，人称一代宗匠，除选编的《宋词三百首》外，另有《湖州词征》等。

经典概述

王国维说："唐之诗，宋之词，元之曲，皆所谓一代文学也，而后世莫能及焉者也。"词又称"曲子词""曲子"，它的产生、发展、创作和流传都与音乐有着密切的关系。词的起源较早，最初主要流行于民间，从《诗经》《楚辞》及汉魏六朝诗歌里汲取营养，大约到中唐时期引入了文坛，发展成为固定的文学样式，唐末五代时期开始流行，到了宋代，进入了全盛时期。

唐末五代时期，有了一批专长填词的作家，词的体裁形式和表现技巧也成熟起来，五代末期赵崇祚所编的《花间集》可称为这一时期词作的集大成者。

北宋前期的词是唐五代的延续，题材虽略有扩大，但基本上仍不出爱情、相思、离别、游宴等范围，如欧阳修等大家，许多严肃的内容可以见其诗文之中而不在词中。在柳永之前，词基本上都是抒情的小令，直到柳永创作了不少慢词，提高了词的表现能力，扩大了词的题材领域，为词的发展注入新的活力。

待到宋室南渡之后，慷慨悲歌和爱国情怀在词作中开始闪光，但更普遍的则是习于苟安，追求声色，词作更明显地趋向典雅化，代表人物有白石道人姜夔、吴文英等。宋亡入元之后，词多模仿先贤而缺乏创新，渐趋没落了。

宋词的选本，历朝历代有不下数十种，有名的如《花庵词选》《绝妙好词》等，不是有时代的偏见，就是有个人的主观，加以有的选的太宽，有的选得太严，因为选者和作家的宗派不同，很失公允。在初学的人看来，并不适宜上手。比较起来，朱孝臧所选的《宋词三百首》可称得上是"最精粹的词选"。

自然，虽说号称"最平正无疵"，但那是与当时的其他选本相比较而言的，时至今日，自然有许多可议之处。此书编次上仍遵循帝王后妃最前、僧侣女性最末的旧例，将做过皇帝的宋徽宗放在第一篇。选词的标准上，以典雅为上，侧重于格律声调，所以周邦彦、姜夔、吴文英等人的作品入选最多。范仲淹的《渔家傲》“塞下秋来”与苏轼《念奴娇》“大江东去”没能入选，大概是朱孝臧以为他们以诗为词，非词之本色。但即使如此，这一选本仍不失为学习、了解宋词的最佳入门之书，“大抵宋词专家及其代表作品具已入录，即次要作家如时彦、周紫芝、韩元吉、袁去华、黄孝迈等所制浑成之作，亦广泛采及，不弃遗珠”。

精华内容

长相思

【原文】

吴山青，越山青，两岸青山相送迎。谁知离别情？

君泪盈，妾泪盈，罗带同心结未成。江头潮已平。

【译文】

吴山青翠，越山青翠，两岸的青山迎送（船行的游子），它们谁又明白离别的悲伤呢？

你眼泪盈眶，我也眼泪盈眶，丝带未能打成同心结，江头的潮水已经平息。

苏幕遮

【原文】

碧云天，黄叶地，秋色连波，波上寒烟翠。山映斜阳天接水。芳草无情，更在斜阳外。

黯乡魂，追旅思。夜夜除非，好梦留人睡。明月楼高休独倚。酒入愁肠，化作相思泪。

【译文】

白云满天，黄叶遍地，秋天的景色连接着远处的水波，水波上寒烟苍翠。夕阳映照着远山，天空连接着江水。芳草无情，更绵延至斜阳之外。

图绘远山兀立，湖面平旷，近岸怪石突兀，古松参天，从林之中，亭台楼阁隐然可辨。水中两舟荡于湖心，一舟正扬帆待航。用笔精工，设色淡雅。

想起故乡不禁黯然神伤，追怀旅思，每天夜里除非美梦才能让人入睡。当明月照射高楼时不要独自倚靠栏杆。酒入了愁肠，化作相思之眼泪。

凤栖梧

【原文】

伫倚危楼风细细，望极春愁，黯黯生天际。草色烟光残照里，无言谁会凭阑意。

拟把疏狂图一醉，对酒当歌，强乐还无味。衣带渐宽终不悔，为伊消得人憔悴。

【译文】

伫立在高楼上，春风细细，望不尽的春日离愁，黯黯地从天边涌起。草色烟光掩映在落日余晖里，我默默无言，谁能领会我独自凭栏的深意？

打算狂放地喝他个大醉，对酒高歌一曲，勉强作乐反而觉得毫无兴味。衣带日渐宽松却不后悔，那是为她消瘦得形容憔悴啊。

雨霖铃

【原文】

寒蝉凄切，对长亭晚，骤雨初歇。都门帐饮无绪，留恋处、兰舟催发。执手相看泪眼，竟无语凝噎。念去去、千里烟波，暮霭沉沉楚天阔。

多情自古伤离别，更那堪、冷落清秋节。今宵酒醒何处？杨柳岸、晓风残月。此去经年，应是良辰、好景虚设。便纵有、千种风情，更与何人说？

【译文】

秋蝉的叫声凄凉而急促，正对着日暮时分的长亭，一阵急雨刚刚停住。京都城外的饯别宴上我没有畅饮的心绪，正是依依不舍的时候，船夫却催着出发。两人双手紧握泪眼相望，竟无语哽咽。想到这回离去，千里烟波浩淼，傍晚云气沉沉，楚地天空辽阔无际。

自古以来多情的人总会为离别而悲伤，更何况又逢着这清冷的秋季！今夜酒醒时我将身在何处？可能是那杨柳岸边，面对清寒的晨风和黎明的残月。这一去定是许多年，即使遇到好时光、好风景，也不过是虚设。即便有千种风情，又同谁去诉说呢？

▲ 残月晓风杨柳岸　清　任预

画题取自柳永的《雨霖铃》。红袖无言，默对残灯；游子怅惘，遥望楚天。

浣溪沙

【原文】

一曲新词酒一杯。去年天气旧亭台。夕阳西下几时回？

无可奈何花落去，似曾相识燕归来。小园香径独徘徊。

【译文】

听一曲新制的词，喝一杯美酒，和去年的天气一样，依旧是旧时的亭台。夕阳西下什么时候回来？

花儿落去谁又能奈何得了？燕子归来旧巢，但只是似曾相识。小园的花径上我独自徘徊。

▲ “无可奈何花落去，似曾相识燕归来”词意图　明　尤求

尤求，字子求，号凤丘，长洲人，移居太仓。工写山水，兼人物，学刘松年、钱舜举而精妙不及。兼长仕女，继仇英以名世，尤擅白描。此画为仕女倚柳远思，杨柳依依，燕子双飞，池沼之中，彩鸳戏水。其笔墨或工整，或粗放，或干枯，或滋润，设色或青绿，或浅绛，称而不俗，淡而不薄，足见作者多方面的才能。

蝶恋花

【原文】

槛菊愁烟兰泣露，罗幕轻寒，燕子双飞去。明月不谙离别苦，斜光到晓穿朱户。

昨夜西风凋碧树，独上高楼，望尽天涯路。欲寄彩笺兼尺素，山长水阔知何处。

【译文】

栏杆外，菊花被轻烟笼罩，好像含着愁怨；兰叶上挂着露珠，好像在哭泣。罗幕挡不住轻轻寒意，燕子双双飞走了。明月不知道离别的痛苦，斜斜的月光穿过朱红的窗户，直到天明。

昨天夜里，秋风吹落碧树的叶子，独自登上高楼，望尽天涯之路。想寄信给她，但山水迢迢，不知道她人在哪里！

踏莎行

【原文】

候馆梅残，溪桥柳细。草薰风暖摇征辔。离愁渐远渐无穷，迢迢不断如春水。

寸寸柔肠，盈盈粉泪。楼高莫近危阑倚。平芜尽处是春山，行人更在春山外。

【译文】

驿馆中梅花凋残，溪桥边柳叶细细。青草飘香，春风和煦，目送爱人骑马远去。离愁随着心上人的远去也渐渐无穷，迢迢不断如春水一般。

寸寸柔肠，满眼的泪水。楼太高了，不要独自倚靠高处的栏杆。原野的尽头是青翠的山峰，远行的人还在那青山之外。

临江仙

【原文】

梦后楼台高锁，酒醒帘幕低垂。去年春恨却来时，落花人独立，微雨燕双飞。

记得小蘋初见，两重心字罗衣，琵琶弦上说相思。当时明月在，曾照彩云归。

【译文】

梦醒后只觉被高楼困锁，酒醉醒来帘幕低低垂落。去年春恨到来时，落花满地，我独自站立着，细雨里燕子双双飞翔。

记得与歌女小蘋初次相见，她穿着绣有两重心字的罗衣。通过弹奏琵琶诉说出自己的相思。当时的明月如今犹在，它曾照着彩云归去。

水调歌头

【原文】

丙辰中秋，欢饮达旦，大醉。作此篇，兼怀子由。

明月几时有？把酒问青天。不知天上宫阙，今夕是何年。我欲乘风归去，又恐琼楼玉宇，高处不胜寒。起舞弄清影，何似在人间。

转朱阁，低绮户，照无眠。不应有恨，何事长向别时圆？人有悲欢离合，月有阴晴圆缺，此事古难全。但愿人长久，千里共婵娟。

【译文】

丙辰年中秋，通宵欢饮，大醉，写了这首词，同时怀念弟弟苏辙。

明月从何时才有？我端起酒杯询问青天。不知道在天上的宫殿，今晚是哪年。我想要乘风回到天上，又怕居于月宫美玉砌成的楼阁中，禁受不住高耸九天的寒冷。我婆娑起舞玩赏着月下清影，这哪里像在人间呢？

月儿转过朱红色的楼阁，低挂在雕花的窗户间，照着无法入眠的人。明月不该心含怨恨吧，为何偏在人们离别时才圆呢？人有悲欢离合的变迁，月有阴晴圆缺的转换，自古以来莫不如此，难以周全。但愿亲人能平安健康，虽然相隔千里，也能共享这美好的月光。

浣溪沙

【原文】

漠漠轻寒上小楼，晓阴无赖似穷秋。淡烟流水画屏幽。

自在飞花轻似梦，无边丝雨细如愁。宝帘闲挂小银钩。

【译文】

在寂寂的春寒中她独自登上小楼，早上的天阴着好像是在深秋。画屏上轻烟淡淡，流水潺潺，十分幽寂。

自由自在飘飞的花瓣轻得好像夜里的梦，无边的细雨好似心中的忧愁。她随意地用小银钩将帘子挂起。

青玉案

【原文】

凌波不过横塘路，但目送、芳尘去。锦瑟华年谁与度？月桥花院，琐窗朱户，只有春知处。

飞云冉冉蘅皋暮，彩笔新题断肠句。试问闲情都几许？一川烟草，满城风絮，梅子黄时雨。

【译文】

美人轻移莲步不再越过横塘路，我目送着她的倩影远去。谁与她一同度过她最美好的年华呢？除了赏月的楼台，花木环绕的妆楼，雕花的窗户，朱红的大门之外，只有一年一度的春天才会理解她内心的深处。

生长着香草的小洲上白云缓慢飘过，彩笔刚刚在纸上题了一首催人肠断的诗篇。试问闲愁有几多？一山淡烟弥漫的青草，满城随风飞舞的柳絮，梅子变黄时候的潇潇春雨。

少年游

【原文】

并刀如水，吴盐胜雪，纤手破新橙。锦幄初温，兽香不断，相对坐调笙。

低声问：向谁行宿？城上已三更。马滑霜浓，不如休去，直是少人行！

【译文】

并刀如水般光滑，吴盐如雪般洁白，一双纤纤玉手将橙子剖开。织锦的帷幕才变得温热，兽形香炉中烟雾袅袅不绝，（他们）面对面坐着调笙。

（她）低声问（他）：“你去哪里投宿呢？城楼上三更的钟声已经响过了。露水很浓，

▲《少年游·并刀如水》诗意图

马掌会打滑的，不如就别走了，街上行人都没有几个了！”

武陵春

【原文】

风住尘香花已尽，日晚倦梳头。物是人非事事休，欲语泪先流。

闻说双溪春尚好，也拟泛轻舟。只恐双溪舴艋舟，载不动许多愁。

【译文】

风停了，百花已落尽，只有尘土中还带着落花的香气，天色已晚，却懒于梳头。风物依旧是原样，但人已经不同，所有事情都已经消歇，想要说话，但眼泪已先行落下。

听说双溪的春色尚好，也打算前往泛舟游赏。只是恐怕双溪上的舴艋小舟，载不动自己这许多忧愁。

清平乐 村居

【原文】

茅檐低小，溪上青青草。醉里吴音相媚好，白发谁家翁媪。

大儿锄豆溪东，中儿正织鸡笼。最喜小儿无赖，溪头卧剥莲蓬。

【译文】

茅屋的屋檐又低又小，溪边长满翠绿的青草。酣醉时听见有人用吴地的方言互相逗趣取乐，那是谁家白发苍苍的老头老太？

大儿子在小溪东边的豆地里锄草，二儿子正忙于编织鸡笼。最令人欢喜的是顽皮淘气的小儿子，正趴在溪头草丛，剥着刚刚采下的莲蓬。

古文观止

——历代优秀散文辑录

作者介绍

《古文观止》的编者吴楚材、吴调侯，是叔侄二人，浙江山阴（今绍兴）人。他们立志要编出经典而广泛适用于初学者的教材，“每思继序前人而光大之”。于是“集古人之文，集古今人之选”，“原为初学设也”。《古文观止》编成之后即得到当代人的重视。二位编者用“观止”二字为本书冠名，这是用了书中所选《左传·季札观周礼》一篇的典故，写吴公子季札在鲁国观看《韶箾》乐舞，赞叹为精彩之极，达到了无以复加的尽善尽美的程度，所谓美者毕集于此，其他不必观看了，这部《古文观止》对于中国古代散文的编选，也可以说到了“观止矣”的境界，就是说最好的古文都编选在这里了，请来学习欣赏吧！其他的文章都不用看了，只要我们认真读一下《古文观止》，就会知道编者并不是自夸。

经典概述

《古文观止》是三百年以来中国优秀古代散文的最好选本之一，自康熙三十四年（1695年）问世以来，广受欢迎，风行海内，读书人家，家家购置；读书之人，人人朗诵。直到现代，影响经久不衰。现代文学史上的大家们就都有背诵《古文观止》的经历，文学巨匠巴金就因阅读《古文观止》使他毕生受益，终生难忘。

古代散文又简称为古文，是学习中国古代文献者必须掌握的语言文字。要想学好古文就必须从阅读古代的经典作品开始。《尚书》是我国最早的历史典籍，可以说是中国古代散文最早的经典，但是它的句式还比较简单，篇章结构一般也很简短，语言也不够丰富。之后的先秦诸子著作又有很大的发展，都是十分优秀的散文。但是，直到《春秋左氏传》的出现，中国散文才有了叙事完整、内容翔实、人物形象的刻画丰满而生动的文学作品。

《古文观止》的编者首要注重的是文学性，没有收《尚书》和先秦诸子的散文，而是从《春秋左氏传》选出了34篇精彩文章，这些文章的记事、议论都堪称经典。汉代散文以司马迁的《史记》为重点，是非常有眼光的，唐宋时代则以唐宋八大家为重点，选78篇之多，也是出于“选古文之成者”的深切用心，极有益于后世的学者。唐宋八大家都是能够上继先秦诸子、两汉和魏晋优秀文学传统的古文大家，他们的风格也多姿多彩，文章体裁也是各式各样都堪称典范。编者虽然注意突出重点，也兼顾了文学史上历代名家、

名篇，全书成为上起先秦下迄明末的优秀散文全编，使读者可以完整、系统地学习到中国历代散文的精华。

精华内容

兰亭集序

【原文】

永和九年，岁在癸丑。暮春之初，会于会稽山阴之兰亭，修禊事也。群贤毕至，少长咸集。此地有崇山峻岭，茂林修竹，又有清流激湍，映带左右，引以为流觞曲水，列坐其次，虽无丝竹管弦之盛，一觞一咏，亦足以畅叙幽情。是日也，天朗气清，惠风和畅。仰观宇宙之大，俯察品类之盛，所以游目骋怀，足以极视听之娱，信可乐也！

夫人之相与，俯仰一世。或取诸怀抱，晤言一室之内；或因寄所托，放浪形骸之外。虽取舍万殊，静躁不同，当其欣于所遇，暂得于己，快然自足，不知老之将至。及其所之既倦，情随事迁，感慨系之矣。向之所欣，俯仰之间，已为陈迹，犹不能不以之兴怀；况修短随化，终期于尽？古人云："死生亦大矣。"岂不痛哉？

每览昔人兴感之由，若合一契，未尝不临文嗟悼，不能喻之于怀。固知一死生为虚诞，齐彭殇为妄作。后之视今，亦犹今之视昔，悲夫！故列叙时人，录其所述。虽世殊事异，所以兴怀，其致一也。后之览者，亦将有感于斯文。

【译文】

永和九年（353年）是癸丑年，暮春之初，我们在会稽郡山阴县的兰亭集会，举行禊饮活动。各路贤者才子都来了，老老少少会聚一堂。这里有崇山峻岭，茂林修竹，又有清澈湍急的溪流辉映环绕在左右，我们就将溪水引来以为曲水流觞。大家依次在曲水旁落座，虽然没有丝竹管弦齐奏的盛大场面，但一边饮酒一边赋诗，也足以畅谈倾吐心中的高雅情怀。这一天，天气晴朗，空气清新，和煦的春风舒缓地吹来，抬起头能看到

▲ 兰亭修禊

▲《兰亭集序》帖　东晋　王羲之

宇宙的浩浩无垠，俯下身能细察万物的繁荣旺盛，于是放眼观赏，舒展胸怀，这就足以极尽耳目视听的欢娱，真是非常快乐的事情！

说起人与人的相处，低头与抬头之间，便已过了一世。有的人把自己的心中之事倾吐出来，与朋友在小屋里亲切交谈；有的人则把自己的志趣寄托在外物之上，放任自适，快然自得。虽然他们追求的和舍弃的东西千差万别，性格的喜静好动也各不相同，但当遇到让人高兴的事情，暂时地称心如意，就会十分快乐并且感到自足，有时竟忘记了衰老将要到来。等到厌倦了所追求的东西，感情随着事物的变迁而变化，感慨便自然而然地从心中流出，与事情关联在一起。以往所为之快乐欣喜的事物，转眼间都变成了前尘故迹，对此心中还不能不有所感慨和触动；更何况人一生的长短只是顺从于造化，终究要归于结束呢？古人说：“死生也是件大事情啊。”这怎么能不让人痛心呢？

每当看到前人所以感慨的缘由，和自己的感想竟然像符契一样相合，总难免要在前人的文章面前叹息感伤，心里还不明白为什么会这样。本来就知道把死生视为等同是虚妄的，把长寿的彭祖与夭折的少年看作一样是荒谬的。后人看待今人，也就像今人看待前人一样啊，这真是令人悲伤啊！我因此记下了到会者的姓名，抄录了他们所作的诗篇，虽然时代不同，世事有别，然而引发感慨的缘由大都相同。后世看到这些诗篇的人，也将会有所感慨吧。

桃花源记

【原文】

晋太元中，武陵人捕鱼为业。缘溪行，忘路之远近。忽逢桃花林，夹岸数百步，中无杂树，芳草鲜美，落英缤纷。渔人甚异之，复前行，欲穷其林。

林尽水源，便得一山。山有小口，仿佛若有光，便舍船从口入。初极狭，才通人。复行数十步，豁然开朗。土地平旷，屋舍俨然，有良田、美池、桑竹之属。阡陌交通，鸡犬相闻。其中往来种作，男女衣著，悉如外人。黄发垂髫，并怡然自乐。见渔人，乃大惊，问所从来，具答之。便要还家，设酒杀鸡作食。村中闻有此人，咸来问讯。自云先世避秦时乱，率妻子邑人来此绝境，不复出焉，遂与外人间隔。问今是何世，乃不知

有汉，无论魏、晋。此人一一为具言所闻，皆叹惋。馀人各复延至其家，皆出酒食。停数日，辞去。此中人语云："不足为外人道也。"

既出，得其船，便扶向路，处处志之。及郡下，诣太守说如此。太守即遣人随其往，寻向所志，遂迷不复得路。

南阳刘子骥，高尚士也。闻之，欣然规往，未果，寻病终。后遂无问津者。

▲ 桃花源

夹岸数百步，芳草鲜美，落英缤纷。

【译文】

晋太元年间，武陵有个人，以捕鱼为生。一天，他顺着小溪划船前行，也不知走了多远。忽然遇到一片桃花林，沿着溪流两岸延伸了几百步。桃花林中没有别的树，桃树下芳草茵茵，鲜嫩美丽，桃花的花瓣飘落，洋洋洒洒。渔人感到非常诧异，又往前走，想走到这林子的尽头。

桃花林尽处正是这溪水的源头。到了那里就看到一座山，山上有个小洞口，仿佛有些光亮透了出来，渔人便舍了船进入了洞口。刚开始的一段十分狭窄，刚刚能通过一个人。又走了几十步，眼前豁然开朗。土地平坦宽广，房舍整整齐齐，有肥沃的田地、美丽的池塘和桑树竹子之类景物。田间的小路交错相通，鸡鸣狗叫的声音在村落间彼此相应。其中的人们来来往往，耕种劳作。男女的衣着装束，完全和外面的人一样。老人和小孩都也个个安适自在，悠然自得。他们看见了渔人，很是吃惊，问他从哪里来，渔人一五一十地回答了他们。于是就有人邀请渔人到自己家里去，备酒杀鸡做饭菜来款待他。村中的人听说来了这样一个人，都跑来问这问那。他们说祖先为了躲避秦时的祸乱，带领妻子儿女及乡邻来到这与人世隔绝的地方，就再没有出去过了，于是就与外面的人断绝了往来。他们问现在是什么朝代，竟然不知道有过汉朝，更不要说魏和晋了。渔人就把自己的见闻详尽讲给他们听，他们听罢都感叹不已。其余的人又相继邀请渔人到自己家中，都拿出酒饭来招待他。住了几天，渔人便告辞离去了。走的时候那里的人嘱咐他说："不要把这里的情况向外人说呀！"

渔人出来后，找到他的船，就沿着来路回去，一路上处处留下标记。回到郡里，去拜见太守，报告了这些情况。太守立即派人随他前往，寻找前次做的标记，然而竟迷失了方向，再也没找到那条路。

南阳刘子骥是个志趣高尚的名士，听到这件事，便兴致勃勃地前往寻访，但是没有找到，不久便病死了。从此以后，就再也没有问路访求桃花源的人了。

阿房宫赋

【原文】

六王毕，四海一。蜀山兀，阿房出。覆压三百余里，隔离天日。骊山北构而西折，直走咸阳。二川溶溶，流入宫墙。五步一楼，十步一阁，廊腰缦回，檐牙高啄，各抱地势，钩心斗角。盘盘焉，囷囷焉，蜂房水涡，矗不知其几千万落。长桥卧波，未云何龙？复道行空，不霁何虹？高低冥迷，不知西东。歌台暖响，春光融融；舞殿冷袖，风雨凄凄。一日之内，一宫之间，而气候不齐。

妃嫔媵嫱，王子皇孙，辞楼下殿，辇来于秦。朝歌夜弦，为秦宫人。明星荧荧，开妆镜也；绿云扰扰，梳晓鬟也。渭流涨腻，弃脂水也；烟斜雾横，焚椒兰也。雷霆乍惊，宫车过也；辘辘远听，杳不知其所之也。一肌一容，尽态极妍，缦立远视，而望幸焉。有不得见者三十六年。

燕、赵之收藏，韩、魏之经营，齐、楚之精英，几世几年，取掠其人，倚叠如山。一旦不能有，输来其间。鼎铛玉石，金块珠砾，弃掷逦迤，秦人视之，亦不甚惜。

嗟乎！一人之心，千万人之心也。秦爱纷奢，人亦念其家。奈何取之尽锱铢，用之如泥沙？使负栋之柱，多于南亩之农夫；架梁之椽，多于机上之工女；钉头磷磷，多于

▲ 阿房宫图

▲ 阿房宫图卷　清　袁江

此图所绘依山殿阁，傍水楼台，山水相连，花木并茂，并有龙舟、游艇、宫人等点缀。

在庾之粟粒；瓦缝参差，多于周身之帛缕；直栏横槛，多于九土之城郭；管弦呕哑，多于市人之言语。使天下之人，不敢言而敢怒；独夫之心，日益骄固。戍卒叫，函谷举，楚人一炬，可怜焦土！

呜呼！灭六国者，六国也，非秦也。族秦者，秦也，非天下也。嗟夫！使六国各爱其人，则足以拒秦；秦复爱六国之人，则递三世可至万世而为君，谁得而族灭也？秦人不暇自哀，而后人哀之。后人哀之而不鉴之，亦使后人而复哀后人也！

【译文】

六国覆灭，天下统一。蜀山中的树木被砍光了，阿房宫建成了。它覆盖了三百多里的地面，几乎遮蔽了天日。从骊山北面建起，折向西面的咸阳。渭水和樊川清波荡漾，缓缓流进了宫墙。五步一座高楼，十步一座亭阁，长廊如腰带，回环萦绕，屋檐高挑，像鸟嘴一样的向上啄起，亭台楼阁各依地势，向心交错。盘盘绕绕，曲曲折折，像蜂房那样密集，像水涡那样起伏，巍峨耸立，不知道它们有几千万个院落。那长桥横卧在水面上，没有云聚风起，却怎么像有蛟龙飞腾？那阁道架在半空中，并非雨过天晴，却怎么像有长虹横空？亭榭池苑高低错落，使人辨不清南北东西。楼台上歌声响起，让人感到春天里的融融暖意；大殿里舞袖挥动，带起一片风雨凄迷。同一天内，同一宫中，气候冷暖竟截然不同。

那六国的妃嫔姬妾、王子皇孙，辞别了故国的楼阁宫殿，乘着辇车来到秦国。日夜歌唱弹琴，成为秦皇的宫人。宫苑中星光闪烁啊，那是美人们打开了梳妆的明镜，又看见绿云纷纷，那是她们对镜晨妆时散开的秀发。渭水上泛起了油腻啊，那是妆成后泼下的脂水；烟雾弥漫啊，是她们焚烧的椒兰。雷霆声忽然震天响起，原来是皇帝的车辇从这里经过；辘辘的车轮声渐行渐远了，不知道它驶向何方。这时候，每一种身姿，每一份容颜，都要费尽心思地显示出姣好，表现出妩媚；她们久久地伫立着，眺望着，希望皇帝能驾临。有的人三十六年未得见皇帝一面。

燕国、赵国的收藏，韩国、魏国珍宝，齐国、楚国的精品，都是多少年、多少代靠搜刮本国的百姓而聚敛起来的，可谓是堆积如山。一朝国家灭亡，不能再占有，便都被运到了阿房宫中。神鼎当作铁锅，宝玉当作石头，黄金当成土块，珍珠视为砂砾，随处丢弃，遍地可见。秦人看着，也不觉得很可惜。

唉！一个人心之所向，也正是千万人心之所向啊。秦始皇喜欢豪华奢侈，可百姓也眷念着自己的家呀。为什么搜刮财宝的时候连一分一厘也不放过，挥霍起来却把它当作泥沙一样毫不珍惜呢？使得支撑宫梁的柱子，比田里的农夫还多；架在屋梁上的椽子，比织机上的织女还多；钉头闪闪，比粮仓的谷粒还多；长长短短的瓦缝，比百姓遮体的丝缕还多；栏杆纵横，比天下的城池还多；管弦齐鸣的嘈杂声，比集市的人声还要喧闹。使天下的人虽然口不敢言，心中却充满了愤怒；使独断专行、天下唯我的暴君之心日益骄横顽固。终于有一天几个被征发戍边的士卒振臂一呼，函谷关便应声陷落，项羽的一把大火，可惜啊，那豪华的宫殿就变成了一片焦土！

唉！消灭六国的是六国自己，不是秦国；使秦国覆灭的是秦人自己，不是天下的人。唉！假如六国的国君能各自爱护自己的百姓，就足以抵抗秦国；如果秦能爱惜六国的百姓，那就可以传位到三世，以至传到万世而永为君王，谁能够使它覆灭呢？秦人来不及哀叹自己的灭亡，而后人为他们哀叹；如果后人哀叹它却不引以为戒，那么又就要让更后来的人来哀叹后人了。

岳阳楼记

【原文】

庆历四年春，滕子京谪守巴陵郡。越明年，政通人和，百废俱兴。乃重修岳阳楼，增其旧制，刻唐贤、今人诗赋于其上，属予作文以记之。

予观夫巴陵胜状，在洞庭一湖。衔远山，吞长江，浩浩汤汤，横无际涯；朝晖夕阴，气象万千。此则岳阳楼之大观也，前人之述备矣。然则北通巫峡，南极潇湘，迁客骚人，多会于此，览物之情，得无异乎？

若夫霪雨霏霏，连月不开，阴风怒号，浊浪排空，日星隐耀，山岳潜形，商旅不行，樯倾楫摧，薄暮冥冥，虎啸猿啼。登斯楼也，则有去国怀乡，忧谗畏讥，满目萧然，感极而悲者矣。

至若春和景明，波澜不惊，上下天光，一碧万顷，沙鸥翔集，锦鳞游泳，岸芷汀兰，郁郁青青。而或长烟一空，皓月千里，浮光耀金，静影沉璧；渔歌互答，此乐何极！登斯楼也，则有心旷神怡，宠辱皆忘，把酒临风，其喜洋洋者矣。

嗟夫，予尝求古仁人之心，或异二者之为，何哉？不以物喜，不以己悲。居庙堂之高，则忧其民；处江湖之远，则忧其君。是进亦忧，退亦忧。然则何时而乐耶？其必曰“先天下之忧而忧，后天下之乐而乐”欤！噫！微斯人，吾谁与归！

岸芷汀兰，郁郁青青。

【译文】

庆历四年(1044年)的春天，滕子京被贬为巴陵郡太守。到了第二年，政事顺畅，人民和睦，各种荒废了的事业都兴办起来了。于是重新修建岳阳楼，扩展它原来的规模，把唐代贤士和今人的诗赋刻在上面，并嘱咐我写一篇文章来记述这件事。

我看巴陵郡的美景，全在这洞庭湖上。它连接远山，吞吐长江，浩浩荡荡，无边无际；早晨的霞光，傍晚的夕照，气象万千。这些就是岳阳楼的壮丽景象，前人已经描述得很详尽了。它北面通向巫峡，南面直达潇水和湘水，被降职外调的官员和不得志的诗人常常在这里聚会，他们观赏这里景物时的心情，难道会没有差别吗？

在那细雨连绵不断，一连数月不晴的时候，阴惨惨的风怒吼着，浑浊的浪涛翻腾到空中；日月星辰失去了光辉，山岳也隐藏在阴霾之中；来往的客商无法通行，桅杆歪斜，船桨折断；到了傍晚，暮霭沉沉，天色昏暗，老虎长啸，猿猴悲啼。这时登上这座楼，就会产生离开京城，怀念家乡，担心遭到诽谤和讥议的心情，满目都是萧条的景象，心中感慨万分而十分悲伤了。

待到春风和煦，景色明媚的日子，湖面平静，水天一色，碧绿的湖水一望无际；沙鸥时而展翅高飞，时而落下聚集在一起；五光十色的鱼儿游来游去，岸上的香芷和小洲上的兰花，香气浓郁，颜色青青。有时天空中云雾完全消散，皎洁的月光一泻千里，湖面上金光闪烁，月亮的倒影犹如沉落的玉璧，静静地躺在水中；渔人互相唱和应答，这样的快乐是何等无穷无尽！这时登上这座楼，就会感到心旷神怡，把一切荣辱得失都忘记了，于是端着酒杯临风畅饮，沉浸在无限的欢乐当中。

唉！我曾经探究过古代仁德之士的思想感情，或许他们和上面说的那两种情况有所不同，这是什么缘故呢？是因为他们不因为外物的美好而高兴，不因为个人的失意而悲伤；在朝廷为官的时候就为百姓忧虑；退隐江湖、远离朝廷的时候就替君主忧虑。这样看来，是在朝为官也忧虑，不在朝为官也忧虑。然而他们什么时候才会感到快乐呢？他们一定会说“忧在天下人之前，乐在天下人之后”吧！唉！除了这样的人，我还能与谁同道呢！

琵琶记

——南戏绝唱

作者介绍

《琵琶记》的作者高明，字则诚，自号菜根道人，瑞安（今属浙江）人。他出身于书香门第，是理学家黄的弟子，是刘基（伯温）的好朋友。至正五年（1345 年）中进士，先后任处州录事、江浙行省椽吏、浙东阃幕（统帅府）都事、福建行省都事等职，平生为人耿直，“意所不可，辄上政事堂慷慨求去”，“论事不合，避不治文书”，官声很好。晚年时，天下大乱，方国珍想强召他入幕府，他力辞不从，并从此隐居在宁波城东的栎社，以词曲自娱。顾德辉《玉山草堂雅集》称其“长才硕学，为时名流”。作有南戏《琵琶记》《闵子骞单衣记》；《全元散曲》收其《二郎神·愁怀》等三首；另有少量诗文传世。

经典概述

宋元时期，中国戏曲主要有两支：一支是从宋杂剧、金院本发展出的元杂剧，另有一支是在东南沿海地区流行的南戏。南戏发展较晚，到元末才趋向成熟，后来演化为明清戏剧的主要形式——传奇。

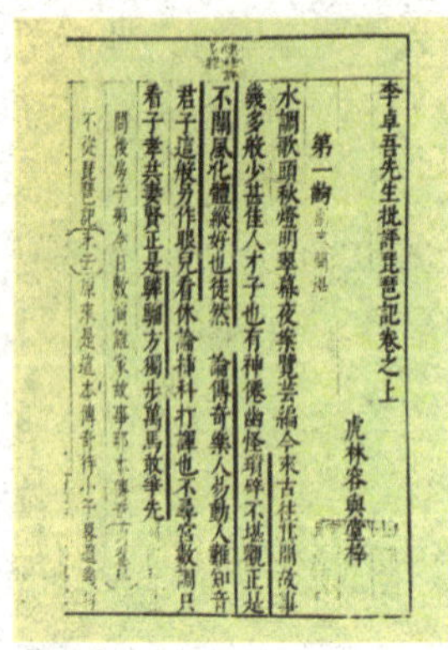
李卓吾先生批評琵琶記卷之上　虎林容與堂梓
第一齣
水調歌頭秋燈明翠幕夜案覽芸編今來古往其間故事
幾多般少甚佳人才子也有神仙幽怪瑣碎不堪觀正是
不關風化體縱好也徒然　論傳奇樂人易動人難知音
君子這般另作眼兒看休論插科打諢也不尋宮數調只
看子孝共妻賢正是驊騮方獨步萬馬敢爭先

▲《琵琶记》书影

《琵琶记》传本甚多，其中以嘉靖苏州坊刻本和清陆贻典钞本最为接近原著。此外尚有李卓吾评本、上海古籍出版社出版的钱南扬校注《元本〈琵琶记〉校注》颇为审。

南戏最初应该是在温州一带民间歌舞的基础上形成的，《南词叙录》说它“即村坊小曲而为之”。温州是一座古城，又是对外贸易的通商口岸，商业发达，经济繁荣。南戏在这种良好的环境中得以成长，并逐渐扩展到东南沿海一带，进入南宋都城临安。元灭南宋以后，北方剧作家大批南下，造成了南北剧的交流。在这个过程中，南戏发生了一些重要变化，如改编杂剧的剧目，吸收杂剧曲牌联套的方法，采用杂剧的一些曲调，形成“南北合套”的形式等等，南戏的艺术水准因而得到提高。到元末，《琵琶记》等剧本出现，标志着南戏达到了成熟。

《琵琶记》是高明根据长期在民间流传的南戏《赵贞女》改编的。《赵贞女》写蔡伯喈上京应举，贪恋功名富贵，长期不归，赵五娘独力支持门户，在蔡家父母死后到京师寻访伯喈，伯喈却不认。最后以马踩赵五娘，雷轰蔡伯喈结束。

本剧共四十二出，剧情大致是：书生蔡伯喈与赵五娘新婚不久，恰逢朝廷开科取士，伯喈觉得父母年事已高，不愿去考试，打算留在家中服侍父母。但是蔡公不从，邻居张大公也在旁劝说，伯喈只好告别父母妻子，赴京考试。应试及第，中了状元。朝廷牛丞相看中伯喈，有一女未婚配，奉旨招新科状元为婿。伯喈以父母年迈，在家无人照顾，需回家尽孝为理由，打算辞婚、辞官，但牛丞相与皇帝不从，他被迫滞留京城。自从伯喈离家后，陈留连年遭受旱灾，五娘任劳任怨，服侍公婆，让公婆吃米，自己则背着公婆私下自咽糟糠。婆婆发现后，痛悔而亡，不久，蔡公也死于饥荒。而伯喈被强赘入牛府后，终日思念父母，写信去陈留家中，信却被拐子骗走，以致音信不通。一日，在书房弹琴抒发乡思，被牛氏听见，得知实情，告知父亲。牛丞相被女儿说服，于是派人去迎接伯喈父母、妻子来京。蔡公、蔡婆去世后，五娘罗裙包土，自筑坟墓，又亲手绘成公婆遗容，身背琵琶，沿路弹唱乞食，往京城寻夫。她历尽风霜，来到京城，正遇弥陀寺大法会，便往寺中募化求食，将公婆真容供于佛前。正逢伯喈也来寺中烧香，祈祷父母路上平安。见到父母真容，他便拿回府中挂在书房内。五娘寻至牛府，被牛氏请至府内弹唱。五娘见牛氏贤淑，便将自己的身世告知牛氏。牛氏为让五娘与伯喈团聚，又怕伯喈不认，便让五娘来到书房，在公婆的真容上题诗暗喻。伯喈回府，见画上所题之诗，正欲问牛氏，牛氏便带五娘入内，夫妻遂得以团聚。五娘告知家中事情，伯喈悲痛至极，即刻上表辞官，回乡守孝。得到牛相的同意，伯喈遂携赵氏、牛氏同归故里，庐墓守孝。后来皇帝下诏，旌表蔡氏一门。

▲《琵琶记》插图　清　胡锡珪

高明写《琵琶记》的主观意图是宣扬道德，他在全戏开场时说："少甚佳人才子，也有神仙幽怪，琐碎不堪观。正是不关风化体，纵好也徒然。"正是这种创作意图促使他改编了《赵贞女》的故事情节，也因此使作品中的人物都带上了说教的色彩。

本剧有两条线索：一条是蔡伯喈步步青云直上，飞黄腾达，满心苦闷地处于一片繁华富贵的气氛中；一条线是赵五娘含辛茹苦，拼命在荒凉萧条的境地里挣扎。许多场面不断交错出现，相互对映，给观众以强烈的感受。从人物形象来说，虽然夹杂了一些教化的成分，但无论赵五娘的历经磨难而默默忍受，还是蔡伯喈的进退两难而矛盾苦闷，都有其真实的生活基础。作者逐步深入地展现他们的性格特色和细微的心理活动，使之有血有肉，不因为说教的目的而变得苍白僵死。剧中的语言，正如汤显祖所评论的，"都在性情上着工夫，并不以词调巧倩见长"，大都本色自然，能够比较深入地写出人物的心理和感情活动。

西厢记

——才子佳人的第一声号角

作者介绍

《西厢记》的作者王实甫，元代杂剧作家，名德信，大都（今北京市）人，生卒年不详，生平事迹资料缺乏。钟嗣成的《录鬼簿》将他列入“前辈已死名公才人”，由此可以推知，王实甫活动的年代可能与关汉卿等相去不远。他的主要创作活动当在元成宗元贞、大德年间。据流传下来的散曲作品推测，王实甫早年曾经为官，宦途不无坎坷，晚年退隐。王实甫所作杂剧，今仅存有《崔莺莺待月西厢记》《吕蒙正风雪破窑记》和《四大王歌舞丽春堂》等三种。

经典概述

《西厢记》的故事源于唐代元稹的《莺莺传》，直接取材于金代董解元的《西厢记诸宫调》。《西厢记》故事波澜起伏，环环相扣。情节概要如下：相国之女崔莺莺随母亲回乡，与书生张君瑞邂逅于普救寺，彼此生相慕之心。军将孙飞虎听说莺莺美貌，带兵合围普救寺，想抢夺崔莺莺为妻。张生在老夫人许婚的条件下，冒险写信给他的朋友蒲关守将杜君实，杜君实带兵解围。然而紧接着老夫人赖婚。崔张在红娘的帮助下暗相沟通，莺莺心存疑惧，好事多磨。张生相思成疾，卧病在床，眼见得好梦成空，忽然莺莺夜访，两人私自同居。此后幽情败露，老夫人大怒。红娘据理力争，并抓住老夫人的弱点，使她不得不认可既成事实。然而老夫人提出相府不招“白衣女婿”，迫使张生赴考。之后，与莺莺原有婚约的郑恒设计骗婚，再度横生枝节。最后张君瑞得中进士，与崔莺莺团圆成婚。

《西厢记》很受文人推崇，金圣叹把它称为“第六才子书”，赵景深称《西厢记》与《红楼梦》是“中国古典文艺的双璧”。

《西厢记》中主要人物的性格都具有鲜明的特征。张生性格忠厚，他对莺莺一往情深。

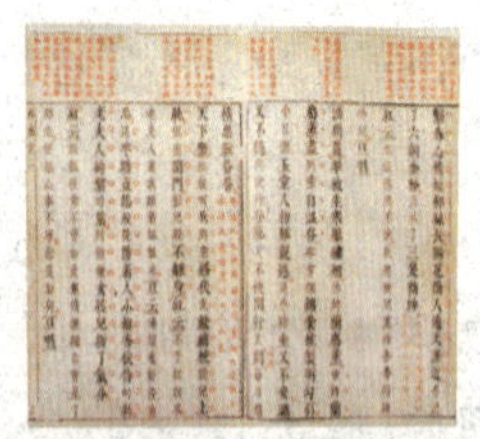

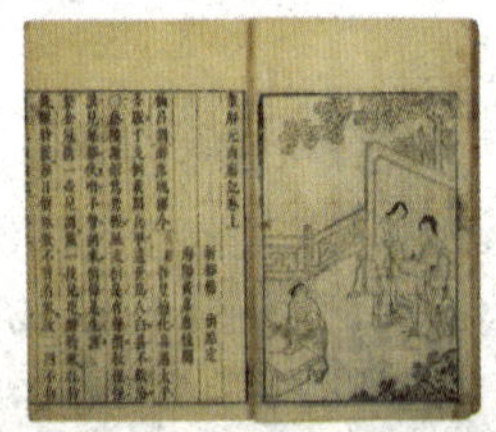

▲ 不同时期、不同版本的《西厢记》书影

相关链接

元杂剧是直接继承金院本，又糅合了诸宫调的多种特点而发展起来的。元杂剧已经成为具有完备的文学剧本、严格的表演形式、完整而丰富的内容的成熟戏剧。在体制方面，元杂剧有如下基本特点：结构方面，一般是以四折，通常外加一段楔子为一本，表演一种剧目。少数剧目是多本的，楔子可以没有，也可以用到两三个；唱词和演唱方面，元杂剧的核心部分是唱词，每一折用同一宫调的一套曲子组成，并一韵到底，四折可以选用四种不同的宫调。元杂剧通常限定每一本由正旦或正末两类角色中的一类主唱，正旦所唱的本子为“旦本”，正末所唱的本子为“末本”；宾白方面，有散白与韵白之分，前者用当时的口语，后者用诗词或顺口溜式的韵文。元杂剧的角色，可分为旦、末、净、外、杂五大类，每大类下又分若干小类，把剧中各种人物分为若干类型，便于程式化的表演。

莺莺的性格深沉而内向，她对张生虽亦一往情深，但欲前又却，内心曲折。红娘伶俐机敏，敢于抗争，有勇有谋，在“拷红”一场中，她的思想性格得到了最充分有力的表现。

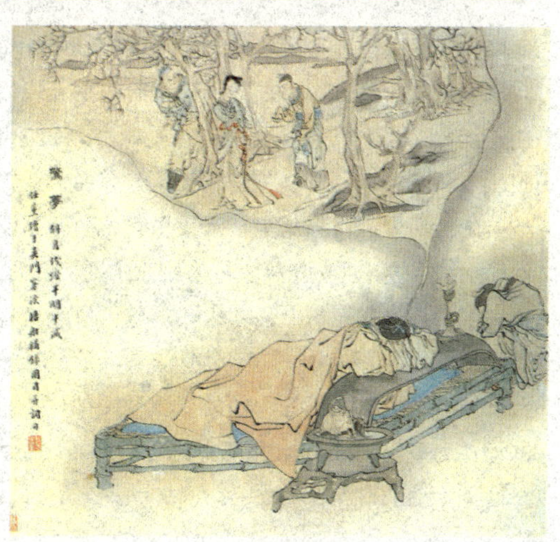
▲《西厢记·惊梦》插图　清　任薰

《西厢记》情节曲折，波澜迭起，悬念丛生，引人入胜。全剧接连不断的起伏跌宕，常给人山重水复、柳暗花明之感。《西厢记》不仅善于正面刻画人物，而且长于侧面描写，使人物性格呈现出丰富的色彩和立体浑成的效果。《西厢记》的心理描写，不仅在曲词中，而且在人物的对话、动作中，也往往有着丰富的潜台词，间接地表现人物的内心活动。《西厢记》的曲词华美，并有诗的意境。作者常常结合剧情，在景物描绘中，构发抒情意味极浓的意境。

《西厢记》故事表现了中国古代爱情剧的模式特点：“私订终身后花园，落难公子中状元，金榜题名大团圆”。这就是所谓的才子佳人模式。

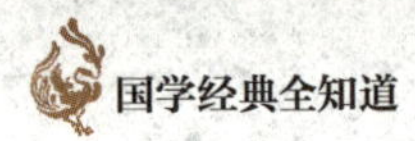

窦娥冤

——惊心动魄的人间惨剧

作者介绍

《窦娥冤》的作者是关汉卿。关汉卿是中国古代戏剧创作的代表人物，但是有关关汉卿生平的资料却很缺乏，只能从一些零星的记载中知道一个大概。他号已斋（或作一斋），大都（今北京市）人，大约生于金末或元太宗时。据元代后期戏曲家钟嗣成《录鬼簿》的记载，关汉卿很可能是元代太医院的一个医生。南宋灭亡（1279 年）之后，关汉卿曾到过当时南方戏曲演出的中心杭州，写有《南吕一枝花·杭州景》套曲，还曾到过扬州。关汉卿熟悉勾栏伎艺，《析津志》说他“生而倜傥，博学能文，滑稽多智，蕴藉风流，为一时之冠”。明代臧晋叔《元曲选·序》说他“躬践排场，面敷粉墨。以为我家生活，偶倡优而不辞”。关汉卿是元代前期杂剧界领袖人物，玉京书会里最著名的书会才人。据各种文献资料记载，关汉卿编有杂剧 67 部，现存 18 部，其中《窦娥冤》《救风尘》《望江亭》《拜月亭》《鲁斋郎》《单刀会》《调风月》等，是他的代表作。贾仲明《录鬼簿》吊词称他为“驱梨园领袖，总编修师首，捻杂剧班头”，可见他在元代剧坛上的地位之高。1958 年，关汉卿被世界和平理事会提名为“世界文化名人”，北京隆重举行了关汉卿戏剧活动 700 年纪念大会。

经典概述

本剧全名《感天动地窦娥冤》。主要情节如下：

贫寒秀才窦天章上京城求取功名，向寡妇蔡婆借盘缠。蔡婆早就看上了他的女儿瑞云，于是乘机索要瑞云做童养媳。瑞云三岁丧母，七岁便到蔡婆家，改名窦娥。十七岁时窦娥与蔡婆的儿子成婚，一年后丈夫病故，婆媳相依为命。一天，蔡婆去向赛卢医索讨银钱，赛卢医想赖账，骗她到僻静处，想勒死她，幸亏张驴儿及其父把她救下。

因这救命之恩，张驴儿和他的父亲想霸占婆媳二人。窦娥执意不从。张驴儿在羊肚汤里放了毒药，想害死蔡婆，强占窦娥。不料其父喝下了那碗羊肚汤，中毒身亡。张驴儿反诬窦娥毒死公公，并威胁窦娥嫁给他为妻，不然要去公堂告发。窦娥问心无愧，与张驴儿去见官评理。

▲ 关汉卿像

太守桃杌是一个昏官，严刑逼供，窦娥决不屈从。桃杌转而对蔡婆用刑，窦娥为救婆婆，含冤招认，被判死罪。临刑时窦娥满腔悲愤，死前发出三桩誓愿：若是屈死，死后血飞白练、六月降雪、大旱三年。这些誓愿果然一一应验。

窦天章后来官拜两淮提刑肃政廉访使，来到楚州地面。窦娥鬼魂托梦给父亲，诉说冤情。窦天章重新审理此案，杀了张驴儿。窦娥冤情得以昭雪。

▲《窦娥冤》书影

《窦娥冤》是深刻地反映元代社会现实的一个著名的悲剧。

悲剧《窦娥冤》揭示了元代社会的黑暗，也赋予主人公窦娥以决不妥协的性格。本剧着重描画窦娥那股惊天地、泣鬼神的如虹怨气，给作品增添了浪漫的色彩。作者还以高超的艺术手腕，细致地刻画了窦娥内心矛盾冲突和性格的不同侧面，使她成为一个令人同情和崇敬的、有血有肉的艺术形象。

《窦娥冤》第三折是全戏的高峰，这是一场唱工戏。开始的［正宫端正好］［滚绣球］等几支曲子，把窦娥的满腔怨恨如火山爆发般倾泻出来。窦娥胸中的激愤之情汹涌澎湃，犹如山呼海啸，震撼人心！而此后的［倘秀才］［叨叨令］［快活三］［鲍老儿］等曲情绪陡然转化，从另一侧面表现了窦娥深沉细腻、忠厚善良的性格。剧中窦娥与婆婆生离死别的描写，情绪低回深沉，场面凄楚哀怨，深深地叩动着人们的心扉。最后窦娥发出三桩誓愿，这是作者一种大胆的艺术处理，其精神是浪漫主义的。剧终时窦天章的出现以及窦天章对案情的重新审理，表现了对窦娥的深切同情，也体现了古人善恶有报的良好愿望。

关汉卿是一位杰出的语言艺术大师，他汲取大量民间生动的语言，熔铸精美的古典诗词，创造出生动流畅的语言风格。他的人物语言，酷似人物口吻，符合人物身份，如本剧中窦娥的朴素无华，张驴儿的无赖油滑，都惟妙惟肖。

精华内容

【原文】

【正宫·端正好】没来由犯王法，不提防遭刑宪，叫声屈动地惊天。顷刻间游魂先赴森罗殿，怎不将天地也生埋怨。

【滚绣球】有日月朝暮悬，有鬼神掌着生死权。天地也只合把清浊分辨，可怎生糊突了盗跖颜渊：为善的受贫穷更命短，造恶的享富贵又寿延。天地也，做得个怕硬欺软，却元来也这般顺水推船。地也，你不分好歹何为地。天也，你错勘贤愚枉做天！哎，只

▲《窦娥冤》插图

落得两泪涟涟。

（正旦跪科）（刽子开枷科）（正旦云）窦娥告监斩大人，有一事肯依窦娥，便死而无怨。（监斩官云）你有甚么事？你说。（正旦云）要一领净席，等我窦娥站立；又要丈二白练，挂在旗枪上：若是我窦娥委实冤枉，刀过处头落，一腔热血休半点儿沾在地下，都飞在白练上者。（监斩官云）这个就依你，打甚么不紧。（刽子做取席站科，又取白练挂旗上科）（正旦唱）

【耍孩儿】不是我窦娥罚下这等无头愿，委实的冤情不浅；若没些儿灵圣与世人传，也不见得湛湛青天。我不要半星热血红尘洒，都只在八尺旗枪素练悬。等他四下里皆瞧见，这就是咱苌弘化碧，望帝啼鹃。

（刽子云）你还有甚的说话？此时不对监斩大人说，几时说那？（正旦再跪科，云）大人，如今是三伏天道，若窦娥委实冤枉，身死之后，天降三尺瑞雪，遮掩了窦娥尸首。（监斩官云）这等三伏天道，你便有冲天的怨气，也召不得一片雪来，可不胡说！（正旦唱）

【二煞】你道是暑气暄，不是那下雪天；岂不闻飞霜六月因邹衍？若果有一腔怨气喷如火，定要感的六出冰花滚似绵，免着我尸骸现；要什么素车白马，断送出古陌荒阡！

（正里再跪科，云）大人，我窦娥死的委实冤枉，从今以后，着这楚州亢旱三年！（监斩官云）打嘴！那有这等说话！（正旦唱）

【一煞】你道是天公不可期，人心不可怜，不知皇天也肯从人愿。做甚么三年不见甘霖降？也只为东海曾经孝妇冤，如今轮到你山阳县。这都是官吏每无心正法，使百姓有口难言！

——最早流传到国外的古典戏曲

作者介绍

《赵氏孤儿》的作者是元代戏曲作家纪君祥。纪君祥，一作纪天祥，生平不详。《录鬼簿》记载他与郑廷玉、李寿卿为同时人。现代研究者考证李寿卿为至元（元世祖年号）年间人，由此可推知纪君祥的活动年代应该在元初。他著有杂剧 6 种，现仅存 1 种：《赵氏孤儿冤报冤》，一作《赵氏孤儿大报仇》，简称《赵氏孤儿》。另外《陈文图悟道松阴梦》1 剧，仅存曲词 1 折。

经典概述

《赵氏孤儿》故事采自《左传》《史记·赵世家》和刘向《新序·节士》《说苑·复思》等书。当然，作者作了提炼、改造和虚构。

故事讲述春秋时晋国奸臣屠岸贾谋害忠直大臣赵盾，使赵家三百余口被满门抄斩，赵盾之子赵朔为驸马，也被逼自杀，其妻亦被囚禁并在此时生下赵氏孤儿。赵朔门客程婴将孤儿偷带出宫时，被奉屠岸贾之命把守宫门的韩厥发现，但韩厥不愿献孤儿以图荣进，遂放走程婴，自刎而死。继而屠岸贾发现有人偷偷救出孤儿，下令杀死全国出生一个月至半岁的婴儿。程婴为保全孤儿和全国幼儿，与赵盾友人公孙杵臼商量，以自己的儿子冒充赵氏孤儿，然后出面揭发公孙收藏了他。公孙与假孤儿被害，真孤儿得以保全。程婴将赵氏孤儿过继给屠岸贾抚养。二十年后，赵氏孤儿长大成人，程婴向他说明真相，赵氏孤儿手擒屠岸贾，报了血海深仇。程婴则自刎，以谢二十年前为此而死的公孙杵臼。

《赵氏孤儿》在戏剧发展史上影响很大，历来有不少剧种改编上演。《赵氏孤儿》曾于 1735 年被伏尔泰改编为歌剧《中国孤儿》，德国诗人歌德也曾将它改编为《埃尔佩诺》，

相关链接

专门作家是使元杂剧发展成熟、繁荣兴旺的一个关键因素。宋金时期的杂剧、院本都是简单粗糙的，这是因为编剧者缺乏较高的文化修养。元初很长时期废除了科举，大量儒生由从事戏曲，走上这条谋生道路。这样，有不少文化修养、艺术趣味很高的人投入这一行业，用他们的文学专长创作剧本。他们的代表人物是关汉卿，他既懂得表演，能够粉墨登场，写作才能又高超，而且了解社会与民众生活，他加入民间编剧团体“书会”，从事剧本创作，对于元杂剧艺术的提高是很有贡献的。

▲ 京剧《赵氏孤儿》剧照

意大利作家梅塔斯塔齐奥改编时将它改名为《中国英雄》。

古人经常把历史上一些重大政治斗争的原因解释为“忠”与“奸”的对立，这当然是很简单化的处理，本剧基本上也是这样做的。剧中程婴的行为，是为了报答赵朔平日的优遇之恩。宋代的皇室姓赵，他们对这一段故事情有独钟，一再为程婴、公孙杵臼和韩厥修祠立庙、加封爵号，这对后来写“忠奸斗争”的戏剧有较大的影响。但是我们也应该注意到，屠岸贾之“奸”与赵氏之“忠”，在剧中主要是作为基本的背景，是作为对两大家族之间对立的简便的解释而出现的，作家并无意对此作过多的渲染。正如剧本全名《赵氏孤儿冤报冤》所显示的，家族复仇意识在剧中表现得更为突出。它的主题，不是简单的忠与奸的对立。在表现这种复仇意识时，作者又强调了弱者对于残暴的反抗。屠岸贾杀绝赵氏一门三百余口，又为了斩草除根而准备杀尽晋国所有婴儿，这为程婴、公孙杵臼等人的自我牺牲提供了较单纯的“忠”更有人情味的道义根据。韩厥决定放走程婴和他所携带的赵氏孤儿时的一段唱词，“子见他腮脸上泪成痕，口角内乳食喷，子转的一双小眼将人认。紧帮帮匣子内束着腰身，低矮矮怎舒伸”，也表达了对无辜的弱小者的同情。因而，他们或者杀身成仁，或者忍辱负重，便都有了人格的高尚意义和崇高的悲剧美感。

精华内容

【原文】

【南吕·一枝花】兀的不屈沉杀大丈夫，损坏了真梁栋。被那些腌臜屠狗辈，欺负俺慷慨钓鳌翁。正遇着不道的灵公，偏贼子加恩宠，着贤人受困穷。若不是急流中将脚步抽回，险些儿闹市里把头皮断送。

【双调新水令】我则见荡征尘飞过小溪桥，多管是损忠良贼徒来到。齐臻臻摆着士卒，明晃晃列着枪刀。眼见的我死在今朝，更避甚痛笞掠。

【驻马听】想着我罢职辞朝，曾与赵盾名为刎颈交。是那个昧情出告？元来这程婴舌是斩身刀！你正是狂风偏纵扑天雕，严霜故打枯根草。不争把孤儿又杀坏了。可着他三百口冤仇甚人来报？

牡丹亭

——人类自我发现的庄严仪式

作者介绍

《牡丹亭》的作者是明代伟大的戏剧家、文学家汤显祖。汤显祖（1550 ~ 1616 年），字义仍，号若士，又号海若，又号清远道人，别号玉茗堂主人。江西临川人。汤显祖一生蔑视权贵，不肯趋炎附势，经常得罪人。早年参加进士考试，因拒绝内阁首辅张居正的招致而落选。直到三十三岁时才中进士。中进士后，拒绝当时执掌朝政的张四维、申时行的拉拢。仕途坎坷，很不得志。汤显祖晚年潜心佛学，自称“偏州浪士，盛世遗民”，说“天下事耳之而已，顺之而已”，后又自号“茧翁”。汤显祖的主要创作成就在戏曲方面，代表作是《牡丹亭》，它和《邯郸记》《南柯记》《紫钗记》合称“玉茗堂四梦”，又称“临川四梦”。他生前有《玉茗堂文集》刊行。汤显祖也是世界文化伟人之一，日本学者青木正儿在《中国近世戏曲史》中，将他和莎士比亚并称，为东西方交相辉映的两颗明星，被誉为“东方的莎士比亚”。

▲ 汤显祖像

经典概述

《牡丹亭》共五十五出，写杜丽娘和柳梦梅的爱情故事。本剧不少情节取自话本《杜丽娘慕色还魂》。剧情梗概是：贫寒书生柳梦梅梦见在一座花园的梅树下站着一位佳人，说同他有姻缘之份，从此经常思念她。南安太守杜宝之女名丽娘，才貌端庄美丽，跟从师傅陈最良读书。她由读《诗经·关雎》章而产生伤春的情绪，于是由丫鬟陪同，去后花园游赏。回来后，在昏昏睡梦中，见一书生持半枝垂柳前来求爱，两人在牡丹亭畔幽会。杜丽娘从此愁闷消瘦，一病不起。她在弥留之际要求母亲把她葬在花园的梅树下，嘱咐丫鬟春香将她的自画像藏在太湖石底。其父升任淮阳安抚使，委托陈最良葬女并修建“梅花庵观”。三年后，柳梦梅赴京应试，借宿梅花庵观中，在太湖石下拾得杜丽娘画像，发现就是梦中见到的佳人。杜丽娘魂游后花园，和柳梦梅再度幽会。于是，柳梦梅掘墓开棺，杜丽娘起死回生，两人结为夫妻。这个故事感人至深，汤显祖在本剧《题词》中写道：“如丽娘者，

▲《牡丹亭》插图

乃可谓之有情人耳。情不知所起，一往而深，生者可以死，死可以生。生而不可与死，死而不可复生者，皆非情之至也。”

《牡丹亭》在艺术上的最大特色是它的浪漫色彩。它的浪漫色彩最重要的表现是“梦而死”“死而生”的幻想情节。杜丽娘所追求的爱情在当时的现实环境里几乎是不可能实现的；可是在梦想、魂游的境界里，她终于摆脱了礼教的种种束缚，改变了一个大家闺秀的软弱性格，实现了梦寐以求的美好愿望。例如在《惊梦》里，杜丽娘在梦里和柳梦梅相见，“真个是千般爱惜，万种温存”。又如在《冥判》里，杜丽娘还敢于向阎王殿下的胡判官诉说她感梦而亡的全部经过，得到判官的允许自由自在地去寻找梦里的情人。作者用这些富有奇情异彩的艺术创造突出了现实和理想的矛盾，也表现了青年妇女对自由幸福生活的强烈追求。本剧采用抒情诗的手法，抒写人物内心的感情，《惊梦》《寻梦》《闹殇》《冥誓》等出更多地像抒情诗，而不太像剧本。用写诗的手法写戏曲是我国戏曲作家的传统，汤显祖正是这方面的代表人物。

《牡丹亭》以文辞典雅秀丽著称。如《惊梦》的几支曲子一向为人称道。这些曲子写杜丽娘对春光的欣赏和叹息，透露了她爱情上的苦闷。这种典丽的曲文用来刻画杜丽娘这样出身官宦人家的小姐的情态是很适合的。《牡丹亭》的曲文并不单纯是典丽，在描写下层人物如农夫、牧童和桑妇时，比较通俗。在宾白的运用上，语言比较精练，也较通俗，在描写陈最良等人物时，尤为出色。不过《牡丹亭》曲文也表现出它的弱点，比如使用冷僻的典故过多，甚至有晦涩生硬之病。

精华内容

【原文】

【绕池游】〔旦上〕梦回莺啭，乱煞年光遍。人立小庭深院。〔贴〕炷尽沉烟，抛残绣线，恁今春关情似去年？〔乌夜啼〕〔旦〕晓来望断梅关，宿妆残。〔贴〕你侧着宜春髻子恰凭阑。〔旦〕翦不断，理还乱，闷无端。〔贴〕已分付催花莺燕借春看。〔旦〕春香，可曾叫人扫除花径？〔贴〕分付了。〔旦〕取镜台衣服来。〔贴取镜台衣服上〕云髻罢梳还对镜，罗衣欲换更添香。镜台衣服在此。

【步步娇】〔旦〕袅晴丝吹来闲庭院，摇漾春如线。停半晌、整花钿。没揣菱花，偷人半面，迤逗的彩云偏。〔行介〕步香闺怎便把全身现！〔贴〕今日穿插的好。

【醉扶归】〔旦〕你道翠生生出落的裙衫儿茜，艳晶晶花簪八宝填，可知我常一生儿爱好是天然。恰三春好处无人见。不提防沉鱼落雁鸟惊喧，则怕的羞花闭月花愁颤。

〔贴〕早茶时了，请行。〔行介〕你看：画廊金粉半零星，池馆苍苔一片青。踏草怕泥新绣袜，惜花疼煞小金铃。〔旦〕不到园林，怎知春色如许！

▲《牡丹亭》年画 清

【皂罗袍】原来姹紫嫣红开遍，似这般都付与断井颓垣。良辰美景奈何天，赏心乐事谁家院！恁般景致，我老爷和奶奶再不提起。〔合〕朝飞暮卷，云霞翠轩；雨丝风片，烟波画船——锦屏人忒看的这韶光贱！〔贴〕是花都放了，那牡丹还早。

【好姐姐】〔旦〕遍青山啼红了杜鹃，荼蘼外烟丝醉软。春香啊，牡丹虽好，他春归怎占的先！〔贴〕成对儿莺燕啊。〔合〕闲凝眄，生生燕语明如翦，呖呖莺歌溜的圆。〔旦〕去罢。〔贴〕这园子委是观之不足也。〔旦〕提他怎的！〔行介〕

文心雕龙

——文学批评系统理论之鼻祖

作者介绍

《文心雕龙》的作者是南朝梁的刘勰。刘勰（约465～约532年），字彦和，东莞莒县（今山东莒县）人，世代居住在京口（今江苏镇江）。少年时家境贫寒，为生活所迫，跟随沙门僧十余年，并因此精通佛教经典。梁代初年，做过南康王萧绩的记室，又曾担任太子萧统的通事舍人，为萧统所赏识。后来出家为僧，法名慧地。刘勰受儒家思想和佛教的影响都很深。他的著作最有名的就是我们这里要说的《文心雕龙》。

经典概述

《文心雕龙》是我国历史上第一部系统的文学理论著作。《文心雕龙》评论了晋宋以前二百多位重要作家，总结了三十五种文体的源流演变和特点，全面论述了文学创作和评论上的一些重要问题，内容丰富多彩。全书共五十篇，由四大部分组成：

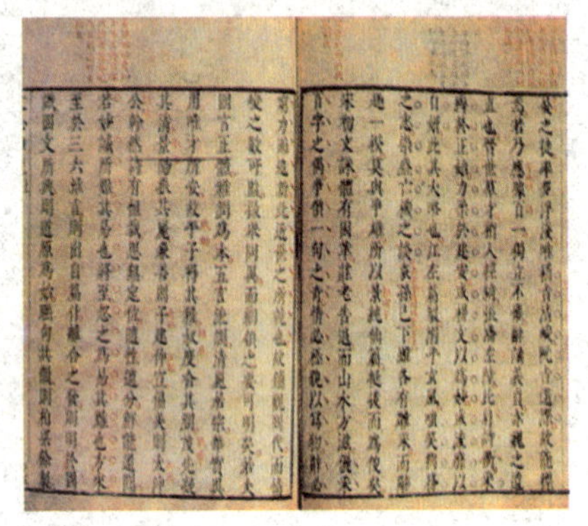

▲《文心雕龙》书影

《文心雕龙》的版本较多，最早的刻本是元至正本。这个本子是以后各版本的祖本。此外尚有清人黄叔琳的《文心雕龙辑注》、今人范文澜《文心雕龙注》、杨明照《文心雕龙校注》、周振甫《文心雕龙注释》以及詹锳的《文心雕龙义证》。

总论：由《原道》《征圣》《宗经》三篇构成。《原道》中论述的“自然之道”，主要说明万事万物必有其自然的文采：“形立则章成矣，声发则文生矣。”刘勰据此说明：文学作品必须有文采，但应该是由相应的内容决定其文采。《征圣》《宗经》两篇强调学习儒家经典的写作原则。《宗经》篇论述了“六义”，即认为学习儒家经典对文学创作有六大好处：“一则情深而不诡，二则风清而不杂，三则事信而不诞，四则义直而不回，五则体约而不芜，六则文丽而不淫。”要求从儒家经书学得“情深”“风清”“事信”“义直”等，是侧重于内容方面的要求。刘勰认为圣人的著作“衔华而佩实”，所以《征圣》篇强调：“志足而言文，情信而辞巧，乃含章之玉牒，秉文之金科矣。”这正是《原道》和《征圣》《宗经》三篇总论提出的核心观点。很明显，《文心雕龙》的文学思想是以儒家思想为核心。

相关链接

《典论·论文》：魏文帝曹丕著。《论文》是《典论》中的一篇。他所论的“文”是广义上的文章，也包括文学作品在内。它是中国第一篇文学批评的专门论文。它高度评价文学的价值。“盖文章，经国之大业，不朽之盛事”一句话成为千古名言。文章对“建安七子”进行评论；提出了“文气”的概念；辨析了文体的区别。

《文赋》：西晋陆机著。它的中心内容，是以作者创作的经验结合对他人作品的体会，描述文学创作的过程，尤其是创作中的心理现象，以及创作中的利害得失。这属于创作论的范畴，但和一般的理论探讨不一样，有很浓厚的心理学意味。

文体论：从第五篇《辨骚》到《书记》共二十一篇，通常称为文体论。这部分从四个方面论述了各种文体：一是文体的起源和发展概况，二是文体的名称、意义，三是评论各个时期有代表性的作品，四是总结各种文体的特点及写作要领。所以，这部分不仅论文体，还具有分体文学史的意义，也是批评论的重要组成部分；特别值得注意的是，本书的创作论正是以这部分所总结各种文体的创作经验为基础提炼出来的。

创作论：从《神思》到《总术》共十九篇是创作论；《时序》《物色》两篇介于创作论和批评论之间，也包含一些论创作的重要意见。这是本书的精华部分。其中分别对艺术构思，艺术风格，继承与革新，内容和形式的关系，文学与社会现象、自然现象的关系等重要问题，分别进行了专题论述；也对声律、对偶、比兴、夸张以至用字谋篇等，逐一进行了具体的探讨。《文心雕龙》对于风格和风骨也有深入的研讨和论述。在《体性》篇中，刘勰继承曹丕关于风格的意见，做了进一步的发挥，认为形成作家风格的原因，有先天的才情、气质的不同，也有后天的学养和习染的殊异。在风格论的基础上，刘勰特别标举“风骨”。“风骨”一词本是南朝品评人物精神面貌的术语。文学理论批评中的“风骨”一词，正是从这里借用出来的。“风”是要求文学作品要有较强的思想艺术感染力，即《诗大序》中的“风以动之”的“风”；“骨”则是要求表现上的刚健清新。《文心雕龙》关于艺术想象的理论也有精辟的论述。《神思篇》借用“形在江海之上，心存魏阙之下”这一成语，论述艺术想象超越时空限制的特点：“故寂然凝虑，思接千载；悄焉动容，视通万里。”刘勰认为艺术想象并非凌虚蹈空而生的，它以“博见为馈贫之粮”的形象化比喻，说明艺术想象的基础只能是客观生活中的素材或原料。《文心雕龙》还强调，唯有当作家的精神心理处于“虚静”状态，不受外界的纷扰时，才能更好地驰骋自己的艺术想象力。《文心雕龙》在论述艺术想象时，还提出了“积学以储宝，酌理以富才，研阅以穷照”等见解，强调艺术想象要有平日广泛的积累和生活知识。

批评论：本书集中阐述文学批评理论的，只有《知音》一篇。但是，从总体上看，三篇总论同时也是批评论的总论；文体论对各种文体的作品所作评论，同时也是刘勰的作品论；《才略》篇论历代作家的才华，《程器》篇论历代作家的品德，这同时也就是刘勰的作家论了；创作论中所论述的创作原理，也正是刘勰评论作家作品的原理。所以，从整体上看，他的批评论相当丰富。《知音》篇提出了批评的态度问题、批评家的主观修养问题、批评应该注意的方面等。有些论述虽然带有经学家的口气，但不少论述都是较精辟的。例如关于批评态度问题，刘勰非常强调批评应该有全面的观点。又如他特别强调，批评家的广博识见的重要性，他提出了一个在后世非常出名的论断："操千曲而后晓声，观千剑而后识器"，认为任何批评中的真知灼见，只能建立在广博的学识和阅历基础之上。

精华内容

【原文】

句有可削，足见其疏；字不得减，乃知其密。

【译文】

句子如果还有可以删减的，说明考虑得还太粗疏；如果字句不能再减省了，才算是写得周密了。

【原文】

字删而意缺，则短乏而非核；辞敷而言重，则芜秽而非瞻。

【译文】

字句删减了，意思却残缺了，这样是短缺，不是凝练；词句增多了，却使得语句重复，这样是繁杂，不是丰富。

【原文】

规范本体谓之熔，剪截浮词谓之裁。裁则芜秽不生，熔则纲领昭畅，譬绳墨之审分，斧斤之斫削矣。

【译文】

规范文章内容，这就是熔；削减不必要的词句，这就是裁；裁剪了文句才会不杂乱；熔炼了纲领才会分明，这就像是木匠用绳墨来选择材料，用斧子来削凿材料一样。

【原文】

一意两出，义之骈枝也；同辞重句，文之胱赘也。

【译文】

同一意思再次出现，这是意思上的多余；同一词句重复出现，这是文辞上的累赘。

【原文】

精论要语，极略之体；游心窜句，极繁之体。谓繁与略，适分所好。引而申之，则两句敷为一章，约以贯之，则一章删成两句。

【译文】

论点精当、语言简要，这是极其精约的风格；情思放纵、文辞铺张，这是极其繁缛的风格。是繁缛还是精约，是随作家的爱好而定的。如果铺张一下，那么两句可以敷衍成一段；如果简要一点，那么一段也可以压缩成两句。

【原文】

草创鸿笔，先标三准：履端于始，则设情以位体；举正于中，则酌事以取类；归余于终，则撮辞以举要。然后舒华布实，献替节文。

▲ 南唐文会图　北宋　佚名

【译文】

想要写好文章，先要遵循三条准则：首先，是根据所要表达的情感来确定主体，其次，选择和内容相关的素材，最后，要选用适当的语言来突出重点。然后才能去安排文辞，用上必要的而省略掉不必要的。

【原文】

文之思也，其神远矣。故寂然凝虑，思接千载；悄焉动容，视通万里。

【译文】

文章在构思时，精神活动的范围是十分广阔的。所以静静地凝神思索，思绪就可以上接千年；悄悄动了容，视线好像通到了万里之外。

【原文】

登山则情满于山，观海则意溢于海。

【译文】

登上了山顶，登顶的豪情也会弥漫山头；观看大海，广阔的想象也会充满大海。

【原文】

意授于思，言授于意，密则无际，疏则千里。

【译文】

文意来自构思，语言又受制于文意。三者结合紧密了就能天衣无缝，疏漏了就会相去千里。

【原文】

意翻空而易奇，言征实而难巧。

【译文】

想象天马行空而容易出奇，但要用语言把它切实表达出来，运用巧妙，就很难了。

【原文】

繁采寡情，味之必厌。

【译文】

形式华美却缺乏情思，读起来肯定会让人生厌。

【原文】

夫水性虚而沦漪结，木体实而花萼振，文附质也。虎豹无文，则鞟同犬羊；犀兕有皮，而色资丹漆，质待文也。

【译文】

水性柔和，涟漪才可能产生；树木坚实，花朵才可能生出，这是辞采依附于文章的情意；虎豹没有斑纹，它的毛皮就和犬羊的毛皮没有差别；犀牛虽然有毛皮，但做成甲胄之后还需要涂上丹漆，这是文章的情意离不了辞采。

随园诗话

——“诗写性情，唯吾所适”

作者介绍

《随园诗话》作者袁枚（1716～1797年），字子才，号简斋，钱塘（今浙江杭州）人。袁枚幼年家境贫困，但他聪颖好学。乾隆四年（1739年）中进士，入翰林院。乾隆七年（1742年）之后做过溧水、江浦、沭阳、江宁等地的知县。乾隆十三年辞官，定居江宁（今江苏南京市），在小仓山筑随园，从此不再出仕，从事诗文著述，世称随园先生。

袁枚才情高致，少年时就表现出超乎常人的禀赋，九岁时袁枚曾游杭州吴山，登高远望，吟成一首五律，其中一联是：“眼前两三级，足下万千家。”后来他晚年重游吴山回忆此联，仍“觉童语终是真语”。袁枚嗜书如命，他曾自述“我年十二三，爱书如爱命。每过书肆中，两脚先立定。苦无买书钱，梦中犹买归。至今所摘记，多半儿时为”。当时人称赞他“以才运情，使笔如舌”，而且“话必惊人总近情”。他的诗文集“家弦户诵，有志观摩者无不奉为圭臬”。他与蒋士铨、赵翼并称“江左三大家”，赵翼赞他“子才果是真才子”。

袁枚之所以为人敬仰，还在于他奖掖后学，培育诗才。袁枚广收门生弟子，“方外缁流，青衣红粉，无所不备”。他还“广收女弟子三十余人”，与其女弟子关系密切，有很多趣事流传，乾隆五十七年（1792年），七十七岁的袁枚在杭州望湖楼招女弟子七人作诗会，轰动杭州城，连太守明希哲也打桨访问；又留下所乘的玻璃画船供群女游山，而独自骑马回衙。袁枚专门刻印了《女弟子诗选》以及女弟子张瑶英的《绣墨诗集》等。

经典概述

《随园诗话》共有二十六卷，其中《诗话》十六卷，《诗话补遗》十卷，接近五十七万字。《随园诗话》的核心是袁枚的“性灵说”，主旨是强调创作主体应具有的条件主要在于三要素：真情、个性、诗才。他以这三要素为轴心导引出一些具体观点，从而建构起包括真情论、个性论与诗才论在内的“性灵说”体系。其具体内容是：

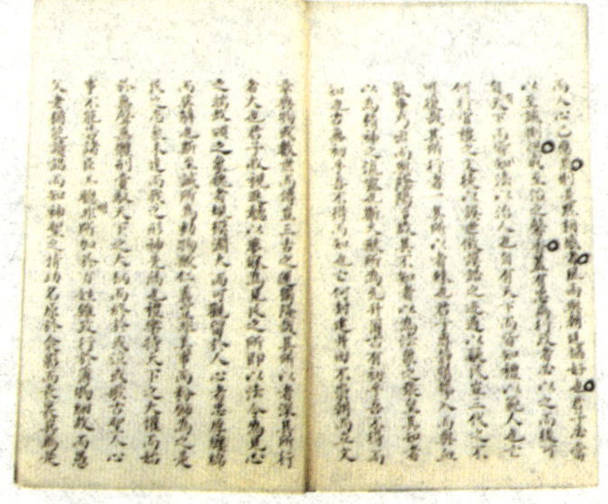

▲ 袁枚《袁太史文选》书影

真情论：《随园诗话》认为真情是诗人创作首先应该具备的。他说：“诗人者，不失其赤子

▲ 袁枚像

之心也”。诗自然应该“自写性情”。《随园诗话》尤其推崇诗“言男女之情”。诗应该写真情，因此他大力标举诗的美感功能，强调“诗能入人心脾，便是佳诗”。

个性论：《随园诗话》认为诗人创作需有个性。他说：“作诗，不可以无我。”认为“有人无我，是傀儡也”。突出“我”即是强调诗人特有的秉性、气质在创作中的作用。因为有“我”，才能独抒性灵，“出新意，去陈言”，写出与众不同的佳作。不同的个性自然形成不同的风格，他主张诗歌风格的多样化，“诗如天生花卉，春兰秋菊，各有一时之秀……无所为第一、第二也”。

诗才论：“性灵”既指性情，也包括“笔性灵”，即才思敏捷。他说：“诗文之道，全关天分，聪颖之人，一指便悟。”又说：“凡多读书为诗家要事，所以必须胸有万卷者。”但是他的目的不在以书卷代替灵性，而是“欲其助我神气耳”。他声称“天籁最妙”，赞赏“劳人思妇，静狡童矢口而成”的歌谣。

袁枚的诗论是结合选诗阐发的，《诗话》内容的基础正是大量的选诗。袁枚曾说过：“枚平生爱诗如爱色，每读人一佳句，有如绝代佳人过目，明知是他人妻女，于我无分，而不觉中心藏之，有忍俊不禁之意，此《随园诗话》之所由作也。”《随园诗话》包括了大量的选诗。

选诗的标准必须是抒写性灵之佳作，能印证他的“性灵说”的理论。他选诗的作者面很广。入选者既有公卿将军，也有布衣寒士；既有僧尼道士，也有青衣童子；既有命妇闺秀，也有妓女歌姬；既有劳人思妇，也有小贩工匠。尤其值得注意的是，他大量选取女子所作诗歌，袁枚声称：“余作《诗话》，录闺秀诗甚多。”其中有女弟子的诗，也有其他的闺秀、寡妇，乃至无名妓女的诗作。当时有人据此批评袁枚“乃名教罪人”，可见袁枚的胆识。

精华内容

【原文】

杨诚斋曰：“从来天分低拙之人，好谈格调，而不解风趣。何也？格调是空架子，有腔口易描；风趣专写性灵，非天才不办。”余深爱其言。须知有性情，便有格律，格律不在性情外。《三百篇》半是劳人思妇率真言情之事，谁为之格？谁为之律？而今之谈格调者，能出其范围否？况皋、禹之歌，不同乎《三百篇》；《国风》之格，不同乎《雅》《颂》：格岂有一定哉？许浑云：“吟诗好似成仙骨，骨里无诗莫浪吟。”诗在骨不在格也。

【译文】

杨城斋说："古往今来，天分低拙的人都喜欢探讨诗歌的格调，却不懂得其中的韵味，为什么会这样呢？因为格调只是空架子，只要有嘴就能描绘出来；而韵味描写性灵，不是天才就难解其味。"我十分喜欢这段话。要知道，有了性情就有了格律，格律不会出于性情。《三百篇》中有一半是劳动者及思妇直率言情的，哪会有什么格式呢？又有谁为他们定过韵律呢？现在谈格调的，能超过这个范围吗？况且，皋、禹时代的歌谣与《三百篇》不同；《国风》的风格与《雅》《颂》不同。难道风格是能用规矩来制约的吗？许浑说过："吟诗好比求道成仙，骨子里没有诗根就不要乱吟。"可见，诗歌的可贵之处在于风骨，不在于格调。

【原文】

古无类书，无志书，又无字汇，故《三都》《两京》赋，言木则若干，言鸟则若干，必待搜辑群书，广采风土，然后成文。果能才藻富艳，便倾动一时。洛阳所以纸贵者，直是家置一本，当类书、郡志读耳。故成之亦须十年、五年。今类书、字汇，无所不备。使左思生于今日，必不作此种赋。即作之，不过翻摘故纸，一二日可成。而抄诵之者，亦无有也。今人作诗赋，而好用杂事僻韵，以多为贵者，误矣！

▲ 太白行吟图

【译文】

古代没有类书，也没有志书，更没有字典，因此在《三都赋》《两京赋》中，谈到树木就有若干，谈到飞鸟也有若干，一定要等到遍查群书，广泛采集风土人情，才能写成文章。如果能够达到才情丰富，词藻华美，便会引起众人钦羡，轰动一时。左思所著《三都赋》，之所以能够引起洛阳纸贵，只是因为购置这么一本书便可当类书、郡志来读了。写成这样一本书至少需要个十年、五年。现在的类书、字典，都非常齐全，假使左思出生在今天，一定不会写出这种辞赋。即使写了，也不过是从故纸堆中翻出摘抄，一两天就可写成。而将它抄录下来背诵的人，自然也不会有了。现在的人作诗写赋，喜欢运用繁杂琐事及冷僻险韵，认为篇幅越多越好，这其实是一种误区。

人间词话

——盛传百年的文学评论著作

作者介绍

▲ 王国维像

《人间词话》的作者王国维（1877 ~ 1927 年）是近代著名的学者、词人。字静安，号观堂，浙江海宁人，清末秀才。1898 年前往上海，在梁启超主编的改良派报纸《时务报》任职。1901 年，王国维赴日本留学，就学于东京物理学校。次年回国，曾任通州、苏州等地师范学堂教习，讲授哲学、心理学、伦理学，并致力于文学研究。1906 年到北京，集中精力研究宋词元曲。1907 年起在学部任职。1911 年 12 月随罗振玉移居日本京都，研究甲骨文、金文和汉简。1916 年，受犹太富商哈同聘请，回上海编辑《学术丛编》。1918 年，任哈同创办的仓圣明智大学教授。1922 年，受聘为北京大学通讯导师。1923 年，任清故宫南书房行走，成为末代皇帝溥仪的老师。1925 年，任清华大学国学研究院导师，与梁启超、陈寅恪、赵元任并称国学院四大导师。1927 年 6 月，投北京颐和园内的昆明湖自杀，年仅五十岁，遗书中说："五十之年，只欠一死，经此世变，义无再辱。"

王国维的政治思想是保守的，然而学术上，他在哲学、教育、文学、史学、文字学和考古学等方面取得了卓越的成就，他是近代学术界最早把乾嘉学派的治学传统和西方治学方法融会贯通的代表人物之一。王国维一生的主要精力花在史学研究上，著有《殷卜辞中所见先公先王考》《殷周制度论》等论文，利用甲骨文探求、论证历史，被认为是"新史学的开山"。在文学领域，他吸收西方哲学与美学理论法研究中国文学，对"五四"以后的新文学有过启蒙作用。王国维在文学方面的重要著作有：《叔本华之哲学及教育学说》《〈红楼梦〉评论》《文学小言》《屈子文学之精神》《人间词话》《宋元戏曲史》以及《观堂长短句》等。王国维的部分考证文章及诗词收入《观堂集林》；他死后，后人将他的著作编成《海宁王静安先生遗书》。

经典概述

《人间词话》是一部札记式的诗词理论著作，共六十四条，又有后人整理了他自己原稿中删掉的一些条目，集成一百余条。本书的中心概念是"意境"。《人间词话》的前九条是有关意境基本理论的论述；第十条至第五十二条是对历代词人及其创作的评论；第五十三条至第六十四条论述词与其他诗歌形式的联系与区别。

王国维总结了古代有关意境的论述，并且运用西方文艺美学的观点进行理论分析。他认为意境是词的创作的中心问题，境界是心与物互相统一的表现，“词以境界为最上。有境界则自成高格，自有名句。”他认为，词要真实自然，“能写真景物、真感情者，谓之有境界，否则谓之无境界”，要具有“言外之意”。他在评论姜夔时说：“无言外之味，弦外之响，终不能与于第一流之作者也。”他将意境分为“有我之境”与“无我之境”两类。“有我之境”指“以我观物，故物皆着我之色彩”，“无我之境”指“以物观物，故不知何者为我，何者为物”。他又说：“无我之境，人惟于静中得之。有我之境，于由动之静时得之。故一优美，一宏壮也。”王国维认为，判别意境优劣的原则是“不隔”。“不隔”指真实自然、生动传神而又有“言外之意”的境界。他又说：“古今之成大事业、大学问者，必经过三种之境界：‘昨夜西风凋碧树，独上高楼，望尽天涯路。’此第一境也。‘衣带渐宽终不悔，为伊消得人憔悴。’此第二境也。‘众里寻他千百度，蓦然回首见那人却在灯火阑珊处。’此第三境也。”这就是要写出有意境的作品需要经历的三个阶段。第一境是认识学习阶段，第二境是艰难训练阶段，第三境是功到自然成的阶段。

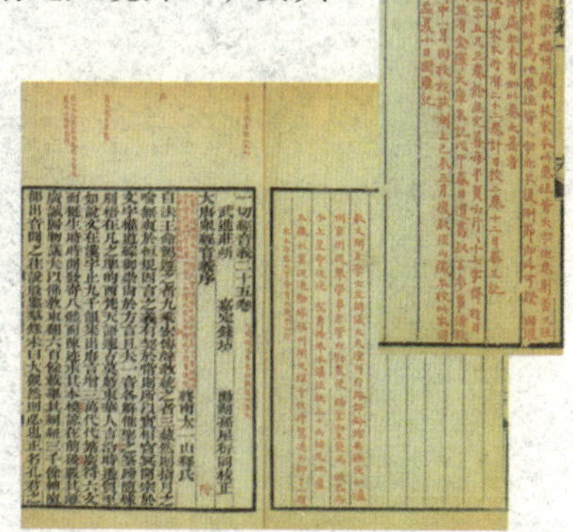
▲ 王国维《一切经音议》校记

本书对理想与现实的关系、主观与客观的关系、景与情的关系、观察事物与表现事物的关系等文学创作中一些带有规律性的问题，都有精辟的见解，这部著作也表现了叔本华等西方美学思想的影响。

本书融合了中国古典文学与西方美学，提出了以“意境”为核心的理论，可以说这是对我国古典美学意境论的一个总结。阅读这样一部作品，最重要的是领悟其理论的内涵。王国维每阐述一个理论观点，总是以大量的例子来证明自己的论述，甚至用古人诗歌的例证来说明观点，而不展开理论的论述。比如他论“隔”与“不隔”，就没有理论阐述，而是引用了大量的例子：“陶谢之诗不隔，延年则稍隔已。东坡之诗不隔，山谷则稍隔矣。‘池塘生春草’、‘空梁落燕泥’等二句，妙处唯在不隔，词亦如是。即以一人一词论，如欧阳公〔少年游〕咏春草上半阕云：‘阑干十二独凭春，晴碧远连云。二月三月，千里万里，行色苦愁人。’语语都在目前，便是不隔。至云：‘谢家池上，江淹浦畔’则隔矣。白石〔翠楼吟〕‘此地，宜有词仙，拥素云黄鹤，与君游戏。玉梯凝望久，叹芳草、萋萋千里。’便是不隔。至‘酒祓清愁，花消英气’则隔矣。然南宋词虽不隔处，比之前人，自有浅深厚薄之别。”王国维对历代词人的评论很精彩，可以帮助我们领会以境界为中心的美学思想。

精华内容

【原文】

有有我之境，有无我之境。“泪眼问花花不语，乱红飞过秋千去”，“可堪孤馆闭春寒，杜鹃声里斜阳暮”，有我之境也。“采菊东篱下，悠然见南山”，“寒波澹澹起，白鸟悠悠下”，无我之境也。有我之境，以我观物，故物皆著我之色彩。无我之境，以物观物，故不知何者为我，何者为物。古人为词，写有我之境者为多，然未始不能写无我之境，此在豪杰之士能自树立耳。

【译文】

境界又分为“有我之境”和“无我之境”。“泪眼问花花不语，乱红飞过秋千去”，“可堪孤馆闭春寒，杜鹃声里斜阳暮”，这是“有我之境”。“采菊东篱下，悠然见南山”，“寒波澹澹起，白鸟悠悠下”，这是无我之境。有我之境，以我观物，所以外物都染上了我的感情色彩，无我之境，以物观物，所以分不清什么是我，什么是物，古人作词，写有我之境的是多数，然而未尝不能写无我之境，这全在于杰出的诗人敢于独树一帜。

【原文】

无我之境，人惟于静中得之。有我之境，于由动之静时得之。故一优美，一宏壮也。

【译文】

无我之境，诗人只有在感情平静的时候才能够得到，有我之境，在从激动转向平静的时候得到，所以一种境界优美，一种境界壮美。

【原文】

境非独谓景物也，喜怒哀乐，亦人心中之一境界。故能写真景物、真感情者，谓之有境界；否则谓之无境界。

【译文】

意境并不仅仅是指景物描写。人的喜怒哀乐也是人心中的境界。所以说能写出真景物、真感情的作品，才是有境界的，否则便是无境界。

【原文】

“红杏枝头春意闹”，著一“闹”字而境界全出。“云破月来花弄影”，著一“弄”字，而境界全出矣。

【译文】

“红杏枝头春意闹”，一个“闹”字使得境界全出。“云破月来花弄影”，一个“弄”字使得境界全出。

【原文】

境界有大小，不以是而分优劣。“细雨鱼儿出，微风燕子斜”，何遽不若“落日照大旗，马鸣风萧萧”；“宝帘闲挂小银钩”，何遽不若“雾失楼台，月迷津渡”也。

【译文】

境界有大小之分，但是不能据此来区分它的高低优劣。“细雨鱼儿出，微风燕子斜”怎能认为不如“落日照大旗，马鸣风萧萧”呢？“宝帘闲挂小银钩”怎能认为不如“雾失楼台，月迷津渡”呢？

【原文】

温飞卿之词，句秀也。韦端己之词，骨秀也。李重光之词，神秀也。

【译文】

温庭筠的词，句秀。韦庄的词，骨秀。李煜的词，神秀。

【原文】

词至李后主而眼界始大，感慨遂深，遂变伶工之词而为士大夫之词。周介存置诸温、韦之下，可为颠倒黑白矣。“自是人生长恨水长东”“流水落花春去也，天上人间”，《金荃》《浣花》，能有此种气象耶？

【译文】

词到了李煜那里眼界才开始扩大，于是感慨变得更为深刻，使词从此从伶工之歌变为士大夫之词。周济认为李煜的词不如温庭筠和韦庄，真是颠倒黑白。“自是人生长恨水长东”“流水落花春去也，天上人间”，温庭筠的《金荃集》和韦庄的《浣花集》哪有这样的气象呢？

【原文】

古今之成大事业、大学问者，必经过三种之境界：“昨夜西风凋碧树。独上高楼，望尽天涯路。”此第一境也。“衣带渐宽终不悔，为伊消得人憔悴。”此第二境也。“众里寻他千百度，回头蓦见，那人正在灯火阑珊处。”此第三境也。此等语皆非大词人不能道。

然遽以此意解释诸词，恐晏、欧诸公所不许也。

【译文】

古今那些成就大事业、大学问的人，都必定要经历三种境界："昨夜西风凋碧树。独上高楼，望尽天涯路。"这是第一境界；"衣带渐宽终不悔，为伊消得人憔悴。"这是第二境界；"众里寻他千百度，回头蓦见，那人正在灯火阑珊处。"这是第三境界，这些话只有大词人才能讲得出来。而我却用这样的意思来解释上面这些词，恐怕晏殊、欧阳修等人是不会同意的吧。

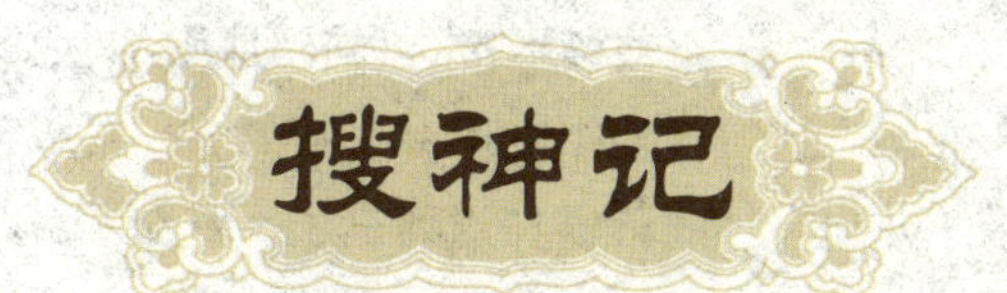

搜神记

——六朝小说之白眉

作者介绍

《搜神记》的作者是晋朝人干宝。干宝，字令升，新蔡（今河南新蔡县）人。少年时便勤于学习，博览群书，以才气闻名，被朝廷征召为著作郎。曾著《晋记》，记事忠直而文笔婉转，被誉为“良史”。又著有《春秋左氏义外传》等书。干宝喜好阴阳术数。传说，他家中曾发生两件怪事：他父亲的妾随父陪葬十余年，后来开墓，竟然生还，并说“其父常取饮食与之，恩情如生”；某年，干宝的兄长气绝身亡，尸体却未冷，很多天后复苏，叙说自己碰见鬼神的种种事情。这些事情触发干宝“集古今神奇灵异人物变化为《搜神记》”。书写成之后，送给刘惔，刘惔读后说：“卿可谓鬼之董狐。”对其人其书推崇备至。

经典概述

《搜神记》主要内容是记载鬼神怪魅，作者著此书的主旨在于“发明神道之不诬”，该书是较早集中记述神话传说、俗闻逸事的专书，共搜集故事 464 篇。书中故事大都源于神话传说、宗教演绎和民间传闻，虽然虚妄荒诞，却也各有埋寓。讲忠孝节义的，反映儒家观点；讲神仙术数的，植根道教思想；劝善惩恶则是三教殊途同归的目的。如果我们撩开其鬼怪世界的神秘面纱，可以窥见民俗风情，可以了解世道人心。

书中有很多鬼故事：有的写人鬼相恋，如卷十六《紫玉》《驸马都尉》《汉谈生》《崔少府墓》等，这些故事或者反映帝王扼杀自由恋爱的专制，或者反映女子对婚姻和生儿育女的渴望，都写得情节曲折，楚楚动人；有的写鬼扬善惩恶，如卷五《赵公明参佐》中勾魂使者徇情枉法，放还阳寿已尽的高官王佑，阴曹使者深情地述说放他生还的理由，“卿位大常伯，而家无余财。向闻与尊夫人辞诀，言辞哀苦。然则卿国士也，如何可令死？”又如卷十七《倪彦思》中，鬼魅痛斥前来驱鬼的典农：“汝取官若干百斛谷，藏著某处。为吏污秽，而敢论吾！”那贪官污吏被揭疮疤，立即“大怖而谢之”，大快人心；有的写不怕鬼的故事，最著名的是卷十六的《宋定伯》。宋定伯不怕鬼而能治鬼获利，很耐人寻味。歌颂英雄人物的凛然正气与藐视鬼神妖怪是本书主题之一，这类作品中最传颂的是卷十九的《李寄》。无能昏官年年搜求童女祭祀巨蛇，巨蛇先后吃掉九个女孩。童女李寄自告奋勇，愿作祭品，设法将巨蛇杀死。李寄的智勇双全，令人钦敬。

▲ 干莫炼剑图　清　任颐

任颐，字伯年，浙江绍兴人，清末海派画家的代表人物。干将、莫邪的故事最早出现在干宝《搜神记》书中。任颐这幅作品以这个故事为底本，用轻盈飘逸的笔致将干将、莫邪炼剑的情景予以充分展现。

本书中的神怪故事都有“神道设教”警世醒俗的意味。神道一如人道，有正有邪有善有恶有宽有猛，秉性各不相同。同样是凡人戏谑地指神像为婚，卷四《张璞》中的庐君义还二女，而卷五《蒋山祠（三）》中的蒋侯却逼死三子，贤与不肖相映成趣。魏晋人太信神，因此多淫祀，本书对这种现象有所揭示。卷十九《丹阳道士》写龟、鼍之辈冒充庙神，徒费人间祭祀酒食。后来毁庙杀怪，地方才太平无事。卷五《张助》更妙，桑树空洞中生出李树，目痛者偶然休息树阴下，碰巧病愈，于是哄传有神，能使盲人复明。因此不论远近的人都来祭祀，“车骑常数千百，酒肉滂沱”。后来被张助道出原委，拆穿骗局。这则故事对当时滥信神者无疑是当头棒喝，具有反迷信色彩。

本书精彩篇章不少，脍炙人口的还有卷十一《三王墓》《东海孝妇》《韩凭妻》等。这些故事反映了社会上层统治者的残暴、荒淫和昏聩，下层百姓无辜惨死的血海深仇以及他们渴望复仇申冤的强烈心态。《三王墓》中干将、莫邪的儿子眉间尺为报父仇毅然自刎，借手侠客，通过神奇的方式最终杀死楚王。这种复仇精神具有震撼人心的力量。这个故事虽然虚幻，结果却大快人心，因而被广为传诵。鲁迅先生还将这个故事改编成小说《铸剑》，收在《故事新编》中。《韩凭妻》中荒淫无耻的宋康王活活拆散韩凭、何氏一对恩爱夫妻，并将他们迫害至死。结果韩凭夫妇虽然未能同穴而葬，然而两墓各生大梓树，“屈体相就，根交于下，枝错于上”。树上早晚栖息着一对鸳鸯，交颈悲鸣。在悲剧色彩中，显示他们没有被帝王的淫威所征服，以超自然的力量重新紧密结合在一起，表现出至死不渝、忠贞不屈的抗争精神。这个故事的结局与汉乐府《孔雀东南飞》末尾“两家求合葬，合葬华山傍。东西植松柏，左右种梧桐，枝枝相覆盖，叶叶相交通。中有双飞鸟，自名为鸳鸯，仰头相向鸣，夜夜达五更”很相似，也和后世戏曲《梁山伯与祝英台》末场彩蝶追随双飞情景相仿佛，都是不向黑暗势力屈服的象征，有浓烈的浪漫色彩。《东海孝妇》是一个

著名冤案，孝妇周青被昏聩的太守判成死罪，行刑时鲜血逆流而上旗杆，行刑后东海枯旱三年。这个故事与卷七《淳于伯》情节类同，都是对“刑罚妄加”黑暗司法的控诉和揭露。

总之，《搜神记》464篇小说中有很多貌似离奇，实则广泛深刻反映社会现实的故事，读者在品味怪诞情节的同时，也能够形象地了解历史，受到启迪。

精华内容

【原文】

吕望钓于渭阳。文王出游猎，占曰：“今日猎得一狩，非龙，非螭，非熊，非罴。合得帝王师。”果得太公于渭之阳，与语，大悦，同车载而还。

▲ 渔樵问答图

山中樵夫看到姜太公用直钩钓鱼，上前询问。

【译文】

吕望在渭水北岸钓鱼。周文王到野外游猎，占卜说：“今天将猎到一只兽，不是龙，不是螭，不是熊，不是罴。应该得到帝王的太师。”周文王果然在渭水的北岸得到姜太公吕望。周文王与他谈话，谈得非常高兴，就和他乘坐同一驾车回来了。

【原文】

南阳宋定伯，年少时，夜行逢鬼。问之，鬼言：“我是鬼。”鬼问：“汝复谁？”定伯诳之，言：“我亦鬼。”鬼问：“欲至何所？”答曰：“欲至宛市。”鬼言：“我亦欲至宛市。”遂行。

数里，鬼言：“步行太亟，可共递相担，何如？”定伯曰：“大善。”鬼便先担定伯数里。鬼言：“卿太重，将非鬼也？”定伯言：“我新鬼，故身重耳。”定伯因复担鬼，鬼略无重。如是再三。定伯复言：“我新鬼，不知有何所畏忌？”鬼答言：“惟不喜人唾。”于是共行。道遇水，定伯令鬼先渡，听之，了然无声音。定伯自渡，漕漼作声。鬼复言：“何以作声？”定伯曰：“新死，不习渡水故耳，勿怪吾也。”

行欲至宛市，定伯便担鬼著肩上，急持之。鬼大呼，声咋咋然，索下，不复听之。径至宛市中下著地，化为一羊，便卖之恐其变化，唾之。得钱千五百，乃去。于时石崇言：“定伯卖鬼，得钱千五百文。”

【译文】

南阳地方的宋定伯年轻的时候，（有一天）夜里走路遇见了鬼，问道："谁？"鬼说："我是鬼。"鬼问道："你又是谁？"宋定伯欺骗他说："我也是鬼。"鬼问道："（你）要到什么地方去？"宋定伯回答说："要到宛市。"鬼说："我也要到宛市。"

于是一起出发。（他们）一同走了几里路。鬼说："步行太劳累，可以轮流相互背负。"宋定伯说："很好。"鬼就先背宋定伯走了几里路。鬼说："你太重了，恐怕不是鬼吧？"宋定伯说："我刚死，所以身体（比较）重。"轮到宋定伯背鬼，（这个）鬼几乎没有重量。他们像这样轮着背了好几次。宋定伯又说："我是新鬼，不知道鬼害怕什么？"鬼回答说："只是不喜欢人的唾沫。"于是一起走。在路上遇到了河水，宋定伯让鬼先渡过去，听着它一点声音也没有。宋定伯自已渡过去，水哗啦啦地发出声响。鬼又说："为什么有声音？"宋定伯说："我刚刚死不久，是不熟悉渡水的缘故罢了，不要见怪。"

快到宛市，宋定伯便把鬼背在肩上，紧紧地抓住它。鬼大声惊叫，恳求放他下来，宋定伯不再听他的话。（宋定伯）把鬼一直背到宛市中，才将鬼放下在地上，鬼变成了一只羊，宋定伯就卖了它。宋定伯担心它再有变化，就朝鬼身上吐唾沫。卖掉得到一千五百文钱，于是离开了宛县的集市。当时石崇说（过这样的话）："宋定伯卖鬼，得到了一千五百文钱。"

世说新语

——清言之渊薮

作者介绍

《世说新语》的作者是南朝宋的刘义庆。刘义庆是宋武帝刘裕之侄，袭封为临川王。史载刘义庆自幼聪敏过人，伯父刘裕很赏识他，曾夸奖他说："此我家之丰城也。"他年轻时曾跟从刘裕攻打长安，历任中书令、荆州刺史、开府仪同三司。刘义庆为人"性简素，寡嗜欲"，"受任历藩，无浮淫之过，唯晚节奉养沙门，颇致费损"。他喜爱文艺，喜欢与文学之士交游。在他的周围，聚集着一大批名儒硕学。他自己也创作了大量丰富著作，著有《徐州先贤传》，又曾仿班固《典引》作《典叙》，记述皇代之美，此外还有《集林》二百卷，以及志怪小说《幽明录》等，其中，最著名的当然是千古流传的《世说新语》。

经典概述

《世说新语》按照以类相从的形式编排，分为《德行》《言语》《政事》《文学》《方正》《雅量》《识鉴》《赏誉》《品藻》《规箴》等三十六门，内容主要记述自东汉至东晋文人名士的言行，侧重于晋朝。书中所载均属历史上实有的人物，但他们的言论或故事则有一部分出于传闻，不尽符合史实。本书相当多的篇幅是采自前人的记载，如《规箴》《贤媛》等篇所载个别西汉人物的故事，采自《史记》和《汉书》。一些晋宋之间人物的故事，如《言语》篇记谢灵运和孔淳之的对话等，则因这些人物与刘义庆同时或稍早，可能采自当时的传闻。

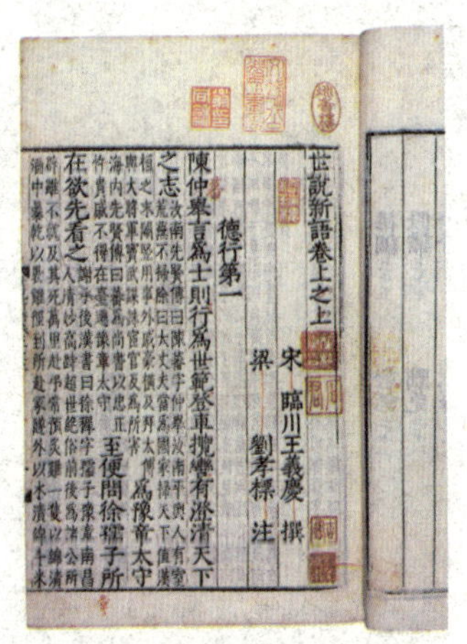

▲《世说新语》书影

《世说新语》问世以来，校注研究甚多。其中以南朝梁刘孝标所注最为精核。1983年中华书局出版了余嘉锡撰《世说新语笺疏》。1984年又出版了徐震谔《世说新语校笺》。此书影是宋椠本。

书中所记事情，以反映人物的性格、精神风貌为宗旨。书中表彰了一些孝子、贤妻、良母、廉吏的事迹，也讽刺了士族中某些人物贪残、酷虐、吝啬、虚伪的行为，体现了一些基本的评价准则。就全书来说，并不宣扬教化，也不用狭隘单一的标准褒贬人物，而是以人为本体，宽泛地认可人的行事言论。高尚的品行，超逸的气度，豁达的胸怀，出众的仪态，机智的谈吐，都是本书所欣赏的；勉力国事，忘情山水，豪爽放达，谨严庄重，作者都加以肯定；即使忿狷轻躁，狡诈假谲，调笑诋毁，也不轻易贬损。这部书记录了士族阶层的多方面的生活面貌和思想情趣。

▲ 雪夜访戴图　夏葵

此幅图绘冬季山水。写“雪夜访戴”的故事，画东晋王徽之雪夜访戴逵，至其门，不入而返，人问其故，答曰：“兴尽。”（事见《世说新语》）。此画学南宋马、夏画风，以斧劈皴刷山石，画树多露根，瘦硬曲折。

士族的实际生活，不可能如他们宣称的那样高超，但是作为理想的典范，是要摆脱世俗利害得失、荣辱毁誉，使个性得到自由发扬的。这种特征，在《世说新语》中有集中的表现。对某些优异人物的仪表风采的关注，是因为这里蕴涵着令人羡慕的人格修养。同样的例子很多。如《容止》篇记时人对王羲之的评价：“飘若游云，矫若惊龙。”又如《任诞》篇载：“王子猷居山阴，夜大雪，眠觉，开室，命酌酒。四望皎然，因起彷徨，咏左思《招隐诗》，忽忆戴安道。时戴在剡，即便夜乘小船就之。经宿方至，造门不前而返。人问其故，王曰：‘吾本乘兴而行，兴尽而返，何必见戴？’”任由情兴，不拘法度，自由放达，这是时人所推崇的。《雅量》篇记载：“谢公与人围棋，俄而谢玄淮上信至。看书竟，默默无言，徐向局。客问淮上利害，答曰：‘小儿辈大破贼。’意色举止，不异于常。”谢安是东晋名相，当时他的侄子谢玄在淝水前线与前秦八十万大军对敌。国家兴亡，在此一举，他临大事而有静气，风度超脱。在魏晋的玄学清谈中，士人常聚集论辩，因此锻炼了语言表达的机智敏捷，这种机智又运用到日常生活中来。《世说新语》各篇中，随处可以读到绝妙话语，有《言语》一篇作专门的记载。《世说新语》中所写的上层妇女，往往也有个性有情趣，不像后代妇女受到严重的束缚；人们对妇女的要求，

相关链接

用历史学家的眼光看，魏晋南北朝是“乱世”。这一时期的政治领域最重要的现象是士族门阀制度。在汉代，形成许多世代官宦的豪门大族，经过汉末大乱，这些豪门大族成为具有很强独立性的社会力量。他们有自己的庄园、私人武装和大量的依附农民，使任何统治者都不敢忽视。三国时魏朝开始的“九品中正制”实际上形成了门阀制度，巩固了士族的地位。这一时期政权不断兴替，朝代频繁更迭，士族的地位却很少受影响。因此，他们的子弟并不关心实际的事务，而尽情追求内心的超逸。

东汉后期以来，老庄哲学兴起。厌倦了儒学空虚的士人，醉心于老庄哲学所标榜的“自然”和“无为而治”。魏晋时代，这一思潮在社会中更加深入和普遍。到曹魏末年，由于政治环境的残酷，许多文人对此既无法忍受又难以公然反抗，于是纷纷宣称“越名教而任自然”，寄情药酒，行为放旷，毁弃礼法，以表示对现实的不满和不合作，具有十分强烈的叛逆精神。

也不是一味地温顺贤惠，如《贤媛》篇记载，谢道韫不满意丈夫王凝之，回娘家对叔父谢安大发牢骚：“不意天壤之中，乃有王郎！”《世说新语》还记载了不少儿童的故事，如《孔文举》。孔文举十岁时，去拜见当地的大官李元礼，门卫不替他通报。孔文举就说：“我和李大人是亲戚，你赶紧通报吧。”结果李元礼并不认识孔文举，便问：“你叫什么名字？你和我又是什么亲戚？”孔文举报了自己的名字后解释道：“从前我们家老祖宗孔子曾拜你们家的祖先李伯阳（即老子）为师，这么说来，我们两家从上古的时候起就有交情了。”李元礼和宾客们听了这话，都非常吃惊，连夸他是神童。只有一个叫陈韪的人不以为然，说小时候很聪明，长大了未必能成器。孔文举听说这话，立刻反驳道：“想来先生你小时候，一定是很聪明的喽！”这则小说用对话活灵活现地描绘了孔文举聪明机智的生动形象。《世说新语》中这一类故事还很多，如《周处》《王戎夙慧》等。

在《世说新语》中，记言论的篇幅比记事的多些。记言方面有一个特点，就是往往如实地记载当时口语，不加雕饰，因此有些话现在已很不好懂，如“阿堵”“宁馨”等当时的俗语。《世说新语》的文字，一般都是很质朴的散文，有时虽然直接记录口语，而意味悠长，颇具特色，历来被人们所喜爱，其中有些故事后来成为通行的成语典故，如“捉刀人”“阿堵物”“坦腹东床”等。

精华内容

【原文】

陈仲举言为士则，行为世范，登车揽辔，有澄清天下之志。为豫章太守，至，便问徐孺子所在，欲先看之。主簿曰：“群情欲府君先入廨。”陈曰：“武王式商容之闾，席不暇暖。吾之礼贤，有何不可！”

【译文】

陈蕃的一言一行，堪称当时读书人的典范。他只要登上马车去就任，就有匡正社会弊端、维护人间正义的志向。陈蕃在豫章当太守的时候，人一到任，马上就打听徐孺子住在什么地方，想要去拜访他。主簿禀告说：“大家希望大人先进官府。”陈蕃说：“周武王乘车经过商容巷道的时候，会毫不犹豫地向贤人致敬。现在，我尊重有才之人，有什么不可以的呢？”

【原文】

管宁、华歆共园中锄菜，见地有片金，管挥锄与瓦石不异，华捉而掷去之。又尝同席读书，有乘轩冕过门者，宁读如故，歆废书出看，宁割席分坐，曰：“子非吾友也！”

【译文】

管宁和华歆一起在菜园里锄草，看见地上有一片金子。管宁只把金子当成一块瓦石，继续干他的活儿。华歆就不一样了，他一看到金子，连忙捡了起来。但是，当他发现管宁不为

▲ 神骏图　南宋　佚名

本画是根据《世说新语》中支遁爱马的故事绘制的。图中僧人支遁袒胸露腹，以右臂支撑，侧卧石案之上，左手斜握长杖，与对面石案上友人望着水面上疾驰而来的神马。马踏水腾跃，马上一童子持缰执鞭，神采奕奕，令整个画面尽显脱俗之气。

所动时，便很羞愧地将金子扔掉。两个人又在同一张席子上读书。这时候，有一个大官乘坐在华丽的车子从门前经过。管宁就像什么也没有发生一样，继续读书，而华歆却扔下书本，跑出去看热闹。后来，管宁割断席子，与华歆分开来坐，并对他说："你不是我的朋友。"

【原文】

谢公夫人教儿，问太傅："那得初不见君教儿？"答曰："我常自教儿。"

【译文】

谢安夫人常常教育孩子，她对谢安说："我怎么从来没有见过你教育孩子啊？"谢安回答说："我的一言一行，都是在教育孩子啊！"

【原文】

文帝尝令东阿王七步中作诗，不成者行大法。应声便为诗曰："煮豆持作羹，漉菽以为汁。萁在釜下然，豆在釜中泣；本自同根生，相煎何太急！"帝深有惭色。

【译文】

魏文帝曹丕曾经让东阿王曹植在七步之内作一首诗，倘若作不出来就处死他。曹植不假思索，出口成诗："煮熟豆子用来做豆羹，过滤掉豆渣后只剩下豆汁；豆秆在锅底下燃烧，豆子在锅里哭泣；本来是一个根上长出来的东西，为什么要急着相互残杀

▲ 曹植像

呢？”听完曹植的话，魏文帝面露愧色。

【原文】

嵇中散临刑东市，神气不变。索琴弹之，奏《广陵散》。曲终，曰：“袁孝尼尝请学此散，吾靳固不与，《广陵散》于今绝矣！”太学生三千人上书，请以为师，不许。文王亦寻悔焉。

【译文】

嵇康即将被处死，神色不变，命人取来一张琴，弹奏了一曲《广陵散》，弹完之后，说：“袁准曾经想跟我学这首曲子，我因为吝惜这首曲子，所有没有教给他。从今往后，《广陵散》就成为绝唱了！”当时，有三千多名太学生上书，请求拜嵇康为师，但没有得到朝廷的允许。嵇康死后不久，司马昭也心生悔意。

【原文】

郗太傅在京口，遣门生与王丞相书，求女婿。丞相语郗信：“君往东厢，任意选之。”门生归，白郗曰：“王家诸郎亦皆可嘉，闻来觅婿，咸自矜持，唯有一郎在东床上坦腹卧，如不闻。”郗公云：“正此好！”访之，乃是逸少，因嫁女与焉。

【译文】

太傅郗鉴在京都时，派人送信给王导，想在他家找一个女婿。王导对郗鉴说：“你去东厢房吧，随便你挑。”信使回去对郗鉴说：“王家的许多少爷都很好，听说有人到府上挑女婿，全都正襟危坐，庄重拘谨，只有一个少爷在东床上露着肚皮睡觉，像是没有听说一样。”郗鉴说：“就是这个好！”随即派人打听，原来是王羲之，于是将女儿嫁给了他。

▲ 东山报捷图 明 仇英

谢安（公元 320 ~ 385 年）是东晋的一代名相，《世说新语》中关于他的词条最多，记载也最丰富。图中表现的正是《世说新语》中描述的“东山报捷”场面：报捷的童子侍立在一旁陈述战事的胜利，而谢安仍专心下棋，镇定自如。

【原文】

谢公与人围棋，俄而谢玄淮上信至，看书竟，默然无言，徐向局。客问淮上利害，答曰：“小儿辈大破贼。”意色举止，不异于常。

【译文】

谢安和人下棋，过了一会儿，谢玄从淮上派来的信使到了。谢安看完书信，默然无语，慢慢地转向棋局，继续下棋。客人追问淮上的战事如何，谢安回答说：“我手下的兵卒，已经大败贼军。”说话间，神色举止，和往常没什么两样。

【原文】

张季鹰辟齐王东曹掾，在洛，见秋风起，因思吴中菰菜羹、鲈鱼脍，曰：“人生贵得适意尔，何能羁宦数千里以要名爵？”遂命驾便归。俄而齐王败，时人皆谓见机。

【译文】

张翰被授为齐王司马冏的东曹掾，在洛阳，见秋风吹起，想起了吴中的菰菜羹和鲈鱼脍，说：“人生贵在顺心快意，怎么能够离家几千里来求取功名利禄呢？”随即命人驾车回家。不久之后，司马冏失败，当时的人都认为张翰能够预见事情的动向。

【原文】

杨德祖为魏公主簿，时作相国门，始构榱桷，魏武自出看，使人题门作“活”字，便去。杨见，即令坏之。既竟，曰：“‘门’中‘活’，‘阔’字，王正嫌门大也。”

人饷魏武一杯酪，魏武啖少许，盖头上提“合”字以示众，众莫能解。次至杨修，修便啖，曰：“公教人啖一口也，复何疑？”

【译文】

杨修在曹操手下当主簿，当时正在修建相国府大门，刚开始架椽子。曹操亲自出来看，让人在门上写了一个“活”字，便离开了。杨修看到后，立即让人把门拆了，说：“‘门’中写个‘活’字，是‘阔’，魏王是嫌门太大了。”

有人赠给曹操一杯奶酪，曹操吃了一点，在盖子上写了个“合”字给众人看，大家都不理解其中的意思。轮到杨修，他便吃了起来，说道：“曹公让我们每人吃一口，还

疑虑什么？”

【原文】

魏武将见匈奴使，自以形陋，不足雄远国，使崔季珪代，帝自捉刀立床头。既毕，令间谍问曰：“魏王何如？”匈奴使答曰：“魏王雅望非常，然床头捉刀人，此乃英雄也。”魏武闻之，追杀此使。

【译文】

魏武帝将要接见匈奴使者，认为自己相貌丑陋，不足以威慑远国，便让崔琰代替他，自己则持刀立于坐榻边。接见完毕后，魏武帝让间谍问匈奴使者：“魏王怎么样？”匈奴使者回答说：“魏王仪容不凡，很有雅量，但坐榻边持刀的人，才是英雄。”魏武帝听后，立即派人追杀使者。

【原文】

汉元帝宫人既多，乃令画工图之，欲有呼者，辄披图召之。其中常者，皆行货赂。王明君姿容甚丽，志不苟求，工遂毁为其状。后匈奴来和，求美女于汉帝，帝以明君充行。既召，见而惜之，但名字已去，不欲中改，于是遂行。

▲ 昭君出塞　清

【译文】

汉元帝后宫人数太多，于是让画师画出她们的相貌，想召见她们时，就翻看图像选择。相貌一般的人，都向画师行贿赂。王昭君姿态容貌非常美好，立志不苟求，画师便丑化了她。后来匈奴来和亲，向汉元帝求美女。汉元帝就让王昭君充数。汉元帝召见王昭君后，非常可惜，但名字已经送出去，不能中途更改，于是王昭君就出塞了。

【原文】

顾长康画裴叔则，颊上益三毛。人问其故，顾曰：“裴楷俊朗有识具，正此是其识具。”看画者寻之，定觉益三毛如有神明，殊胜未安时。

【译文】

顾恺之给裴叔则画像，在他的脸颊上多画了三根毫毛。人们问顾恺之缘故，他说：“裴叔则英俊爽朗，有见识，有才能，这三根毫毛正好能表现出他的见识和才能。”欣赏画的人寻思了一会儿，确实觉得三根毫毛更能彰显裴叔则的神韵，远远胜过没有增添毫毛的时候。

▲ 竹林七贤图　清　彭暘

【原文】

陈留阮籍、谯国嵇康、河内山涛三人年皆相比。康年少亚之。预此契者，沛国刘伶、陈留阮咸、河内向秀、琅琊王戎。七人常集于竹林之下，肆意酣畅，故世谓"竹林七贤"。

【译文】

陈留人阮籍、谯国人嵇康、河内人山涛三人年龄差距不大，嵇康比另外两人稍微小一些。参与他们集会的还有沛国的刘伶、陈留的阮咸、河内的向秀、琅琊郡的王戎。七个人时常在竹林下集会，纵情饮酒，人们称他们为"竹林七贤。"

【原文】

刘伶病酒，渴甚，从妇求酒。妇捐酒毁器，涕泣谏曰："君饮太过，非摄生之道，必宜断之！"伶曰："甚善。我不能自禁，唯当祝鬼神自誓断之耳。便可具酒肉。"妇曰："敬闻命。"供酒肉于神前，请伶祝誓。伶跪而祝曰："天生刘伶，以酒为名；一饮一斛，五斗解酲。妇人之言，慎不可听。"便引酒进肉，隗然已醉矣。

【译文】

刘伶喝醉了酒，感到身体不适，十分口渴，就向夫人要酒喝。夫人倒掉酒，砸了酒具，哭着劝说刘伶："过度饮酒，不是养生的方式，你一定要把酒戒掉才行。"刘伶说："你的话很有道理，可是我自己戒不掉，只有先向鬼神祷告，之后发誓戒酒才可以。你去准备祷告用的酒肉吧。"夫人说："我遵命照办。"把酒肉供奉在神像前，请刘伶祷告发誓。刘伶跪下祷告说："刘伶天生以酒为命，一喝就是一斛，五斗酒就能除去我的病症。女人的话万万不能听啊。"说完，便喝酒吃肉，没一会儿又喝得烂醉如泥。

【原文】

嵇康与吕安善，每一相思，千里命驾。安后来，值康不在，喜出户延之，不入，题

门上作“凤（鳳）”字而去。喜不觉，犹以为欣。故作凤字，凡鸟也。

【译文】

嵇康和吕安的关系非常好，每当想念对方的时候，即使对方在千里之外，也会动身前去看望。后来，吕安去拜访嵇康，恰巧赶上嵇康不在家，嵇康的兄长嵇喜出门迎接他。吕安没有进门，只在门上写了一个“凤（鳳）”字，接着就转身离开了。嵇喜不明白其中的含义，还感到很高兴。“凤（鳳）”字拆开来就是凡鸟，吕安写这个字，讽刺嵇喜是个庸才。

【原文】

初，谢安在东山，居布衣时，兄弟已有富贵者，翕集家门，倾动人物。刘夫人戏谓安曰：“大丈夫不当如此乎？”谢乃捉鼻曰：“但恐不免耳。”

【译文】

当初，谢安在东山还是一个平民百姓之时，家族中的兄弟有富贵的已经不在少数，引起了他人的羡慕。刘氏对谢安开玩笑说：“大丈夫不都应如此吗？”谢安掩着鼻子，说：“只怕避免不了啊。”

【原文】

顾长康啖甘蔗，先食尾。人问所以，云：“渐至佳境。”

【译文】

顾长康吃甘蔗，先从甘蔗尾部吃起。有人问他为什么，他说：“这样吃会渐入佳境。”

【原文】

魏武行役，失汲道，军皆渴。乃令曰：“前有大梅林，饶子，甘酸，可以解渴。”士卒闻之，口皆出水。乘此得及前源。

【译文】

魏武帝曹操带领部队前行途中，由于找不到取水的地方，士兵们都口渴难耐。曹操传令说：“前面有片梅子林，结了许多果子，味道又酸又甜，可以解渴。”士兵们听了这话，嘴里的口水都流了出来。凭借这个办法，部队终于赶到了前面的水源地。

【原文】

石崇与王恺争豪，并穷绮丽以饰舆服。武帝，恺之甥也，每助恺。尝以一珊瑚树高二尺许赐恺，枝柯扶疏，世罕其比。恺以示崇，崇视讫，以铁如意击之，应手而碎。恺既惋惜，又以为疾己之宝，声色甚厉。崇曰：“不足恨，今还卿。”乃命左右悉取珊瑚树，有三尺、四尺，条干绝世，光彩溢目者六七枚，如恺许比甚众。恺惘然自失。

【译文】

石崇和王恺斗富，两人都用尽华丽的东西来装饰车马、衣服。晋武帝是王恺的外甥，经常帮助王恺，曾经把一棵二尺多高的珊瑚树赐给王恺。这棵珊瑚枝繁叶茂，是世间少有的宝贝。王恺让石崇看珊瑚树，石崇看后用铁如意把珊瑚树打碎了。王恺不仅感到惋惜，还认为石崇妒忌自己的宝物，一时间声色俱厉。石崇说："你不要生气，我赔你一个新的。"于是命令侍从把家里的珊瑚树都拿出来。三四尺高的，树干、枝条都绝世无双而且鲜艳照人的珊瑚树有六七棵，像王恺那样的更是数不胜数。王恺看了感到非常失意。

▲ 金谷园图

本图中假山石玲珑剔透，石崇随意卧毯上，以肘亘椅，身着便服，方颐阔耳，须髯飘洒，现痴醉之态。眼前之女当是绿珠，发簪玉钗，纤手轻捻玉箫，头微垂，但闻箫声凄凄，如叶落湖面，余韵绵延，观其人，楚楚之态，令人心生爱怜。

【原文】

孙秀既恨石崇不与绿珠，又憾潘岳昔遇之不以礼。后秀为中书令，岳省内见之，因唤曰："孙令，忆畴昔周旋不？"秀曰："中心藏之，何日忘之！"岳于是始知必不免。后收石崇、欧阳坚石，同日收岳。石先送市，亦不相知。潘后至，石谓潘曰："安仁，卿亦复尔邪？"潘曰："可谓'白首同所归'。"潘《金谷集》云："投分寄石友，白首同所归。"乃成其谶。

【译文】

孙秀怨恨石崇不把绿珠送给自己，又不满潘岳曾经对自己无礼。孙秀当上中书令后，潘岳在中书省见到他，对他说："你还记得我们从前的交往吗？"孙秀回答说："那个情景一直藏在我的心里，我不会忘记的。"潘岳知道自己定会遭到他的报复。后来，孙秀下令逮捕了石崇、欧阳坚石，并于同一天逮捕潘岳。石崇先被押往刑场，并不知晓潘岳的处境。随后，潘岳也被押到刑场，石崇对他说："安仁，你也是这种下场吗？"潘岳说："可以说是'白首同所归'。"潘岳在《金谷集》中的诗写道："投分寄石友，白首同所归。"这句话预示了他们如今的下场。

虬髯客传

——中国武侠小说的鼻祖

作者介绍

《虬髯客传》的作者是杜光庭（850～933年），唐末五代人，字宾圣，号东瀛子，处州缙云（今属浙江）人。少年学习儒学，勤奋好学，学问渊博，但科举却很不顺利。他感慨古今沉浮，于是入天台山修道，拜天台道士应夷节为师，成为司马承祯的五传弟子。唐僖宗听说他的名声，将他召到京城，封为麟德殿文章应制，后来随唐僖宗避乱入蜀，从此留在成都。唐亡后，受到前蜀高祖王建赏识，封蔡国公，赐号广成先生；后主王衍封杜光庭为传真天师、崇真馆大学士。后来杜光庭辞官，隐居青城山白云溪，潜心修道终老。

杜光庭学识渊博，精通儒道典籍，对于道教教义、经典、教史、法术等很有研究。他归纳道教科范仪轨，对金、黄、玉大斋醮法，以及设坛立仪等规则很有建树。他终身注释、整理道教经文，对道教做过不少实地调查，并进行过整理归纳。杜光庭尤其喜欢编撰神话故事阐扬道教，存世的有《灵异记》《神仙感遇记》《墉城集仙记》等。

经典概述

唐代传奇作品，作者杜光庭。《虬髯客传》中有三个主要人物：红拂、李靖、虬髯客。作品以杨素宠妓红拂大胆私奔李靖的爱情故事为线索，描写隋末有志图王的虬髯客在“真命天子”李世民面前折服并出海自立的故事。作品成功塑造三人物：红拂，原为杨素府中歌妓，后来慧眼识英雄，化装夜奔李靖，从中足见红拂女非凡的见识，以及机智大方、豪爽的性格，及对自由爱情生活的热烈追求。此外，红拂不仅慧眼识李靖，更见出虬髯客的不凡。李靖是所谓“布衣之士”，器宇轩昂，曾谒见权臣杨素，

▲ 风尘三侠　年画

以其不凡的见识及言语，使倨傲的杨素“敛容而起”，是隋末动乱之际的奇才。虬髯客豪

相关链接

侠士在中国人的想象中，是一个武艺高强、行踪诡异而义薄云天的形象，侠士是古代社会中的英雄人物。他们有独立的人格，敢于寻求、实践和恢复社会公正和道义的理想。先秦时期的著作中，我们就能看见侠士的身影。千百年来，武侠小说一直深受民众喜爱。武侠文学的雏形是《战国策》《国语》《左传》等先秦史著中的一些篇章。著名的侠士有孟尝君门下弹铗长歌的冯谖，不辱使命而公然挑战秦王的唐雎，以及慨然赴难、热血酬知己的聂政、荆轲等。司马迁的《史记》中的《游侠列传》有为秦汉之际名闻天下的布衣侠士朱家、田仲、郭解、剧孟等人立传。《史记·游侠列传》毕竟还是一种历史著作，而不是文学创作。史传中的人物性格单薄，事迹抽象，文笔简略。真正的文学侠士形象，出现在唐传奇中。

爽慷慨，是本篇的主要人物和作者着意描写的形象。他为人豪俊卓异，嫉恶如仇，一诺千金，本来胸怀大志，想在国土上一展称王霸业，但自认识“真命天子”李世民后，即把全部家财悉赠李靖，嘱咐李靖好好辅佐李世民，自己与妻带一奴，乘马而去，并在异地称王。这篇传奇成功刻画了这三个人的形象，后世因称他们三人为“风尘三侠”。

精华内容

【原文】

隋炀帝之幸江都也，命司空杨素守西京。素骄贵，又以时乱，天下之权重望崇者，莫我若也，奢贵自奉，礼异人臣。每公卿入言，宾客上谒，未尝不踞床而见，令美人捧出，侍婢罗列，颇僭于上。末年愈甚，无复知所负荷，有扶危持颠之心。

一日，卫公李靖以布衣上谒，献奇策，素亦踞见。公前揖曰：“天下方乱，英雄竞起。公为帝室重臣，须以收罗豪杰之心，不宜踞见宾客。”素敛容而起，谢公；与语，大悦，收其策而退。

当公骋辩也，一妓有殊色，执红拂，立于前，独目公。公即去，而执拂者临轩指吏曰：“问去者处士第几？往何处？”公具以对，妓诵而去。公归逆旅。其夜五更初，忽闻叩门而声低者，公起问焉，乃紫衣带帽人，杖揭一囊。公问谁。曰：“妾，杨家之红拂妓也。”公遽延入。脱去衣帽，乃十八九佳丽人也，素面画衣而拜。公惊答拜。曰：“妾侍杨司空久，阅天下之人多矣，无如公者。丝萝非独生，愿托乔木，故来奔耳。”公曰：“杨司空权重京师，如何？”曰：“彼尸居余气，不足畏也。诸妓知其无成，去者众矣。彼亦不甚逐也。计之详矣，幸无疑焉。”问其姓，曰：“张。”问其伯仲之次，曰：“最长。”观其肌肤、仪状、言辞气性，真天人也。公不自意获之，愈喜愈惧，瞬息万虑不安。而窥户者无停履。数日，亦闻追访之声，意亦非峻。乃雄服乘马，排闼而去，将归太原。行次灵石旅舍，既设床，炉中烹肉且熟。张氏以长发委地，立梳床前。公方刷马，忽有一人，中形，赤髯如虬，乘蹇驴而来。投革囊于炉前，取枕欹卧，看张梳头。公怒甚，未决，

犹亲刷马。张氏熟视其面，一手握发，一手映身摇示公，令勿怒。急梳头毕，敛衽前问其姓。卧客答曰："姓张。"对曰："妾亦姓张，合是妹。"遂拜之。问第几，曰"第三"。问妹第几，曰："最长。"遂喜曰："今昔多幸逢一妹。"张氏遥呼："李郎且来见三兄！"公骤拜之。遂环坐。曰："煮者何肉？"曰："羊肉，计已熟亦。"客曰："饥。"公出市胡饼，客抽腰间匕首，切肉共食。食竟，余肉乱切送驴前食之，甚速。客曰："观李郎之行，贫士也，何以致斯异人？"曰："靖虽贫，亦有心人焉。他人见问，故不言；兄问之，则不隐耳。"具言其由。曰："然则将何之？"曰："将避地太原。"曰："然吾故非君所致也。"曰："有酒乎？"曰："主人西，则酒肆也。"公取酒一斗。既巡。客曰："吾有少下酒物，李郎能同之乎？"曰："不敢。"于是开革囊，取一人头并心肝。却头囊中，以匕首切心肝，共食之。曰："此人天下负心者，衔之十年，今始获之，吾恨释矣。"又曰："观李郎神形器宇，真丈夫也，亦闻太原有异人乎？"曰："尝识一人，愚谓之真人也。其余，将帅而已。"曰："年几？"曰："仅二十。"曰："今何为？"曰："州将之子。"曰："似矣，亦须见之。李郎能致吾一见乎？"曰："靖之友刘文静者，与之狎。因文静见之可也。然兄何为？"曰："观气者言太原有奇气，使访之。李郎明发，何日到太原？"靖计之日。曰："达之明日，日方曙，候我与汾阳桥。"言迄，乘驴而去，其行若飞，回顾已失。

【译文】

隋炀帝巡幸扬州，命司空杨素留守都城长安。杨素大权在握，目空一切，认为时局混乱，天下掌握大权、有声望的人，没有谁比得上自己，因而生活奢侈骄贵，礼节排场也超出臣子所应有的。每逢公卿大臣言事，宾客拜谒，杨素都两脚叉开坐在床榻上接见，傲慢无礼，又令美女簇拥而出，侍婢排列两旁，排场超越本分。杨素晚年时，这种情景更加厉害，无视自己担负的责任，更没有拯救艰危局势的用心。

一天，卫国公李靖以平民的身份去谒见杨素，献上奇策。杨素同样以轻慢无礼的态度接见。李靖上前作揖，说："天下正乱，英雄竞相崛起。您身为王室重臣，必须把网罗豪杰的事放在心上，不该如此傲慢。"杨素脸上露出敬佩的神色，并站起身，向李靖道歉，和他交谈，谈得非常高兴，接受了李靖献纳的策书才从正堂退出。

李靖辩论之时，有一相貌出众的女子，手执红色拂尘，站在前面，独自看着李靖。李靖走了之后，手拿拂尘者凭栏指派士卒说："问走的那个未做官的读书人排行第几？住在哪里？"李靖一一回答了。女子口里念着离开了。李靖回到旅馆。当夜五更刚过，忽然听见轻声叩门，李靖起来询问。是一个紫衣戴帽的人，杖上挂着个包裹。李靖问："谁？"答道："我是杨家执红拂的女子。"李靖于是请她进来。脱去紫衣摘去帽子，是一个十八九岁的美丽女子。未施脂粉，身着花衣向前拜礼，李靖吃惊还礼。女子说："我侍奉杨素这么久，看天下的人也多了，没有比得上你的。兔丝、女萝不能独自生长，愿意托身于乔木之上，所以来投奔你。"李靖说："杨司空在京师的权势很重。怎么办？"红拂女答："他不过是垂死之人，不值得害怕。众女子知道他成不了事，走的人多了。

他追得也不厉害。我考虑得已经很周详了，希望你不要疑虑。”李靖问她的姓，答：“姓张。”问她排行，答：“最长。”看她的肌肤、仪容举止、脾气性情，真是天仙一般。李靖意外获得这样一个女子，越高兴也越害怕，瞬息间又十分忧虑不安，不停地窥视屋外是否有人追踪而至。几天过来，也听到了追查寻访红拂女的消息，但没有严厉追索的意思。于是红拂女着男装推门而出，乘马和李靖一道回太原。途中住宿在灵石的一个旅舍中，摆好几案，炉中煮的肉将熟了。张氏将长发放下垂至地上，站在案前梳头。李靖正在刷马。忽然有一个人，中等身材，满腮卷曲的红胡须，骑驴而来。这人把皮革的包裹扔在炉前，拿过枕头倚卧着，看着张氏梳头。李靖非常生气，但没有发作，还在刷马。张氏细看来者的面容，一手握着头发，一手放在身后向李靖摇手示意，让他不要发怒。张氏梳完头，整理衣襟上前问其姓。卧在那儿的客人答：“姓张。”张氏回答道：“我也姓张。应该是妹妹。”于是向他行礼。问排行第几。答：“第三。”他就问张氏第几，答：“最长。”虬髯客于是高兴地说：“今天真幸运，遇上妹妹。”张氏远远地叫道：“李郎快来拜见三哥。”李靖急忙拜见。于是三人环绕桌子坐下。客问：“煮的什么肉？”答：“羊肉，估计已熟了。”客说：“饿了。”李靖出去买烧饼。客人抽出腰间的匕首，切肉大家一起吃。吃完，剩下的肉乱切了几刀递到驴前喂给驴吃，速度很快。客人说：“看李靖的样子，是贫士。怎么得到这样的美妇人？”李靖说：“我虽贫困，也是有心的人。他人问我，我故意不说。兄长问，就不瞒你。”一一说出事情的原委。客问：“那么你们打算去哪？”李靖说：“到太原躲避。”客说：“好，我本就不是你要投奔的人。”又问：“有酒吗？”李靖说：“客店西边就是酒肆。”李靖取来一斗酒。斟过一遍酒后，客说：“我有些下酒物，你能和我一起吃吗？李靖说：“不敢。”客打开革制的包裹，取出一个人头和心肝。把头扔回囊中，用匕首切心肝，一块吃。说：“这人是天下的负心人，恨他十年了，今天才抓到。我的恨消除了。”又说：“看李郎你的仪表气度，是真正的男子汉大丈夫。也听说太原有个不寻常的人吗？”李靖答：“曾经认识一个人，我认为他是真命天子。其余的人不过可作将帅罢了。”客问：“多大年纪？”答道：“仅二十岁。”客说：“现在做什么？”李靖说：“是州将的儿子。”客说：“像是了。我要见他。你能让我见他一面吗？”李靖说：“我的朋友刘文静和他亲近。凭借刘文静可以见他。但是你为什么要见他呢？”客说：“望气的人说太原有奇异的气象，让我寻访这王气。你明天出发，何日能到太原？”李靖计算到达的日子。客说：“到达的第二天，天刚亮时在汾阳桥等我。”说完，骑驴而去，速度如飞，再看就看不见了。

太平广记

——中国最大的小说集

作者介绍

《太平广记》是一部集体修纂的大书，据《太平广记·进书表》记载，参与编纂的十三人为李昉、吕文仲、吴淑、陈鄂、赵邻几、董淳、王克贞、张洎、宋白、徐铉、汤悦、李穆、扈蒙，其中，李昉是主要修纂者。李昉（925 ~ 996 年），字明远，北宋深州饶阳（今属河北）人，官至右仆射、中书侍郎平章事。《宋史·李昉传》称："和厚多恕，不念旧恶，在位小心循谨，无赫赫称。为文章慕白居易，尤浅近易晓。好接宾客，江南平，士大夫归朝者多从之游。"曾监修《太平御览》《太平广记》和《文苑英华》，这三部书与《册府元龟》并称北宋四大书；并参与编修《旧五代史》。

经典概述

《太平广记》是宋初官修的一部小说集。北宋李昉等人奉宋太宗之命编纂，因为成书于太平兴国年间，因此取名《太平广记》。

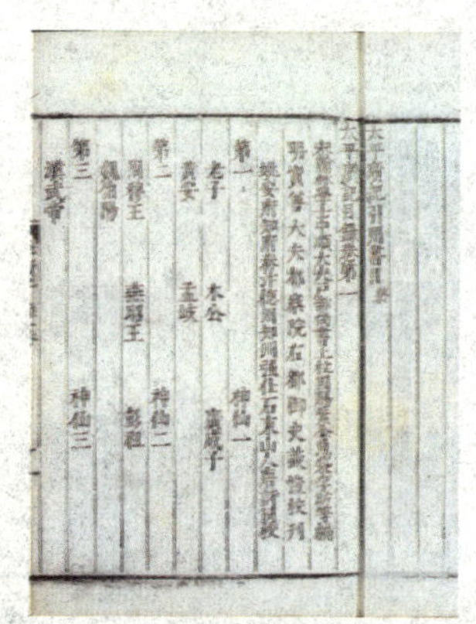
第一 老子 木公 广成子 神仙一
黄安 孟岐
第二 神仙二
燕昭王 彭祖
第三 神仙三

▲《太平广记》书影

《太平广记》也是中国最大的小说集。《太平广记》搜集了自汉至宋初的各种小说、笔记、野史等五百多种，共五百卷，另有目录十卷，全书按题材分九十二大类，一百五十多小类，如"神仙""女仙""鬼""精怪""狐""感应""谶应""名贤""廉俭""气义""知人""精察""俊辩""幼敏""豪侠""贡举""职官""将帅""骁勇""器量""博物""文章""儒行""方士""异人""异僧""释证""卜筮""定数""伎巧""博戏""器玩""交友""奢侈""谄佞""褊急""诙谐""嘲诮""无赖""嗤鄙""酷暴""幻术""梦""巫""妇人""妖妄"等，保存了大量的古小说资料。其中以"神仙"五十五卷、"女仙"十五卷这一类收集的资料最多。从这里也可以看出《太平广记》的编纂宗旨。

《太平广记》实际引用的书籍共四百七十五种。这些书籍大都已散佚、残缺或经窜改，后人只有通过《太平广记》才可以窥见他们的本来面目。今天我们还能看见的唐代传奇小说，大部分保存在《太平广记》中。书中最值得重视的是杂传记九卷，《李娃传》《柳氏传》《无双传》《霍小玉传》《莺莺传》等传奇名篇仅见于本书。还有收入器玩类的《古镜记》，

相关链接

《夷坚志》：宋代志怪小说集。作者洪迈（1123 ~ 1202 年），字景卢，别号野处，鄱阳（今江西波阳县）人。《夷坚志》取材繁杂，凡梦幻杂艺，冤对报应，仙鬼神怪，医卜妖巫，忠臣孝子，释道淫祀，贪谋诈骗，诗词杂著，风俗习尚等等，无不收录，大多神奇诡异，虚诞荒幻。也有不少故事反映了当时的现实生活，或属于轶闻、掌故、民俗、医药，提供了不少宋代社会生活的材料。

收入鬼类的《李章武传》，收入神魂类的《离魂记》，收入龙类的《柳毅传》，收入狐类的《任氏传》，收入昆虫类的《南柯太守传》等，也都是现存最早的本子。由于《太平广记》保存了大量的古代小说，又采用分类编纂的方法，给后来研究小说的人带来很大的方便。鲁迅辑录《古小说钩沉》《唐宋传奇集》就利用了此书。

《太平广记》对后来的文学艺术的影响十分深远。宋代以后，话本、曲艺、戏剧的编者，都从《太平广记》里选取素材，把许多著名故事改编成新的故事。例如演张生、崔莺莺故事的《西厢记》，有各种不同的剧本，这个故事差不多已经家喻户晓了，它的素材源头《莺莺传》正是保存在《太平广记》里。

精华内容

【原文】

唐白居易有妓樊素善歌，小蛮善舞。尝为诗曰："樱桃樊素口，杨柳小蛮腰。"年即高迈，而小蛮方丰艳，因杨柳词以托意曰："一树春风万万枝，嫩于金色软于丝。永丰坊里东南角，尽日无人属阿谁。"及宣宗朝，国乐唱是词，上问谁词？永丰在何处？左右具以对。遂因东使，命取永丰柳两枝，植于禁中。自感上知其名，且好尚风雅，又为诗一章，其末句云："定知此后天文里，柳宿光中添两星。"后除苏州刺史，自峡沿流赴郡。时秭归县繁知一，闻居易将过巫山，先于神女祠粉壁大署之曰："苏州刺史今才子，行到巫山必有诗。为报高唐神女道，速排云雨候清词。"居易睹题处畅然，邀知一至曰："历阳刘郎中禹锡，三年理白帝，欲作一诗于此，怯而不为。罢郡经过，悉去千余诗，但留四章而已。此四章者，乃古今之绝唱也，而人造次不合为之。沈佺期诗曰：'巫山高不极，合沓状奇新。暗谷疑风雨，幽崖若鬼神。月明三峡曙，潮满九江春。为问阳台客，应知入梦人。'王无兢诗曰：'神女向高唐，巫山下夕阳。徘徊作行雨，婉娈逐荆王。电影江前落，雷声峡外长。霁云无处所，台馆晓苍苍。'李端诗：'巫山十二重，皆在碧空中。

▲ 白居易像

回合云藏日，霏微雨带风。猿声寒渡水，树色暮连空。愁向高唐去，千秋见楚宫。’皇甫冉诗曰：‘巫峡见巴东，迢迢出半空。云藏神女馆，雨到楚王宫。朝暮泉声落，寒暄树色同。清猿不可听，偏在九秋中。’”白居易吟四篇诗，与繁生同济，而竟不为。

【译文】

唐朝的白居易有一家妓善歌，名叫樊素；另一家妓善舞，名叫小蛮。他曾在诗中写道：“樱桃樊素口，杨柳小蛮腰。”白居易年高体迈，而小蛮却正值青春年少，丰腴艳丽。他写了一首《杨柳词》来寄托他的惆怅心情：“一树春风万万枝，嫩于金色软如丝。永丰坊里东南角，尽日无人属阿谁。”到了唐宣宗时候，宫中常唱这首词。皇上问是谁写的词，永丰在什么地方。左右大臣据实告诉了他。皇帝于是派人东去洛阳，取来两枝永丰柳，栽植在宫中。白居易听说皇上知道了他的姓名，又爱好风雅，就又写了一首诗，最后两句是：“定知此后天文里，柳宿光中添两星。”后来白居易调任苏州刺史，去赴任时过三峡沿江而下。当时秭归县的繁知一听说白居易要过巫山，事先在神女祠的粉墙上用大字书写了一首诗：“苏州刺史今才子，行到巫山必有诗。为报高唐神女道，速排云雨候清词。”白居易看到题诗心情很舒畅，邀请繁知一，说：“历阳郎中刘禹锡治理白帝城三年，曾想在这里写一首诗，因为胆怯没写。他离开这里时，认真读了一千多首写巫山的诗，只觉得四首是好的。这四首诗，确实是古今绝唱啊！一般人是不敢轻易再写的。沈佺期的诗：‘巫山高不极，合沓状奇新。暗谷疑风雨，幽崖若鬼神。月明三峡曙，潮满九江春。为问阳台客，应知入梦人。’王无競的诗：‘神女向高唐，巫山下夕阳。徘徊作行雨，婉娈逐荆王。电影江前落，雷声峡外长。霁云无处所，台馆晓苍苍。’李端的诗：‘巫山十二重，皆在碧空中。回合云藏日，霏微雨带风。猿声寒渡水，树色暮连空。愁向高唐去，千秋见楚宫。’皇甫冉的诗：‘巫峡见巴东，迢迢出半空。云藏神女馆，雨到楚王宫。朝暮泉声落，寒暄树色同。清猿不可听，偏在九秋中。’”白居易吟完这四首诗，就和繁知一一同乘船而去，终究没有在此题诗。

▲ 巫峡秋涛图　袁耀

此图画巫峡两岸高山峻岭，岩石峭立，直指云天，万壑千岩，缥缈无际。在陡壁间，古松掩映。层叠栈道，跨谷凌虚，曲折而上。山中隐见一酒家，店主正伏在案上，凝望江面。大江滚滚，浪拍江边巨石，浪涛中一帆逆流而上。船夫们奋力用篙竿顶着礁石，与逆流搏斗，惊心动魄。用笔严谨精到，山石用湿笔皴染，笔挺健，墨色富于浓淡变化。

聊斋志异

——花妖狐魅的笑影与诗情

作者介绍

《聊斋志异》的作者蒲松龄（1640 ~ 1715 年），字留仙，又字剑臣，别号柳泉居士，世称聊斋先生，山东省淄川县（今山东淄博）人，清代杰出文学家。蒲松龄自幼聪慧好学，十九岁参加科举考试，县、府、道三考皆第一，名闻乡里，但后来却科场不利，直到七十一岁时才成岁贡生。为生活所迫，他曾给宝应县知县孙蕙做了数年幕宾，一生大部分时间在官宦人家做塾师，前后将近四十年。他一生怀才不遇，穷困潦倒，少年时起就“雅好搜神”“喜人谈鬼”，并且热心地记录、加工，集成《聊斋》一书。除《聊斋志异》外，蒲松龄还有大量诗文、戏剧、俚曲以及有关农业、医药方面的著述存世。计有文集十三卷，四百余篇；诗集六卷，一千余首；词一卷，一百余阕；戏本三出（《考词九转货郎儿》《钟妹庆寿》《闹馆》）；俚曲 14 种（《墙头记》）《姑妇曲》《慈悲曲》《寒森曲》《翻魇殃》《琴瑟乐》《蓬莱宴》《俊夜叉》《穷汉词》《丑俊巴》《快曲》《禳妒咒》《富贵神仙复变磨难曲》《增补幸云曲》）；以及《农桑经》《日用俗字》《省身语录》《药崇书》《伤寒药性赋》《草木传》等多种杂著，总计近二百万言。

▲ 蒲松龄像

经典概述

《聊斋志异》共十六卷，总计四百余篇。《聊斋志异》的故事来源很广泛，有的是作者的亲身见闻，有的出自过去的题材，有的采自民间传说，有的为作者自己的虚构。有些故事，虽有模拟的痕迹，但作者以丰富的想象和生活经验，推陈出新，充实了这些故事的内容。《聊斋志异》的作品内容主要有以下几类：

暴露现实社会的黑暗。当时社会政治腐败、官贪吏虐、豪强横行、生灵涂炭，都在《聊斋志异》内有所反映，如《促织》写成名一家为捉一头蟋蟀“以塞官责”而经历的悲欢坎坷，

《席方平》则写席方平魂赴地下、代父申冤的曲折。这些作品虽然写的是狐鬼，其实是黑暗现实的投影。《聊斋志异》有很多作品写贪官暴吏的恶行，如《梅女》中的典史为了三百钱的贿赂，便逼死人命；《书痴》中的彭城邑宰贪爱别人妻子的美貌，竟利用职权，捕人入狱。

▲《铸雪斋抄本聊斋志异》书影

揭露科举考试的种种弊端。蒲松龄一生科举不利，非常熟悉科场的黑暗与对士人的摧残，如《素秋》《神女》等篇章写科举考试中的营私作弊；《司文郎》《于去恶》等篇章讽刺考官的不学无术。有些作品生动描写被科举考试戕害了的读书人，如《叶生》中的叶生、《于去恶》中的陶圣俞和于去恶、《三生》中的兴于唐、《素秋》中的俞慎和俞士忱等人。

▲ 蒲松龄故居

故居位于山东省淄博市淄川区蒲家庄。蒲松龄一生几乎都在家乡度过，设馆教书。图为蒲松龄故居北院的正房内景，是他的诞生之地，也是他后来的书房“聊斋”。

描写人与狐鬼的爱情。《聊斋志异》中数量最多的是人和人、人和狐鬼精灵的恋爱故事，如《娇娜》《青凤》《婴宁》《莲香》《阿宝》《巧娘》《翩翩》《鸦头》《葛巾》《香玉》等，都写得十分动人。《香玉》中的黄生爱上了白牡丹花妖香玉，不幸花被人移走，黄生日日哭吊，结果感动了花神，使香玉复生。《青凤》写狐女青凤与耿去病相恋，两人不顾礼法与险恶，互相爱慕，终于获得幸福。有些作品写了青年男女爱情生活对压抑他们爱情的人与事的反抗。如《连城》写乔生与连城相爱，因为父亲阻挠，连城含恨而死，乔生也悲痛而亡，两人在阴间相会，结为夫妻。《晚霞》写龙宫中的歌伎阿端和晚霞，不顾龙宫中的王法，互相爱慕，拼死逃出龙宫，在人间做了夫妻。人们数

相关链接

《虞初新志》：清初短篇小说集。新安人张潮编。传说“虞初”是人名，后来用作小说的代称。《虞初新志》所收均为明末清初人的作品，故事的题材很广泛，一般都带有一些奇异的情节，或者有不寻常的事件和人物，如王士祯的《剑侠传》、彭士望的《九牛坝观戏记》等。又如卷十九收比利时传教士南怀仁的《七奇图说》，介绍世界“七大奇迹”。有些记鬼神的小说人情味浓厚，如李清的《鬼母传》，写一怀孕女子暴死后，墓中生子，鬼魂每日清晨到市场买饼育儿，母子之情生死难绝，极为感人。《虞初新志》有的篇章写真人真事，如魏禧《姜贞毅先生传》、王思任《徐霞客传》、吴伟业《柳敬亭传》和侯方域的《郭老仆墓志铭》。

▲《聊斋志异·钟情失皇》插图

▲《聊斋志异·画皮》插图

▲《聊斋志异·姊妹易嫁》插图

百年来喜爱《聊斋》，有一部分原因就是里面的爱情描写。

《聊斋志异》的作品具有惊人的想象力。它说狐谈鬼，无奇不有，如书中所写红莲变成美女、裙子可作帆船、襟袖间飞出花朵、天空飘落彩船、诵诗治病等情节。写鬼写狐，不仅怪异，而且在怪异之外写出了人情味，这是《聊斋志异》较一般志怪小说高明的地方。正如鲁迅所说，“《聊斋志异》独于详尽之外，示以平常，使花妖狐魅，多具人情，和易可亲，忘为异类。”这些描写大大增强了故事情节的感染力。

精华内容

【原文】

偶适市，遇一道士，顾生而愕。问：“何所遇？”答言：“无之。”道士曰：“君身邪气萦绕，何言无？”生又力白。道士乃去，曰：“惑哉！世固有死将临而不悟者！”生以其言异，颇疑女。转思明明丽人，何至为妖，意道士借魇禳以猎食者。无何，至斋门，门内杜不得入，心疑所作，乃逾垝垣，则室门已闭。蹑足而窗窥之，见一狞鬼，面翠色，齿巉巉如锯，铺人皮于榻上，执彩笔而绘之。已而掷笔，举皮如振衣状，披于身，遂化为女子。睹此状，大惧，兽伏而出。

【译文】

王生有一次去集市，遇见一个道士。道士看见王生十分惊愕，问王生：“你遇见了什么？”王生回答说：“没有。”道士说：“你身上有邪气萦绕，怎么会没有呢？”王生尽力辩白。道士于是转身离开了，并说：“糊涂啊！世上竟然有死到临头还不醒悟的人。”王生觉得道士的话奇怪，于是有些怀疑那女子。转而又想，明明是漂亮女子，怎么可能是妖怪呢？估计是道士想借作法驱妖来骗取食物。没有多久，走到书房前，门从里面堵住了，不能进去。王生心生怀疑，于是翻过残缺的院墙。原来室门也关闭了。王生蹑手蹑脚走到窗口窥看，见到一个面目狰狞的鬼，翠色面皮，牙齿长而尖利，像锯一样。只见它在榻上铺了张人皮，

正手拿彩笔在人皮上绘画；不一会儿扔下笔，举起人皮，像抖动衣服的样子，把人皮披到身上，于是鬼变成了女子。看到这种情状，王生十分害怕，像野兽一样伏在地上爬行而出。

【原文】

村中少年好事者，驯养一虫，自名“蟹壳青”，日与子弟角，无不胜。欲居之以为利，而高其直，亦无售者。径造庐访成，视成所蓄，掩口胡卢而笑。因出己虫，纳比笼中。成视之，庞然修伟，自增惭怍，不敢与较。少年固强之。顾念蓄劣物终无所用，不如拼博一笑，因合纳斗盆。小虫伏不动，蠢若木鸡。少年又大笑。试以猪鬣毛撩拨虫须，仍不动。少年又笑。屡撩之，虫暴怒，直奔，遂相腾击，振奋作声。俄见小虫跃起，张尾伸须，直龁敌领。少年大骇，急解令休止。虫翘然矜鸣，似报主知。

▲《聊斋志异·促织》插图

【译文】

村里有一个多事的年轻人，驯养了一只蟋蟀，取名“蟹壳青”，每日跟其他少年斗蟋蟀，他没有一次不胜的。他想留着它居为奇货来牟取暴利，便抬高价格，但是一直没有人买。一天，少年来找成名，看到成名所养的蟋蟀，忍不住掩着口笑，接着取出自己的蟋蟀，放进并放着的笼子里。成名看到对方的蟋蟀又长又大，自己越发羞愧，不敢拿自己的小蟋蟀跟“蟹壳青”较量。少年坚持要斗，成名心想养着这样低劣的东西，终究没有什么用处，不如让它斗一斗，换得一笑了事。因而把两个蟋蟀放在一个斗盆里。小蟋蟀趴着不动，呆若木鸡，少年又大笑。试着用猪鬣撩拨小蟋蟀的触须，仍然不动，少年又大笑了。撩拨了好几次，小蟋蟀突然大怒，直往前冲，于是互相斗起来，腾身举足，彼此相扑，振翅叫唤。一会儿，只见小蟋蟀跳起来，张开尾，竖起须，一口直咬着对方的脖颈。少年大惊，急忙分开，使它们停止扑斗。小蟋蟀抬着头振起翅膀得意地鸣叫着，好像给主人报捷一样。

阅微草堂笔记

——雍容淡雅、天趣盎然

作者介绍

《阅微草堂笔记》的作者纪昀，字晓岚，直隶献县（今属河北）人。纪晓岚出身书香门第，父亲纪客舒是著名的考据学家。纪晓岚四岁开始读书，二十四岁中顺天府乡试解元，三十一岁中进士，点翰林。后因事发配新疆，三年后回京，受命任《四库全书》总纂官。《四库全书》的编纂历时十三年才完成。《四库全书》修成后，纪晓岚官运亨通，曾五次主持都察院，三次担任礼部尚书。

纪昀学问渊博，擅长考证训诂。乾隆年间修《四库全书》，他任总纂官，并主持修订《四库全书总目》。《四库全书》分经、史、子、集四部，收书三千五百零三种，计七万九千三百三十七卷，对于搜集、整理历史文化遗产有极大的作用；《四库全书总目》二百卷，论述各书宗旨与源流，考证得失，辨析文字，是清代目录学的最高成就。

纪昀是一代才子，文采风流，为百姓所津津乐道，最近几年《铁齿铜牙纪晓岚》等热播电视剧演绎的就是他的故事。

经典概述

《阅微草堂笔记》这部笔记小说集是纪昀在创作上的主要成就。这部书包括《滦阳消夏录》六卷,《如是我闻》四卷,《槐西杂志》四卷，《姑妄听之》四卷，《滦阳续录》六卷，共二十四卷,有笔记一千二百余则。这是他晚年追寻旧闻的作品，自乾隆五十四年（1789 年）至嘉庆三年（1798 年）陆续写成，嘉庆五年（1800 年）他的学生盛时彦合刊印行，总名《阅微草堂笔记五种》，后来通称为《阅微草堂笔记》。该书的材料，一部分来自纪晓岚本人的亲身经历，或者是他耳闻目睹的事情；一部分来自他人提供或转述。小说涉及的社会生活领域，从文人学士到妓女乞丐，从三教九流到花妖狐魅，几乎无所不包。内容广博、无所不涉，是《阅微草堂笔记》的特点，这使它具有较强的知识性和趣味性。

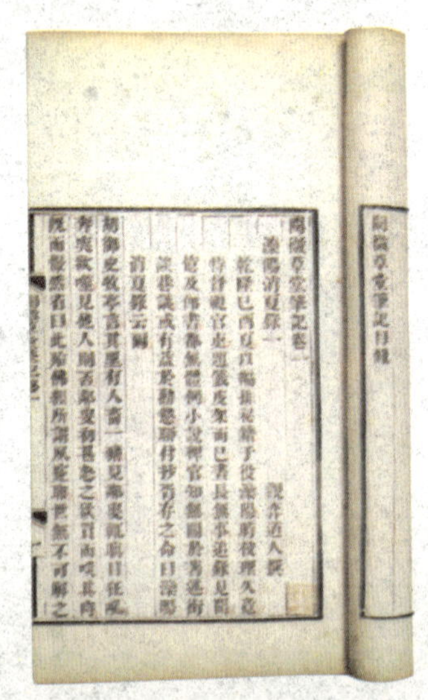

▲《阅微草堂笔记》书影

《阅微草堂笔记》在思想倾向上具有“正统”的立场。

纪昀自序说："缅昔作者如王仲任、应仲远引经据古，博辨宏通，陶渊明、刘敬叔、刘义庆简淡数言，自然妙远，诚不敢妄拟前修，然大旨期不乖于风教。"盛时彦《序》说本书"大旨要归于醇正，欲使人知所劝惩"。虽然如此，纪昀毕竟是一位博达的学者，他的思想有一定的包容性，在"理"与"欲"之间，他反对不近人情的顽固与偏执，每每讥刺"道学家"的苛刻、虚伪。他写的鬼神故事大都反映了人情世态，如《如是我闻》卷三中写一个因私情怀孕的女子向郎中买堕胎药，没有买到，后来孩子生下来，被杀死，她自己也被逼着悬梁自尽。这个女子变成鬼之后，向阎罗状告郎中杀人，说他本来可以"破一无知之血块，而全一待尽之命"，结果"欲全一命，反戕两命"，阎罗也指责郎中不应该"固执一理"。《滦阳消夏录》卷四中写两个"以道学自任"的私塾教师讲学，高谈性理，"严词正色"，忽然有纸片吹落，掉在台阶下面，学生拾起一看，原来是两位教师商量夺取寡妇田产的信札。这一类故事揭露出道学家的虚伪，反映出纪晓岚胸襟。他有时借狐鬼抒发自己的想法，往往机智有趣，颇值一读。

▲ 纪晓岚像

容斋随笔

——南宋说部之首

作者介绍

洪迈（1123～1202年），字景庐，别号野处。饶州鄱阳（江西波阳）人，洪皓第三子，南宋著名文学家。洪皓使金，遭金人扣留，洪迈时年仅7岁，随兄洪适、洪遵攻读。他天资聪颖，“博极载籍，虽稗官虞初，释老傍行，靡不涉猎”。10岁时，随兄洪适避乱，往返于秀（今浙江嘉兴）、饶二州之间。绍兴十五年（1145年），洪迈中进士，因受秦桧排挤，出为福州教授。其时洪皓已自金返国，正出知饶州。洪迈便不赴福州任而至饶州侍奉父母，至绍兴十九年（1149年）才赴任。绍兴二十八年（1158年）归葬父后，召为起居舍人、秘书省校书郎，兼国史馆编修官、吏部员外郎。绍兴三十一年（1161年），授枢密院检校诸房文字。三十二年（1162年）春，洪迈以翰林学名义充贺金国主登位使。金大都督怀中提议将洪迈扣留，因左丞相张浩而罢。洪迈回朝后，殿中御史张震弹劾洪迈“使金辱命”。乾道二年（1166年），知吉州（今江西吉安），后改知赣州（今江西赣州）。洪迈到任，重视教育，建学馆，造浮桥，便利人民。后又徙知建宁府（今福建建瓯）。淳熙十一年（1184年）知婺州（今浙江金华）。在婺州大兴水利，共修公私塘堰及湖泊八百三十七所。后孝宗召对，洪迈对淮东抗金边备提出很好的建议，得到孝宗嘉许，提举佑神观兼侍讲，同修国史。迈入史馆后预修《四朝帝纪》，又进敷文阁直学士，直学士院，深得孝宗信任。淳熙十三年（1186年）拜翰林学士。光宗绍熙元年焕章阁学士，知绍兴府。二年上章告老，进龙图阁学士。嘉泰二年（1202年）以端明殿学士致仕。洪迈学识渊博，一生涉猎典籍颇多，被称为博洽通儒。撰著除《容斋随笔》外，还有志怪小说集《夷坚志》，并编有《万首唐人绝句》等。

经典概述

《容斋随笔》始撰于隆兴元年（1163年），既是读书心得，又是典故考证的书，不仅涉及了宋以前的一些史实、政治经济制度、典章典故，也对宋代典章制度、历史人物、历史事件进行了评论和综述。可以说此书是南宋笔记体的代表。《容斋随笔》分《随笔》《续笔》《三笔》《四笔》《五笔》，共五集七十四卷，是一部著名的笔记体学术著述。

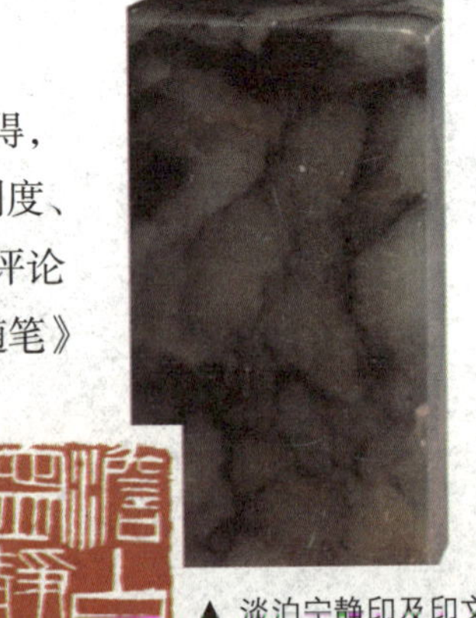
▲ 淡泊宁静印及印文

《容斋随笔》是洪迈近四十年的读书笔记，读书凡意有所得，即随笔记录下来：自经史典故、诸子百家之

相关链接

宋代的笔记小说数以百记，《容斋随笔》堪称是其中的出类拔萃之作，被誉为是补《资治通鉴》之不足、集中国数千年历史文化之精粹的珍品。该书一问世便受到了当时的最高统治者宋孝宗赵慎的称誉。这是一部广涉历史、文学、哲学、艺术等方面的随笔集，历来为人们所推崇，其中自以史诸子百家，以及医卜星算之属，皆钓纂不遗，辩证考核，也颇为精确。

言，以及诗词文翰、医卜星历之类，无所不载；历史、文学、哲学、艺术各门类知识，无所不备，而多所辩证，资料丰富，考据精确，议论高简，是这部书的最大特色。如《随笔》卷三“唐人诰命”、卷九“老人推恩”、卷十“唐书判”，《续笔》卷十“唐诸生束”、卷十一“唐人避讳”、卷十六“唐朝士俸微”等，记载唐代风俗习惯、典章制度，多史传不载的材料。《随笔》卷四“野史不可信”、卷六“杜悰”、卷八“谈丛失实”“韩文公佚事”等，指出新旧《唐书》《资治通鉴》以及魏泰《东轩录》、沈括《梦溪笔谈》等书记载失实之处，并提供了一些重要资料。书中对李白、杜甫、白居易、韩愈、柳宗元等人的诗文亦多所论述。书中有关诗歌部分，后人曾辑为《容斋诗话》传世。这部书为明清时代讲求训诂、论析经史的学术笔记著述提供了范例，影响深远。

▲ 文苑图卷　五代　韩滉

文苑，是文人荟萃之所。此图描绘文人聚会于古松下构思创作诗文的情景。图中文士四人，两坐两站，前侧一小童正在研墨。画中人物的神情和性格刻画入微，点景松树、石座、石案虽在画面占很少的位置，但穿插巧妙，成为画面不可缺少的部分。如弯曲有势、婀娜多姿的古松，石案、石座下茸茸的细草，显得特别玲珑剔透，从而构成了一个优美、宁静的创作环境。该画线条圆润流畅，构图严谨。

此书虽所涉及内容广泛，然其最重要的价值和贡献，则是对历代经典籍的重评、辨伪与订误，并考证了前朝的一些史实，如政治制度、事件、年代、人物等等，提出了许多颇有见地的观点，更正了许多流传已久的谬误，不仅在中国历史文献上有着重要的地位和影响，而且对于中国文化的发展亦意义重大。

《容斋随笔》初刊于南宋嘉定初年，明清时亦有多种刻本。其中清康熙年间洪氏刊本，刻印最为精美，内容完整无讹，堪称善本。

三言

——中国白话小说的高峰

作者介绍

“三言”的编者冯梦龙（1574~1646年），明代著名的通俗文学家、戏曲家，字犹龙，又字子犹，别号龙子犹、墨憨斋主人、顾曲散人、词奴等，长洲（今江苏苏州）人。冯梦龙出生于书香门第，与兄梦桂、弟梦熊兄弟三人并称“吴下三冯”。冯梦龙很有才情，博学多识，为人旷达，不拘一格。但他自从少年中秀才之后，多次参加科举考试不中，落魄奔走，曾经坐馆教书。五十七岁时才选为贡生，崇祯年间做过几年福建寿宁知县。清兵渡江后，他辗转浙闽之间，刊行《中兴伟略》等书，宣传抗清。南明政权覆亡后，忧愤而死。冯梦龙一生主要从事通俗文学的整理与创作，成就卓著。他曾改编长篇小说《三遂平妖传》《新列国志》；刊行民间歌曲集《挂枝儿》《山歌》；编印《笑府》《古今谈概》《情史类略》；编辑有散曲集《太霞新奏》；也写作传奇剧本，并刻印了《墨憨斋传奇定本》十种；他最重要的成就，是编著“三言”。

经典概述

“三言”指《喻世明言》《醒世恒言》《警世通言》，其中所录话本和拟话本有一部分是宋、元、明人的旧作，有一部分是冯梦龙自己创作的。现分别介绍如下：

▲ 明本《警世通言》插图（左）

▲ 明本《喻世明言》插图（上）

《喻世明言》原名《古今小说》。本书所收话本，多数为宋、元旧作，少数为明人拟作。《史弘肇龙虎君臣会》《宋四公大闹禁魂张》等是宋、元旧作，《蒋兴哥重会珍珠衫》《沈小霞相会出师表》等是明人拟作。还有一些作品可能是明人改编宋、元旧作而成的，如《新桥市韩五卖春情》《闹阴司司马貌断狱》等。这些小说中，以描写市井民众的作品最引人注目，比如《宋四公大闹禁魂张》写东京开当铺的张富爱财如命，欺凌一个乞讨为生的穷苦人，引起“小番子闲汉”宋四公的不平，夜间即去偷取张富的财宝，终致张富破产自杀。《沈小官一鸟害七命》，写一个机户的儿子爱鸟被杀的“公案”故事。

《警世通言》收作品四十篇，其中宋、元旧作占了将近一半，如《陈可常端阳仙化》《崔待诏生死冤家》等，但它们多少都经过冯梦龙的整理、加工。其中《老门生三世报恩》《宋

小官团圆破毡笠》《玉堂春落难逢夫》《唐解元一笑姻缘》《赵春儿重旺曹家庄》《杜十娘怒沉百宝箱》《王娇鸾百年长恨》等篇，大概是冯梦龙作的。爱情描写在《警世通言》中占有相当大的比例，比如，《小夫人金钱赠年少》与《白娘子永镇雷峰塔》都是通过爱情悲剧表现妇女不顾礼教，对于自由幸福的大胆追求。《警世通言》中描写的妓女命运往往很悲惨，《杜十娘怒沉百宝箱》中，杜十娘见李布政公子李甲“忠厚老诚”，决计以身相许，共谋跳出火坑。但是她的妓女身份却不能被官宦人家接受，她终于被李甲出卖，于是愤而投江。《警世通言》中描写爱情的较好作品还有《乐小舍弃生觅偶》《宋小官团圆破毡笠》等。

▲《金玉奴棒打薄情郎》年画

这个故事出自冯梦龙的《喻世明言》，主要内容是：团头金老大将女儿玉奴嫁与穷秀才莫稽，后莫稽中举得官，嫌弃玉奴门第贱卑，在上任途中将金玉奴推坠江中，玉奴幸遇淮西转运使许德厚相救，向许公夫妇诉说原委，被许公认为义女，后许公以嫁女之名，将玉奴配于莫稽，莫稽欢喜异常，洞房之夜，玉奴棒打薄情郎，在许公调解下，最终夫妻和好。年画所表现的就是莫稽推妻坠江一节。

《醒世恒言》的纂辑时间晚于《喻世明言》与《警世通言》，其中所收的宋、元旧作也比前“二言”少一些，只占六分之一左右。可以确定为宋、元旧作的有《小水湾天狐贻书》《勘皮靴单证二郎神》《闹樊楼多情周胜仙》《金海陵纵欲亡身》《郑节使立功神臂弓》《十五贯戏言成巧祸》等篇。冯梦龙纂辑宋元旧作时，已经作了一些整理加工。《大树坡义虎送亲》《陈多寿生死夫妻》《佛印师四调琴娘》《赫大卿遗恨鸳鸯绦》《白玉娘忍苦成夫》《张廷秀逃生救父》《隋炀帝逸游召谴》《吴衙内邻舟赴约》《卢太学诗酒傲王侯》《李汧公穷邸遇侠客》《黄秀才徼灵玉马坠》等篇，可能就是出自冯梦龙的手笔。在《醒世恒言》的明人拟作中，关于爱情、婚姻、家庭的描写占有突出的位置，比如《钱秀才错占凤凰俦》《乔太守乱点鸳鸯谱》等篇，借闹剧方式，嘲弄了扼杀青年男女幸福爱情的封建婚姻制度。

相关链接

话本到宋元时代渐趋成熟。在宋代汴京、杭州等工商业繁盛的都市里，市民阶层兴盛，各种瓦肆技艺应运而生（“瓦肆”也就是“瓦子”或“瓦舍”，取易聚易散的意思），各种民间技艺有了固定的演出地点。《东京梦华录》记载，北宋汴京城“街南桑家瓦子，近北则中瓦，次里瓦，其中大小勾栏五十余座。内中瓦子莲花棚、牡丹棚，里瓦子夜叉棚、象棚最大，可容纳数千人”。《武林旧事》也记载南宋杭州演出的技艺有五十多种，瓦子二十三处。在这些瓦肆技艺中，说书有四种：小说、讲史、讲经、合生或说诨话。其中以小说、讲史两家最为重要。“小说”原名银字儿，最初也用乐器伴奏，后来逐渐减少了音乐歌唱的成分。宋代说话艺人还有书会、“雄辩社”等组织，用来出版书籍、切磋技艺。

二拍

——中国白话小说的高峰

作者介绍

“二拍”的作者凌濛初（1580 ~ 1644 年）是明末小说家，字玄房，号初成，别号即空观主人，浙江乌程（今湖州）人。他和冯梦龙一样科场不利，五十五岁才以优贡得任上海县丞，六十三岁任徐州通判。明末天下大乱，他对抗农民军，最后呕血而死。凌濛初著作有拟话本小说集《拍案惊奇》初刻和二刻；戏曲《虬髯翁》《颠倒姻缘》《北红拂》《乔合衫襟记》和《蓦忽姻缘》等；此外还著有《圣门传诗嫡冢》《言诗翼》《诗逆》《诗经人物考》《左传合鲭》《倪思史汉异同补评》《荡栉后录》《国门集》《国门乙集》《鸡讲斋诗文》《燕筑讴》《南音之籁》《东坡禅喜集》《合评选诗》《陶韦合集》《惑溺供》和《国策概》等著作。

经典概述

“二拍”指的是《初刻拍案惊奇》与《二刻拍案惊奇》，这是凌濛初根据野史笔记、文言小说和当时社会传闻创作的两部“拟话本”小说集。

从《初刻》的序言里，可以知道是由于“肆中人”看到冯梦龙所编辑的“三言”行世很畅销，因而怂恿凌濛初写的。

在小说的取材上，宋元旧本已被冯梦龙“搜括殆尽”，剩下的都是“沟中之断芜，略不足陈”的东西，所以他“取古今来杂碎事，可新听睹、佐谈谐者，演而畅之”。

“二拍”包括小说七十八篇。其中有些篇章反映了商人的经济活动，如《转运汉巧遇洞庭红》《叠居奇程客得助》，都用欢快的文笔描述商人的奇遇，流露出对冒险求财富的赞赏。

▲《初刻拍案惊奇》插图

与“三言”一样，爱情与婚姻也是“二拍”中最重要的主题，但两者有不同的偏向，“三言”每每把“情”看作人伦关系的基础；而“二拍”则更多地把“情”与“欲”即性爱联系在一起，并且对女性的情欲作肯定的描述。如《闻人生野战翠浮庵》写女尼静观爱上闻人生，便假扮和尚，

在夜航船上主动引诱闻人生，最后成就完美婚姻。

和“三言”一样，“二拍”在描写爱情与婚姻故事时，常常肯定妇女的权利。如《满少卿饥附饱飏》中作者明白地指出，男子续弦再娶、宿娼养妓，世人不以为意，而女子再嫁或稍有外情，便万口訾议，这是不公平的。

作者在两性关系上的平等意识表达得相当明确。“二拍”在肯定情与欲时，每每直露地描写性行为。比如《任君用恣乐深闺》一篇，指斥富贵之家广蓄姬妾是对女性的不公平，认为“男女大欲，彼此一般”。其见识是高明的，但故事情节的描绘，则多淫词秽语，显得过于庸俗。这样的段子“二拍”中俯拾皆是。

▲《二刻拍案惊奇》插图

“二拍”格外值得注意的是其中反映出的凌濛初的小说观，他反对小说的传奇性。《拍案惊奇序》说：“语有之：‘少所见，多所怪。’今之人但知耳之外牛鬼蛇神之为奇，而不知耳止之内日用起居，其为谲诡幻怪非可以常理测者固多也。”他又批评当时小说“失真之病，起于好奇。——知奇之为奇，而不知无奇之所以为奇”。他的理想是写一种“无奇之奇”，如《韩秀才趁乱聘娇妻》《恶船家计赚假尸银》《懵教官爱女不受报》等篇，没有神奇鬼怪或大奸大恶之类，也没有过于巧合的事件。这就是凌濛初“无奇”观念的初衷。小说摆脱传奇性，这是艺术上的重要进步，因为这样小说就更贴近人们的日常生活，更有利于深入开掘人性内涵。后世《儒林外史》《红楼梦》等优秀作品，就沿袭了这一发展方向，而且获得更大的成功。

“二拍”中的故事大多写得情节生动、语言流畅。“二拍”善于组织情节，因此多数篇章有一定吸引力，如前所述，“二拍”不在情节的奇巧上下功夫，情节的生动，主要靠巧妙的叙述手法。读者细心阅读，自然会有所体会。

相关链接

《西湖二集》：明末拟话本小说集。周楫著。共三十四卷，每卷一篇。都是与西湖有关的故事，大部分出自《西湖游览志馀》《皇明从信录》。作者著此书的目的是“借他人之酒杯，浇自己之磊块”，其中有些故事写得很好，如《胡少保平倭战功》，写“纱帽财主的世界”里，“糊涂贪赃的官府多，清廉爱百姓的官府少”。《祖统制显灵救驾》中痛骂那些“诈害地方邻里，夺人田产，倚势欺人”的“黄榜进士”们连“猪狗也不值”。《巧妓佐夫成名》写妓女也能识破那些高官往往是“七上八下”“文理中平”，甚至“一窍不通”之徒，非常辛辣。另外，本书描绘杭州的社会风俗，很有兴味。

水浒传

——绿林豪杰的忠义悲歌

作者介绍

《水浒传》的作者，明代人有多种记载。明代人大致有三种说法：施耐庵、罗贯中和施、罗合作。郎瑛《七修类稿》中说："《三国》《宋江》二书，乃杭人罗本贯中所编。予意旧必有本，故曰编。《宋江》又曰钱塘施耐庵底本。"高儒《百川书志》中说："《忠义水浒传》一百卷。钱塘施耐庵的本，罗贯中编次。"李贽《忠义水浒传叙》中提到作者时，说是"施、罗二公"。这是认为施、罗合作的。此外，田汝成《西湖游览志余》和王圻《稗史汇编》都记载罗贯中作。而胡应麟《少室山房笔丛》则说是"武林施某所编"，"世传施号耐庵"。

▲ 施耐庵像

现在学术界大都认为施耐庵作，也有少数人认为施、罗合作。关于施耐庵，没有什么可靠的历史记载。他大概是元末明初人，生平不详。民间传说他曾参与张士诚的农民起义军，这未必可信。但是他生活的时代较罗贯中稍早，可以肯定的是，元末如火如荼的农民大起义，他应当是见过或亲身经历过的，这对他的小说创作也许有某种影响。

经典概述

《水浒传》全书可分前后两大部分。前七十回为前半部分，写各路英雄纷纷上梁山大聚义，打官军，聚义排座次。《水浒传》写英雄们走上造反的道路，各有不同的原因；但是在逼上梁山这一点上，许多人是共同的。如阮氏三雄的造反是由于生活不下去，他们不满官府的压榨，参加劫"生辰纲"的行动，上了梁山；解珍、解宝是由于受地主的掠夺起而反抗

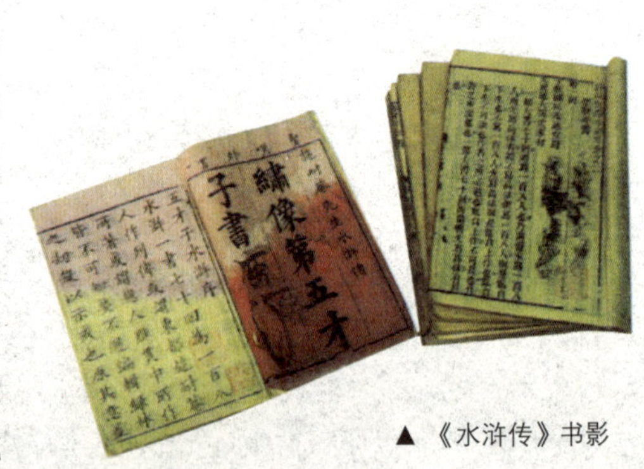
▲《水浒传》书影

的；鲁智深是个军官，他好打不平，结果被逼上山落草；武松出身城市贫民，为打抱不平和报杀兄之仇，屡遭陷害，终于造反；林冲原是东京八十万禁军教头，是个有地位的人，他奉公守法，安分守己，但最终也被逼上梁山。其中精彩的故事有：“鲁提辖拳打镇关西”“鲁智深大闹五台山”“鲁智深火烧瓦官寺”“花和尚倒拔垂杨柳”“林冲棒打洪教头”“鲁智深大闹野猪林”“林教头风雪山神庙”“林冲雪夜上梁山”“杨志卖刀”“智取生辰纲”“林冲水寨大并火”“宋江怒杀阎婆惜”“景阳冈武松打虎”“武松怒杀西门庆”“施恩再夺快活林”“武松醉打蒋门神”“武松血洗鸳鸯楼”“梁山泊好汉劫法场”“杨雄醉骂潘巧云，石秀智杀裴如海”“三打祝家庄”“时迁偷甲”“时迁火烧翠云楼”“梁山泊英雄排座次”等。

▲ 宋江像

七十一回以后为后半部分。后半部分由五个小部分组成，即征辽、平田虎、平王庆、平方腊及结局。其中平田虎、平王庆两部分是后来加的，今天有的百回本，征辽之后紧接平方腊，没有这两部分。后半部分中，梁山受朝廷招安，成为官军，南北征战，英雄们或死或伤，渐渐离散，很少有人善终。最终有以宋江、李逵服毒身亡结局。这一部分读来令人丧气，因此金圣叹“腰斩”《水浒传》时将他们都删了。

《水浒传》的故事内容富有传奇性，情节跌宕起伏，变化莫测，一波未平，一波又起。如“拳打镇关西”“智取生辰纲”“宋江杀惜”“武松打虎”“血溅鸳鸯楼”“江州劫法场”“三打祝家庄”等情节，数百年来脍炙人口。《水浒传》最精彩的是人物形象的塑造。作者把故事情节和人物性格融合在一起，用不同的情节来表现不同的性格。武松、林冲都受过官府的陷害，被充过军，但他们面对厄运时的反应却大不一样。林冲在路上受差人任意摆布，忍气吞声；武松则相反，充军恩州路上，收拾了要害死他的差人，还不解恨，一口气奔回孟州，血洗鸳鸯楼。这是因为，林冲是东京八十万禁军教头，是有地位懂法度的人，不幸遭受冤枉，

相关链接

《荡寇志》：作者俞万春（1794 ~ 1849 年），浙江山阴（今绍兴）人。因故事紧接在金圣叹“腰斩”的七十回本《水浒传》之后，又名《结水浒传》。作者大概对《水浒传》中让宋江等人受招安很不满。在《荡寇志》中，他让水浒一百单八将全都被雷神下凡的张叔夜、陈希真等所擒杀，表现的是“尊王灭寇”的主旨。

《水浒后传》：作者陈忱，字遐心，号雁宕山樵，浙江乌程（今吴兴）人，约生于明万历后期，卒于清康熙初年。内容写梁山泊义军在征方腊后或死或散，一些未死的头领及梁山英雄的后人，再加上另外一些江湖义士，以李俊为首领，重新聚集起来占山据水，反抗官府，抗击金兵，最后到海外创业建国。

▲ 梁山伯收关胜 年画

只希望服刑期满，重振家声；而武松无家室之累，惯走江湖，性格强悍，无所顾忌，报复心强，手段也狠。作者对他们的性格特点把握得十分细致。

《水浒传》的语言特色是明快、洗练、生动，无论是作者的描述，还是人物的语言，都惟妙惟肖，生活气息浓厚，写景、状物、叙事、表情，都很传神。《水浒传》善于白描，简洁明快，没有冗长的叙事，也没有烦琐的景物描写，比如“武松打虎”就写得简练而传神，简洁地写老虎一扑、一掀、一剪，一只活生生的老虎便跃然纸上。

《水浒传》人物语言准确而精练，能准确地表现出人物的性格、地位以及文化教养。如粗鲁而不懂得客套的李逵第一次见宋江，就问戴宗：“哥哥，这黑汉子是谁？”他刚上梁山便大发狂言：“便造反怕怎地，晁盖哥哥便做大宋皇帝，宋江哥哥便做小宋皇帝……杀去东京，夺了鸟位。”寥寥数语，便描画出活脱脱一个草莽英雄的形象。

精华内容

【原文】

高俅不敢过去冲撞，立在从人背后伺候。也是高俅合当发迹，时运到来，那个气球腾地起来，端王接个不着，向人丛里直滚到高俅身边。那高俅见气球来，也是一时的胆量，使个“鸳鸯拐”，踢还端王。端王见了大喜，便问道：“你是甚人？”高俅向前跪下道：“小的是王都尉亲随，受东人使令，送两般玉玩器来进献大王。有书信呈在此拜上。”端王听罢，笑道：“姐夫真如此挂心？”高俅取出书呈进上。端王开盒子看了玩器。都递与堂候官收了去。那端王且不理玉玩器不落，却先问高俅道：“你原来会踢气球？你唤做甚么？”高俅叉手跪覆道：“小的叫高俅，胡乱踢得几脚。”端王道：“好，你便下场来踢一回耍。”高俅拜道：“小的是何等样人，敢与恩王下脚！”端王道：“这是齐云社，名为天下圆，但何伤。”高俅再拜道：“怎敢。”三回五次告辞，端王定要他，高俅只得叩头谢罪，解膝下场。才几脚，端王喝采，高俅只得把平生本事都使出来奉承端王，那身分，模样，这气球一似鳔胶黏在身上的！端王大喜，那肯放高俅回府去，就留在宫中过了一夜。

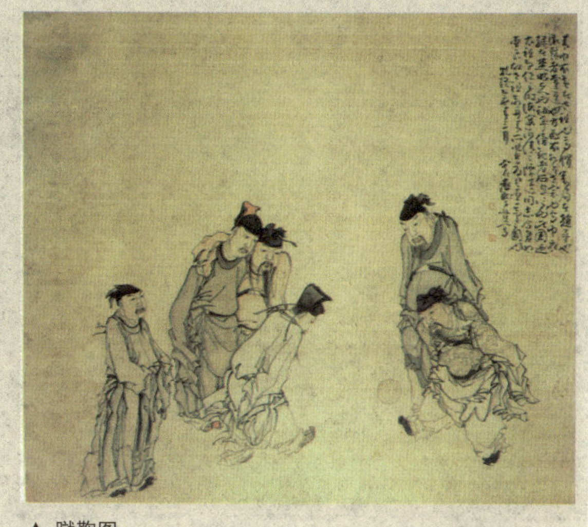
▲ 蹴鞠图

【原文】

说时迟，那时快；武松见大虫扑来，只一闪，闪在大虫背后。那大虫背后看人最难，便把前爪搭在地下，把腰胯一掀，掀将起来。武松只一闪，闪在一边。大虫见掀他不着，吼一声，却似半天里起个霹雳，振得那山冈也动，把这铁棒也似虎尾倒竖起来只一剪。武松却又闪在一边。原来那大虫拿人只是一扑，一掀，一剪；三般捉不着时，气性先自没了一半。那大虫又剪不着，再吼了一声，一兜兜将回来。

武松见那大虫复翻身回来，双手轮起哨棒，尽平生气力，只一棒，从半空劈将下来。只听得一声响，簌簌地，将那树连枝带叶劈脸打将下来。定睛看时，一棒劈不着大虫，原来打急了，正打在枯树上，把那条哨棒折做两截，只拿得一半在手里。那大虫咆哮，性发起来，翻身又只一扑扑将来。武松又只一跳，却退了十步远。那大虫恰好把两只前爪搭在武松面前。武松将半截棒丢在一边，两只手就势把大虫顶花皮胳嗒地揪住，一按按将下来。那只大虫急要挣扎，被武松尽力气捺定，那里肯放半点儿松宽。

武松把只脚望大虫面门上、眼睛里只顾乱踢。那大虫咆哮起来，把身底下爬起两堆黄泥做了一个土坑。武松把大虫嘴直按下黄泥坑里去。那大虫吃武松奈何得没了些气力。武松把左手紧紧地揪住顶花皮，偷出右手来，提起铁锤般大小拳头，尽平生之力只顾打。打到五七十拳，那大虫眼里，口里，鼻子里，耳朵里，都迸出鲜血来，更动弹不得，只剩口里兀自气喘。

【原文】

且说祝家庄上擂了三通战鼓，放了一个炮，把前后门都开，放了吊桥，一齐杀将出来。四路军兵出了门，四下里分投去杀。临后，孙立带了十数个军兵李在在吊桥上门里。孙新便把原带来的旗号插起在门楼上；乐和便提着枪，直唱将入来；邹渊、邹润听得乐和唱，

▲ 三打祝家庄　年画
这幅年画印自清代后期苏州，生动地展现了梁山义军与祝家庄地主豪强激战的情景。

便忽哨了几声，轮动大斧，早把守监门的庄兵砍翻了数十个；便开了陷车，放出七只大虫来。各各寻了器械，一声喊起，顾大嫂掣出两把刀，直奔入房里。把应有妇人，一刀一个，尽都杀了。祝朝奉见头势不好了，却待要投井时，早被石秀一刀剁翻，割了首级。那十数个好汉，分投来杀庄兵。后门头解珍、解宝，便去马草堆里放起把火，黑焰冲天而起。四路人马见庄上火起，并力向前。祝虎见庄里火起，先奔回来。孙立守在吊桥上，大喝一声："你那厮那里去？"拦住吊桥。祝虎省口，便拨转马头，再奔宋江阵上来。这里吕方、郭盛两戟齐举，早把祝虎和人连马，搠翻在地。众军乱上，剁做肉泥。前军四散奔走。孙立、孙新迎接宋公明入庄。

——神魔之域中的世态万象

作者介绍

《西游记》的作者吴承恩（约 1500 ~ 约 1582 年），字汝忠，号射阳山人，淮安山阳（今江苏淮安）人。吴家世代书香，到他父亲时败落为小商人。吴承恩自幼聪敏好学，博读群书，闻名乡里。他喜欢奇闻逸事，爱读稗官野史和唐人传奇，这对他创作《西游记》可能有很重要的影响。吴承恩屡次参加科举考试，然而屡试不中，以至于“迂疏漫浪”。中年当过长兴县丞，不久，因“耻折腰”而辞官。晚年归居故乡，放浪诗酒。《西游记》就是他晚年的作品。吴承恩另外还作有传奇小说集《禹鼎志》，篇幅很短。

经典概述

《西游记》全书一百回，大致可分为三个部分：第一部分是前七回，写孙悟空“大闹天宫”。孙悟空原是破石而生的美猴王，占领花果山水帘洞后，海外拜师，学得七十二般变化。他不愿受冥府、天界管束，大闹“三界”，自封“齐天大圣”，与玉皇大帝分庭抗礼，搅得大昏地暗。第二部分为八至十二回，交代取经的缘由，写魏徵斩龙、唐太宗入冥、观音访求高僧和唐僧出世，为取经作了铺垫。第三部分为十四至一百回，由四十一个小故事组成，写了孙悟空在猪八戒、沙僧的协助下保护唐僧前往西天取经，一路克服了八十一难，斩妖除怪，历尽艰险，终于取回真经，师徒五人也都修成正果。其中著名的情节有“黑风山怪窃袈裟”“高老庄”“黄风岭”“大战流沙河”“五庄观行者窃人参果”“三打白骨精”“红孩儿”“车迟国显法”“大闹金山兜洞”“女儿国”“火焰山”“盘丝洞”“大战青龙山”等。

《西游记》中的主要人物性格鲜明。唐僧恪守宗教信条、善良慈悲、胆小懦弱；孙悟空叛逆大胆、急躁敏捷、足智多谋；猪八戒粗夯莽撞、好吃懒做、嫉妒心强、好拨弄是非，但是心肠倒也不坏，某些方面还有可爱之处；沙僧则任劳任怨、忠厚勤恳。

▲ 吴承恩雕像

《西游记》虽然是神话小说，但是正如鲁迅在《中国小说史略》中说的，《西游记》“讽

▲ 吴承恩墨迹

刺揶揄则取当时世态，加以铺张描写”。《西游记》神话实际上表现了丰富的社会内容，曲折地反映出明代社会的黑暗，有很明显的现实批判意义。唐僧师徒取经路上遇到的妖魔鬼怪很多都是菩萨或天神的坐骑，当孙悟空打败妖魔，准备灭杀的时候，它们的主人往往就出来说情，将它们救走。从这里，我们可以看出明代社会有势力的宦官庇护他们的干儿子干孙子们贪赃枉法的影子。另外，一些神圣的人物在《西游记》中形象很恶劣。如玉皇大帝是一个优柔寡断、软弱无能的形象，遇到事情拿不出什么解决的办法；而如来佛祖则默许徒弟向唐僧一行人索要人事，甚至把唐僧化缘用的紫金钵都要走了。这些细节描写都折射出当时当权者的所作所为，有很强的讽刺意味。

《西游记》创造了神奇绚烂的神话世界。情节生动、奇幻、曲折，具有非凡的想象力和强烈的浪漫色彩。天上地下、龙宫冥府、八十一难、七十二变、各种神魔都充满幻想色彩。他们使用的武器法宝都具有超自然的惊人威力：孙悟空的金箍棒重一万三千五百斤，缩小了却可以藏在耳朵里；“芭蕉扇”能灭火焰山上的火，缩小了就能够噙在口里。而且“一生必有一克”，任何武器法宝都有厉害的对手：孙悟空的金箍棒可以一变千条、飞蛇走蟒一般打向敌人；可是青牛怪却能用白森森的“金钢琢”一古脑儿套去。“芭蕉扇”能将人扇出八万四千里，孙悟空噙了“定风丹”，就能在漫天盖地的阴风前面岿然不动。这些宝贝五花八门，让人惊叹不已。

▲ 西游记图册　清

《西游记》的语言生动流利，尤其是人物对话，富有鲜明的个性和浓烈的生活气息，富有幽默诙谐的艺术情趣。吴承恩提炼民众生活中的口语，吸收其中的新鲜词汇，利用它富有变化的句法，熔铸成优美的文学语言。敌我交锋时，经常用韵文表明各自的身份；交手后，又用韵文渲染炽烈紧张的气氛。它汲取了民间说唱和方言口语的精华，在人物对话中，官话和淮安方言相互融汇，如“不当人子”“活达”“了帐”“断根”“囫囵吞”“一骨辣”这些词语，既不难理解，又别有风趣。往往只用寥寥几笔，就能将人物写得神采焕发，写出微妙的心理活动。如猪八戒吃人参果、狮陀国三妖设谋、孙悟空以金箍棒指挥风云雷电的描写，都精彩纷呈。

相关链接

《西游补》：南潜作。南潜是董说出家后的法名。董说字若雨，乌程人。生于万历年间。明亡后，隐居灵岩，三十余年不入城市，成为一代高僧。本书叙述悟空化斋，被鲭鱼精迷惑，渐渐进入梦境，打算找秦始皇借驱山铎，徘徊之间，进入万镜楼，于是时而见过去，时而见未来，忽而化作美人，忽而化作阎罗，被虚空主人呼唤，才离开梦境，才得知鲭鱼本来与悟空同时出世，住在"幻部"，自称"青青世界"，所有境界，都是他创造的，并不是实有的。因此"悟通大道，必先空破情根，破情根必先走入情内，走入情内见得世界情根之虚，然后走出情外认得道根之实"。书中所说的鲭鱼精、青青世界、小月王，都指的是"情"。本书情节恍惚奇幻，常常惊人；夹杂徘谐，也很俊逸，很值得一读。

精华内容

【原文】

那座山正当顶上，有一块仙石。其石有三丈六尺五寸高，有二丈四尺围圆。三丈六尺五寸高，按周天三百六十五度；二丈四尺围圆，按政历二十四气。上有九窍八孔，按九宫八卦。四面更无树木遮阴，左右倒有芝兰相衬。盖自开辟以来，每受天真地秀，日精月华，感之既久，遂有灵通之意。内育仙胞。一日迸裂，产一石卵，似圆球样大。因见风，化作一个石猴。五官俱备，四肢皆全。便就学爬学走，拜了四方。目运两道金光，射冲斗府。惊动高天上圣大慈仁者玉皇大天尊玄穹高上帝，驾座金阙云宫灵霄宝殿，聚集仙卿，见有金光焰焰，即命千里眼、顺风耳开南天门观看。二将果奉旨出门外，看的真，听的明。

▲《西游记》图册 清

——历史与叙事的失落和迷惘

作者介绍

《三国演义》，全称《三国通俗演义》。作者罗贯中（约 1330 ~ 约 1400 年），名本，字贯中，号湖海散人。杭州人，祖籍太原。元末明初小说家、戏曲家。《录鬼簿续编》记载罗贯中“与人寡合”，“遭时多故”流浪江湖。罗贯中生当元末社会动乱，有自己的政治理想，不苟同流俗，东奔西走，参加了反元的起义，明朝建立之后，即不再从事政治，而“传神稗史”，专心致力于小说创作。相传他写有巨著《十七史演义》，现存署名由他编著的小说有《三国志演义》《隋唐两朝志传》《残唐五代史演传》《三遂平妖传》等。罗贯中有着多方面的艺术才能，《录鬼簿续编》说他“乐府隐语，极为清新”，著录他创作的杂剧三种：《赵太祖龙虎风云会》《忠正孝子连环谏》《三平章死哭蜚虎子》。他所有的著作以《三国演义》最著名，被后人称为“第一才子书”，是我国历史小说的开山之作，也是我国长篇历史小说最杰出的巨著。

经典概述

《三国演义》的故事从东汉灵帝建宁二年（169 年）起，到晋武帝太康元年（280 年）止，叙写了百年左右的时间里发生的事件，中间着重写了历时约半个世纪的魏、蜀、吴三国的兴亡盛衰过程。第一回到第三十三回，写东汉末年黄巾起义和曹操平定北方的过程；第三十四回到第五十回，集中写赤壁之战以及战后天下三分的局势；第五十一回到第一百一十五回，重点写刘备集团活动，以及刘备死后诸葛亮治理蜀国、南征北伐等事情；第一百一十六回到第一百二十回，写晋朝统一全国。全部故事的基本轮廓和基本线索，主要人物的主要活动，大体上同历史记载相去不远，但是三国历史只是一个框架，作品的细节部分则主要是虚构的。著名的情节有：“三英战吕布”“连环计”“吕布射戟辕门”“夏侯惇拔矢啖睛。”“关公五关斩六将”“煮酒论英雄”“关云长挂印封金”“刘备三顾茅庐”“官渡之战”“刘备跃马过檀溪”“隆中对”“诸葛亮火烧新野”“张飞大闹长坂桥”“赵子龙单骑救主”“群英会蒋干中计”“诸葛亮舌战群儒”“孔

▲《三国演义》书影

相关链接

《隋唐演义》：清初人褚人获作。故事起自隋文帝起兵伐陈，而止于唐明皇回京抑郁而死，共一百七十余年间的事情。全书的基本结构线索为隋炀帝、朱贵儿及唐明皇、杨玉环的“两世姻缘”，以隋末群雄并起、瓦岗寨英雄聚义、花木兰代父从军、唐太宗武功文治、武则天改元称帝等事件穿插其间。

《反三国演义》：作者是周大荒，民国初年湖南人。该书对《三国演义》中凡是让人感到痛憾的人物故事，几乎逐一加以翻案。比如，庞统不仅未死于落凤坡，反而屡立大功。魏延也偷渡子午谷，袭取了长安。这是一部翻案奇书。

《中华全史演义》：民国期间蔡东藩著。包括《前汉演义》《后汉演义》《两晋演义》《南北史演义》《唐史演义》《五代史演义》《宋史演义》《元史演义》《明史演义》《清史演义》等。演绎了中国两千年的历史进程，卷帙浩繁；只是艺术上稍显粗糙。

明借箭”“华容道关羽义释曹操”“孔明三气周瑜”“关云长单刀赴会”“关云长刮骨疗毒”“关云长败走麦城”“刘备遗诏托孤”“七擒孟获”“孔明挥泪斩马谡”“木牛流马”等。

《三国演义》在曹操、刘备、孙权三个政治势力中，把曹操与刘备作为主要对立面，而把刘备集团放在中心地位。孙权更多是作为刘备对抗曹操的联合力量出现的。小说刻画了很多生动的人物形象。曹操在《三国演义》里是一个极端利己的典型。把曹操本来有诡诈、残暴的特点夸大，成功地刻画了曹操诡谲多变、心狠手毒的形象。小说中有他的一句名言：“宁教我负天下人，休教天下人负我。”罗贯中也写了曹操的“雄才大略”，在与董卓、袁绍等人的对比中描写他的政治远见与政治气度。同曹操相反，对刘备则在政治与道德上都加以美化。刘备有一句话：“吾宁死，不为不仁不义之事。”刘备是一位理想仁君形象。诸葛亮是《三国演义》中又一个重要人物。刘备对诸葛亮自称“如鱼得水”，不仅言听计从，而且付托以军国大事，诸

▲ 四川奉节白帝城

三国时期，刘备在湖北夷陵大败于吴国陆逊之手，狼狈逃回白帝城，忧愤交加，一病不起，一世英雄就此谢世。

葛亮为报答刘备三顾茅庐的知遇之恩，“鞠躬尽瘁，死而后已”。他足智多谋，高瞻远瞩，沉着机警，料事如神，是理想的贤臣。小说中的另一个重要人物是关羽。《三国演义》描写刘备同关羽、张飞的关系，着重表现他们的“义”。关羽武勇刚强、“义重如山”。刘、关、张“桃园结义”已经成为古往今来人们讲求朋友信义的楷模。民众看重“义”，因此，把关羽推崇到了很高的地位，直到现在，关帝庙依然遍布各地。

▲ 诸葛亮像

《三国演义》的艺术结构，既宏伟壮阔，又不失严密和精巧。全书时间漫长，人物众多，事件复杂，头绪纷繁。但作者以蜀汉为中心，抓住三国矛盾斗争的主线，井然有序地展开故事情节，既曲折变化，又前后贯串，宾主照应，脉络分明，较少琐碎支离的情况，构成了一个基本完美的艺术整体。这在艺术上是很高超的。

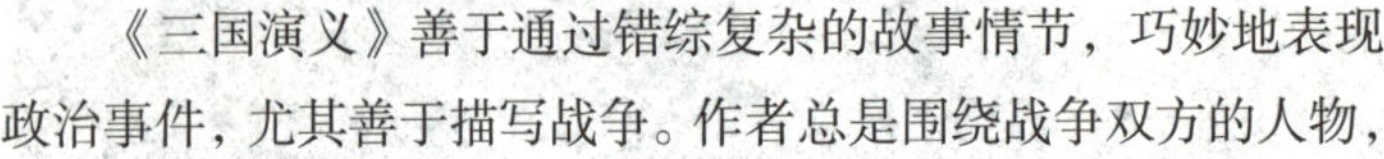

《三国演义》善于通过错综复杂的故事情节，巧妙地表现政治事件，尤其善于描写战争。作者总是围绕战争双方的人物，写出战争的各个方面，双方的战略、战术，使大小战役各具特色。精彩的有：官渡之战、赤壁之战、七擒孟获、六出祁山等。其中赤壁之战最为精彩。《三国演义》用长达八回的篇幅，把赤壁之战故事渲染得波澜壮阔，淋漓尽致。写双方备战，作者紧紧抓住曹军不习水战的问题，写周瑜和曹操之间来回隔江斗智，曹操两次派蒋干过江以及遣蔡中、蔡和诈降，都被周瑜识破，并巧妙地利用。但是周瑜这些妙计每次都不出孔明的意料。周瑜忌妒孔明，想用断粮道、造箭杀孔明，计谋也被孔明识破。这样作者便很自然地写出孔明的才能、气度处处高过周瑜。作者善于在紧张的气氛中点染抒情的笔调，孔明饮酒借箭，庞统挑灯夜读，曹操横槊赋诗等插曲使人物的形象更为真实生动。叙述战争时还善于运用实写和虚写结合的手法，对战争的胜利者，往往不惜详尽描写，如上引的“关云长温酒斩华雄”一段就是典型的虚实相生的写法。

《三国演义》吸收了传记文学的语言风格，并使之通俗化，“文不甚深，言不甚俗”，雅俗共赏，具有简洁、明快而又生动的特色。叙述描写不以细腻见长，而以粗笔勾勒为精；还有许多生动片段，也写得粗中有细。

精华内容

【原文】

次日，于桃园中，备下乌牛白马祭礼等项，三人焚香再拜而说誓曰：“念刘备、关羽、张飞，虽然异姓，既结为兄弟，则同心协力，救困扶危；上报国家，下安黎庶。不求同年同月同日生，只愿同年同月同日死。皇天后土，实鉴此心，背义忘恩，天人共戮！”誓毕，拜玄德为兄，关羽次之，张飞为弟。祭罢天地，复宰牛设酒，聚乡中勇士，得三百余人，

就桃园中痛饮一醉。

【原文】

貂蝉跟允到阁中，允尽叱出妇妾，纳貂蝉于坐，叩头便拜。貂蝉惊伏于地曰："大人何故如此？"允曰："汝可怜汉天下生灵！"言讫，泪如泉涌。貂蝉曰："适间贱妾曾言：但有使令，万死不辞。"允跪而言曰："百姓有倒悬之危，君臣有累卵之急，非汝不能救也。贼臣董卓，将欲篡位；朝中文武，无计可施。董卓有一义儿，姓吕，名布，骁勇异常。我观二人皆好色之徒，今欲用'连环计'：先将汝许嫁吕布，后献与董卓；汝于中取便，谍间他父子反颜，令布杀卓，以绝大恶。重扶社稷，再立江山，皆汝之力也。不知汝意若何？"貂蝉曰："妾许大人万死不辞，望即献妾于彼。妾自有道理。"

【原文】

随至小亭，已设樽俎：盘置青梅，一樽煮酒。二人对坐，开怀畅饮。酒至半酣，忽阴云漠漠，骤雨将至。从人遥指天外龙挂，操与玄德凭栏观之。操曰："使君知龙之变化否？"玄德曰："未知其详。"操曰："龙能大能小，能升能隐；大则兴云吐雾，小则隐介藏形；升则飞腾于宇宙之间，隐则潜伏于波涛之内。方今春深，龙乘时变化，犹人得志而纵横四海。龙之为物，可比世之英雄。玄德久历四方，必知当世英雄。请试指言之。"玄德曰："备肉眼安识英雄？"操曰："休得过谦。"玄德曰："备叨恩庇，得仕于朝。天下英雄，实有未知。"操曰："既不识其面，亦闻其名。"

▲ 描绘剪除董卓历史故事的年画——连环记

▲ 辕门射戟　年画

【原文】

布大怒，教左右："取我戟来。"布提画戟在手，纪灵、玄德尽皆失色。布曰："我劝你两家不要厮杀，尽在天命。"令左右接过画戟，去辕门外远远插定。乃回顾纪灵、玄德曰："辕门离中军一百五十步，吾若一箭射中戟小枝，你两家罢兵，如射不中，你各自回营，安排厮杀。有不从吾言者，并力拒之。"纪灵私忖："戟在一百五十步之外，安能便中？且落得应允。待其不中，那时凭我厮杀。"便一口许诺。玄德自无不允。布都教坐，再各饮一杯酒。酒毕，布教取弓箭来。玄德暗祝曰："只愿他射得中便好！"只见吕布挽起袍袖，搭上箭，扯满弓，叫一声："着！"正是：弓开如秋月行天，箭去似流星落地，一箭正中画戟小枝。

【原文】

玄德点头。及操上楼来，布叫曰："明公所患，不过于布；布今已服矣。公为大将，布副之，天下不难定也。"操回顾玄德曰："何如？"玄德答曰："公不见丁建阳、董卓之事乎？"布目视玄德曰："是儿最无信者！"操令牵下楼缢之。布回顾玄德曰："大耳儿！不记辕门射戟时耶？"忽一人大叫曰："吕布匹夫！死则死耳，何惧之有！"众视之，乃刀斧手拥张辽至。操令将吕布缢死，然后枭首。后人有诗叹曰："洪水滔滔淹下邳，当年吕布受擒时：空余赤兔马千里，漫有方天戟一枝。缚虎望宽今太懦，养鹰休饱昔无疑。恋妻不纳陈宫谏，枉骂无恩大耳儿。"

【原文】

忽一军指说："江南隐隐一簇帆幔，使风而来。"操凭高望之。报称："皆插青龙牙旗。

内中有大旗，上书先锋黄盖名字。”操笑曰：“公覆来降，此天助我也！”来船渐近。程昱观望良久，谓操曰：“来船必诈。且休教近寨。”操曰：“何以知之！”程昱曰：“粮在船中，船必稳重；今观来船，轻而且浮。更兼今夜东南风甚紧，倘有诈谋，何以当之？”操省悟，便问：“谁去止之？”文聘曰：“某在水上颇熟，愿请一往。”言毕，跳下小船，用手一指，十数只巡船，随文聘船出。聘立于船头，大叫：“丞相钧旨：南船且休近寨，就江心抛住。”众军齐喝：“快下了篷！”言未绝，弓弦响处，文聘被箭射中左臂，倒在船中。船上大乱，各自奔回。南船距操寨止隔二里水面。黄盖用刀一招，前船一齐发火。火趁风威，风助火势，船如箭发，烟焰涨天。二十只火船，撞入水寨，曹寨中船只一时尽着；又被铁环锁住，无处逃避。隔江炮响，四下火船齐到，但见三江面上，火逐风飞，一派通红，漫天彻地。

【原文】

公饮数杯酒毕，一面仍与马良弈棋，伸臂令佗割之。佗取尖刀在手，令一小校捧一大盆于臂下接血。佗曰：“某便下手，君侯勿惊。”公曰：“任汝医治，吾岂比世间俗子惧痛者耶！”佗乃下刀，割开皮肉，直至于骨，骨上已青；佗用刀刮骨，悉悉有声。帐上帐下见者，皆掩面失色。公饮酒食肉，谈笑弈棋，全无痛苦之色。须臾，血流盈盆。佗刮尽其毒，敷上药，以线缝之。公大笑而起，谓众将曰：“此臂伸舒如故，并无痛矣。先生真神医也！”佗曰：“某为医一生，未尝见此。君侯真天神也！”

▲ 刮骨疗毒图

【原文】

却说孟获与祝融夫人并孟优、带来洞主、一切宗党在别帐饮酒。忽一人入帐谓孟获曰：“丞相面羞，不欲与公相见。特令我来放公回去，再招人马来决胜负。公今可速去。”孟获垂泪言曰：“七擒七纵，自古未尝有也。吾虽化外之人，颇知礼义，直如此无羞耻乎？”遂同兄弟妻子宗党人等，皆匍匐跪于帐下，肉袒谢罪曰：“丞相天威，南人不复反矣！”孔明曰：“公今服乎？”获泣谢曰：“某子子孙孙皆感覆载生成之恩，安得不服！”

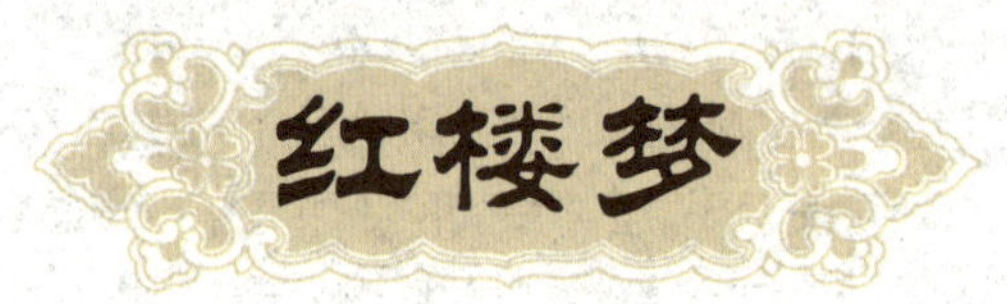

红楼梦

——一枕幽梦向谁诉，千古情人独我痴

作者介绍

《红楼梦》的作者曹雪芹（1715 ~ 1763 年），名霑，字梦阮，“雪芹”是他的别号，又号芹圃、芹溪。他出生在官宦世家。曹家的先世原是汉族人，后为满洲正白旗“包衣”（奴仆）。清初时他的高祖父曹振彦随清兵入关，立有军功，家族开始发达起来。曾祖父曹玺曾任江宁织造，曾祖母做过康熙帝玄烨的保姆，祖父曹寅做过玄烨的伴读和御前侍卫，后继任江宁织造，兼任两淮巡盐监察御史，此后曹雪芹的伯父与父亲相继袭任此职，祖孙三代四人担任此职前后达六十余年。康熙六下江南，其中四次由曹寅负责接驾，并住在曹家。曹雪芹就是在这种繁盛荣华的家境中度过了他的少年时代。雍正初年，曹家备受打击。父亲被以“苛索繁费，苦累驿站”“织造款项亏空甚多”等罪名革职，家产被抄没，全家迁回北京。乾隆初年，曹家彻底败落，子弟们沦落到社会底层。曹雪芹曾在一所宗族学堂“右翼宗学”里当过掌管文墨的杂差，境遇潦倒，生活困顿，晚年流落到北京西郊的一个小山村。

▲ 曹雪芹画像

曹雪芹“身胖，头广而色黑”。他性格傲岸，愤世嫉俗，豪放不羁，酷爱喝酒，才气纵横，善于谈吐。他是一位诗人，也是一位画家，喜欢画突兀奇峭的石头。他最重要的作品当然是《红楼梦》。

经典概述

《红楼梦》写的是贾宝玉与林黛玉之间的爱情悲剧，同时写了贾、王、史、薛四大家族的兴衰。贾宝玉前生是女娲补天时剩下的一块顽石，曾化作神瑛侍者，用水浇灌一株绛珠草，使其脱去草木之质，幻化为女形。绛珠仙子为了报答神瑛侍者的浇灌之恩，在神瑛侍者投胎下凡时也往生人间，要还他一生的眼泪。林黛玉因为母亲亡故，被外祖母家收留。与表兄贾宝玉生活在一起，渐渐产生爱情。这是本书故事的前世因缘。宝黛故事凄恻动人，读者可以从容细心体会，这里不多叙说，只简要介绍一下主要的几个人物。

▲《红楼梦》书影

贾宝玉、林黛玉、薛宝钗是本书的主要人物。贾宝玉是荣国府嫡派子孙，他出身不凡，又聪明灵秀。他因自己生为男子而感到遗憾，他觉得只有和纯洁美丽的少女们在一起才惬意。他憎恶和蔑视男性，亲近和尊重女性。他说“女儿是水做的骨肉，男子是泥做的骨肉。我见了女儿便清爽，见了男子便觉浊臭逼人”。他企求过随心所欲、听其自然的生活，即在大观园女儿国中斗草簪花、低吟悄唱、自由自在地生活。“我此时若果有造化，趁着你们都在眼前，我就死了，再能够你们哭我的眼泪，流成大河，把我的尸首漂起来，送到那鸦雀不到的幽僻去处，随风化了，自此再不托生为人，这就是我死的得时了。”贾宝玉对个性自由的追求集中表现在爱情婚姻方面。他爱林黛玉，因为林黛玉的身世处境和内心品格集中了所有女孩子的一切能使他感动的美好。他对待身边的女孩子们的态度也是同情和亲爱。他爱林黛玉，但遇着温柔丰韵的薛宝钗和飘逸洒脱的史湘云，却又不能不眩目动情。

林黛玉出生在一个已衰微的家庭。她父亲是科甲出身，官做到巡盐御史。林黛玉没有兄弟姐妹，母亲的早逝使她从小失去母爱。她保持着纯真的天性，爱自己之所爱，憎自己之所憎，我行我素，很少顾及后果得失。因父母相继去世，她不得不依傍外祖母家生活。林黛玉羸弱的身体、孤傲的脾性以及自定终身的越轨行为，贾母是不会喜欢的。贾母要给贾宝玉说亲，曾托过清虚观的张道士，后来又留意打量过薛宝琴，她就是没有选择林黛玉的意思。最后，林黛玉的幻想破灭了，眼泪流尽了，怀抱纯洁的爱离开了尘世，实现了她的誓言：“质本洁来还洁去，不教污淖陷渠沟。”

薛宝钗出生在一个富商家庭。薛家是商人与贵族的结合，既有注重实利的商人市侩习气，又有崇奉礼教的倾向。薛宝钗幼年丧父，兄长薛蟠是个没有出息的酒色流氓。出身于这样一个家庭，薛宝钗有着与林黛玉截然不同的性格。她们同样都博览诗书，才思敏捷，但林黛玉一心追求美好丰富的精神生活，薛宝钗却牢牢把握着现实的利益。“好风凭借力，送

▲ 大观园图

相关链接

《红楼梦》又名《金陵十二钗》《石头记》，整个故事是以南京为背景。学者们历来对《红楼梦》的故事来源有很多种猜测，现简要介绍几种：

有人认为《红楼梦》写的是纳兰性德的故事。这个说法相信的很多。陈康祺《燕下乡脞录》中说："小说《红楼梦》一书，即记故相明珠家事，金钗十二，皆纳兰侍御所奉为上客者也，宝钗影高澹人；妙玉即影西溟先生：'妙'为'少女'，'姜'亦妇人之美称；'如玉''如英'，义可通假。"侍御指的是明珠的儿子纳兰性德，字容若。纳兰性德是清中期著名的词人，才华横溢，词作缠绵凄婉，至今为人喜爱。

有人认为是写顺治皇帝与董鄂妃的故事。王梦阮、沈瓶庵合著之《红楼梦索隐》中说："盖尝闻之京师故老云，是书全为清世祖与董鄂妃而作，兼及当时诸名王奇女也。"又说董鄂妃就是明末秦淮名妓董小宛，清兵下江南，带回北京，得到清世祖宠爱，不久夭亡，世祖哀痛不已，于是往五台山出家为僧。

有人认为写的是康熙朝的政治状态。蔡元培的《石头记索隐》说："《石头记》者，清康熙朝政治小说也。作者持民族主义甚挚，书中本事，在吊明之亡，揭清之失，而尤于汉族名士仕清者寓痛惜之意。"认为，"红"影射"朱"字；"石头"指金陵；"贾"意在指责伪朝；"金陵十二钗"暗指清初江南的名士：林黛玉影射朱彝尊，王熙凤影射余国柱，史湘云影射陈维崧，宝钗、妙玉也各有所指。

还有人认为本书是作者自叙。胡适经过考证后主张这种观点。曹雪芹的家世与书中描写的内容很相似，这种说法也很有说服力。

我上青云"，薛宝钗孜孜以求的是富贵荣华。薛宝钗也深爱着贾宝玉。她在初次和贾宝玉单独相处时，热衷于贾宝玉脖子上的"通灵宝玉"，又急切地让贾宝玉认识自己项上的金锁。搬进大观园后，她还常常到贾宝玉的怡红院玩到深夜；她去探视被贾政打伤的贾宝玉时压抑不住内心的爱怜之情。

《红楼梦》是一部百科全书式的长篇小说，它在描写宝黛爱情的同时，也描写了广阔的社会生活，上至皇妃国公，下至贩夫走卒，都有生动的描画。它对贵族家庭的饮食起居各方面的生活细节都进行了真切细致地描写，比如园林建筑、家具器皿、服饰摆设、车轿排场等等。它还表现了作者对烹调、医药、诗词、小说、绘画、建筑、戏曲等等各种文化艺术的丰富知识和精到见解。《红楼梦》的博大精深在世界文学史上是罕见的，因此很早就有人研究它。现在，研究《红楼梦》已经成为一门独立的学问——"红学"。可见《红楼梦》的魅力之大、影响之深。

精华内容

【原文】

一语未了，只听后院中有人笑声，说："我来迟了，不曾迎接远客！"黛玉纳罕道："这些人个个皆敛声屏气，恭肃严整如此，这来者系谁，这样放诞无礼？"心下想时，只见

一群媳妇丫鬟围拥着一个人从后房门进来。这个人打扮与众姑娘不同，彩绣辉煌，恍若神妃仙子：头上戴着金丝八宝攒珠髻，绾着朝阳五凤挂珠钗，项下戴着赤金盘螭璎珞圈，裙边系着豆绿宫绦，双鱼比目玫瑰佩，身上穿着缕金百蝶穿花大红洋缎窄褃袄，外罩五彩刻丝石青银鼠褂，下罩翡翠撒花洋绉裙。一双丹凤三角眼，两弯柳叶吊梢眉，身量苗条，体格风骚，粉面含春威不露，丹唇未起笑先闻。

【原文】

宝玉因不见了林黛玉，便知他躲了别处去了，想了一想，索性迟两日，等他的气消一消再去也罢了。因低头看见许多凤仙石榴等各色落花，锦重重的落了一地，因叹道："这是他心里生了气，也不收拾这花儿来了。待我送了去，明儿再问着他。"说着，只见宝钗约着他们往外头去。宝玉道："我就来。"说毕，等他二人去远了，便把那花兜了起来，登山渡水，过树穿花，一直奔了那日同林黛玉葬桃花的去处来。将已到了花冢，犹未转过山坡，只听山坡那边有呜咽之声，一行数落着，哭的好不伤感。宝玉心下想道："这不知是那房里的丫头，受了委曲，跑到这个地方来哭。"一面想，一面煞住脚步，听他哭道是：

▲ 林黛玉像

花榭花飞飞满天，红绡香断有谁怜？游丝软系飘春榭，落絮轻沾扑绣帘。

闺中女儿惜春暮，愁绪满怀无处诉；手把花锄出绣帘，忍踏落花来复去。

柳丝榆荚自芳菲，不管桃飘与李飞；桃李明年能再发，明岁闺中知是谁？

三月香巢初垒成，梁间燕子太无情！明年花发虽可啄，却不道人去梁空巢也倾！

一年三百六十日，风刀霜剑严相逼；明媚鲜妍能几时，一朝飘泊难寻觅。

花开易见落难寻，阶前愁杀葬花人；独把花锄偷洒泪，洒上空枝见血痕。

杜鹃无语正黄昏，荷锄归去掩重门；青灯照壁人初睡，冷雨敲窗被未温。

怪侬底事倍伤神，半为怜春半恼春；怜春忽至恼忽去，至又无语去不闻。

昨宵庭外悲歌奏，知是花魂与鸟魂？花魂鸟魂总难留，鸟自无语花自羞；

愿侬此日生双翼，随花飞到天尽头。天尽头！何处有香丘？

未若锦囊收艳骨，一抔净土掩风流；质本洁来还洁去，强于污淖陷渠沟。

尔今死去侬收葬，未卜侬身何日丧？侬今葬花人笑痴，他年葬侬知是谁？

试看春残花渐落，便是红颜老死时；一朝春尽红颜老，花落人亡两不知！

东周列国志

——春秋战国的宏伟画卷

作者介绍

本书编订者蔡元放，名奡，号七都梦夫、野云主人，江宁（今南京）人，乾隆年间通俗文学家。生平不详。其主要业绩为润色增删冯梦龙的长篇历史演义小说《新列国志》，修订原书一些讹误之处，并附上序、读法、详细的评语和简要的注释，改名为《东周列国志》刊行。

本书成书过程中的另外一位重要人物冯梦龙的情况，前面“三言”已详细谈到。

经典概述

本书的成书经历了三个阶段。关于春秋战国故事的平话，最早产生在元代。明代嘉靖、隆庆年间，余邵鱼（字畏斋）撰《列国志传》，分节不分回，共八卷，二百二十六节，每节随事立题。内容起于武王伐纣，终于秦统一天下，比较全面地记载了列国故事。其中若干章节，把流传在民间的神话故事穿插进去，如“苏妲己驿堂被魅”“穆王西游昆仑山”等，但并未改变历史演义的简朴面貌，文字也稍显粗糙。

到了明代末年，冯梦龙“本诸左史，旁及诸书”，加以改编，改名为《新列国志》，凡余邵鱼疏忽或遗漏的地方，都根据史书作了订正。全书共一百零八回，篇幅较原书大为

▲ 晋文公复国图　南宋　李唐

李唐，字晞古，河阳孟州市人。《晋文公复国图》是根据《左传》中晋文公重耳奔走六国，最终称霸诸侯的故事绘制的。在《东周列国志》一书中，对晋文公复国的故事也描写得相当精彩，极具特色。

扩充；在文字、故事情节、人物描绘等方面也做了许多艺术加工，使原书的艺术水准大大提高。《新列国志》比较重视史实，故事基本上都根据《左传》《国语》《战国策》《史记》等史籍展开。它的长处在于文字通畅，能够把春秋战国纷繁复杂的历史编排得有条不紊，有些故事因在史籍中就有较丰富的素材和一定的戏剧性，经过作者的加工，更显得有声有色，如“郑庄公掘地见母”“晋重耳周游列国”“孙武子演阵斩美姬”等。但总的说来，此书文学创作的成分较少，过于平铺直叙，很多地方只是史料的连缀。它在历史知识的传播方面有较大的功用，文学性虽然不强，但在明代同类小说中，仍然可以算是上乘之作。

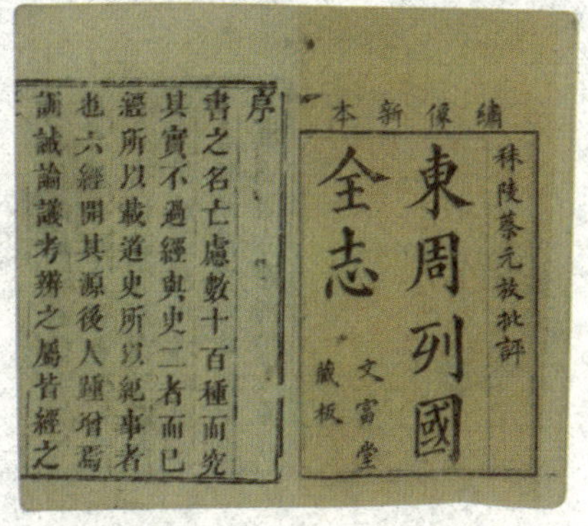
繡像新本
秣陵蔡元放批評
東周列國全志
文富堂藏板
序
書之名亡慮數十百種而究
其實不過經與史二者而已
經所以載道史所以紀事者
也六經開其源後人踵[illegible]焉
訓誥論議考辨之屬皆經之

▲《东周列国志》书影

清代乾隆年间，蔡元放对《新列国志》做了一番修改，并加了序、读法、详细的评语和简要的注释，改名为《东周列国志》，二十三卷，一百零八回。这实际上是冯梦龙《新列国志》的评点本，叙事起于周宣王，止于秦始皇，删去了《新列国志》中某些虚构情节，改正了谬误，更符合于史实，同时“敷衍不无增添，形容不无润色”。

《东周列国志》叙述春秋战国五百年间的历史故事。所有的情节、人物都是从《左传》《国语》《战国策》《史记》等书中汲取来的。它将分散的历史故事、人物传记，按照时间的先后串联起来，熔铸成一部结构完整的历史演义。全书一百零八回，前八十三回写春秋五霸，后二十五回写战国七雄。小说叙写幽王残暴无道，引起西戎之乱。平王东迁，从此周王室逐渐衰弱，诸侯国互相兼并，互相争霸。在诸侯国内部，大夫的势力也越来越大，他们之间也互相兼并，致使有的诸侯国为大夫所瓜分。接着出现了七雄并峙的局面，各国征战不断。其间谋臣摇唇鼓舌，武将东征西讨，天下多事。最终秦王嬴政灭六国，一统天下。其中包括许多脍炙人口的历史故事。如：烽火戏诸侯、曹刿论战、弦高退敌、赵氏孤儿、二桃杀三士、伍子胥过昭关、勾践复国、商鞅变法、西门豹治邺、孙庞斗法、苏秦合纵相六国、屈原投汨罗江、田单复国等。

本书结构主次分明、繁简得当，虽然头绪纷繁，矛盾错综复杂，但来龙去脉交代清楚，不仅整个历史时代的发展变化得到如实的反映，各诸侯国的发展、变化，各国之间的关系，都条分缕析，写得井井有条。

本书讲述了五六百年的历史，不可能有贯穿始终的人物形象，但在不少篇章里，人物形象描绘得还相当生动，如管夷吾的博学奇才、齐小白的王霸之度、鲍叔牙的苦心荐贤等等。又如晋重耳、伍子胥、介子推、孙膑、庞涓、廉颇、蔺相如、文种、范蠡等等，个个都写得个性鲜明。

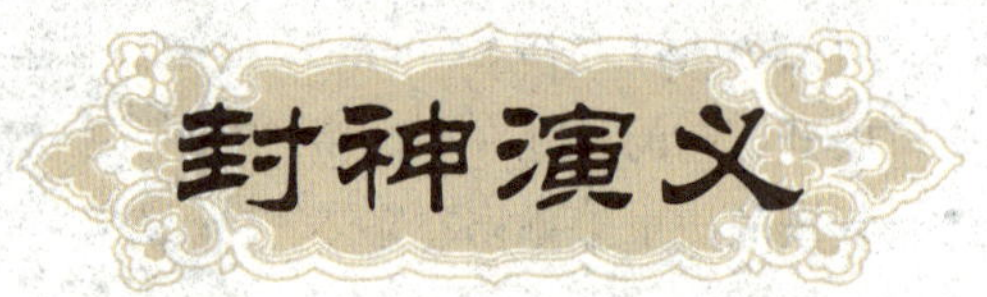

封神演义

——家喻户晓的神魔小说

作者介绍

《封神演义》的作者是许仲琳。许仲琳，号钟山逸叟，明应天府（今江苏南京）人，生平不详。本书有原刊本藏于日本内阁文库，卷二题有“钟山逸叟许仲琳编辑”，这就是认定本书最初作者为许仲琳的根据。成书的年代，大概在明天启年间。

经典概述

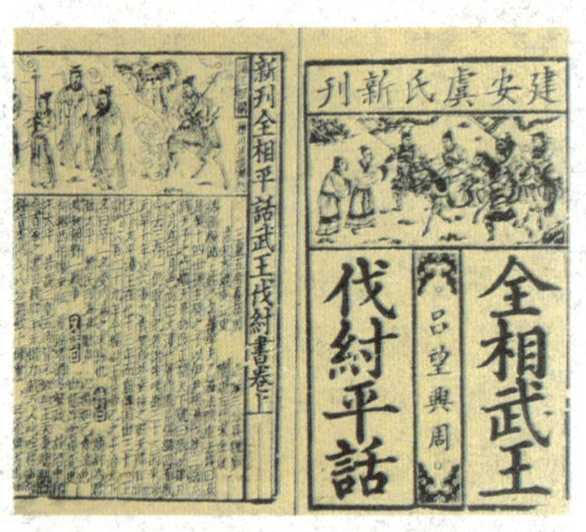

▲《全相武王伐纣平话》书影

《封神演义》全书一百回，写武王灭商的故事。大致可以分为两部分：前三十回重点写商纣王的荒淫暴虐；后七十回写武王伐纣。演义叙述纣王进香，题诗亵渎神明，于是女娲命令三个妖怪迷惑纣王，帮助周国兴起。纣王、妲已荒淫暴虐，作恶多端。姜子牙晚年遇文王，帮助文王武王谋划伐纣。武王起兵反商，商周之战过程曲折，其间神怪迭出，各有匡助。神仙们也分成两派，阐教支持武王，有道、释两家；截教支持纣王。双方各逞法术，互有死伤，截教最终失败。诸侯孟津会盟，牧野大战，纣王自焚，商朝覆灭，周武王分封列国，姜子牙将双方战死的重要人物一一封神。其中著名的情节有“哪吒闹海”“姜子牙七死三难”“十绝阵”“诛仙阵”等。

《封神演义》的作者信仰的是神道。不论人事还是国家兴衰成败都是劫数。劫数在天，即使是神魔鬼怪亦不能逃脱劫数的安排。“成汤气数已尽，周室当兴”，每个参加商周之争的人不过是“完天地之劫数，成气运之迁移”而已。作者是个正统思想很重的人，从书中的一些描写看，他认为商是正统，反商就是叛乱。比如两军对阵，交手之前都有一番辩论，这时纣王的将官都是理直气壮，而周的将官往往有理亏之嫌。作者通过设炮烙、剖孕妇、敲骨髓等情节，描写纣王的残暴不仁，从而为武王反商寻找道义上的借口。作者把武王伐纣写成“以臣伐君”“以下伐上”，是“灭独夫”之举，姜子牙则以“天下者，非一人之天下，乃天下人之天下也”的主张，号召诸侯“吊民伐罪”，突出了双方的正义与非正义

的道义对立。哪吒剔骨还父、黄飞虎反商归周等情节也强调了“父逼子反”“君逼臣反”不得不反的寓意。这些内容显然一方面是维护君主的神圣地位的忠君思想，一方面也说出了民众希望君主施仁政的愿望。作者还宣扬“青竹蛇儿口，黄蜂尾上针，两般由自可，最毒妇人心”的“女祸”思想，这是很消极的。

▲ 洪锦伐岐年画

这部小说最能吸引人的地方，是它奇特的想象。它发挥神话传说善于想象夸张的特长，赋予各类人物以奇特的形貌，其中的人物，如杨任手掌内生出眼睛，雷震子胁下长有肉翅，哪吒有三头六臂；仙术道法也神奇莫测，如土行孙等的土遁、水遁之法，陆压的躬身杀人之术，还有的或者有千里眼，或者有顺风耳，或者有七十二变，又各有各的法宝相助，显得光怪陆离，幻奇无比，从中可以感受到浪漫色彩。小说在人物描绘上有一定成就，如妲己的阴险残忍，杨戬的机谋果敢，闻仲的耿直愚忠，申公豹的恶意挑拨等等，都写出了一定的性格。

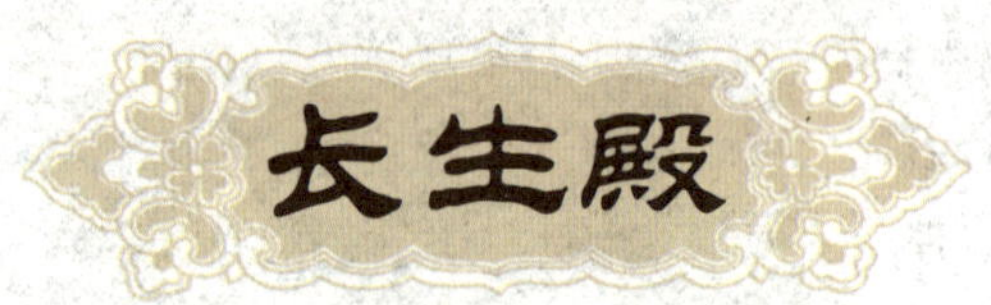

长生殿

——帝王家的爱情誓盟

作者介绍

《长生殿》的作者洪昇（1645～1704年），字昉思，号稗畦，又号稗村、南屏樵者，钱塘（今浙江杭州市）人。洪氏是钱塘的望族，书香门第，家里藏书很多，有“学海”之称。洪昇少年时期，受过正统的儒家教育，很早就开始显露才华。二十四岁时，洪昇到北京的国子监学习，想求取功名。二十七岁左右回到杭州，与父母关系变得恶劣，为父母所不容，被迫离家别居，贫困到断炊的地步。他只好再度前往北京谋生，两年以后，他的诗集《啸月楼集》编成，受到王士祯等名流的赏识，诗名大起，开始卖文过活。康熙二十七年（1688年），他把旧作《舞霓裳》传奇戏曲改写为《长生殿》，一时广为传诵。次年八月间，正值孝懿皇后佟氏死后一个月，洪昇在家中排演《长生殿》，被以大不敬的罪名弹劾。洪昇因此下狱，同时被国子监除名。不得已，于康熙三十年（1691年）返回故乡杭州。他疏狂如故，往来于吴越山水之间，写诗填词作曲，过着放浪潦倒的生活。康熙四十三年（1704年），江宁织造曹寅集会演出《长生殿》，演毕，洪昇回杭州，经过乌镇，不幸酒后落水而死。洪昇的著作现存六种：《诗骚韵注》，诗集《稗畦集》《稗畦续集》《啸月楼集》，杂剧《四婵娟》，传奇《长生殿》。

经典概述

《长生殿》的故事来自唐朝开元天宝年间的史实。唐明皇杨贵妃的故事在安史之乱以后便开始在民间流传，并经常为文人的创作所采用。晚唐的诗人白居易就写过长诗《长恨歌》，同时的陈鸿写过传奇《长恨歌传》，这些都是有高度艺术成就的作品。《长恨歌》首先把有关唐明皇杨贵妃爱情的传说和安史之乱联系起来描写，对他们的爱情悲剧给以同情；宋乐史的《杨太真外传》描述更为详细；元明以来，无论诸宫调、院本、杂剧、南戏、传奇、弹词、鼓词中，都有有关这个故事的创作，其中著名的有元人白朴的杂剧《梧桐雨》。《梧桐雨》在写爱情的同时，有意通过他们的宫廷生活写出国家兴亡的历史教训；明人吴世美有

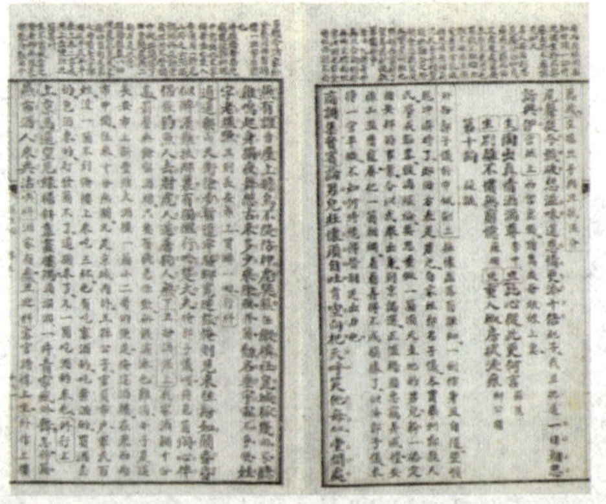

▲《长生殿》书影

传奇《惊鸿记》。在这些作品中，有的着重描写他们荒淫的宫廷生活，有的侧重描写他们的爱情，具有浓厚的悲剧意味。元杂剧在清代已无法直接演出，而《惊鸿记》中“涉秽”的情节让人不满，所以，为这样一个人所熟知的历史故事编写一种较为完美的演出剧本，是《长生殿》创作的主要动因。《长生殿》继承了前人的成就而有所发展，热烈地歌颂唐明皇杨贵妃的爱情，并联系他们的爱情生活，反映了复杂的社会矛盾。洪昇在《长生殿》例言中，清楚地说明了他的创作过程：“忆与严十定隅坐皋园，谈及开元、天宝间事，偶感李白之遇，作《沈香亭》传奇。寻客燕台，亡友毛玉斯谓排场近熟，因去李白，入李泌辅肃宗中兴，更名《舞霓裳》，优伶皆久习之。后又念情之所钟，在帝王家罕有。马嵬之变，已违夙誓；而唐人有玉妃归蓬莱仙院，明皇游月宫之说，因合用之，专写钗盒情缘，以《长生殿》题名，诸同人颇赏之。乐人请是本演习，遂传于时。盖经十余年，三易稿而始成，予可谓乐此不疲矣。”由于经历了明朝的覆亡，人们的民族意识有所加强，对于历史兴亡也更加感慨，《长生殿》隐晦地表达了作者的历史思考，在艺术表现上达到清代戏曲创作的最高成就。它与当时另一部历史剧孔尚任写的《桃花扇》堪称双璧，洪昇与孔尚任则并称“南洪北孔”。

▲ 明皇游月宫图　明　周臣

唐明皇李隆基游月宫的故事在唐代已广为流传。后代的众多文学家、书画家更是将这一故事作为常用的表现题材，唐代白居易的《长恨歌》、元代白朴的《梧桐雨》就是其中的代表作。在清代，洪昇对前代有关的文学作品润色加工并加以创造，衍生成戏剧《长生殿》。

本剧的大致情节是：唐明皇与杨贵妃在长生殿用金钗、钿盒定情。幽州节度使裨将安禄山失机当斩，解送京师。因贿赂杨国忠，不仅没有被杀，而且升官。后来，杨贵妃与唐明皇关系一度紧张，不过很快恢复，而且比以往更加亲密。其间，郭子仪因功被任命为安德军使。后来，安禄山造反，明皇逃出长安，打算往蜀中避祸。大军行至马嵬驿，军士兵谏，要求诛杀杨贵妃兄妹。明皇无奈，命高力士缢死贵妃。后来郭子仪等人率军平定了叛乱，唐明皇返回长安。杨贵妃死后，神登仙界，依然思念唐明皇。唐明皇将贵妃改葬，又遣道士寻觅贵妃的灵魂。最终唐明皇和杨贵妃在月宫相会。

本剧与《汉宫秋》等剧作在情节上的差别是，没有提及杨贵妃与寿王及安禄山的关系，使唐明皇与杨贵妃的感情显得更加纯洁，也更加合乎后代人的伦理观念。这里可见洪昇的良苦用心。

本剧结构奇巧。作者将李、杨爱情和安史之乱两条情节线索互相纠结而有条不紊，在布局和结构上也安排得很巧妙。一方面从《定情》到《密誓》，他们的爱情在发展；一方面从《贿权》到《陷关》，安禄山慢慢酿成大祸。场次与场次之间互相对照，交错发展。他运用了对比的手法，使宫廷内外、朝野上下、天上人间交相辉映，一齐展现在观众和读者的眼前，形成强烈的对照，发人深思，这正是作者的用心所在。

本剧有强烈的感情色彩和鲜明的倾向性，作者把自己的理想熔铸在他所创造的人物形象之中。郭子仪、雷海青、郭从谨、李龟年、李謩等人物形象都在不同程度上表现了作者自己的思想和爱憎。作者又善于从发展角度塑造人物，他细致地描述了唐明皇杨贵妃爱情曲折发展的过程，从而表现了他们对爱情的忠贞。

《长生殿》的曲词清丽流畅，充满诗意。例如《弹词》一出中，【转调货郎儿】九支曲子，低回深郁，曲折动人。《惊变》《骂贼》《闻铃》等折子更能结合剧情的需要，运用不同的格调，酝酿环境气氛，突出人物性格特征。

洪昇深通音律，又得到当时的音律专家徐麟的订正，在全剧中，前一折和后一折的宫调决不重复，遣词用韵方面，字字审慎。所以《长生殿》在音律方面的成就一向受到曲家的推崇，这也是本剧值得注意的艺术成就。

儒林外史

——科举制度的悲惨史

作者介绍

吴敬梓（1701 ~ 1754 年），字敏轩，号粒民，安徽全椒人。因家有文木山房，晚年自称“文木老人”。他出身于诗礼传家、科甲鼎盛的官宦世家，又资质卓逸、才思敏捷，但由于孤标脱俗、蔑视富贵的性格，喜欢沉浸在诗赋辞章、稗官野史中，而不喜八股举业，对科举制度也充满了怀疑与不满。吴敬梓曾目睹了许多“举业无凭”的怪现象：周遭的许多亲友，为着科举，而糊涂昏聩、摧残灵魂、虚耗一生。他的舅舅，临死还念兹在兹，不忘举业；他的表兄屡试屡败，还执迷不悟地“长鸣望伯乐”。他看透了举业所带来的世态炎凉、人心鄙陋愚昧、读书人的道貌岸然、士大夫的堕落无耻等现象，而这些也成了他日后写作《儒林外史》的最佳素材。

经典概述

元朝末年，诸暨县的一个村子里有一个少年叫王冕，因家境贫寒，他从小替人放牛，但他聪明颖悟，勤奋好学，他画的荷花惟妙惟肖，呼之欲出，并且他博览群书，才华横溢。明朝立国，推行八股取士制度，王冕不禁感叹：这种以八股文形式取士的制度不仅不会为国家选到真正的人才，而且将来的读书人恐怕也只有这一条荣身之路了，他们因此会把学问、道德、做官、退隐的准则都看得轻了。

▲ 吴敬梓像

明宪宗成化末年，山东兖州府汶上县有一位教书先生，名叫周进，他为了能够出人头地，荣耀乡里，屡次参加科举考试，可是六十多岁了，却连秀才也未考上。一天，他与姐夫来到省城，走进了贡院。他触景生情，悲痛不已，一头撞在了号板上不省人事，被救醒后，满地打滚，哭得口中鲜血直流。几个商人见他很是堪怜，于是凑了二百两银子替他捐了个监生。不久，周进凭着监生的资格竟考中了举人。顷刻之间，

▲《儒林外史》书影

不是亲的也来认亲，不是朋友的也来认作朋友，连他教过书的学堂居然也供奉起了“周太老爷”的“长生牌”。过了几年，他又中了进士，升为御史，被指派为广东学道。在广州，周进发现了范进。为了照顾这个五十四岁的老童生，他把范进的卷子反复看了三遍，于是将范进取为秀才。过后不久，范进又去应考，中了举人。

当时，范进因为和周进当初相似的境遇，在家里备受冷眼，妻子对他呼西唤东，老丈人对他更是百般呵斥。当范进一家正在为揭不开锅，等着卖鸡换米而发愁时，传来范进中举的喜报，范进从集上被找了回来，知道喜讯后，他高兴得发了疯。好在他的老丈人胡屠户给了他一耳光，才打醒了他，治好了这场疯病。转眼工夫，范进时来运转，不仅有了钱、米、房子，而且奴仆、丫环也有了。范进母亲见此欢喜得一下子胸口接不上气，竟一命归了西天。后来，范进入京拜见周进，由周进荐引而中了进士，被任为山东学道。范进虽然凭着八股文发达了，但他所熟知的不过是四书五经，当别人提起北宋文豪苏轼的时候，他却以为是明朝的秀才，闹出了天大的笑话。

科举制度不仅培养了一批庸才，同时也豢养了一批贪官污吏。进士王惠被任命为南昌知府，他上任的第一件事，不是询问当地的治安，不是询问黎民生计，不是询问案件冤情，而是查询地方人情，了解当地有什么特产，各种案件中有什么地方可以通融；接着定做了一把头号的库戥，将衙门中的六房书办统统传齐，问明了各项差事的余利，让大家将钱财归公。从此，衙门内整天是一片戥子声、算盘声、板子声。衙役和百姓一个个被打得魂飞魄散，睡梦中都战战兢兢。

官吏们贪赃枉法，而在八股科举之下，土豪劣绅也恣意横行。举人出身的张静斋，是南海一霸，他勾通官府，巧取豪夺。为了霸占寺庙的田产，他唆使七八个流氓，诬陷和尚与妇女通奸，让和尚不明不白地吃了官司。

高要县的监生严致和是一个把钱财看作是一切的财主，家财万贯。他病得饮食不进，卧床不起，奄奄一息，还念念不忘田里要收早稻，打发管庄的仆人下乡，又不放心，心里只是急躁。他吝啬成性，家中米烂粮仓，牛马成行，可在平时猪肉也舍不得买一斤，临死时还因为灯盏里多点了一根灯草，迟迟不肯断气。他的哥哥贡生严致中更是横行乡里的恶棍，他强圈了邻居王小二的猪，别人来讨，他竟行凶，打断了王小二哥哥的腿。他四处讹诈，本来没有借给别人银子，却硬要人家偿付利息；他把云片糕说成是贵重药物，恐吓船家，赖掉了几文船钱。严监生死后，他以哥哥身份，逼着弟媳过继他的二儿子为儿子，谋夺兄弟家产，还声称这是“礼义名分，我们乡绅人家，这些大礼，却是差错不得的”。

科举制度造就了一批社会蛀虫，同时也毒害着整个社会。温州府的乐清县有一农家

相关链接

吴敬梓在经、史、诗、词、文各方面都有著述，可惜没有全部流传下来。原有《文木山房诗文集》十二卷，现仅存四卷。他的经学研究《诗说》七卷，在乾隆、嘉庆年代还有人读过，今已失传。在史学方面，他有《史汉存疑》，但没有成书。吴敬梓的佚文诗词，现均收录在中国人民共和国成立后排印的《文木山房集》中。

子弟叫匡超人，他本来朴实敦厚。为了赡养父母，他外出做小买卖，流落杭州。后来遇上了选印八股文的马二先生。马二先生赠给他十两银子，劝他读书上进。匡超人回家后，一面做小买卖，一面用功读八股文，很快他就得到了李知县的赏识，被提拔考上了秀才。为追求更高的功名利禄，他更加刻苦学写八股文。不料知县出了事，为避免被牵累，他逃到杭州。在这里，他结识了冒充名士的头巾店老板景兰江和衙门里当吏员的潘三爷，学会了代人应考、包揽讼词的本领。又因马二先生的关系，他成了八股文的“选家”，并吹嘘印出了95本八股文选本，人人争着购买，五省读书的人，家家都在书案上供着“先儒匡子之神位”。不久，那个曾提拔过他的李知县被平了反，升为京官，匡超人也就跟着去了京城。为了结交权贵，他抛妻弃子去做了恩师的外甥女婿，他的妻子在贫困潦倒中死在家乡。这时，帮助过他的潘三爷入了狱，匡超人怕影响自己的名声和前程，竟同潘三爷断绝了关系，甚至看也不肯去看一下。对曾经帮助过他的马二先生他不仅不感恩图报，还妄加诽谤嘲笑，完全堕落成了出卖灵魂的衣冠禽兽。

科举制度不仅使人堕落，同时也是封建礼教帮凶。年过六十的徽州府穷秀才王玉辉，年年科举，屡试不中，但他却刻守礼教纲常。他的三女婿死了，女儿要殉夫，公婆不肯。他反而劝亲家让女儿殉节。但事过之后，当他女儿的灵牌被送入烈女祠公祭的时候，他突然感到了伤心。回家看见老妻悲痛，他也心上不忍，离家外出散心。一路上，他悲悼女儿，凄凄惶惶，到了苏州虎丘，见船上一个身穿白衣的少妇人，竟一下想起了穿着孝服殉夫的女儿，心里哽咽，那热泪直滚下来。

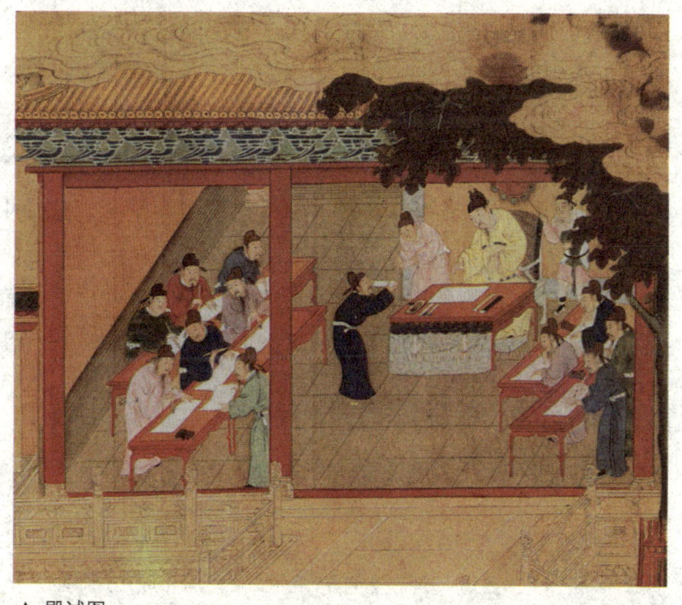

▲ 殿试图

科举考试自隋唐以来，就成为文人通往仕途的必经之路。随着社会的发展，到明清两代，科举逐渐成为戕害知识分子的利器。这幅科举考试图表现的是皇帝亲自进行殿试的情形。

凡此种种从明朝成化年间以来形成的风气，到了万历年间则愈演愈烈。科场得意，被认为才能出众；科场失意的任你有李白、杜甫的文才以及颜渊、曾参的品行，都被看成愚笨无能。大户人家讲的是升官发财，贫贱儒生研究的是逢迎拍马。儒林堕落了，社会更加腐败。看来，要寻找不受科举八股影响的“奇人”，只能抛开儒林，放眼于市井小民之中了。

哪知市井中间，真的出了几个奇人。一个是会写字的，这人姓季，名遐年，自小无家无业，总在这些寺院里安身。他的字写得最好，却又不肯学古人的法帖，只是自己创出来的格调，由着笔性写了去。又一个是卖火纸筒子的，这人姓王，名太，他自小儿最喜下围棋。他无以为生，每日到虎踞夫一带卖火纸筒过活。像他们这样淡泊功名利禄的隐士在市井中还有，只不过在那些达官贵人看来，追求功名利禄才是正道。

“十载寒窗无人问，一举成名天下知”，这是形容中国读书人生涯最常用的一句话。在科举取士的时代里，只有进业中举，才能够步入升官发财的坦途。于是天下的读书人莫不终其一生，埋头于八股文章，什么进德修业的理想，都在追求名利的欲望之下丧失殆尽了。

《儒林外史》就是暴露知识分子的丑陋面貌和官场黑暗、社会炎凉的一部讽刺小说。一个务农的子弟，终生以孝道奉养双亲，终日待人以礼，夜夜苦读诗书，有朝一日获得提拔高中状元，从此便改变了一生的命运。

这种例子，是戏曲小说中最常见的故事背景，也是《儒林外史》所描述的典型之一。中国有一句传统俗语叫：“万般皆下品，唯有读书高。”这句话表现过去的读书人在社会上的崇高地位。读书人也就是高居士农工商之首的儒士，而这也正是清代讽刺小说《儒林外史》当中的主角。在中国传统观念里，一个读书人最高的理想应该是救国救民，为天下苍生尽一己之力，所以政治舞台才是他们发挥才能的地方。然而在明清两代，想要登上仕途只有一个途径，那就是要通过科举考试。但是当科举制度过于僵化，不仅命题范围狭小，而且讲究所谓八股格律，使得科举成为文字的游戏，就已难选拔社会所需要的人才，而考生专就应试的科目用功，也难培养真正的能力。虽然八股取士的弊病如此大，但是当时的读书人几乎统统陷入科举的泥淖里面了！《儒林外史》所描写的，正是在这个时代悲剧中载沉载浮的读书人。作者吴敬梓以婉曲讽刺的手法，写出正史所不及记载的、另一面更真实的人性历史。

精华内容

【原文】

到出榜那日，家里没有早饭米，母亲吩咐范进道：“我有一只生蛋的母鸡，你快拿集上去卖了，买几升米来煮餐粥吃，我已是饿的两眼都看不见了。”范进慌忙抱了鸡，走出门去。才去不到两个时候，只听得一片声的锣响，三匹马闯将来。那三个人下了马，把马拴在茅草棚上，一片声叫道：“快请范老爷出来，恭喜高中了！”母亲不知是甚事，

吓得躲在屋里；听见中了，方敢伸出头来，说道："诸位请坐，小儿方才出去了。"那些报录人道："原来是老太太。"大家簇拥着要喜钱。正在吵闹，又是几匹马，二报、三报到了，挤了一屋的人，茅草棚地下都坐满了。邻居都来了，挤着看。老太太没奈何，只得央及一个邻居去寻他儿子。

那邻居飞奔到集上，一地里寻不见；直寻到集东头，见范进抱着鸡，手里插个草标，一步一踱的，东张西望，在那里寻人买。邻居道："范相公，快些回去！你恭喜中了举人，报喜人挤了一屋里。"范进道是哄他，只装不听见，低着头往前走。邻居见他不理，走上来，就要夺他手里的鸡。范进道："你夺我的鸡怎的？你又不买。"邻居道："你中了举了，叫你家去打发报子哩。"范进道："高邻，你晓得我今日没有米，要卖这鸡去救命，为甚么拿这话来混我？我又不同你顽，你自回去罢，莫误了我卖鸡。"邻居见他不信，劈手把鸡夺了，掼在地下，一把拉了回来。报录人见了道："好了，新贵人回来了。"正要拥着他说话，范进三两步走进屋里来，见中间报帖已经升挂起来，上写道："捷报贵府老爷范讳进高中广东乡试第七名亚元。京报连登黄甲。"

▲ 科举考试图

范进不看便罢，看了一遍，又念一遍，自己把两手拍了一下，笑了一声，道："噫！好了！我中了！"说着，往后一交跌倒，牙关咬紧，不省人事。老太太慌了，慌将几口开水灌了过来。他爬将起来，又拍着手大笑道："噫！好了！我中了！"笑着，不由分说，就往门外飞跑，把报录人和邻居都吓了一跳。走出大门不多路，一脚踹在塘里，挣起来，头发都跌散了，两手黄泥，淋淋漓漓一身的水。众人拉他不住，拍着笑着，一直走到集上去了。众人大眼望小眼，一齐道："原来新贵人欢喜疯了。"老太太哭道："怎生这样苦命的事！中了一个甚么举人，就得了这个拙病！这一疯了，几时才得好？"娘子胡氏道："早上好好出去，怎的就得了这样的病！却是如何是好？"众邻居劝道："老太太不要心慌。我们而今且派两个人跟定了范老爷。这里众人家里拿些鸡蛋酒米，且管待了报子上的老爹们，再为商酌。"

……

一个人飞奔去迎，走到半路，遇着胡屠户来，后面跟着一个烧汤的二汉，提着七八斤肉，四五千钱，正来贺喜。进门见了老太太，老太太大哭着告诉了一番。胡屠户诧异道：

“难道这等没福？”外边人一片声请胡老爹说话。胡屠户把肉和钱交与女儿，走了出来。众人如此这般，同他商议。胡屠户作难道：“虽然是我女婿，如今却做了老爷，就是天上的星宿。天上的星宿是打不得的！我听得斋公们说：打了天上的星宿，阎王就要拿去打一百铁棍，发在十八层地狱，永不得翻身。我却是不敢做这样的事！”邻居内一个尖酸人说道：“罢么！胡老爹，你每日杀猪的营生，白刀子进去，红刀子出来，阎王也不知叫判官在簿子上记了你几千条铁棍；就是添上这一百棍，也打甚么要紧？只恐把铁棍子打完了，也算不到这笔帐上来。或者你救好了女婿的病，阎王叙功，从地狱里把你提上第十七层来，也不可知。”

镜花缘

——以小说炫耀学问的最突出的作品

作者介绍

《镜花缘》的作者李汝珍（约1763～约1830年），字松石，直隶大兴（今属北京市）人。曾经在河南做过县丞。乾隆四十七年（1782年），他的兄长到江苏海州做官，他跟随前往，此后一生大多数时间在海州生活。在海州，他拜凌廷堪为师，学文章的闲暇，也学习音韵学，因此对音韵学特别精通。他博学多才，读书不屑于章句之学，不屑作八股文，而对杂学特别感兴趣，如壬遁、星卜、象纬、书法、弈道之类，无不通达。晚年贫困潦倒，作小说打发时光。他的著作有《镜花缘》《李氏音鉴》《受子谱》。

经典概述

《镜花缘》是清代以小说炫耀学问一派中最突出的作品。清代小说中出现这一派，与清代的学术风气有关。自从汉武帝独尊儒术以来，中国学术基本上一直以经学一统天下。自汉唐以至宋明，文字音韵、训诂考证、金石考古、算学历法等学术门类渐渐萌生和兴起。顾炎武之后，乾嘉学者对各门学问进行了专门而精深的研究。梁启超在《中国近三百年学术史》中认为，乾嘉诸儒所做的工作约有十三个方面：一、经书的笺释；二、史料之搜补鉴别；三、辨伪书；四、辑佚书；五、校勘；六、文字训诂；七、音韵；八、算学；九、地理；十、金石；十一、方志之编纂；十二、类书之编纂；十三、丛书之校刻。上列分类大致可以看出乾嘉学术的规模和气象。乾嘉学者中有专攻一门之士，也不乏博学通儒。据江藩《国朝汉学师承记》记载，吴派学术的先导者惠士奇“博通六艺、九经、诸子及《史》《汉》《三国志》，皆能暗颂”。吴派中坚惠栋“自经史、诸子、百家、杂说及释道二藏，靡不穿穴。……乾隆十五年（1750年），诏举经明行修之士，两江总督尹文端公继善、黄

▲ 镜花缘图册　清　孙继芳

▲ 镜花缘图册　清　孙继芳

文襄公廷桂交章论荐，有‘博通经史，学有渊源’之语”。皖派的代表人物戴震，更是精研经学、史学、小学、音韵、训诂，博通天文、历算、地理、水利之学，其多闻博学之名饮誉学界。皖派的分支扬州派的学者治学唯是为求，不守门户，其学术范围更为广博，江藩称其代表人物汪中“博综群籍，谙究儒墨，经耳无遗，触目成诵，遂为通人焉”。其另一个领袖人物焦循专研经书，博览典籍，于经史、历算、声韵、训诂之学无所不究。可见，乾嘉学者在学术气象上弘扬了广博的学风。李汝珍受当时风气的影响，也力求博学，从《镜花缘》中，我们可以看到他对音韵学、中医学，甚至对水利的研究。

《镜花缘》是李汝珍晚年的作品，一百回。前五十回写秀才唐敖和林之洋、多九公三人出海游历各国，以及唐小山寻找父亲的故事：严冬时节，女皇武则天乘醉下诏，要百花齐放，当时百花仙子不在洞府，众花神不敢违抗，只得按期开放。因此，百花仙子同九十九位花神被罚，贬到人间。百花仙子托生为秀才唐敖的女儿唐小山。唐敖仕途不顺，产生隐遁的想法，抛妻别子，跟随妻兄林之洋到海外经商游览。他们路经几十个国家，见识了许多奇风异俗、奇人异事、野草仙花、野岛怪兽，并且结识了由花仙转世的十几名秀外慧中的妙龄女子。唐小山跟着林之洋寻父，直到小蓬莱山。依父亲的意见改名唐闺臣，上船回国应考。后五十回着重表现众女子的才华：武则天开科考试，录取一百名才女。她们多次举行庆贺宴会，并表演了书、画、琴、棋、赋诗、音韵、医卜、算法、灯谜、酒令以及双陆、马吊、射鹄、蹴球、斗草、投壶等种种技艺，尽欢而散。唐闺臣第二次去小蓬莱寻父。最后则写到徐敬业、骆宾王等人的儿子，起兵讨伐武则天，在仙人的帮助下，他们打败了武氏军队设下的酒色财气四大迷魂阵，使得中宗继位。

李汝珍在《镜花缘》中有意显示自己的博学多识，比如他对中医医理的阐释有相当高的水平，他对小儿惊风的医理做如下分析：“小儿惊风，其症不一，并非一概而论，岂可冒昧乱投治惊之药？必须细细查他是因何而起。如因热起则清其热；因寒起则去其寒；因风起则疏其风；因痰起则化其痰；因食起则消其食。如此用药，不须治惊，其惊自愈，这叫作‘釜底抽薪’。再以足尾俱全的活蝎一个，用鲜薄荷叶四片裹定，火上炙焦，同研为末，白汤（米汤）调下，最治惊风抽掣等症。盖蝎产于东方，色青属木，乃是厥阴经之要药。凡小儿抽掣，莫不因染他疾引起风木所致，故用活蝎以治风，风息则惊止，如无活蝎，或以腌蝎泡去咸味也可，但不如活蝎有力。”从中可见辨证清楚，用药细腻，辨证与辨病有机地结合而选药极为恰切。他在《镜花缘》中记录的药方，至今还有人抄出来治病，据说很有效，可见他确实精通医道，而且是用心在编纂这部小说。

精华内容

【原文】

昔曹大家《女诫》云："女有四行：一曰妇德，二曰妇言，三曰妇容，四曰妇功。"此四者，女人之大节而不可无者也。今开卷为何以班昭《女诫》作引？盖此书所载虽闺阁琐事，儿女闲情，然如大家所谓四行者，历历有人：不惟金玉其质，亦且冰雪为心。非素日恪遵《女诫》，敬守良箴，何能至此？岂可因事涉杳渺，人有妍媸，一并使之泯灭？故于灯前月夕，长夏余冬，濡毫戏墨，汇为一编；其贤者彰之，不肖者鄙之；女有为女，妇有为妇；常有为常，变有为变……

且说天下名山，除王母所住昆仑之外，海岛中有三座名山：一名蓬莱，二名方丈，三名瀛洲。都是道路窎远，其高异常。当日《史记》曾言这三座山都是神仙聚集之处。后来《拾遗记》同《博物志》极言其中珍宝之盛，景致之佳。最可爱的，四时有不谢之花，八节有长青之草。他如仙果、瑞木、嘉谷、祥禾之类，更难枚举。

内中单讲蓬莱山有个薄命岩，岩上有个红颜洞，洞内有位仙姑，总司天下名花，乃群芳之主，名百花仙子，在此修行多年。这日正值三月初三日王母圣诞，正要前去祝寿，有素日相契的百草仙子来约同赴"蟠桃胜会"。百花仙子即命女童捧了"百花酿"；又约了百果、百谷二位仙子。四位仙姑，各驾云头，向西方昆仑而来。行至中途，四面祥云缭绕，紫雾缤纷，原来都是各洞神仙，也去赴会。忽见北斗宫中现出万丈红光，耀人

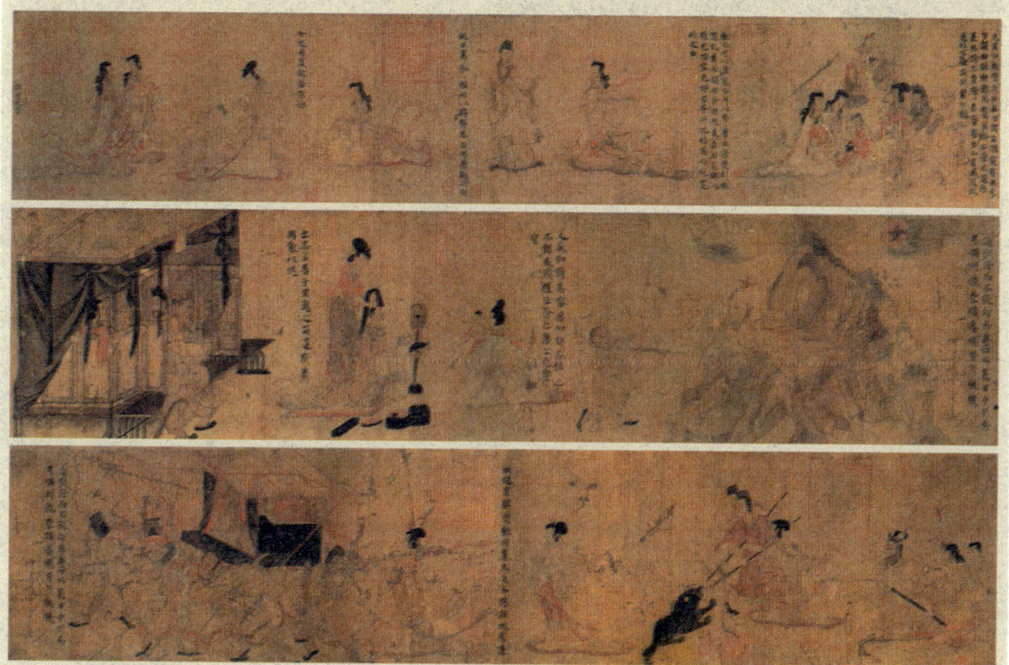

▲ 女史箴图　东晋　顾恺之

《女史箴图》以连环形式，宣扬了古代妇女应遵守的清规戒律，是儒家传统思想的反映。

▲ 蓬莱仙境图　清　袁耀

眼目，内有一位星君，跳舞而出。装束打扮，虽似魁星，而花容月貌，却是一位美女。左手执笔，右手执斗；四面红光围护，驾著彩云，也向昆仑去了。

……

嫦娥举杯向百花仙子道："仙姑既将仙酿祝寿，此时鸾凤和鸣，百兽率舞，仙姑何不趁此也发个号令，使百花一齐开放，同来称祝？既可助他歌舞声容，又可添些酒兴，岂不更觉有趣？"众仙听了，齐声说"妙"，都催百花仙子即刻施行，以成千秋未有一场胜会。百花仙子连忙说道："小仙所司各花，开放各有一定时序，非比歌舞，随时皆可发令。月姊今出此言，这是苦我所难了！况上帝于花，号令极严，稽查最密。凡下月应开之花，于上月先呈图册，其应否增减须瓣、改换颜色之处，俱候钦裁。上命披香玉女细心详察，务使巧夺人工，别开生面。所以同一梅花，有绿萼、朱砂之异；同一莲花，有重台、并蒂之奇。牡丹、芍药，佳号极繁；秋菊、春兰，芳名更夥。一枝一朵，悉遵定数而开。或后或先，俱待临期而放。又命催花使者，往来保护，以期含苞吐萼之时，如式呈妍。果无舛错，注明金篆云签，来岁即移雕栏之内，绣闼之前，令得净土栽培，清泉灌溉，邀诗人之题品，供上客之流连。"

曾国藩家书

——末世圣贤的肺腑之言

作者介绍

曾国藩像

曾国藩（1811 ~ 1872 年），字伯涵，号涤生。1811 年出生于湖南省双峰县井字镇荷叶塘的一个豪门地主家庭。祖辈以农为主，生活较为宽裕。祖父曾玉屏虽少文化，但阅历丰富；父亲曾麟书身为塾师秀才，满腹经纶，作为长子长孙的曾国藩，自然得到二位先辈的爱抚，他们望子成龙心切，便早早地对曾国藩进行封建伦理教育了。曾国藩 6 岁时入私塾读书，8 岁能读八股文诵五经，14 岁时能读《周礼》《史记》《文选》，并参加长沙的童子试，成绩俱佳列为优等，可见他自幼天资聪明，勤奋好学。至 1832 年他考取秀才，并与欧阳沧溟之女成婚，踏上了人生的一大台阶。曾国藩刚 28 岁便考中了进士，从此之后，他一步一阶地踏上仕途之路，并成为军机大臣穆彰阿的得意门生。在京十多年间，他先后任翰林院庶吉士，侍读，侍讲学士，文渊阁直阁事，内阁学士，稽察中书科事务，礼部侍郎及署兵部，工部，刑部，吏部侍郎等职，步步升迁到二品官位。他一生严于治军、治家、修身、养性，实践了立功、立言、立德的封建士大夫的最高追求。曾国藩一生经过了清王朝衰朽的过程，就其本人而言，早年精专学问，学做圣贤，着实取得不少成绩，后从戎理政，也不失终有成。1872 年 3 月 12 日，曾国藩死于两江总督任上，终年 61 岁。

经典概述

《曾国藩家书》反映了曾国藩一生的主要活动和他治政、治家、治学、治军的主要思想，是研究曾国藩其人及这一时期历史的重要材料。该书收集及整理了曾国藩家书中的精华部分，按年代顺序并合为：修身篇、劝学篇、治家篇、理财篇、交友篇、为政篇及用人篇等部分，基本包括了曾国藩一生的主要思想。

曾国藩作为晚清著名政治家，对清王朝的腐败衰落，洞若观火，他说：“国贫不足患，唯民心涣散，则为患甚大。”他认为“吏治之坏，由于群幕，求吏才以剔幕弊，诚为探源之论”。基于此，曾国藩提出，“行政之要，首在得人”，危急之时需用德器兼备之人，要倡廉正

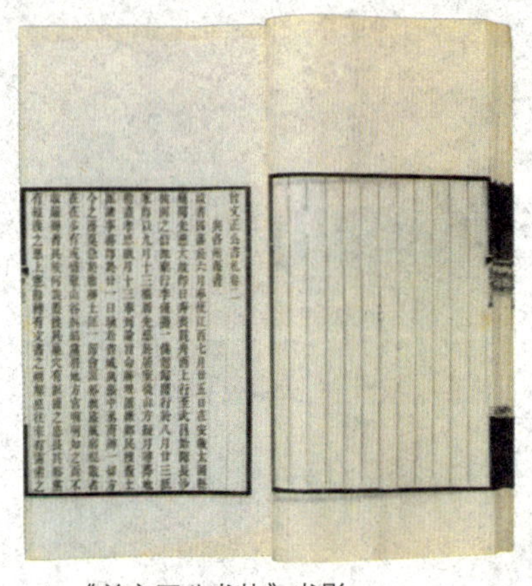
▲《曾文正公书札》书影

之风，行礼治之仁政，反对暴政、扰民，对于那些贪赃枉法、渔民肥己的官吏，一定要予以严惩。至于关系国运民生的财政经济，曾国藩认为，理财之道，全在酌盈济虚，脚踏实地，洁己奉公，“渐求整顿，不在于求取速效”。曾国藩将农业提到国家经济中基础性的地位。受两次鸦片战争的冲击，曾国藩对中西邦交有自己的看法，一方面他十分痛恨西方侵略中国，认为卧榻之旁，岂容他人鼾睡，并反对“借师助剿”，以借助外国为深愧；另一方面又不盲目排外，主张向西方学习其先进的科学技术。

在治学论道方面，曾国藩说：“盖真能读书者，良亦贵乎强有力也。”要有“旧雨三年精化碧，孤灯五夜眼常青”的精神。写字或阳刚之美，或阴柔之美。文章写作，需在气势上下功夫，要注意详略得当，详人所略，略人所详，为文贵在自辟蹊径。

曾国藩认为持家教子主要应注意以下十事：勤理家事，严明家规；尽孝悌，除骄逸；“以习劳苦为第一要义”；居家之道，不可有余财；联姻“不必定富室名门”；家事忌奢华，尚俭；治家八字：考、宝、早、扫、书、蔬、鱼、猪；亲戚交往宜重情轻物；不可厌倦家常琐事；择良师以求教。

曾国藩的军事思想内涵极丰，他认为，兵不在多而在于精，“兵少而国强”，“兵愈多，则力愈弱；饷愈多，则国愈贫”。主张军政分理，各负其责。他购买洋枪、洋炮、洋船，推进中国军队武器的近代化。治军以严明军纪为先，同时着意培养“合气”，将士同心，他认为“将军有死之心，士卒无生之气”。其中最丰富并值得今人借鉴的是其战略战术。如“用兵动如脱兔，静如处子”；主客奇正之术，“扎硬寨，打死仗”，水师不可顺风进击，善择营地，“先自治，后制敌”，深沟高垒，地道攻城之术，水陆配合，以静制动，“先拔根本，后翦枝叶”等等。

曾国藩认为交友贵雅量，要“推诚守正，委曲含宏，而无私意猜疑之弊”，“凡事不可占人半点便宜。不可轻取人财。”要集思广益，兼听而不失聪。为人须在一“淡”字上着意。曾国藩写有格言十二首，基本上概括了他的处世交友之道。

曾国藩总结了修身十二款：敬、静坐、早起、读书不二、读史、谨言、养气、保身、日知所亡、月无亡不能、作字、夜不出门。他认为古人修身有四端可效：“慎独则心泰，主敬则身强，求人则人悦，思诚则神钦”。曾国藩不信医药，不信僧巫，不信地仙，主张守笃诚，戒机巧，抱道守真，不慕富贵，“人生有穷达，知命而无忧”。曾国藩认为：“养生之法约有五事：一曰眠食有恒，二曰惩贪，三曰节欲，四曰每夜临睡前洗脚，五曰每日两饭后各行三千步。”养生之道，“视”“息”“眠”“食”四字最为要紧，养病须知调卫之道。

精华内容

带勇以能打仗为第一义

【原文】

沅甫九弟左右：

十二月二十八日接弟二十一日手书，欣悉一切。

临江已复，吉安之克实意中事。克吉之后，弟或带中营围攻抚州，听候江抚调度；或率师随迪庵北剿皖省，均无不可。届时再行相机商酌。此事我为其始，弟善其终，补我之阙，成父之志，是在贤弟竭力而行之，无为遽怀归志也。

弟书自谓是笃实一路人，吾自信亦笃实人，只为阅历世途，饱更事变，略参些机权作用，把自家学坏了。实则作用万不如人，徒惹人笑，教人怀恨，何益之有？近日忧居猛省，一味向平实处用心，将自家笃实的本质还我真面、复我固有。贤弟此刻在外，亦急须将笃实复还，万不可走入机巧一路，日趋日下也。纵人以巧诈来，我仍以浑含应之，以诚愚应之；久之，则人之意也消。若勾心斗角，相迎相距，则报复无已时耳。

至于强毅之气，决不可无，然强毅与刚愎有别。古语云自胜之谓强。曰强制，曰强恕，曰强为善，皆自胜之义也。如不惯早起，而强之未明即起；不惯庄敬，而强之坐尸立斋；不惯劳苦，而强之与士卒同甘苦，强之勤劳不倦：是即强也。不惯有恒，而强之贞恒，即毅也。舍此而求以客气胜人，是刚愎而已矣。二者相似，而其流相去霄壤，不可不察，不可不谨。

李云麟气强识高，诚为伟器，微嫌辩论过易，弟可令其即日来家，与兄畅叙一切。

带兵以打仗为第一要义，久疏阵仗也于兵家不利，可适当参战加以实战演练。

【译文】

沅甫九弟左右：

我于十二月二十八日收到了九弟写于二十一日的亲笔信，从信中欣然得知一切。

既然临江已收复，那吉安的攻克实在是意料之中的事，定是胜券在握了。待攻克吉安之后，弟弟要么带领中营围攻抚州，听候江西巡抚的调度；要么率领部队跟随迪庵继续向北，清剿安徽境内的敌军，两者皆可，到时再视具体情况商酌。此事由我开始，而由弟弟圆满地完成，弥补了我的缺憾，也完成父亲的志愿，这些都是贤弟尽力而为的功劳，要继续努力，暂时万万不要有归退乡里的打算。

弟弟在信中自称是老实人，而我也自认为是老实人。不过因世事阅历渐多，又经历了官场的许多事变，所以才掺杂了一些机谋权变的伎俩，使自己学坏了。事实上从这方面来说还远不如人，只会惹人笑话，教人心中怀恨，这样做能有什么好处？近日忧居数日，胸中思虑后猛然醒悟，平时须一味向平实处努力，还原自己的本质，显出本来真实的面目，恢复固有的老实性情。贤弟此时在外，也急需复还老实的本性，千万不可行投机取巧之策，以致诚信日下。即使平日有人以巧诈对我，我仍以浑含应对，以诚愚应付，久而久之，别人自然会改变耍诈的无理态度。如果整日互相钩心斗角，相迎相距，人与人之间将会无止无休地相互报复和倾轧，那么互相报复之事将无止无休。

至于强毅之气，却是绝对不能缺少的，不过这里所说的强毅与刚愎不同。古语云：自胜之谓强。比如说强制，强恕，强为善，都是自胜的意思。如不习惯早起，而强制自己天未亮便立即起床；不习惯庄重尊敬，而强制自己参与祭祀仪式；不习惯劳苦，而强制自己与士兵同甘同苦、勤劳不倦，这就是强。不习惯坚持做某件事情，而强制自己必须持之以恒，这就是毅。如果舍弃以上的做法，而力求以气势胜人，则是刚愎而已。二者虽然看似有雷同之处，实则有天壤之别，不可不细分清楚，不可不小心谨慎。

李云麟气强识高，是个非同寻常之人，只是说话信口开河，没有分寸。弟弟可让其即日来家，与兄详细商谈有关事宜。

屋后栽竹，复其旧观

【原文】

字谕纪泽、纪鸿儿：

得正月二十四日信，知家中平安。

此间军事，自去冬十一月至今，危险异常，幸皆化险为夷。目下惟左军在景德镇一带十分可危，余具平安。余将以十七日移驻东流、建德。付回银八两，为我买好茶叶陆续寄来。下手竹茂盛，屋后山仍须栽竹，复吾父在日之旧观。余七年在家芟伐各竹，以

倒厅不光明也。乃芟后而黑暗如故，至今悔之，故嘱尔重栽之，劳字、谦字，常常记得否？涤生手示。

咸丰十一年二月十四日巳刻

【译文】

字谕纪泽、纪鸿儿：

我已经收到你们于正月二十四日的来信，得知家中一切平安无事。

从去年冬天十一月到现在，这里的战况是危机丛生，屡逢险情，幸好最终都化险为夷了。目前只有左军在景德镇一带，情况依然十分危险，所幸其他地方都归于平静。十七日我就要转移去驻守东流、建德两地。现寄回八两银子，用这些钱给我买好茶叶，陆续寄到营中。下手竹子茂盛，屋后山里仍旧可栽竹子，恢复我父亲在世时的旧景观。七年前，我觉得后厅光线不够充足，就砍去了这些竹子。谁知竹子被砍伐后，后厅依旧像以前一样黑暗，所以直到现在，我还后悔砍去了那些竹子，只好嘱咐你按照原来的布局重新栽上。劳字、谦字，近来是否经常挂在心上？

咸丰十一年二月十四日巳刻

▲ 阏阁墨竹图　元　柯九思

孽海花

——一幅晚清社会生活的历史画卷

作者介绍

《孽海花》的作者曾朴（1872 ~ 1935 年），原名朴华，字太仆，后改字孟朴，笔名东亚病夫，江苏常熟人。出身于官僚地主家庭。1891 年中举人，捐了个内阁中书。他早年受西方思想文化的影响，1895 年在京师同文馆学习法文，又曾参加变法维新运动。1896 年回到家乡，在常熟当小学校长，同时翻译雨果等人的作品。1903 年，到上海经营丝业，不料血本无归。1904 年，同徐念慈等创立小说林书社，翻译、出版小说，并开始重新撰写。（金一只写了小说《孽海花》的前六回）。1907 年初，创办月刊《小说林》杂志，《孽海花》的一部分就是发表在这个刊物上的。1908 年，小说林书店因资金困难倒闭。次年，曾朴在两江总督端方幕中任财政文案。辛亥革命后，江苏宣告独立，他被选为江苏临时议会议员。1915 年袁世凯称帝期间，曾朴与蔡锷等反袁人士密切往来，并资助陈其美、钮永建等人反袁。1927 年，他与长子曾虚白在上海开真美善书店，11 月创办《真美善》杂志。《孽海花》的很大一部分就发表在这个杂志上。回到常熟后，潜心园艺，游憩养病，直到病故。曾朴创作的小说有《孽海花》《鲁男子》等；译作有法国名著《九十三年》《笑面人》《吕克兰斯鲍夏》《欧那尼》（以上作品皆为雨果原著）、《南丹与奈侬夫人》（左拉）、《夫人学堂》（莫里哀）等。

经典概述

本书的主角之一傅彩云的原型赛金花是清末的风云人物。赛金花原姓赵，小名三宝，又叫灵飞，苏州人。她从小聪明伶俐，秀雅婉柔，非常讨人喜爱。后来赵家家道中落，十三岁的赛金花化名曹梦兰，流落风尘。苏州的好事嫖客起哄，选拔花魁，把赛金花选为“花国状元”，一时传为美谈。这时，苏州城内张家巷洪钧中了状元，看上赛金花，娶她为第三房姨太太。洪钧把她改

▲ 曾朴像

▲ 金一像

▲《孽海花》封面

名叫赵梦鸾。光绪十二年（1886 年），洪钧被任命为出使德、奥、俄、荷的四国钦使，带着赛金花漂洋过海。在俄国圣彼得堡，赛金花与德国驻俄陆军中尉瓦德西有一段风流韵事。光绪十六年（1890 年），洪钧任满回国，三年后病死。赛金花到上海重操妓女生涯。光绪二十四年（1898 年）夏天，赛金花来到天津，招募一批较漂亮的女子，组成了南方韵味的“金花班”。“赛金花”的名号也就是从这时开始的。后来，金花班转移到北京城。

1900 年 7 月 21 日，八国联军侵入北京城，劫掠、烧杀、奸淫，无所不为，使京华之地变成黑暗的人间地狱。八国联军进占北京之初，疯狂烧杀掳掠，清廷的留守大臣，却束手无策。赛金花目睹了这场浩劫。她听说联军的司令是瓦德西，于是找了去，在紫禁城内的仪銮殿上见到了昔日的情人。赛金花督促瓦德西整饬纪律，制止士兵的淫乱抢掠，凡有关联军想使中国人难堪的事，她一定在瓦德西面前力争，使北京城的治安获得相当程度的恢复，北京城百姓的生命财产，因此保全了不少。此时的赛金花几乎成了人们心目中救苦救难的观世音菩萨，名公巨卿，王孙公子，纷纷对赛金花礼敬有加。赛金花对达成和议、八国联军退出北京城一事，出力尤其多。谁料朝局的转变，民生的利钝，不在王公大臣之手，竟然系在一个妓女的手中。

慈禧太后与光绪皇帝由西安回銮后，赛金花没有得到应有的褒奖，知道自己已难容于“清议”，于是改名傅玉莲，重起炉灶，再次成为妓女。赛金花已被当作肮脏无用的东西被抛弃，她离开京城，回到苏州，两年后，开始了她的第二度婚姻。辛亥革命后，丈夫曹瑞忠因病去世。1917 年，她改用赵灵飞的闺名，又与民国政府参议员魏斯灵在上海举行了新式婚礼。1922 年，赛金花再度丧夫。魏斯灵死后，魏家将她逼出家门。1926 年冬天，赛金花辞世，享年六十五岁，葬在北京陶然亭香冢。当时报上登了一副挽联：

救生灵于涂炭，救国家如沉沦，不得已色相牺牲，其功可歌，其德可颂；

乏负廓之田园，乏立锥之庐舍，到如此穷愁病死，无儿来哭，无女来啼。

这副幅挽联总结了她的一生，也寄托了世人的惋惜。著名学者刘半农和学生商鸿逵合作，亲自访问赛金花本人，晤谈十多次，写成《赛金花本事》一书，记载她一生的经历，颇值得参看。

本书写同治年间，苏州名流陆如、潘胜之、钱唐卿等在雅聚园谈论国运科举，品评人物。顾肇廷、何珏斋在梁聘珠家为陆如饯行，邀大家回去赴宴。新科状元金雯青受薛淑云大人邀请，也来聚会。席间众人议论风生，都讲西洋学问，雯青暗暗惭愧。时光如水，宝青、陆如玩过了端阳，结伴回苏州。唐卿、珏斋、公坊相约而来，饮酒叙谈。四人十年前是患难之交。雯青十年前认识的京师名妓傅珍珠，后嫁给龚孝琪为妾。孝琪的父亲与明善的福晋西林春有私情，事发后被毒死，孝琪怀恨在心，投靠英国领事，据说火烧圆明园就是他的主意。后来孝琪落魄潦倒。过了两年，陆如也中状元。公坊考了两次未中，雯青为他捐了个礼部郎中。

雯青大考中名列一等，不久做了江西学政。公坊也中了进士，但他知道自己不是官场中人物，也南归过逍遥自在的生活。江西巡抚兴达是个纨绔官僚，他拉拢雯青，雯青顾及同僚面子，勉强敷衍。一日兴达请雯青观赏苗女绳上歌舞，雯青大饱耳目之福。到了秋天，雯青坐船游览江景，遇到祝宝廷。宝廷做浙江学政，因与船女妹儿的风流韵事成为话柄，不久革职，正好携妹儿北归，两人不免畅饮一番。雯青忽闻母亲病逝，急忙回乡奔丧。一年后清明节，山芝、孝亭等邀请雯青出外散心，同僚次芳引来花榜状元傅彩云，两人一见倾心。自此，雯青无日不来彩云的大郎巷。

光阴如梭，雯青满了服，回到京城。恰好朝廷选派雯青出使德、俄等国。雯青回乡，择吉日将彩云娶过门来。到了德国，雯青觐见了德皇，不想彩云也要觐见，适逢德皇身体不适，赴俄的日子便耽搁了。彩云却很高兴，跳舞聚会，游玩得很快乐。就在彩云见德皇的第二天，俄国画家毕叶来找雯青，向他出售一张中俄交界图。雯青为整理国界，也为自己的《元史补正》找确实证据，便出八百英镑买下。雯青等人乘火车赴俄国，觐见沙皇，便写一封信，连同交界图，让黄翻译带回国，交给唐卿，再由庄小燕呈送总理衙门。雯青开始专心做《元史补正》。一天彩云在阳台上唱起《十八摸》，顿时使馆门前挤满了人，都来听中国公使夫人的雅调。彩云见人群中有柏林见到的日耳曼少年，陆军装束，丰彩夺人，顿时心荡神摇，不想头簪掉落，正好被这青年拾得。自此，彩云和这位瓦德西中尉频频幽会。不久，雯青任满，清廷派许镜澄接任。雯青离开俄国，经柏林乘船回国。彩云在俄国未能和瓦德西道别，闷闷不乐，船主质克常逗她开心，于是彩云和质克明来暗去，又弄出许多风流韵事。

▲ 赛金花像

赛金花是《孽海花》主角之一傅彩云的原型。

雯青回京后便大病一场。一日唐卿来访，说雯青所呈献的地图将国土错划归了俄国七八百里，被御史参奏，皇上震怒。唐卿为雯青地图事件，找潘、龚两尚书调和。雯青又写信给薛淑云、许祝云，求他们在英、俄两政府间交涉。清廷又派工部杨谊前往帕米尔勘察国界。依靠英国的压力，中俄重新判定国界，地图事件于是平息。雯青与小燕不和，小燕常借事讥笑雯青。一日回家，偶闻彩云与孙三儿的风流韵事，气得昏倒，竟然一病不起。

时值中日争端，不久两边开战，清军兵败，海军也在大东沟海战中遭惨败。唐卿升总理衙门大臣，国势日衰，他寝食不安。何珏斋来电请求率湘军对日作战。珏斋训

相关链接

《苦社会》：近代小说。作者不详。全书共四十八回。本书写阮通甫、鲁吉园、李心纯三位知识分子出国谋生，备受欺凌。在途中，阮通甫夫妇即不堪凌辱而死，鲁吉园遇友人搭救，在轮船上管账。李心纯辛勤经商，最后被迫回国。本书是一部深刻感人的华工血泪史。

《负曝闲谈》：晚清谴责小说。作者欧阳巨源。全书共三十四回。本书描写了广阔的社会场景，涉及众多的人物阶层和活动场所：人物有士子、佐杂、买办、出洋随员、维新派、官宦子弟、朝廷大臣等；活动场所有公园、烟馆、学堂、集市、戏院、妓院、县府衙门、皇宫朝廷等。本书广泛反映了晚清腐败的社会风气和黑暗的政治状况。本书文笔灵活简洁，缺点是有时失之夸张。

练二十营乡勇，开赴关外。不料日军长驱直入，旅顺等地先后陷落，刘公岛之战，大清舰队全军覆灭。何珏斋全然不顾儒将的体面，弃甲丢兵，败退石家庄。朝廷与日本和谈，签马关条约，割让台湾，赔偿白银。

傅彩云不辞而去，改名曹梦兰，在上海燕庆里挂牌。这时，革命党人陈千秋准备起义。孙波在广州改组青年会为兴中会，因为走漏消息，起义夭折。

全书的结构是把许多短篇故事连缀成长篇，但与《儒林外史》《官场现形记》并不完全相同。作者自己说："《儒林外史》等是直线穿珠，是一根珠链；而自己则是蟠曲回旋地穿，时收时放，东交西错，不离中心，是一朵珠花。"

作品中人物大多是在真人真事的基础上稍作加工点染而成的，作者熟悉这些人的生活，写得都很有生气，讽刺的味道表现得淋漓尽致。曾朴描写达官名士，与刘鹗、李伯元和吴趼人不同，他并不着眼于描写其凶残或贪鄙，而是着重刻画他们精神颓废的要害，他们有的崇尚空谈，有的师心自用，还自命风雅，其实都是迂腐无用的人。曾朴刻画了这群人的精神世界，入木三分。

本书的语言也很有特色，优美而诙谐，官僚、名士的对话都半文半白，旁征博引，完全是当时士大夫阶层的口吻。

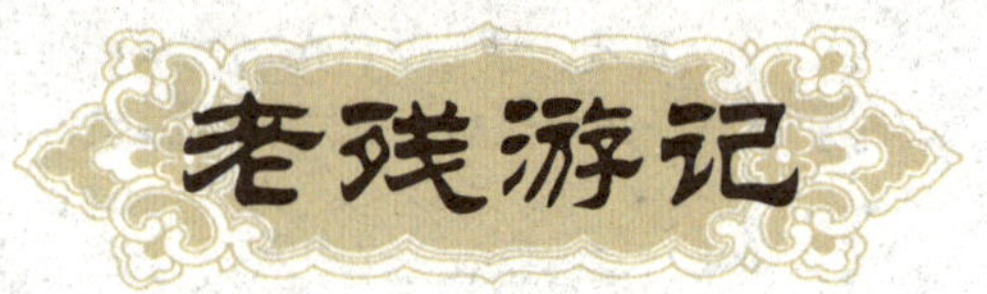

老残游记

——小说艺术由古典向现代的转变

作者介绍

▲ 刘鹗像

《老残游记》的作者刘鹗（1857 ~ 1909 年），字铁云，别号洪都百炼生，江苏丹徒（今镇江市）人。刘鹗出身官僚家庭，自小聪敏，四岁开始识字。刘鹗不喜欢科举文字，却爱结交三教九流的朋友，涉猎了治河、天算、乐律、词章、医学、儒经、佛典、诸子百家、基督教等各方面的知识。刘鹗 20 岁时，在扬州碰到了太谷学派的第二代传人李光炘。太谷学派自称直接继承孔孟心法，主张以教养二途救国救民。刘鹗钦佩李光炘的学说，拜他为师。这期间，刘鹗在淮安开过烟草店，在上海办过印书局，都先后亏本，也曾正式挂牌行医。刘鹗 34 岁时，赴郑州协助总督吴大澂治理黄河，测绘出“豫、直、鲁三省黄河图”，撰写了《历代黄河变迁图考》《治河五说》《治河续二说》《勾股天玄草》《弧角三术》等著作。此后，他又曾经开工厂、办商场，不幸都以失败告终。1900 年义和团起事，八国联军侵入北京，刘鹗向联军购得太仓储粟，设平粜局赈济北京饥困。1908 年，清廷以“私售仓粟”的罪把他充军新疆。1909 年，因中风逝世于乌鲁木齐。刘鹗也是著名的学者，他编辑出版的《铁云藏龟》是我国第一部著录甲骨文资料的书，对甲骨学的发展有很大贡献。

经典概述

《老残游记》是刘鹗晚年撰写的长篇小说。从 1903 年开始，先在上海商务印书馆的半月刊《绣像小说》上连载，后来在《天津日日新闻报》上继续连载。本书写江湖医生老残在山东一带游历过程中的所见所闻所为。

老残姓铁名英，读过几句诗书，做不通八股文章，没中过秀才，也没人要他教书，拜了一个道士为师，也摇起串铃，靠替人治病糊口，奔走江湖近 20 年。山东博兴县有个姓黄的大户，得了一种浑身溃烂的奇病，无人能医。老残用古药方治好了黄大户的病。黄家感激不尽，设宴招待三天。老残和黄大户告辞，前往济南大明湖去看风景。到了大明湖，听说有位说鼓书的白妞很不寻常。于是老残来到明湖居，听了白妞的鼓书，大饱耳福，颇有“三月不绝”的感觉。接着他又游览了济南的四大名泉：趵突泉、金钱泉、黑虎泉、珍珠泉。

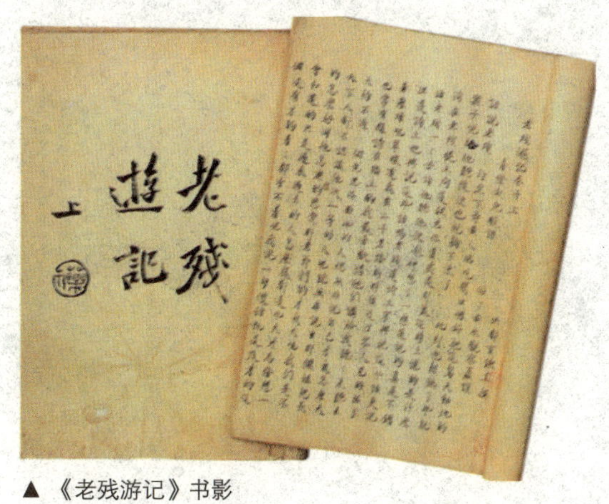

▲《老残游记》书影

在衙门机要幕宾的江苏人高绍殷之妾得了喉蛾，已滴水不进，经老残医治，三四天就好了。从此，找老残看病的人越来越多。

有一天，老残在饭馆听人议论玉贤办强盗案办得好，受到巡抚赏识，保荐他为知府。老残想实地考察玉贤的“政绩”。可是山东省巡抚把老残看作是奇才，授予官职。老残无奈，只好半夜离开济南，赶往曹州。一路上听说了不少玉贤“政绩”。如于家屯的财主于朝栋家父子三人被栽赃，被关进站笼，全站死了。于朝栋的二儿媳妇就在府衙门口自尽了。

一桩冤案，屈死四人。最后强盗倒是抓住了，但是给于家移赃的三个案犯却被玉贤放了！老残气愤酷吏加衔晋升，决心为民申冤，打算去省城。路上滞留在齐河县的一个旅店里，刚巧遇上好友监察御史黄人瑞。经黄人瑞撮合，老残用几百两银子，从火坑中救出了妓女翠环，纳为妾。

老残听黄人瑞说，眼下齐河县有个清廉得格登登的县官名叫刚弼，实际上这个人也和玉贤一样，刚愎自用，主观断案，百姓有冤无处申。齐河县东北齐东镇的贾老翁，生有二男一女。大儿子 30 岁刚过就病死了，儿媳妇心情悲痛，就常回娘家去住。有一天贾魏氏回娘家，这边贾家十三口人却平白无故猝然死去。贾老翁新过继的儿子贾干告到官府，说吃了魏家送来的月饼中毒而死。刚弼把魏家父女二人关入大牢，动刑逼供，贾魏氏不忍心看父亲受屈而死，就屈打成招。刚粥为此很是得意，准备了结此案。但衙内一些人都觉得这样办案不妥，不满意“瘟刚”的一意孤行。黄人瑞向老残请教办法。老残火速写信给山东巡抚，结果一封信救活了两条性命。贾家十三口人死因不明，还是疑案，老残决心搞明真相。他东奔西走，几经周折，才侦知原来是贾老翁的女儿贾探春的情夫吴二浪子干的，他用的是一种香草“千日醉”，其实这不是毒药，千日之内若寻来另一种药草“还魂香”，这些人仍能复活。老残让官府押吴二浪子入监牢，然后亲自往泰山找道士青龙子，寻“还魂香”。寻来“还魂香”立即救活贾家十三口人。贾、魏两家都很感激老残，招来戏班子、大摆宴席款待老残。老残没有久留，带着翠环离开齐河县，回江南老家去了。

作品的主人公老残——一个摇串铃走四方的走方郎中，实际上是作者的自况。老残给自己取号“补残”，是因为他希望自己能像传说中唐代的神僧懒残一样，能够推演社会治乱，预测国家兴亡。小说以老残的行踪为线索，展示了他在中国北方土地上所见、所闻、所思、所感。而所有这些，都是围绕“补残”这一深刻的寓意来进行的。

作者对于“补残”的追问与探索，主要从两条线索来进行。一方面，它立足现实，以老残为主线，描写玉贤、刚弼、庄宫保等所谓“清官”的本质。小说破天荒地把“清官”

之恶揭示在众人的面前，豁人耳目，掀动人心，为众多读者激赏。除以上主线外，小说在第八至第十一回中，撇开主线人物老残，插入申子平夜访桃花山的故事。作者煞费苦心地把桃花山描绘成一个“桃花源”——这里风景如画，环境幽美，人们过着无拘无束、安逸闲适的生活。他们精通物理，洞察世运，超尘脱俗，逍遥自在，在这里自由地宣讲教义，纵论时局。

▲ 审案图

图中所表现的是清末官员在光天化日之下审理案件，以示天日昭昭不可欺。然而吏狠官毒，百姓仍生活在有天无日的世界中。

《老残游记》在小说中掺入散文和诗的艺术笔法，使得小说读来文笔清丽潇洒，意境深邃高远，大大地开拓了小说审美空间。

刘鹗生在乱世，目睹了国事的糜烂不堪，再加上自己一生事业上的失败，《老残游记》事实上也是刘鹗个人情感的寄托。他在书中说：“吾人生今之时，有身世之感情，有国家之感情，有社会之感情，有宗教之感情，其感情愈深者，其哭泣愈痛，此洪都百炼生所以有老残游记之作也。棋局已残，吾人将老，欲不哭泣也得乎？”由此可知，《老残游记》为当时中国社会之缩影，也是作者寄托自己理想与思考的著作。这番感情，读者需认真体会。本书的独特之处是揭露了“清官”的暴政，作者说：“赃官可恨，人人知之。清官尤可恨，人多不知。盖赃官自知有病，不敢公然为非，清官则自以为不要钱，何所不可？刚愎自用，小则杀人，大则误国，吾人亲目所见，不知凡几矣。……历来小说皆揭赃官之恶，有揭清官之恶者，自《老残游记》始”。刘鹗笔下那些清官，其实是一些急于升官的人，他们杀人邀功，用人血染红顶子。玉贤署理曹州府不到一年，衙门前12个站笼内便站死了2000多人。本书在这方面的描写，与为清官大唱赞歌的传统相悖，揭示出清廉面纱掩盖下的罪恶，眼光犀利，观点深刻，触及国家政治制度的根源，足以发人深省。

本书中所写的人物和事件有些是影射真人真事的。刘鹗说：“野史者，补正史之缺也。名可托诸子虚，事须征诸实在。”如姚云松影射姚松云，玉贤影射毓贤，张宫保影射张曜，史钧甫影射施少卿，王子谨影射王子展，刚弼影射刚毅，申东造影射杜秉国，柳小惠影射杨少和等，都能一一指实。有的完全是实录。如黑妞、白妞是当时真实的艺人。白妞又名小玉，在明湖居说书，人称“红妆柳敬亭”。

《老残游记》是晚清小说中艺术成就比较高的。本书在语言运用方面更是艺高一筹。比如在写景方面，能做到自然逼真，书中描写千佛山的景色，描写桃花山的月夜，都显得清新明朗。在写明湖居王小玉唱大鼓时，作者更是运用烘托手法，辅以一连串生动贴切的比喻，将她的高超技艺绘声绘色地描摹出来，给人以身临其境的感觉。这一段美文和其他很多文段一样，是脍炙人口的优美散文。

二十年目睹之怪现状

——离奇光怪的社会诸相写真

作者介绍

▲ 吴沃尧像

《二十年目睹之怪现状》作者是广东佛山人吴沃尧（1866 ~ 1910 年），字小允，号趼人，亦作茧人，别号我佛山人、野史氏、老上海、抽筋主人等。他出身小官吏家庭，曾祖父吴荣光官至湖广总督，祖父、父亲都是小官吏。吴沃尧 17 岁丧父，家境窘困。1883 年，18 岁的吴沃尧离家来到上海，先在茶馆做伙计，后到江南制造局做抄写工作。1897 年，吴沃尧开始创办小报，先后主持了《字林沪报》《采风报》《奇新报》《寓言报》等报纸。1906 年，担任《月月小说》杂志总撰述。他不满意清末政治的腐败、官僚的腐朽、社会风气的堕落、帝国主义的侵略，尤其憎恶惧洋媚外思想，在小说中一一予以揭露鞭挞。他主张要开化，要进步，要维新，力求借小说“改良社会”，“佐群治之进化”，挽救“道德沦亡”的风气。吴沃尧一生清贫，囊中常常羞涩，工作劳累，而生活困窘。吴沃尧著有《二十年目睹之怪现状》《痛史》《瞎骗奇闻》《恨海》《新石头记》《九命奇冤》《糊涂世界》《劫余灰》《上海游骖录》《发财秘诀》《近十年之怪现状》等长篇小说，《黑籍冤魂》《立宪万岁》《光绪万年》《平步青云》等短篇小说。其中以《二十年目睹之怪现状》最为著名。

经典概述

《二十年目睹之怪现状》从 1903 年开始在梁启超主编的《新小说》上连载。全书共 108 回。本书写“九死一生”，从 1884 年中法战争以来所见所闻的各种怪现状。

我 15 岁那年，父亲从杭州连发四封急信，说病危，叫我到杭州去。我坐了三日航船，方才到杭州，父亲竟在一小时前咽了气。父亲大殓之后，我盘了一个店铺，账上的银洋、黄金数目可观。我托父亲的好友云岫给母亲捎回 132 元银洋，余下的 5000 银子由伯父存到钱庄里。半年后，我才知道托云岫捎的钱竟被他贪了。家里生计困难，我到南京伯父那里支取利钱，公馆的人说他下乡办案，伯母又不肯见我，只好做了大关吴继之的书启。在当书启的日子里，我见到、听到了许多事情：一个乡下人靠娼妓当上道台；年轻的候补道台为升官，让自己的妻子出卖色相，巴结臬台；候补县太爷因撤职去做贼；珠宝店的东家诈骗伙计 19000 两银子；落魄官员苟才为求高升，穷摆架子。伯父终于与我见面了。有一日，一个40多岁的女人求见继之。她的丈夫是个候补知县，没有升迁路子，7年没有差事，因穷困自缢身亡。家徒四壁，安葬丈夫成了难事。继之送给她100两银子，并答应找人帮忙。

家乡来电报，称母亲病危。我急忙回故乡。原来是族中长辈修宗族祠堂摊派银两，把我诓回来的。我安抚了族中长辈，变卖了田产，与母亲、婶婶和新寡的堂姊，离家到南京定居。行程中，我遇到了远亲王伯述。他曾官至山西大同府，精明强干，关心民间疾苦。在微服私访时，遇到了也微服私访的抚台，因为眼睛近视，未认出抚台，口无遮拦地指斥抚台的弊政，得罪了对方，被撤职察看。两日后到了南京，继之已为我们租了房子，我和继之分别拜各自的母亲为干娘，继之母亲也收堂姊为干女儿。一日，听关上的多师爷说了做贼的当了臬台的事：这个臬台本是一个飞檐走壁的贼，他听了一位算命先生的话，偷了一笔钱，捐了一个知县。在任时，仍没断了偷。后来，居然做了安徽臬台。

几个月后，继之说：为了将来有一个退路，他在上海开了家商号，其中有我2000股本。他让我去上海一趟，给他买一样送礼的东西，同时去对对账。我次日便坐船去上海。一日早晨，伯父家原来的一个伙计叫黎景翼的来见我，说他弟弟亡故，无钱安葬，求我资助。我答应了他。他走后，商号里的人告诉我：黎景翼不是个好人，为了得到长辈的遗产，他逼死了自己的亲弟弟，又把他的弟妇秋菊卖给了妓院。继之来信，叫我到苏州再开一个坐庄，以便两头接货。

一年后，我又到上海稽查，继之叫我速回南京。他得了一个新差事，要在科考之前到科场里面等待阅卷，请我给他帮忙。科考到了，我便以随从的身份入了内帘。外面早把大门封了，加上封条。傍晚时，我看见一只鸽子站在檐上，鸽子尾巴上竟缚着一张纸，拆开却是一张科考题目纸。继之大吃一惊，说是有人在作弊。他吩咐手下人把鸽子埋掉，把题目纸烧了。他说：历年科考作弊的都千奇百怪，传递文章的、换卷的、偷题目的……层出不穷。初十以后，就有卷子送了进来。我和继之从中批出了一些好卷，拿过去推荐给主考官。不久，继之拒绝新藩台仆人的索贿，得罪了上峰，被撤职。我们把两家都搬到了上海。继之的商号愈益兴旺，我替他在各处稽查，一晃几年。在南京，我遇到了苟才。他的大儿媳妇容貌很美。苟才被撤职，为了复职，苟才让儿媳给制台做姨太太，以换取制台欢心，不出十天，他得到了苏州抚台的职务。到任不几天便被革职。不久，就被他的小儿子毒死了。

▲ 官吏出巡图

官吏出巡，往往全副仪仗，官气十足，且美其名曰亲民、爱民、理讼。然而到了清末，官吏一出，则百姓四骇，其所行所做，无非是扰民、害民、吓民、诈民而已。所谓“匪来如梳，兵来如篦，官来如剃”，足见官吏为害之甚且大。

又过了几年，一天，我接到了好友文述农的信，说我的叔父和婶母过世，遗下两个幼子，让我做安排。行

▲ 迎官图

清末官场是最为黑暗与腐败的，外崇洋人，内侮百姓，视上官如爷娘，视百姓如草芥，官做贼，贼做官，真可谓一塌糊涂。吴沃尧是深知官场三昧的，所以在他的小说中，大小官员的一举一动，皆被刻画得入木三分。

途中，我听说我们的商号垮了。这时，又接到了伯父在宜昌病故的消息，我赶紧去安葬。到了此时，我除了带两个小兄弟回家乡去之外，束手无策。

《二十年目睹之怪现状》是一部带有自传性质的作品。作者通过主人公“九死一生”在20年中耳闻目见的怪现状，揭示了在封建社会的总崩溃时期，整个统治阶级的腐败、堕落，以及封建社会的黑暗、丑恶和必然灭亡的命运。它就像晚清社会的一面镜子，反映了清王朝在覆灭前的概况。

作者的批判，首先从对封建官僚机构开始。统治机构的每一个毛孔里，都渗透着贪污盗窃、男盗女娼的毒菌。知县做贼，按察使盗银，学政大人贩卖人口……整个上流社会，充斥着流氓、骗子、烟鬼、赌棍、讼师、泼皮、和尚、道士、婊子、狎客……。为了升官发财，他们不惜出卖故交，严参僚属，冒名顶替，窜改供词，甚至把自己的女儿、媳妇、老婆去“孝敬”上司。总之，上自慈禧太后、王爷，中至尚书、总督、巡抚，下至未入流的佐杂小官，宫里的大小太监，官僚的幕客、差役、姨太太、丫鬟，全都置国家的危亡和人民苦难于不顾，赤裸裸地干着强盗、骗子、娼妇的勾当。

如果说作者对封建官僚机构腐败的揭露，是力图从政治的角度来展示末代封建王朝崩溃前兆的话，那么作者对于封建家庭的罪恶与道德的沦丧，则是从赖以维系一个社会存在的文化机制的角度来揭示封建大厦的必然坍塌。吏部主事符弥轩满口“孝悌忠信”，却自己成天花天酒地，而让祖父到处行乞。九死一生的伯父平时道貌岸然，动辄对子侄加以训斥，可是他竟乘料理丧事之机吞没了亡弟家产。作品抹去了封建制度“天意”“永恒”的神圣灵光，将它腐败不堪的丑恶面貌彻底暴露在世人面前。

在辛辣地批判现实的同时，作者也塑造了蔡侣笙、吴继之等正直、贤良而又恪守封建道德的正面人物。吴继之由地主、官僚转化为富商，是我国小说中最早出现的新型资产阶级形象。他与九死一生所经营的大宗出口贸易曾经兴旺一时，与昏庸腐败的官场群丑形成鲜明对比。然而，在当时的社会环境里，在帝国主义和封建主义的双重挤压下，他们最后还是不可避免地走向破产的命运，这种命运也正是半殖民地半封建时代的中国新兴资产阶级命定的归宿。书中的正面人物无一例外地被人欲横流的尘嚣浊浪所吞没，既真实地折射了时代的悲剧，也反映出作者改良主义理想的幻灭。

官场现形记

——封建社会崩溃前夕的官场群丑图

作者介绍

《官场现形记》的作者李宝嘉（1867～1906年），字伯元，别号南亭亭长，笔名游戏主人、讴歌变俗人、二春居士等。江苏武进（今属江苏常州市）人。李宝嘉出身官宦家庭，三岁丧父，由伯父李翼清抚养教育，多才多艺，能写八股文，曾考中秀才；也擅长书画篆刻，又曾向传教士学习英文。1896年到上海，编撰《指南报》，1897年创办《游戏报》。1901年创办《世界繁华报》，“假游戏之说，以隐寓劝惩”，在谈风月的同时，也嘲笑腐败的官僚，暴露社会黑暗。1903年，主编《绣像小说》。李宝嘉痛恨清王朝的腐败与列强的侵略，在小说《活地狱》的“楔子”里说：“世界昏昏成黑暗，未知何日放光明；书生一掬伤时泪，誓洒大千救众生。”李宝嘉的作品有《官场现形记》《文明小史》《中国现在记》《活地狱》《海天鸿雪记》《南亭笔记》以及《庚子国变弹词》《爱国歌》《芋香宝印谱》等。他与吴沃尧、刘鹗、曾朴并称清末四大小说家。

▲ 李宝嘉像

经典概述

《官场现形记》最初连载于《世界繁华报》，全书共六十回。本书写陕西同州府朝邑县赵温中举捐官，他的同伴钱典史捐派江西。江西代理巡抚何某，绰号“荷包”，“荷包”平生爱钱。他的三弟绰号“三荷包”。两个“荷包”分赃不均失和，抖出许多卖官鬻爵的旧账。“三荷包”带着卖官所得的银子，买得山东胶州知州的位子。到任后，千方百计巴结山东巡抚。外国人劝巡抚做生意，候补通判陶子尧趁机大讲“整顿商务”，被巡抚派往上海购买机器。陶到上海，被骗子与妓女捉弄，狼狈不堪。幸好山东试用府经周因从中帮忙，才算了结。周因得陶谢礼，前往浙江，协助旧交浙江巡抚刘中丞办洋务。周与文案戴大理钩心斗角，互相拆台。上司委胡统领带着周因等人前往剿捕严州一带土匪，官兵上下避匪不战，骚扰民众，却个个立功受赏。御史参劾刘中丞，两名钦差来浙江巡查。副钦差傅理堂署理浙江巡抚，外表廉明，暗地卖官。浙江粮道贾筱芝用六千两银子买得一个密保，升任河南按察使。

▲ 官员打牌图　法国

在中国游历的欧洲传教士将晚清腐朽的官僚机构用略带幽默和嘲笑的笔触赤裸裸地表现在画面上。

贾的大少爷贾润孙趁黄河决口，任河工总办，赚了十万两银子，进京谋职，先后结识了钱席掌柜黄胖姑、宗室博四爷、书铺掌柜黑白果、开古董铺的刘厚守、试用知府时彼仁，通过太监黑大叔、内阁大学士华中堂等权贵，谋求放缺，因有人作梗，未能办成。

时筱仁与广西提督舒军门、户部王博高、军机徐中堂、江南记名道余小观等人交往。余小观到南京候职，结识了牙厘局总办余荩臣、学堂总办孙国英、洋务局会办潘金土、保甲局会办唐六轩、旗人乌额拉布等候补道，一起赌博、狎妓。一起鬼混的还有南京统带防管的统领羊紫辰。羊统领好色，家中现有八个姨太太。一个名叫冒得官的船哨官，为保官职，逼诱亲生女儿，给羊统领做第九个小老婆。湖广总督也是一位旗人，名叫湍多欢，原有十个姨太太，人称“制台衙门十美图”。有个属员为谋官职，又特地在上海买了两个绝色女子送他，湖北人改称为“十二金钗”。得宠的九姨太与十二姨太，先后插手卖官捞钱。经常惹乱子的唐二乱子，通过制台的十二姨太，一夜之间变成了银元局总办。连制台的女儿宝小姨也放手卖官。湍制台奉旨进京，署理直隶总督。湖北巡抚贾世文升任湖广制台。此人自称生平有两桩绝技：一是画梅花，一是写字。其实一概不通。下属想要趋奉他，便借此讨他的好。他平日号令不常，起居无节。候补知县卫瓒，藩台噶扎腾额，远方表弟萧秃子，蕲州州官区奉仁，撤任兴国州官瞿耐庵，蕲州吏目随凤占，府经申守尧，秦梅士，代理蕲州吏目钱琼光等人先后前来拜见，这些人互相牵扯，搅起许多污泥浊水。北京派署理户部尚书童子良来湖北清查财政。童钦差最厌恶的是洋人。无论什么东西，只要带一个“洋”字，他决不肯亲近。听人说鸦片是洋烟，便摔掉烟灯、烟枪。做官要钱，专要银子，不要洋钱。出京之后，一路上捞到近一百万两。安徽一个候补知府刁迈彭，得到童子良的赏识，进京引见，凭空里得了一个“特旨道”，安徽人叫他“二抚台”，后来又署了芜湖关道。刁迈彭到任后，插手外路缙绅张守财家事，赚了几十万两银子。后来奉使外洋。当时有许多人与洋人打交道。江南制台文明，景慕维新，对下级傲慢粗暴，对洋人却卑躬屈膝。六合县知县梅仁谄媚洋人，得到文制台格外赞赏。枪炮制造厂总办傅博万，因为出过洋，归国后到处招摇，也得到文制台赏识。当时的吏治，已经不可收拾。

本书的写法受《儒林外史》影响很大，由一些相对独立的短篇组成，但又相互勾联。全书从西北写到东南，写到北京；从一个尚未当官的士子（赵温）和一个州县佐杂小官（钱典史）写起，写到州府长吏（黄知府、郭道台）、藩台（“荷包”）、督抚（山东巡抚，浙江巡抚刘中丞、傅理堂，湖广总督湍多欢、贾世文，江南制台文明）、钦差（童子良）、太监（黑大叔）、军机（徐大军机）、大学士（华中堂、沈中堂）等。他们的丑恶嘴脸一个个跃然纸上。

▲ 官员见外国军官漫画　法国
这幅漫画形象地揭露了晚清官员对外国人卑躬屈膝、奴颜媚骨的丑态。

本书笔锋犀利刚劲，深刻中有含蓄，嘲讽中有诙谐，书中许多章节，写得有声有色。如第二回、第三回，写钱典史如何巴结新贵赵温，“暗里赚他钱用，然而面子上总是做得十分要好”，又想通过赵温巴结吴赞善。后来见吴赞善冷淡赵温，“就把赵温不放在眼里”。可是，“忽然看见他有了银子捐官，便重新亲热起来；想替他经经手，可以于中取利”，“后见赵温果然托他，他喜的了不得，今天请听戏，明天请吃饭。”把这官场上小人物的曲折心理刻画得精细入微。又比如第四十六回、第四十七回写钦差大人童子良忌讳“洋”字，第五十三回写江南制台文明谄媚洋人，都活灵活现，令人发笑。